预制建筑技术集成

第二册

W-PC 的设计

[日] 社团法人预制建筑协会　编著
薛伟辰　胡　伟　主译

中国建筑工业出版社

著作权合同登记图字：01－2012－1488号

图书在版编目（CIP）数据

第二册　W-PC的设计／［日］社团法人预制建筑协会编著；薛伟辰，胡伟主译．—北京：中国建筑工业出版社，2012.5
（预制建筑技术集成）
ISBN 978-7-112-14173-9

Ⅰ.①第…　Ⅱ.①社…　②薛…　③胡…　Ⅲ.①预制结构：混凝土结构-研究　Ⅳ.①TU756.4

中国版本图书馆CIP数据核字（2012）第055420号

原书书名：プレキャスト建築技術集成第2編　W-PCの設計（平成15年1月）
原书编者：社团法人プレハブ建築協会　中高層部会　性能分科会　構造特別委員会
原书出版者：社团法人プレハブ建築協会
本书由日本社团法人预制建筑协会授权翻译出版

本书主要为壁式预制混凝土建筑的设计资料汇编。本书共5部分，分别为：相关法令、壁式预制钢筋混凝土构件建造（W-PC）设计指导原则、五层楼高公共住宅的容许应力设计实例Ⅰ、三层楼高公共住宅的水平承载力设计实例Ⅱ及附录（有关竖向接合部的实验结果和各容许承载力强度计算公式）。

本书可供我国从事预制建筑的设计施工人员及管理人员参考使用。

责任编辑：王　梅
责任设计：赵明霞
责任校对：姜小莲　关　健

预制建筑技术集成
第二册
W-PC的设计
［日］社团法人预制建筑协会　编著
薛伟辰　胡　伟　主译
*
中国建筑工业出版社出版、发行（北京西郊百万庄）
各地新华书店、建筑书店经销
华鲁印联（北京）科贸有限公司制版
北京云浩印刷有限责任公司印刷
*
开本：880×1230毫米　1/16　印张：19¼　字数：580千字
2012年6月第一版　2012年6月第一次印刷
定价：55.00元
ISBN 978-7-112-14173-9
（22202）

译版前言

住宅工业化通过预制技术实现住宅建设的高效率、高品质、低资源消耗和低环境影响，具有显著的经济效益和社会效益，是当前住宅建设的发展趋势。预制混凝土技术最早可以追溯到1891年，巴黎 Ed. Coigent公司首次利用预制混凝土技术建造了 Biarritz 的俱乐部。迄今，预制混凝土技术的发展历史已有110余年。目前，预制混凝土结构(PC)在西欧、北美的应用相当广泛，并发挥着不可替代的作用。在亚洲的日本，1957年开发了中型预制板住宅，1961年使用大型预制板建造了4层公共住宅，1965年开始采用预制构件建造住宅，确立了在日本发展预制技术的基础。到1990年开始，日本与美国共同研究的PRESSS等项目研究开发了多种工法，确立了现在的预制工法，并逐渐广泛应用于运动场、立体停车场、物流仓库等的建设，预制构件也开始用于超高层PC公共住宅楼的建设。自1999年开始，日本开始使用KSI等新的住宅方式，并针对住房的可变性以及顾客对住房独创性、新颖性的要求，开展了各种研发工作。到目前为止，日本在预制建筑方面的技术已经趋于成熟。

日本预制建筑协会在推进日本预制技术的发展方面作出了巨大的贡献。1963年成立的日本预制建筑协会先后建立了PC工法焊接技术资格认定制度、预制装配住宅装潢设计师资格认定制度、PC构件质量认定制度、PC结构审查制度等，并编写了相关的预制规范。为了推广预制技术，日本预制协会成立了专门机构，编写了《预制建筑技术集成》丛书，其中涵盖了剪力墙式预制钢筋混凝土(W-PC)、剪力墙式框架预制钢筋混凝土(WR-PC)及现浇同等型框架预制钢筋混凝土(R-PC)方面的建造技术资料。

随着经济的高速发展，我国也逐渐开始重视住宅工业化的发展。1999年国务院《关于推进住宅产业现代化提高住宅质量的若干意见》开始提出住宅产业现代化的概念，强调住宅建设必须做到节能、节地、节水、节材，注重环境保护，提出发展节能省地型住宅的目标，推进住宅产业现代化工作。住房与城乡建设部在"十一五"期间开始建立了"国家住宅产业化基地"的体制，支持和引导住宅产业化先进技术、成果在住宅示范工程以及其他住宅建设项目中推广应用。

"十一五"期间，随着产业政策的推行，我国涌现了一系列支持住宅产业化的新产品、新材料、新体系。但与发达国家相比，我国住宅产业化仍处于起步阶段。上海市城市建设设计研究总院紧跟住宅建设的发展趋势，成立专门部门从事PC建筑设计研究工作。为了推进预制建筑技术在中国的发展，上海市城市建设设计研究总院特地组织PC项目的骨干力量翻译了日本(社)预制建筑协会的这套技术集成资料。此资料由以下四本组成：

第一册　预制建筑总论　　第二册　W-PC的设计
第三册　WR-PC的设计　　第四册　R-PC的设计

《预制建筑技术集成》丛书的翻译与出版，周成功、顾超瑜、郑仁光、江勇、邵苇、陈水英、徐壮涛、吴晓清等人参与了全书部分内容的翻译与校核，上海勒卡彭建筑信息咨询有限公司金季平总经理给予了鼎力相助，上海城建集团的各位领导给予了大力支持，在此一并表示感谢。

另外，特别感谢日本东北工业大学薛松涛教授与有川教授以及日本PC建筑协会的大内明委员长为本书中文版授权所做出的努力。

特别说明：《预制建筑技术集成》中文版的出版得到了日本PC建筑协会的授权，上海市城市建设设计研究总院为中国境内唯一被授权单位拥有本书中文版的版权；本书是对日文原版资料的翻译，只能作为预制建筑从业人员的参考资料，不能作为设计与施工的依据与准则。

由于译者的时间和水平有限，翻译不当和错漏之处在所难免，敬请广大读者谅解，并欢迎批评指正。最后，再次对参与译版资料编写的各位专家、工作人员表示感谢。

上海市城市建设设计研究总院　朱邦范
2011年12月

预制建筑技术集成出版之际

1999 年 10 月，我协会中高层部会举办了“预制混凝土结构设计研讨会”，共有 42 家会员公司的 73 名代表出席了该会议。在本次研讨会上，为了重新制定适合建筑标准法规定的各项标准、指南等，重新探讨了日本建筑中心下设的结构相关指南研究委员会下发的采用壁式结构 WG 的壁式预制钢筋混凝土结构方面的原建设省告示、通告，并确定了今后的行动指南。

中高层部会在本次研讨会之后，于同年 11 月举办的全国各分部联络会上决定设置一个新机构来制定壁式预制钢筋混凝土（W-PC）、壁式框架预制钢筋混凝土（WR-PC）及现浇同等型框架预制钢筋混凝土（R-PC）方面的建造技术资料集，并制定了 2000 年度开始执行的事业规划。最后，在中高层部会下面新设了性能分科会，并在该分会下面新设了由代表我国水平的专家及活跃在第一线的设计专家组成的结构特别委员会（委员长　盐原　等　东京大学研究生院副教授），开始着手编写预制建筑技术集成。该集成由以下四本组成。

第 1 册　预制建筑总论　第 3 册　WR-PC 的设计

第 2 册　W-PC 的设计　第 4 册　R-PC 的设计

该结构特别委员会，下设由从 52 家会员公司中选出的共计 84 人组成的 5 个工作小组（WG），在大约 3 年时间里，举办了 300 多次会议。另外，性能分科会专门设置组委会，积极支持结构特别委员会及各工作小组的工作。

去年，日本建筑学会出版发行了《现浇同等型预制钢筋混凝土结构设计指南（案）及解说（2002）》。今年，日本建筑中心出版发行了《壁式钢筋混凝土结构设计施工指南》及《壁式框架钢筋混凝土结构设计施工指南》。这次发行的技术集成第 1 册为预制混凝土工法的设计、生产、施工等各方面的解说，第 2、3、4 册为结构设计人员的实用教材、工程主管人员的辅助判断资料，衷心希望这套集成能作为上述指南的补充资料充分发挥它的作用。

至今年 1 月止，本协会正好创立 40 周年。在今年这值得纪念的一年里，中高层部会群策群力发行了集预制建筑技术领域大成的技术集成，并举办了讲习会，使所有会员喜出望外。

在此，对百忙之中始终给予热心指导的盐原委员长、敕使川原副委员长等人表示崇高的敬意。另外，对在工作之余参加 5 个 WG 的各位委员及推选公司长期以来的合作和支持表示衷心的感谢。今后，由法规、标准等的修改而进行的技术集成的修改等后继工作，仍然要请各位继续给予关心和支持。

社团法人预制建筑协会

2003 年 1 月

对预制建筑技术集成的期待

钢筋混凝土(RC)结构是指在加固钢筋的模板框架中填充尚未凝结的混凝土，随着混凝土的硬化，混凝土与钢筋粘结形成整体的合成结构。RC结构具有随意选择形状的优点，但另一方面又受限于熟练劳动者的技术水平。

RC结构比钢筋结构更坚固，适合重视隔声效果、防风性能的住宅等建筑物。在经济高速增长时期，为了解决住房数量不足的问题，日本建造了大量RC结构的公共住宅，这些住宅楼中许多都使用了预制钢筋混凝土(PC)构件。工厂生产的PC构件，由于使用同一模板进行大量生产，所以能够大量供应市场，有利于降低建设成本。

后来，日本经济经过稳定增长时期进入了长期低迷阶段，人们不再满足于单一的住宅形式而开始追求多样性，PC构件的品种也开始丰富起来，各品种的产量开始下降，相对于现浇RC结构的成本优势已不复存在。但是，由于熟练劳动者的绝对数量不足，很难向人们提供高质量的RC结构建筑物，但通过提高施工效率来提高生产效率，能够形成质量高、寿命长的资产，PC构件开始在这方面显露出其优势，所以现在仍然被广泛使用。

日本已经建设了许多使用PC构件的建筑物，但通过这次修改建筑标准法，有必要加深设计人员或建筑主管等人对预制建筑的理解。在这种形势下，最近(财)日本建筑中心、(社)日本建筑学会等相继发行了预制建筑方面的技术资料。

本委员会此次发行的《预制建筑技术集成》，是本委员会成立以来积累的预制建筑方面技术的汇总。使用本资料建设的高质量、高效率、耐久的预制建筑将在使用寿命、成本方面占据明显优势，符合时代要求。

《预制建筑技术集成》共4册。第1册从PC工法到最前沿的设计、制造、施工等方面的信息，可以说是建筑学专业学生的优秀教材，也是建设主管、建筑师、结构工程师、工程管理人员等所有从事预制建筑工作人士的必备技术资料。另外，第2册到第4册分别针对施工业绩优良的3种工法，结合实际工程，详尽介绍最新观点，以期安全合理地进行预制结构设计。

《预制建筑技术集成》能够补充(财)日本建筑中心、(社)日本建筑学会出版发行的其他相关标准，将大大加深对预制建筑的理解。在此对参与本资料编写的各位专家、本委员会工作人员表示感谢的同时，也衷心希望本资料能够得到有效利用。

结构特别委员会委员长　盐原　等

（东京大学研究生院　副教授）

2003年1月

中高层部会　性能分科会　结构特别委员会委员名单(敬语略、排名不分先后)

委员长	盐原 等 东京大学研究生院 工学系研究科建筑学专业 副教授
副委员长	敕使川原正臣 独立行政法人建筑研究所 结构研究小组首席研究员
委员	田中仁史 京都大学 灾害预防研究所 教授
委员	北山和宏 东京都立大学研究生院 工学研究科建筑学专业 副教授
委员	犬飼瑞郎 国土交通省国土技术政策综合研究所 主任研究官
委员	福山 洋 独立行政法人建筑研究所 结构研究小组首席研究员
委员	楠 浩一 独立行政法人建筑研究所 结构研究小组主任研究员
委员	渡边 一弘 都市基础配备公团 技术监理部 专业人士
委员	井上芳生 都市基础配备公团 神奈川地区分公司 建筑科长
委员	木村 匡 都市基础配备公团 埼玉地区分公司 专业人士
委员	齐田和男(财)日本建筑中心 建筑技术研究所 审议员
委员	大桥和男(社)预制建筑协会(安藤建设(株))
委员	松泽哲哉(社)预制建筑协会(佐藤工业(株))
委员	川端一三(社)预制建筑协会(大成建设(株))
委员	田中材幸(社)预制建筑协会(大成コーレック(株))
委员	石川胜美(社)预制建筑协会(户田建设(株))
委员	田中良树(社)预制建筑协会((株)ナカノコーポレーション)
委员	大井 裕(社)预制建筑协会((株)间组)
委员	久保健二(社)预制建筑协会(フドウ建研(株))
委员	饭塚正义(社)预制建筑协会(不动建设(株))
委员	小室邦博(社)预制建筑协会(三井プレコン(株))
顾问	大内 明(社)预制建筑协会 中高层部会性能分科会 会长
顾问	城 宪一(社)预制建筑协会中高层部会性能分科会 副会长
顾问	汤泽守孝(社)预制建筑协会 中高层部会性能分科会 副会长
顾问	久保信之(社)预制建筑协会 中部分部中高层部会 副部会长
顾问	今中八起(社)预制建筑协会 关西分部中高层部会 部会长
顾问	岩井俊平(社)预制建筑协会 九州分部中高层部会 部会长代理
原委员	今村宏信 都市基础配备公团(平成 12 年 4 月～14 年 6 月)
原顾问	太田范男(社)预制建筑协会(平成 12 年 4 月～14 年 5 月)

前言

本资料是预制建筑协会中高层部会性能分科会结构特别委员会实施编写的有关整个预制结构领域的技术资料集的成果之一，由以下几个部分构成：

1 相关法令

2 壁式预制钢筋混凝土结构(W-PC)设计指南

3 设计实例Ⅰ五层公共住宅的容许应力

4 设计实例Ⅱ三层公共住宅的极限水平承载力设计

5 附录(有关竖向接合部的实验结果和各容许承载力及强度计算公式)

建筑结构特别委员会下设五个研究工作小组(WG)，其中 WG3 负责对壁式预制钢筋混凝土建筑的设计资料进行汇编。

建设省建筑研究所(现为独立行政法人建筑研究所)最早于 1950 年便着手于壁式预制钢筋混凝土结构建筑的研究工作，直到 1956 年才由日本住宅公团(现为城市基础建设公团)将壁式预制钢筋混凝土构件用于建筑二层的附带阳台的公团住宅之中，并从此开始了 W-PC 建材的真正应用以及普及过程。另外，建设省建筑研究所、日本住宅公团等关于壁式预制钢筋混凝土构件应用于中高层建筑的研究取得了进一步发展，大量的实验也证明了 W-PC 材料的抗震性能。因此，在 1965 年，日本建筑学会制定了四层楼高建筑用的 W-PC 设计标准，在 1971 年，日本建筑中心在建设省的指导下制定了五层楼高建筑用的 W-PC 设计指南。

建设省在 1983 年颁布了关于壁式钢筋混凝土构件以及壁式预制钢筋混凝土构件的技术标准。同年，为了解释说明该标准，日本建筑中心发行了《壁式预制钢筋混凝土构件设计施工指南》一书。

期间，壁式预制钢筋混凝土构件被广泛地应用于公共住宅的建设之中，大量的由壁式预制钢筋混凝土构件建造的建筑在多次的地震中几乎没有任何损坏，即使在 1995 年发生在兵库县(位于本州的中央，北临日本海)南部的大地震中，此类建筑物的损害也微乎其微。所以，壁式预制钢筋混凝土构件的抗震性能得到了验证。

2000 年 6 月，日本大幅度地修改了旨在推进(构件)性能规范化的建筑基本法及其实施细则，与之相适应，2001 年对壁式钢筋混凝土构件和壁式预制钢筋混凝土构件的技术标准也进行了修改。作为对于这一新标准的解读，日本建筑中心于 2003 年修订了《壁式预制钢筋混凝土构件设计施工指南》一书。

本资料就是严格依据日本建筑中心编著的《壁式预制钢筋混凝土结构设计施工指南》一书中所规定的技术标准，引入了日本建筑学会的设计标准，吸收了相关文献等最新的技术见解，以设计必须遵守的方针为主导而汇总编写的关于壁式预制钢筋混凝土构件的技术资料集。

希望这本旨在推进(构件)性能规范化、为推进壁式预制钢筋混凝土构件能不断应用于新的建筑物而编写的技术资料，可以不仅被预制建筑协会的会员所使用，也能被更多的设计者和相关人士所使用。如果这本技术资料能将壁式预制钢筋混凝土结构进一步普及和发展，编者将感到无比荣幸。

WG3 主任　田中材幸

2003 年 1 月

目录

相关法令

以下从建筑相关的法令中有关结构方法以及结构计算等方面的法令中，抽取的与本书——构件建筑技术集成第二编 W-PC 的设计《壁式预制钢筋混凝土结构设计指南》（以下简称《W-PC 指南》）相关的法令条文，需要注意的地方都以【附注】的形式标出。

第 1 章　建筑基准法

1.1　第 20 条（结构承载力）

因为建筑物是一种即使承受恒载、活载、积雪、风压、土压、水压，以及地震或其他振动的冲击也必须安全、坚固的建筑结构，所以其必须符合法令规定的以下标准：

一、有关建筑物安全方面的结构方法必须符合政府规定的技术标准。

二、以下列出的建筑物，除前一款规定的事项以外，还必须按照政府法令制定的标准结构计算方法计算以确保其安全性。

1. 第 6 条第 1 项第 2 款和第 3 款所列之建筑物

2. 除了 1. 所列之外，楼高超过 13m 或者房檐高度超过 9m，其主要结构部分（楼板、屋顶、楼梯除外）为石制、砖制、水泥预制板制、无钢筋混凝土制以及其他属于此类构造的建筑物

【附注】

（1）政府法令规定的技术标准

此技术标准在《建筑基准法施行令》（以下简称《令》）第 36 条（构造方法的技术标准）中有所规定，这里将《令》的第 36 条至第 80 条的第二款中与此相关的条文都摘录于本书的第 2 章。另外，与壁式预制钢筋混凝土（以下简称“WPC 结构”）的建筑方法相关的技术标准在国土交通省的第 1026 号（平成 13 年 6 月 12 日，注：平成 13 年即 2001 年）公告中已经有了明确规定，与此相关的条款将在第 3 章中详细介绍。

（2）依据结构计算方法确认其安全性的建筑物

《建筑基准法》（以下简称《基准法》）第 6 条第 1 项第 2 款和第 3 款所列的建筑物之中，地上楼层大于两层或总面积超过 $200m^2$ 的情况，就必须通过结构计算来确认建筑物的安全性。

（3）遵循政府法令制定的标准的结构计算方法

此结构计算方法在《令》第 81 条（通用）中做出规定，

一、容许应力等的计算方法

二、承载力极限的计算方法

在《W-PC 指南》中列出了基于容许应力等的结构计算方法。

1.2　第 37 条（建筑材料的质量）

国土交通大臣规定的建筑材料（本条款中称作“指定建筑材料”），诸如用于建筑物的基础、主要结

构部分以及政府法令规定的在安全、防火、卫生等方面具有重要作用的木材、钢材、混凝土以及其他建筑材料，必须符合以下各款规定。

一、每个指定建筑材料的质量必须符合国土交通大臣指定的日本工业标准或日本农林标准

二、除了前款所述事项，在安全、防火、或卫生方面，每种指定建筑材料必须符合国土交通大臣所指定的相关的技术标准，须得到国土交通大臣的认定

【附注】

(1) 指定建筑材料

国土交通大臣规定的建筑材料，在2000年建设省第1446号公告中被称作指定材料，指定材料作为最主要的使用材料被应用于WPC之中，包括结构用钢材与铸钢、高强度螺丝、钢筋、焊接材料、混凝土等。

(2) 国土交通大臣指定的日本工业规格

指定建筑材料的质量必须符合国土交通大臣指定的日本工业标准，有关各种指定建筑材料的日本工业标准将在《W-PC指南》的第3章使用材料部分中列出。

注意，如果指定建筑材料能得到国土交通大臣的认定，即使不符合日本工业标准也可以采用。

(3) 预制混凝土构件的品质

在由建筑省住宅局建筑指导课主编的《新日本建筑法规》[2000年6月1日实施　修正建筑标准法(第2年实施)的解说] 538页中指出“对于混凝土等构件规定了其在工地使用中的质量，而对于混凝土建筑楼板承重柱等构件，由于其具有较高的质量，因此不必拘泥以上质量标准”。因此，在预制混凝土构件工厂生产的预制钢筋混凝土构件就不属于这里所说的指定构件。

第2章　建筑基准法施行令

2.1　第36条（构造方法的技术基准）

《基准法》第20条第一款中政府法令所制定的技术标准（建筑设备相关的技术标准除外）基于此章节至第7节2中所规定的标准。

2　法第20条第二款中列出的建筑物以外的建筑物的构造方法必须符合以下各款。

一、符合此章节至第7节2中规定的构造方法。

二、符合耐久性等相关规定（本条款至第37条、第38条第1项、第5项以及第6项、第39条第1项、第41条、第49条、第70条、第72条（包括第79条4以及第80条所适用的情况）、第74条至第76条（包括第79条4以及第80条所适用的情况）、第79条（包括第79条4所适用的情况）、第79条3以及第80条2的规定（仅限于国土交通大臣制定的在安全方面必要的技术基准中与指定基准相关的部分）。此条款以下的部分都相同。）并且，通过第82条6所规定的承载力极限计算方法或是第81条第1项补充条款中规定的结构计算（只限于国土交通大臣指定的根据极限承载力以及同等以上计算能够确认安全性的结构计算）确认了安全性的构造方法。

三、符合耐久性等相关规定，并且，根据第81条2的规定，通过结构计算（此计算遵循国土交通大臣制定的基准）被确认具有安全性且得到国土交通大臣认定的构造方法。

3　《基准法》第20条第二款中所列出的建筑物（高度超过60m的建筑物除外）。下一项、第81条以及第81条的2中均称作"超高层建筑物"的构造方法，必须符合下列各款。

一、符合此节至第7节2的规定，并通过第82条所规定的容许应力度等计算或是第81条第1项补充条款中规定的结构计算确认了安全性的构造方法。

二、前项第二款和第三款中列出的构造方法。

4　超高层建筑物的构造方法，必须符合耐久性等相关规定，并且，根据第81条2的规定，通过结构计算（此计算遵循的是国土交通大臣制定的基准）被确认具有安全性且得到国土交通大臣认定。

【附注】

(1) WPC建筑的构造方法

WPC建筑，正如第1章《建筑基准法》1.1第20条（结构承载力）**【附注】**(2) 所列举的一样，大部分的建筑都符合《基准法》第20条第二款中所列举的建筑标准的规定，适用于第3项构造方法。第3项的规定是有关WPC结构的相关条文，将在下面列出。

2.2　第36条的2（结构设计的原则）

对于建筑的结构设计，要根据其用途、规模以及结构的类别和土地的状况有效地布置柱、梁、板、墙壁等。整个建筑物，应该是一个即使在承受自重、活载、积雪、风压、土压、水压，以及地震或其他振动、冲击的情况下，在结构承载力方面也同样安全的建筑。

2　在结构承载力方面，为了能够承受水平力，建筑物的主要部分应合理配置。

3　在建筑物的结构承载力方面，为了使建筑物不会因地震等外力作用而出现变形与瞬间破坏而无法使用的情况，建筑的主要部分必须具备良好的刚度和韧性。

【附注】

(1) 作用于建筑物的力

作用于 WPC 建筑的力一般分为建筑自重、活载，积雪、风压、土压、水压，以及因地震产生的力，关于这些力将在《W-PC 指南》第 4 章荷载及外力中加以说明。

(2) 均衡布置

WPC 建筑在结构承载力方面，承受作用于自身的水平力的主要结构是剪力墙，所以剪力墙必须要均衡布置。

(3) 使用方面损毁的防范以及建筑物韧性的保证

WPC 建筑在结构承载力方面，因为刚性不足发生变形或因为振动造成无法使用的情况，建筑物的剪力墙、墙梁以及楼板等存在的问题是产生这些情况的主要原因。

在第 3 章所列出的关于剪力墙钢筋混凝土结构的构造方法的技术标准（2001 年国土交通省告示第 1026 号）中，有对剪力墙的高度限制及壁厚的规定，虽然对剪力墙刚性不足的情况考虑很少，但是最好是在考虑层高的前提下设计墙壁的厚度。对于墙梁以及楼板（底楼板）这两个部分，必须通过《建筑基准法实施令》第 82 条第 4 款规定的国土交通大臣所认定的方法确认在使用时不会发生故障。

为使建筑物不出现瞬间损坏的情况就必须使建筑物具备足够的韧性，这样必须保证预制钢筋混凝土的构件之间或预制钢筋混凝土构件和现浇钢筋混凝土构件之间的接合部具有所需的足够承载力和韧性。

2.3 第 72 条（混凝土材料）

用于制造钢筋混凝土构件的混凝土材料，必须符合以下各条标准。

一、骨料、水以及混合材料不能含有使钢筋氧化腐蚀或是妨碍混凝土凝固或硬化的酸、盐、有机物或泥土等成分。

二、骨料的大小应以便于通过钢筋之间或是钢筋和石棉水泥瓦之间为准。

三、骨料应该大小适当，颗粒的形状合理，并能为混凝土提供必要的强度、耐久性和耐火性。

【附注】

(1) 骨料的体积

WPC 结构使用现浇的混凝土来填充预制构件的接合部。WPC 结构中，由于其接合部一般都很狭窄并且还有很多钢筋，为了得到更好的浇筑效果，一般都会使用体积较小的骨料。现浇的混凝土必须符合日本工业标准，所以必须注意对骨料体积的规格的控制。在构件接合部除了现浇混凝土外，通常也会使用砂浆。

2.4 第 73 条（钢筋的接头以及固定）

钢筋的末端弯曲成钩状，为了不让其从混凝土中露出来就必须将钢筋接头固定。但是，在施工过程中，除了用于以下各款所列出的结构部分外，可以使用接头部分不规则、末端不弯曲的钢筋。

一、柱或梁（不包含基础梁）等的外角部分。

二、烟囱。

2 主筋或剪力墙钢筋（以下称为“主筋”）的接头重合的长度，如果钢筋接头处在结构构件中拉力最小的位置，那么接头搭接长度应为主筋直径（如果是不同直径接的钢筋混用的情形，以最小的主筋等的直径为标准，以下条款中与此相同）的 25 倍以上，如果钢筋接头处在结构构件中拉力不是最小的位置，那么搭接处的长度应为主筋的直径的 40 倍以上。注意，用于国土交通大臣所认定的构造方法中的接头不受此要求。

3　由柱支撑的梁的受拉钢筋，除了已焊接在柱主筋上的情况，被固定在柱上的接头长度必须是其直径的 40 倍以上。

4　使用轻型骨料的钢筋混凝土结构，如果适用于前两项的规定，将其中的“25 倍”提升至“30 倍”，“40 倍”提升至“50 倍”。

5　能通过遵循国土交通大臣规定的基准制定的结构计算确认具有安全性的建筑，不必受以上各条规定限制。

【附注】

（1）国土交通大臣所认定的构造方法中的接头

WPC 在 PC 板内部设置接头的时候多采用搭接接头，但在现场，钢筋连接（为了连接壁式预制钢筋混凝土构件而使用的钢筋，以下均与此同）很少采用搭接接头。在现场钢筋的连接方法，除了搭接之外，国土交通大臣规定的方法（平成 12 年建设省第 1463 号公告）还有：墩接连接、焊接连接、机械式连接以及套筒连接等。但在使用焊接接头时，如果主筋的直径小于 25mm，一般采用重合电弧焊接的方法。此外，通过实验，接头的承载力、韧性以及附着能力等性能也可以用于确认接头钢筋的性能。

（2）遵循国土交通大臣规定的基准而制定的结构计算方法

此结构计算方法是 2001 年国土交通不第 1371 号第 1 公告所指定的，采用容许应力强度计算与材料强度计算的结构计算方法。此外，因为钢筋的固定以及搭接接头的长度关系到混凝土的附着能力，所以设计用附着应力强度的计算可以根据日本建筑学会《钢筋混凝土结构计算准则・解说》（1991 年）来算定。

2.5　第 74 条（混凝土的强度）

用于制造钢筋混凝土的混凝土的强度必须满足下列规定。

一、4 周抗压强度，1mm^2 可以承受 12N（使用轻骨料时为 9N）以上的压力。

二、混凝土的设计标准强度（设计时采用抗压强度，以下均与此同），必须符合国土交通大臣在安全方面认定的必要的基准。

2　如果要求混凝土具有前项的规定的强度，必须依照国土交通大臣指定的方法进行强度试验。

3　混凝土的配置要均质、密实，而且，必须制定配合比以获得必需的强度。

【附注】

（1）国土交通大臣认定的在安全方面必要的基准及指定的强度试验

在昭和 56 年建设省的第 1102 号公告中（改正　2000 年建设省第 1462 号公告），指定了混凝土的强度与设计标准强度、两者的关系以及混凝土强度试验的方法。

2.6　第 77 条 2（楼板的构造）

楼板是结构承载的主要构件之一，必须符合下面规定的标准。

一、楼板厚度大于 8cm，且必须关于短边有效跨度的 1/40。

二、最大弯矩处的受拉钢筋的间距，短边应小于 20cm，长边应小于 30cm，且为板厚的 3 倍以下。

2　前项所举楼板中，如果是预制钢筋混凝土板，除了符合此项规定外，还必须符合下列规定。但是，如果能通过国土交通大臣规定的基准制定的结构计算确认其具有安全性的情况，可以不受此限制。

一、和周围横梁等的接合部可以传递此部分的应力。

二、与两种以上的构件组合时，需将这些构件紧密结合。

【附注】

（1）第 82 条第四款列出的结构计算

2000 年建设省第 1459 号公告的规定，结构计算中楼板的必要厚度是短边有效跨距长度的 1/30 以下（自由梁的情况是 1/10 以下），因为与本条文厚度规定的 1/40 以上不同，所以需要注意。

（2）预制钢筋混凝土楼板的接合部

楼板和剪力墙以及墙梁的接合部的竖向力、弯矩以及剪断力可以传到给剪力墙以及墙梁。此外，楼板的接合处的钢筋需紧密连接。

2.7　第 78 条 2（剪力墙）

剪力墙必须符合以下标准。

一、厚度在 12cm 以上。

二、在开口部周围需配置 12mm 以上的加固钢筋。

三、通过以建设大臣制定的标准而进行的结构计算并得到结构承载力安全的剪力墙以外，其他的剪力墙每 30cm（双配置钢筋的情况，45cm）以下的间隔需横竖配置直径 9mm 以上的钢筋。对于平房建筑，间隔可以是 35cm（双配置钢筋的情况，50cm）以下。

四、和周围柱以及梁的接合处可以传递这部分的应力。

2　壁式结构的剪力墙，除符合上述规定外，还必须符合以下规定。

一、长度为 45cm 以上。

二、其边缘及角落部位需纵向配置直径 12mm 以上的钢筋。

三、把各层剪力墙的顶部以及底部紧密结合在该剪力墙厚度以上的墙（最下层的剪力墙底部，布置在基础或基础梁上）上，以便于有效传递剪力墙的应力。

【附注】

（1）壁式结构的剪力墙

最小厚度为 12cm，最小长度为 45cm，在开口周围配置直径为 12cm 以上的加强钢筋，边缘部位以及角落部位纵向配置直径 12cm 以上的钢筋。

（2）能够传递剪力墙应力的墙梁

各层的剪力墙如果单独承重，容易出现建筑物上浮、倒塌以及剪力墙弯曲、剪力增大的现象，为了防止这种情况的出现，有必要通过墙梁把各层剪力墙的顶部、底部紧密的连接起来使之成为整体。

2.8　第 79 条（钢筋的保护层厚度）

钢筋到混凝土表面的厚度应该满足以下标准，剪力墙之外的墙或楼板取 2cm 以上，剪力墙、柱或梁取 3cm 以上，直接接土的墙壁，新浇筑的柱取 4cm 以上，基础（不包含条形基础上升的部分）部分必

须在 6cm 以上。

2　预制钢筋混凝土构件，如果采用了国土交通大臣指定的构造方法，不受前项条款限制。

【附注】

（1）国土交通大臣指定的构造方法

2001 年国土交通省第 1372 号公告规定，用于不包括地下室在 3 层以下的建筑物中的预制钢筋混凝土构件以及预应力混凝土桩可以不遵循第一项关于保护层厚度的规定。

2.9　第 80 条 2（与构造方法相关的补充法则）

除了第 3 节至前一节中规定的事项，关于下面各款列出的建筑物或是建筑物结构部分的构造方法，如果国土交通大臣制定了在安全方面必要的技术基准，那么这些建筑物或是建筑物的构造部分必须遵循该技术基准。

一、木结构、石砌结构、加固混凝土块结构、钢结构、钢筋混凝土结构、钢与钢筋混凝土结构或是无钢筋混凝土结构建筑物，以及建筑的结构部分采用了特殊构造方法的建筑物。

二、木结构、石砌结构、加固混凝土块结构、钢结构、钢筋混凝土结构、钢与钢筋混凝土结构以及无钢筋混凝土结构以外的建筑物，或是建筑物的结构部分。

【附注】

（1）技术基准

2001 年国土交通省第 1026 号公告制定了有关 WPC 的技术标准，此标准将在第 3 章中列出。

第3章　国土交通省第1026号通告（2001年6月12日）（技术标准）

本文将国土交通省公告中基于《建筑基准法实施令》所指定的技术标准相关的条文列举出来，并将其中关于WPC结构的技术标准附注也列举出来。

基于《建筑基准法实施令》（昭和25年政令第338号）第80条第2项第1款的规定，有关壁式预制钢筋混凝土建筑或者建筑物结构部分的构造方法在安全方面必要的技术标准在第1～第8中进行了规定，基于本令第36条第2项第2款的规定，有关壁式预制钢筋混凝土建筑或建筑物结构部分的构造方法在安全方面必要的技术标准中使用寿命等相关规定在第9中列出。

3.1　第一"适用的范围等"

壁式钢筋混凝土建筑或是建筑物构造部分的构造方法，除了要遵循《建筑基准法施行令》（以下简称"令"）中的第3章第6节的相关规定以外，还要遵循以下规定。注意，关于壁式钢筋混凝土建筑或是建筑物构造的地上部分，如果符合《令》第82条第2项规定的层间变形角小于1/2000的要求，或是能够确认根据令第82条的第4项的第1款规定计算的极限水平承载力高于根据同条第2款的规定计算的必要的极限水平承载力的情形，不受第2款以及第3款的规定限制。

一、五层（不包括地下室）以下并且屋檐的高度为20m以下的建筑。

二、层高（本层地面到上一层地面的高度称为层高。如果是顶层或者是平房的话，指的就是地面到主剪力墙与屋顶相接的最低点的高度）在3.5m以下的剪力墙钢筋混凝土建筑物。

三、符合昭和55年建设省第1790号公告的第5条"ロ"的规定的建筑物。

四、对于结构主要承载的预制钢筋混凝土结构而言，预制构件之间以及预制构件和现浇混凝土之间的接合部能实现应力传递。

【附注】

（1）建筑的构造部分

建筑物的构造部分，指的是在不同结构的建筑物中用壁式钢筋混凝土制造的部分。

（2）层数与房檐的高度

层数高于五层（不包含地下室）或建筑高的房檐高度高于20m的WPC建筑物不适用于此范围，但必须满足以下各项要求。

① 符合耐久性相关规定并且通过极限承载力计算可以达到安全标准。

② 符合耐久性相关规定并且按照《令》第81条第2项的结构计算方法确认其安全性，并得到国土交通大臣认可。

（3）昭和55年建设省公告第1790号第5条"ロ"款。

此条款是在平成13年国土交通省的第1369号公告的基础上修订得到的，给出了对特定建筑物的规定（柱、墙的横断面面积的规定），地面部分各层各方向剪力墙的横断面积适用于以下公式

$$\sum 2.5A_w+\sum 0.74A_c \geqslant ZWA_i\beta$$

式中 A_w——该层的剪力墙中，在要计算的方向上设置的横断面面积；

A_c——该层的主要承载构件如柱子等的水平断面积（mm^2），在采用WPC结构时取0；

Z——采用《令》第88条第1项规定的Z的数值；

W——根据《令》第 88 条第 1 项的规定，在计算地震力情况时的该层支撑部分恒载和活载之和（《令》第 88 条第 2 项补充规定，特定行政厅可以在诸如多雪的地区规定提高积雪荷载的取值，N）；

A_i——《令》第 88 条第 1 项规定的与该层相关的 A_i 的值；

β——因混凝土的标准强度而不同的变量，F_c 小于 $18N/mm^2$ 的情况下是 1.0，大于 $18N/mm^2$ 的情况下为 $\sqrt{18/F_c}$ 并且大于 $\sqrt{1/2}$。

3.2 第二 混凝土及砂浆的强度

一、如果混凝土与砂浆被用于结构的主要承载部分时，其设计标准强度必须达到每平方毫米可承受 18N 以上的压力。

二、关于砂浆的强度，以《令》第 74 条（不包括第 1 项第 1 款）以及昭和 56 年建设省第 1102 号公告中所规定为标准。

【附注】

（1）混凝土与砂浆的质量

混凝土的质量要求符合《建筑基准法》的第 37 条的规定。砂浆的质量要求符合日本建筑学会《建筑工事标准式样书・同解说 JASS10 预制混凝土工程》（2003 年）的要求。

（2）砂浆的强度

砂浆的强度请参照《令》第 74 条以及昭和 56 年建设省第 1102 号公告的要求，也可参照本书第 2 章 2.5 节的注记。

3.3 第三 应用于接合处的构造用钢材的质量

用于接合处的钢材的质量根据用途的不同需分别达到日本工业规格 G3101（一般构造用轧制钢）—1995、日本工业规格 G3106（焊接构造用轧制钢）—1999、日本工业规格 G3136（建筑构造用轧制钢）—1994 的规定要求或同等以上的质量标准。

【附注】

（1）具有同等以上品质的钢材

同等以上的品质的材料，指的是经过国土交通大臣认定的建筑材料。

3.4 第四 基础梁

基础梁（包括筏板基础以及条形基础，在第五中与此同），必须是整个钢筋混凝土结构（包括两种以上构件的组合，把构件紧密连接在一起的情况）。

【附注】

（1）两种以上构件组合的情况

两种以上构件的组合，指的是将基础梁中预制钢筋混凝土构件与现浇混凝土部分进行紧密接合的情况。

3.5 第五 楼板以及屋面板的构造

主要承受荷载的地板以及屋面板，采用钢筋混凝土结构，并且必须具有能够将因水平力产生的荷载有效地传递给剪力墙以及梁（位于最下层的地板，基础梁）的刚度以及承载力。注意，关于剪力墙钢筋混凝土建筑或建筑物结构的地上部分，如果能够被确认根据令第 82 条的第 4 项的第 1 款规定计算的极限水平承载力高于根据同条第 2 款的规定计算的必要极限水平承载力，则不受此限制。

【附注】

(1) 令 82 条四规定的结构计算

根据国土交通部制定的方法确定，建筑物不会因楼板、屋面板的变形与振动而产生破坏。

3.6 第六 剪力墙

一、剪力墙必须均匀布置。

二、布置于各层的横向以纵向的剪力墙的长度的总和除以其楼层的楼板面积得出的数值（以下简称为“壁量”）必须高于下面表 1（壁式预制钢筋混凝土建筑物以及建筑物的结构部分见表 2）所列数值。注意，对于剪力墙钢筋混凝土建筑或是建筑物结构的地上部分，如果令第 82 条第 2 项规定的层间变形角小于 1/2000，并且能够被确认根据令第 82 条的第 4 项的第 1 款规定计算的保有水平承载力高于根据同条第 2 款的规定计算的必要极限水平承载力，则不受此限制。

表 1

层		数值（单位：m^2/cm）
地上各层	顶层向下计算建筑物的第 4 层和 5 层	15
	其他层	12
地下室		20

表 2

层		数值（单位：m^2/cm）
地上各层	不包括地下室为 4 层和 5 层的建筑物的各层	15
	不包括地下室为 1～3 层的建筑物的各层	12
地下室		20

三、在以下（1）、（2）、（3）的情况下，用表 1（如果是剪力墙钢筋混凝土建筑或是建筑物结构部分则使用表 2）的数值减 5 作为最低数值，也可以用（1）、（2）、（3）得出的数值乘以表 1（如果是壁式预制钢筋混凝土建筑或是建筑物结构部分则使用表 2 的数值）得到允许值。

（1）剪力墙的厚度超过了五（2）的表 1（壁式预制钢筋混凝土建筑物与建筑物的结构部分见表 2）中所列数值的情况，用五（1）的表 1（壁式预制钢筋混凝土建筑物与建筑物的结构部分见表 2）中的数值乘以剪力墙总长度所得到的数值，除以剪力墙的厚度乘以该剪力墙的长度所得的数值。

（2）《令》第 88 条第 1 项中规定的 Z 的数值（以下称作“Z 的数值”）不满足的地域的情况的 Z 的数值。

（3）用于剪力墙的混凝土的设计标准强度超过 $18N/mm^2$ 的情况，用 18 除以混凝土的设计标准强度（单位 N/mm^2）得到的数值的平方根（该数值不满 1/2 的平方根的数值时取 1/2 的平方根）。

四、壁式预制钢筋混凝土建筑物或建筑物结构部分的剪力墙中心线围绕部分的水平投影面积，必须在 $60m^2$ 以下。但是，通过令第 82 条第 1 款～第 3 款规定的结构计算确认了结构承载力安全的情况不受此限制。

五、剪力墙必须符合下面（1）～（3）的规定。

（1）剪力墙的厚度应大于下面表 1（壁式预制钢筋混凝土建筑物以及建筑物的结构部分见表 2）中列出的数值。但是，通过令第 82 条第 1 款～第 3 款规定的结构计算被确认在构造承载力方面安全的情况，可以不用达到表中的规定值（该数值不满 12cm 时，记为 12cm）。

表 1

<table>
<tr><th colspan="3">层</th><th>剪力墙的厚度（单位：cm）</th></tr>
<tr><td rowspan="4">地上层</td><td colspan="2">地下室是一层的建筑物除外</td><td>12</td></tr>
<tr><td colspan="2">地下室是二层的建筑物除外</td><td>15</td></tr>
<tr><td rowspan="2">地下室大于三层的建筑物除外</td><td>顶层</td><td>15</td></tr>
<tr><td>其他层</td><td>18</td></tr>
<tr><td>地下室</td><td colspan="2"></td><td>18</td></tr>
</table>

表 2

<table>
<tr><th colspan="2">层</th><th>剪力墙的厚度（单位：cm）</th></tr>
<tr><td rowspan="2">地上层</td><td>顶层以及从顶层向下计算的第二层</td><td>12</td></tr>
<tr><td>其他层</td><td>15</td></tr>
<tr><td>地下室</td><td></td><td>18</td></tr>
</table>

（2）配筋率指的是与剪力墙垂直相交的断面中的混凝土截面面积和钢筋截面（纵向钢筋的横截面面积，横向钢筋的纵截面面积）面积之和的比例（以下第 6 的第 5 条相同）。配筋率必须大于表 1（壁式预制钢筋混凝土建筑物以及建筑物的结构部分见表 2）所列出的各项数值。注意，如果按照《令》第 82 条第 1～第 3 款规定的计算方法，满足结构安全性的要求时，配筋率可以取 0.15%（规定数值为 0.15%壁式预制钢筋混凝土建筑物以及建筑物的结构部分的规定数值为 0.2%）。

表 1

<table>
<tr><th colspan="3">层</th><th>配筋率（单位:%）</th></tr>
<tr><td rowspan="4">地上层</td><td colspan="2">地下室是 1 层的建筑除外</td><td>0.15</td></tr>
<tr><td rowspan="3">地下室是 2 层以上的建筑除外</td><td>顶层</td><td>0.15</td></tr>
<tr><td>顶层之下的第 2 层</td><td>0.20</td></tr>
<tr><td>其他各层</td><td>0.25</td></tr>
<tr><td colspan="3">地下室</td><td>0.25</td></tr>
</table>

表 2

<table>
<tr><th colspan="3">层</th><th>配筋率（单位:%）</th></tr>
<tr><td rowspan="4">地上层</td><td colspan="2">地下室为 2 层以内的建筑除外</td><td>0.20</td></tr>
<tr><td rowspan="3">地下室为 3 层以上的建筑物除外</td><td>顶层</td><td>0.20</td></tr>
<tr><td>顶层之下的第 2 层及第 3 层</td><td>0.25</td></tr>
<tr><td>其他各层</td><td>0.30</td></tr>
<tr><td colspan="3">地下室</td><td>0.30</td></tr>
</table>

（3）预制钢筋混凝土剪力墙，其顶部以及底部所用的钢筋直径必须为 12mm 以上。

【附注】

（1）合理布置

无论是平面上的还是空间上的剪力墙都必须合理布置，这是建筑中最基本的准则之一。即：壁量不但要满足全部的规定值，还要合理连续布置。

（2）降低壁量

影响壁量的因素主要有以下三种，分别是剪力墙的厚度，地震区域的系数，建造剪力墙所使用的混凝土的标准强度标号。其中，根据第 3 款イ的规定，剪力墙厚度应为规定厚度除以平均厚度（所有墙横截面面积除以所有墙长度得到的值）得到的数值。根据相关条件要求，壁量的极限为 5cm/m^2，但是在补充条款里也有这样的规定，在设计时的层间变形角为 1/2000 以下并可以确保水平承载力的情况下可以超越以上规定。

（3）剪力墙的厚度

根据容许应力计算确认在结构承载力方面安全的情况下，剪力墙的厚度可以在规定值以下，但是根据《法则》第 78 条 2 规定，不能低于 12cm。此外，对钢筋的混凝土保护层厚度必须进行核查。

3.7　第七 墙梁的构造

墙梁必须符合以下的规定。注意，对于通过《法则》第 82 条第 1 款～第 3 款中制定的结构计算被确认了在结构承载力方面安全的剪力墙钢筋混凝土建筑或建筑物结构的地上部分，如果能够被确认根据令第 82 条的第 4 项的第 1 款规定计算的极限水平承载力高于根据同条第 3 款的规定计算的必要极限水平承载力，不受第 2 款以及第 3 款的限制。

一、高度需在 45cm 以上。

二、双钢筋梁。

三、主筋的直径必须在 12mm 以上。

四、锚固钢筋比是指梁的钢筋之间的混凝土截面面积和锚固钢筋截面面积之和的比值，该数值必须在 0.15%（壁式预制钢筋混凝土建筑物或建筑物的结构部分是 0.2%）以上。

【附注】

（1）墙梁的高度

采用建筑物所承受的长期压力和短期压力进行结构计算，容许应力计算可以忽略以上对梁的高度的规定。为了防止建筑物在的抗震能力不足，最好在门洞的上部设置一道低于 45cm 的墙梁。

3.8 第八 接合部的构造

接合部分必须满足下列规定。但是，如果按照《令》第 82 条第 1～第 3 款规定的计算方法，在满足结构安全方面的要求时，可以不遵循下面第 1 条规定。

一、相互垂直的剪力墙的接合部是最重要的部分，可以通过使用直径 9mm 以上的楔形钢筋加固以提高其强度。

二、楼板、屋面板、墙梁、剪力墙的水平接合部应能够传递应力。

三、接合部使用的钢筋或其他金属材料应具备防腐和耐火性有效的保护层厚度。

【附注】

（1）重要接合部

重要接合部一般指的是在施工现场以混凝土或者砂浆进行整体浇筑的构件。如果按照《令》第 82 条第 1～第 3 款的要求进行容许应力计算，虽然重要接合部不必具备应力传递能力，但是通过金属接合的接合部必须具备传递应力的能力。

（2）楔形钢筋

重要接合部的竖向接合处，为了避免人为因素导致接合不紧密，必须采用 9mm 以上的楔形钢筋进行加固连接。

（3）关于应力的传递问题

水平方向的接合部会受到轴向力、弯矩以及剪力等的影响，所以必须使其具有传递应力的能力。关于传递应力的确定方法请参考《W-PC 指南》第 8 章接合部设计的内容。

（4）防锈和耐火性能的要求

接合部所使用的钢筋或其他金属材料必须符合《令》第 79 条的规定。

3.9 第九 耐久性等相关规定

执行第 2 条第 1 款及第 3 款对于耐久性规定。

【附注】

（1）耐久性的相关规定

《令》第 36 条第 2 项第 2 款对耐久性做出了规定。国土交通省根据《令》第 80 条第 2 款制定了安全方面必要的技术标准，在第 9 条中列举了关于耐久性等相关规定。

壁式预制钢筋混凝土结构

（W-PC）

设计指南

结构特别委员会 WG3（W-PC）委员名单

主编　　田中材幸 大成コーレック（株）设计部
副主编　大桥和男 安藤建设（株）建筑本部结构设计部
委员　　杉山雄信 茨城县土木建筑业合作社 PC 事业部
委员　　田畑贞和 大木建设（株）技术本部技术开发部
委员　　池谷司 大木建设（株）设计本部第 2 结构课
委员　　斋藤量 大成コーレック（株）设计部结构设计室
委员　　伊藤晋广 铁建建设（株）建筑本部设计部结构设计小组
委员　　清水敏也 丰田总建（株）设计部技术课
委员　　妹尾正和 フドウ建研（株）PC 事业本部设计部
委员　　中野浩伺 矢作建设（株）建筑技术部

执笔承担

1.1	大桥和男	田中材幸
1.2～1.3	伊藤晋广	清水敏也
1.4～1.5	大桥和男	田中材幸
2.1～2.2	斋藤量	田中材幸
3.1～3.4	杉山雄信	妹尾正和
4.1～4.6	伊藤晋广	清水敏也
5.1～5.2	伊藤晋广	清水敏也
5.3	斋藤量	田中材幸
5.4～5.5	大桥和男	中野浩伺
5.6	池谷司	田畑贞和
5.7～5.8	杉山雄信	妹尾正和
5.9	斋藤量	田中材幸
6.1～6.3	大桥和男	中野浩伺
6.4～6.6	杉山雄信	妹尾正和
7.1	大桥和男	中野浩伺
7.2	池谷司	田畑贞和
7.3～7.4	杉山雄信	妹尾正和
7.5	斋藤量	田中材幸
8.1～8.3	斋藤量	田中材幸
9.1～9.7	大桥和男	中野浩伺
10.1～10.5	斋藤量	田中材幸

目录

第 1 章　适用范围等

1.1　适用范围

（1）本指南适用于，壁式钢筋混凝土建筑物中，壁式预制钢筋混凝土（以下简称为“WPC 结构”）建筑物或建筑物的结构部分的结构设计。

（2）在可以确认安全性的情况下，除了与 2001 年国土交通省第 1026 号公告制定的结构方法相关的技术标准以及耐久性的相关规定，可以不受本指南中部分规定的限制。

【解说】

（1）本指南的适用范围

本指南对以下事项做出了规定。比如，建筑物或建筑物的结构部分是剪力墙钢筋混凝土结构，在结构承载力方面除了基础的主要部分或主要部分的一部分是预制钢筋混凝土构件（以下简称为“预制构件”）。这种情况中的预制构件，以及预制构件之间或预制构件和现浇的钢筋混凝土构件之间的接合处、WPC 建筑物的结构设计等，本指南对其都作了规定。

用现浇的钢筋混凝土构件，以及剪力墙钢筋混凝土构件以外的结构（以下简称为“异种结构”）部分，遵循其结构关系的规定。

（2）本指南的不适用范围

本指南是基于关于剪力墙钢筋混凝土结构的 2001 年国土交通省第 1026 号公告（2001 年 6 月 12 日）（以下均称为“剪力墙公告”）以及相关法令等的规定所制定的。

另外，还借鉴了以下两本书籍：剪力墙公告的技术基准解说书《剪力墙钢筋混凝土结构设计施工指南》[1.1]（以下简称为《中心剪力墙指南》），与《壁式预制钢筋混凝土结构设计基准・同解说》[1.2]（以下简称为《WPC 基准》）。

此外，对于能通过结构计算或试验等确认安全的情况，不包括法令制定的结构方法相关的技术基准以及耐久性等相关规定，可不受此指南限制。

1.2　规模

（1）层数

地上层数在 5 层以下。

（2）总高

总高度在 20m 以下。

（3）层高

各层层高，原则上必须在 3.5m 以下（只限于 WPC 结构的结构部分）。

注意，如果层间变形角在 1/2000 以下，或者可以确认极限水平承载力高于必要极限水平承载力的情况，层高可以超过 3.5m。

（4）建筑物的长度

建筑物的长度，原则上必须在 80m 以下。

【解说】

（1）层数、总高以及层高的限制

本文（1）～（3）中规定的数值均是壁式公告第 1 号与第 2 号中所规定的限定值。

（2）地下室的层数

如果能够符合壁式公告第 6（剪力墙）的墙壁布置、壁量、剪力墙的厚度、配筋率等的各项要求，地下室的层数没有限制。

（3）总高的计算

如果阁楼的楼板面积不到建筑面积的 1/8，可以不计入整栋楼的层数并且阁楼的高度可以不计入楼高，即适用于《令》第 2 条 1 项 8 款的“楼层数算定方法有关规定”，可以不计入总高。

一面坡屋顶等建筑物中，有几个总高。作为结构的总高，这类建筑物取用最低的总高（参照解图 1.2.1b、c）。

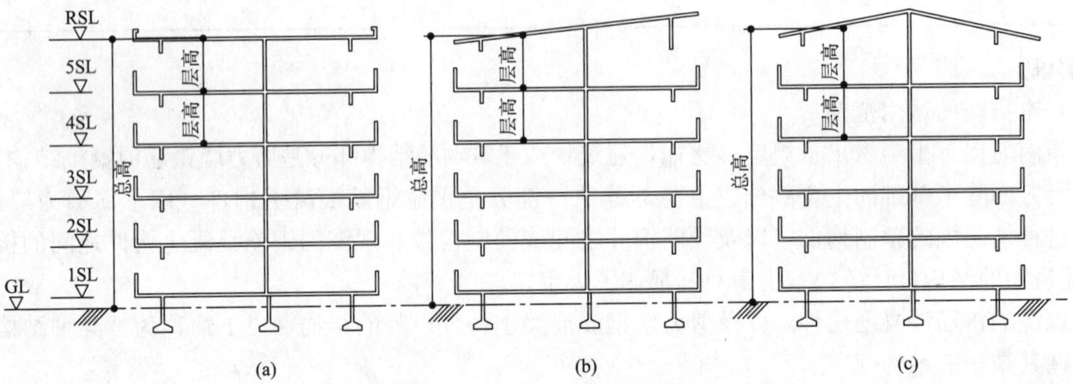

解图 1.2.1　总高与层高的计算方法

（a）平屋顶；（b）单面坡屋顶；（c）坡屋顶

（4）层高的计算

层高指的是，从楼板上表面到其上一层的楼板上表面的高度（见解图 1.2.1）。但是，如果是建筑物的顶层或是平房，层高是指从楼板面到主要承载的剪力墙和屋面板连接的部分中最低的屋面板之间的高度。

（5）建筑物的长度

建筑物的长度要考虑到温度应力的影响、楼板刚性、不均匀沉降、地震输入的相位差等方面的影响。此外，如果对温度应力的影响、楼面板刚性、不均匀沉降、地震的相位差等情况进行了验算，建筑物的长度可以不受此限制。

（6）在倾斜地面上楼层的计算方法

在倾斜地面上楼层的计算方法参见解图 1.2.2。解图 1.2.2（a）中，在同一平面上，根据基准法计

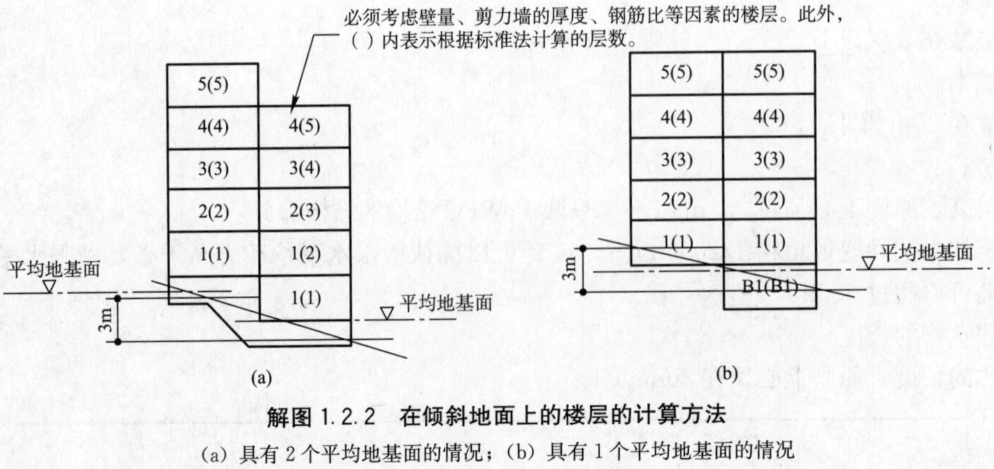

解图 1.2.2　在倾斜地面上的楼层的计算方法

（a）具有 2 个平均地基面的情况；（b）具有 1 个平均地基面的情况

算楼层是不同的，在设计上，以同一平面较低一方的楼层为准。此外，地下室与基础部分的设计，必须考虑地震的影响。

1.3 与异种结构的混用

（1）在平面上混用的情况下，应充分检讨不同种结构之间的刚度差异以及不同种结构之间的应力传递问题。

（2）在立面上混用的情况，要充分检讨相互边界处的刚度及承载力问题。

【解说】

（1）平面上混用时应注意的事项

WPC结构和其他结构混用时，应依据《中心壁式指南》，混用时的注意事项遵循参考文献[1.4]、[1.5]的同时，也要注意下面的（2）、（3）事项。

（2）平面上混用时的条件及注意事项

平面上混用不同种结构时的条件及检讨事项，见解表1.3.1。

平面异种结构的混用 解表1.3.1

混用的模式	适用的条件、验算事项
WPC结构和WRC结构	·通过计算，对不同壁率①的不同刚度、承载力、变形和接合处的应力传递，进行安全性的确认。 ·检讨各个结构部分是否满足规定的壁量要求
WPC结构和阶梯室等的一部分S结构	·使WPC结构全部承担S结构部分的地震力。 ·进行与S结构的接合处的验算
WPC结构和S结构	·不可以

① 壁率：所验算方向上的剪力墙的水平横截面积的总和除以该层计算壁量用的楼面板积所得的数值。

（3）立面上混用时的条件及检讨事项

立面上混用不同种结构时的条件及检讨事项见解表1.3.2。

在地面楼层中立面不同种结构的混用 解表1.3.2

上层	下层	使用的条件·验算事项
WPC结构	WRC结构	·检讨与WRC结构的接合方法。 ·使壁率不会明显不同
	RC结构	·检讨既有水平承载力。注意，RC结构部分满足途径1条件的情况除外 ·能够使上一层产生的力充分的传递到下层的结构。 ·检讨与RC结构的连接方法。 ·用梁支撑WPC结构的剪力墙的情况，对剪力墙结构中梁产生的弯矩以及剪力进行设计。 ·用梁支撑WPC结构的剪力墙的情况，承重墙的水平刚度因为梁的垂直变形会减少，所以设计时必须注意
WRC结构	WRC结构	·对于不同的刚度、承载力、变形和应力的相互传递，通过计算进行安全性的确认。 ·检讨与WRC结构的接合方法
S结构	WRC结构	·对于设计用地震力和各构件的设计； ·对与S结构的接合方法进行检讨

1.4 相关的法令及标准

本指南规定以外的事项，除了要依照建筑基准法和实施令、国土交通省公告，还要依据国土交通省住宅局建筑指导课、日本建筑中心等编辑的《技术基准解说书》以及日本建筑学会的相关各类标准。

【解说】

（1）应遵循的法令及标准

关于WPC结构，在法令以及公告中制定了相关技术标准，也给出了结构方法以及耐久性等的规定。在结构承载力方面，通过结构计算确认其安全的同时，WPC结构应满足国土交通省住宅局建筑指导课、日本建筑中心等编辑的《技术基准解说书》[1.1]以及日本建筑学会的各类相关标准。本书所列出的结构计算方法，根据以上所举的标准得来。

1.5 用语

下面对本指南中所使用的专门用语作出了定义。

（1）WPC结构

指起主要承载作用的剪力墙、墙梁、楼面板、屋面板、次梁或者基础梁的一部分或全部采用壁式预制钢筋混凝土构件，此外，也包括结构承载力方面起主要作用的一部分现浇的钢筋混凝土构件。

（2）容许应力计算（也称作基础1的结构计算）

建筑基准法实施令第3章（结构强度）第8节（结构计算）第1款的2（容许应力等计算）中，第82条（容许应力等计算）的第1号～第4号以及第82条的5（屋顶铺设材料等的结构计算）规定的结构计算。

（3）保有水平承载力计算

在《建筑基准法施行令》第3章结构强度第8节结构计算第1款2的容许应力度等计算中，根据《特定建筑物》以及壁式公告的规定，必要的时候按照第82条的2（层间变形角）、第82条的3（刚度率、偏心率等）以及第82条的4（极限水平承载力）的结构规定计算。

（4）预制构件

预制的钢筋混凝土构件，也称作PC构件。

（5）（预制）墙板

使剪力墙或是剪力墙和墙梁一体化的预制构件。

（6）接合部（预制接合部）

指预制钢筋混凝土构件之间的部位，或预制钢筋混凝土构件和现浇钢筋混凝土构件之间的接合处。有时也称预制接合部。

（7）竖向接合部

指剪力墙、墙梁、基础梁以及基础梁等构件的竖直方向连接的接合处。

（8）水平接合部

指在接合处中楼板（屋面板）、剪力墙、墙梁以及基础梁等构件的水平方向连接的接合处。

（9）湿接缝

在施工现场，向接合处填充有助于应力传递而布置的混凝土（砂浆）等，其硬化后可以得到期望的混凝土（砂浆）强度的接合处。混凝土湿接缝同时使用接合钢筋与接合金属，它们的强度可以累加。

（10）干接缝

在施工现场，连接有助于应力传递而布置的钢筋或是钢材等，并使钢筋或钢材等得到期望的强度的接合处。干接缝同时使用混凝土（砂浆）等，它们可用于钢筋或钢材等的防锈、耐火覆盖，所以一般不必考虑它的强度。

（11）填充混凝土、填充砂浆

指为了填充预制构件之间的竖向以及水平接合部的缝隙所使用的现浇混凝土及砂浆。此外，在计算现浇的楼板等混凝土构件与预制构件的接合处的承载力时，指的是该部分现浇的混凝土。

（12）铺设砂浆

指预先铺设在壁板的水平接合处的砂浆。

（13）抗剪键

指为了传递剪力而预先在混凝土上设计出凸凹面的构件，多数是四角锤形的构件。也称作楔子、剪切键等。

（14）接合钢筋

指在接合处为了有助于应力传递而布置的钢筋。

（15）接合金属类

指在接合处为了有助于应力传递而布置的接合钢筋以外的钢材。

（16）钢筋直径

指异型钢筋的通常数值，或是圆钢的直径。

（17）壁式公告

指国土交通省第1026号公告（2001年6月12日）。

（18）JIS

指日本工业规格。

（19）中心壁式指南

指日本建筑中心编著的《壁式钢筋混凝土结构设计施工指南》(2003)。

（20）WPC规格

指日本建筑学会编著的《壁式预制钢筋混凝土结构设计基准·解说书》(1982)。

（21）RC规格

指日本建筑学会编著的《钢筋混凝土结构计算基准·解说书》(1999)。

（22）JASS

指日本建筑学会编著的《建筑工程标准规格书·解说书》。

参考文献

[1.1] 日本建築センター：「壁式鉄筋コンクリート造設計施工指針」、2003

[1.2] 日本建築学会：「壁式プレキャスト鉄筋コンクリート造設計基準・同解説」、1982. 6

[1.3] 日本建築センター：「建築物の構造規定」、pp. 268－273、1997. 12

[1.4] 日本建築センター：「建築物の構造関係技術基準解説書」、pp. 301－303、2001. 3

[1.5] 住宅・都市整備公団：「建築構造設計要領・同解説」、pp. 36－39、1998. 10

第 2 章　结构设计的方针

2.1　目标结构性能

（1）目标结构性能包括下列各项：

① 抗震性能

（a）在罕遇地震中，结构的主要承载构件及连接部分不会发生损伤或使用性破坏。

（b）在极其罕遇地震中，结构的主要承载构件及接合部不会发生毁坏，建筑物不会发生损坏倒塌等直接威胁到生命安全的情况。

② 抗风性能

（a）在中等程度的暴风中，结构的主要承载构件及接合部不会发生损伤或使用性破坏。

（b）在中等程度的暴风中，屋顶预设材料、外部装饰材料及室外的墙壁不会脱落。

③ 耐积雪性能

在中等程度的积雪荷载情况下，结构的主要承载构件及接合部不会发生损伤或使用性破坏。

④ 使用性能

因为平时荷载所产生的力，建筑物的主要承载构件及接合部不会发生影响使用的变形或振动。

（2）耐久性・耐火性能根据以下要求

结构的主要承载构件或接合部的耐久性以及耐火性设计，满足《令》的规定。

【解说】

（1）目标结构性能

① 抗震性能

（a）在罕遇地震，即标准剪力系数是 0.2 的地震中，结构的主要承载构件及接合部，不会出现影响使用的过大的裂缝等损伤。

（b）在极其罕遇的地震，即标准剪断力系数是 1.0 的地震中，结构的主要承载构件及接合部，不会发生因为刚度及承载力不足而导致建筑物损坏或者倒塌的情况。

② 抗风性能

（a）在中等程度的暴风产生的风压下，结构的主要承载构件及接合部，不会产生影响使用的过大的裂缝等损伤。

（b）在中等程度的暴风产生的风压下，不会出现因为屋顶铺设材料等脱落而威胁到生命安全的情况。

③ 耐积雪性能

在中等程度的积雪荷载作用下，结构的主要承载构件及接合部，不会出现影响使用的过大的裂缝等损伤。

④ 使用性能

在正常使用荷载作用下，建筑物及结构的主要承载构件及接合部不会发生影响使用的变形、振动或是隔声障碍等情况。

（2）目标耐久性・耐火性

能够防止钢筋等的保护层厚度不足导致的建筑物的耐久性与承载力降低的情况发生，或因保护层厚度不足导致建筑物的耐火性降低的情况发生。此外，还要注意保证接合部的覆盖厚度。

2.2 结构计算方法

（1）结构计算按照《令》第 3 章“结构强度”的第 8 节“结构计算”第 1 款的 2“容许应力等计算”第 82 条（容许应力等计算）第 1 款～第 4 款规定的结构计算来执行（以下均称作“容许应力计算”）。但是，在可以确认不必进行结构计算的情况下，相应结构计算可以不受此限制。

（2）《令》第 82 条的 2（层间变形角）、《令》第 82 条的 3（刚度率、偏心率等）以及《令》第 82 条的 4（极限水平承载力）中规定的结构计算，符合壁式公告规定的补充条款，并且应在确定需要进行结构计算的情况下执行。

【解说】

（1）结构计算的方法

根据壁式公告第 1《适用的范围等》第 3 款规定，原则上满足昭和 55 年建设省（平成 13 年国土交通省第 1369 号公告改正）公告第 1790 号第 5 款ロ的规定，WPC 建筑也被认定为是在适用范围的，所以也应按照相关要求进行容许应力计算（以下均称作“路径 1 的结构计算”）。

路径 1 的结构计算，通过计算因荷载与外力作用而产生的构件中的力、及在构件的断面产生的长期及短期的各种容许应力，以便确认其没有超过各构件的长期或短期的容许应力限制，还应确认其不会因为楼板的变形或振动造成使用上的障碍。

此外，在本指南的第 2.1 节中，规定了“目标结构性能”，如果满足以“壁式公告”为基础的本指南的结构规定，在路径 1 的结构计算情况下，能够满足目标性能要求。

注意，WPC 建筑，如果满足壁式公告第 1 款和第 3 款的规定，即使不进行《令》第 82 条的 4 规定的保有水平承载力的计算（以下均称作“路径 3 的结构计算”），也不会发生损坏或者倒塌，所以不必进行在罕遇地震中建筑物发生损坏或者倒塌的验算。在可以确认假设产生在剪力墙的竖向以及水平接合处的最大剪力小于接合处的剪切强度时，便可以认定 WPC 建筑满足规定的必要目标结构性能要求。

此外，对于剪力墙、墙梁以及基础梁的弯曲加固钢筋量，应按照《WPC 基准》[2.1]或《中心壁式指南》[2.2]的推荐值来布置。

（2）不必进行结构计算的情况

地面楼层数不大于 2 层，或者建筑总面积不大于 200m^2 的建筑物，不必进行结构计算。即使符合“壁式公告”的规定，还应该符合本指南的第 1 章～第 5 章以及第 10 章的规定。

（3）符合壁式公告补充条款的情况

符合补充条款的规定，在有必要进行层间变形角、刚性率・偏心率等或是保有水平承载力确认的情况下，要进行相应的结构计算。此外，进行层间变形角检讨时，要将《令》第 82 条的 2 中规定的 1/200 变成 1/2000 进行。

（4）除容许应力等以外的计算

依据《令》第 3 章“结构强度”第 8 节“结构计算”第 1 款 3“极限承载力计算”或是第 81 条 2 的规定进行“WPC 建筑物的结构计算”时，除了耐久性等相关规定以外，可以不遵照本指南的相关规定。

（5）结构计算方法的归纳总结

结构计算方法一览表见解表 2.2.1。

此外，关于壁式公告补充条款的事项，结构设计的流通量见解图 2.2.1。

结构计算的方法 解表 2.2.1

本指南中的方法			其他方法	
不需要结构计算的建筑物	容许应力等计算 （令第3章第8节第1款的2）		极限承载力计算 （令第3章第8节第1款的3）	特别的验算方法 （令第3章第8节第81条的2）
	（方法1）	（方法3）		
壁式公告的规定	·容许应力的计算（第82条） ·屋面铺设材料等的结构计算（第82条的5）	·层间变形角的计算（第82条的2） ·刚性率、偏心率等的计算（第82条的3） ·极限水平承载力的计算（第82条的4）	·验算在最大级别的荷载。外力下，建筑物整体不会坍坏，倒塌 ·验算在中等程度的荷载。外力下，结构承载力方面的主要部分不会损坏 ·其他验算	·时程分析等高级的验算法，需要得到国土交通省大臣的认可

参考文献

[2.1] 日本建築学会：《壁式プレキヤスト鉄筋コンクリート造設計规準・同解说＞》，pp.21－34，1982.6

[2.2] 日本建築センター：《壁式鉄筋コンクリート造設計施工指針》，2003

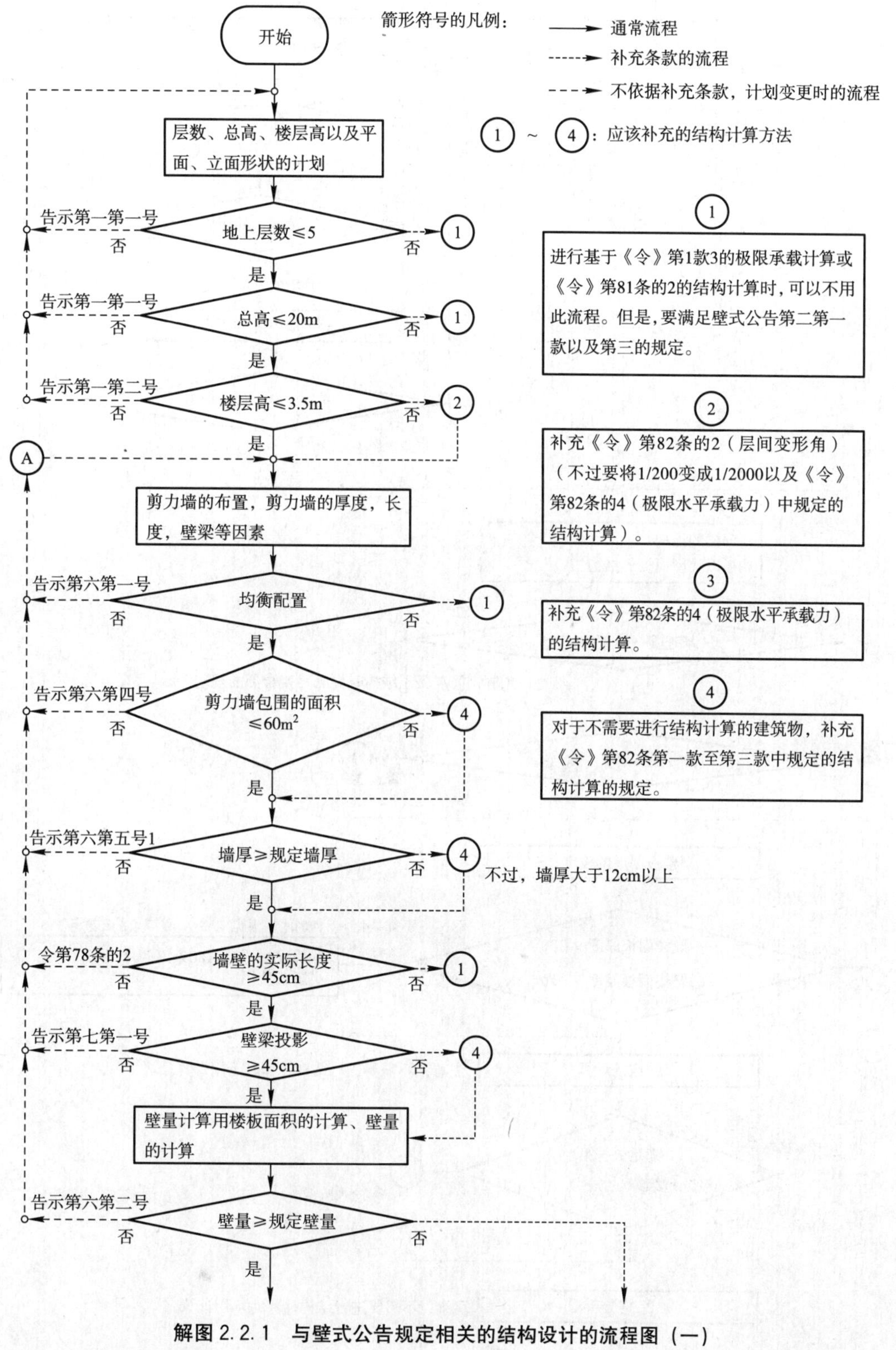

解图 2.2.1　与壁式公告规定相关的结构设计的流程图（一）

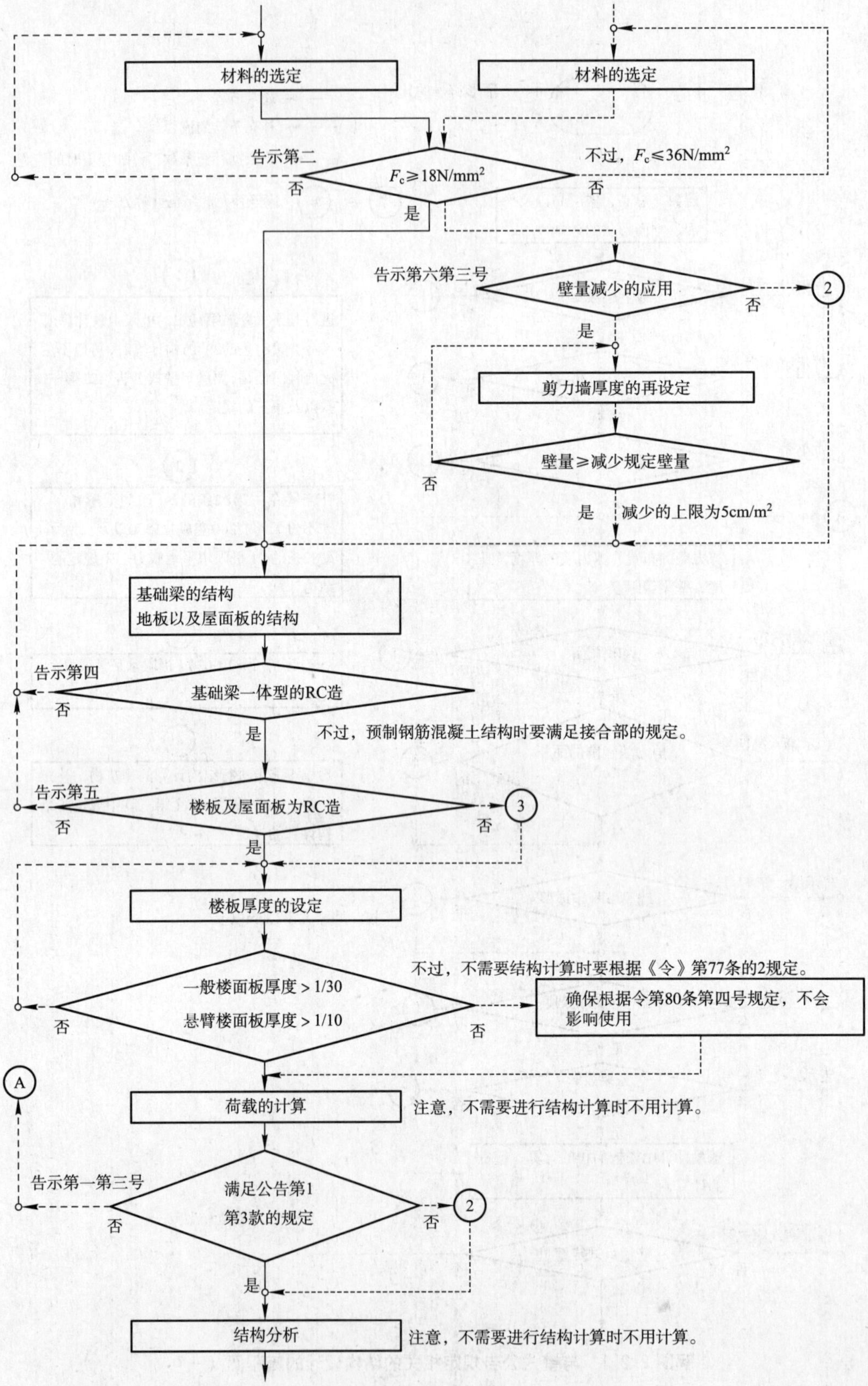

解图 2.2.1　与壁式公告规定相关的结构设计的流程图（二）

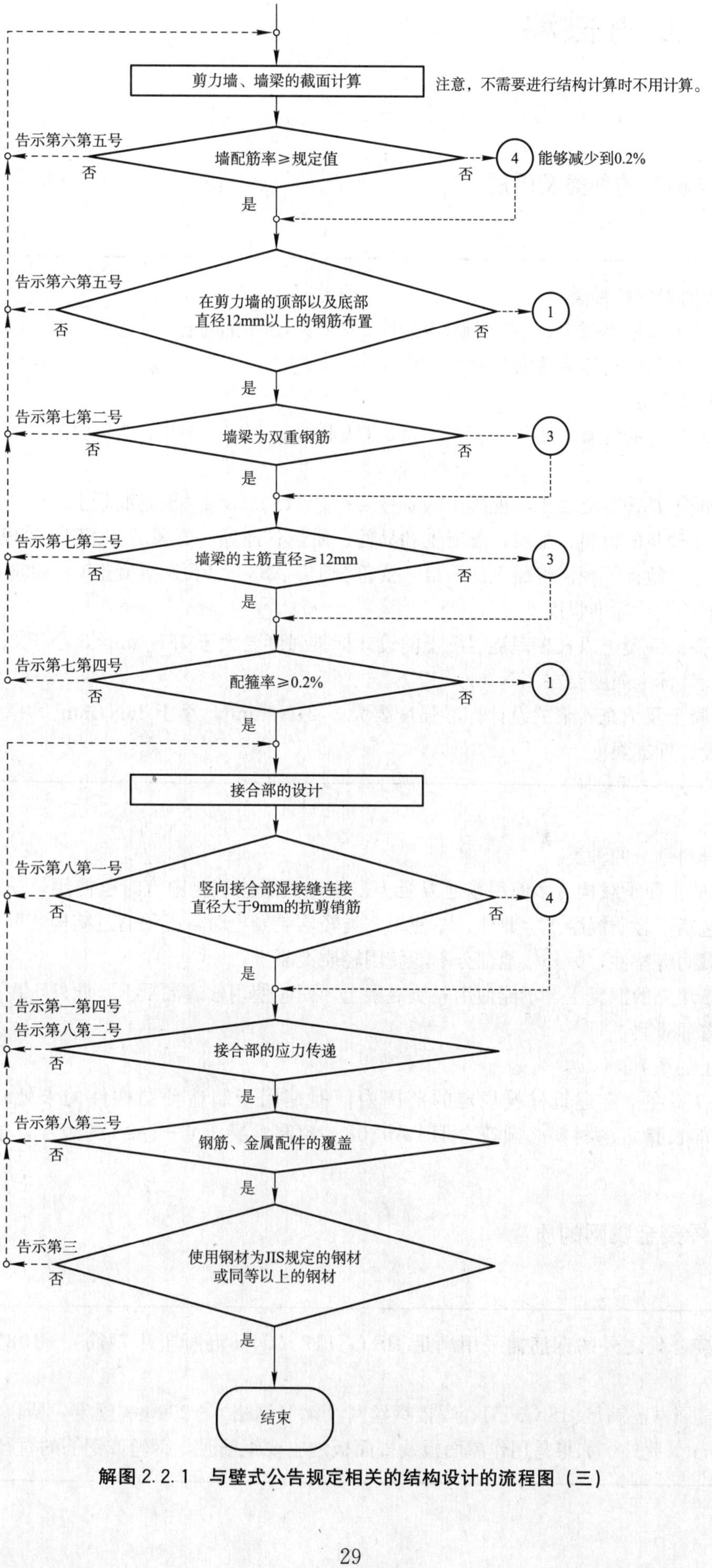

解图 2.2.1　与壁式公告规定相关的结构设计的流程图（三）

第 3 章　使用材料

3.1　混凝土与砂浆的种类及质量

(1) 根据骨料划分的种类

① 混凝土分为普通混凝土、1 类轻质混凝土以及 2 类轻质混凝土。

② 用于砂浆的细骨料称为普通骨料。

(2) 混凝土的质量

① 用于预制构件的混凝土要符合 JIS A5308（预制混凝土）－1998 的质量要求，或具有与其同等以上的质量。

② 填充混凝土是普通混凝土，混凝土的质量要符合 JIS A5308（预制混凝土）－1998 的规定。

③ 用于填充砂浆的材料、配料、混凝土和易性、质量管理等，要满足 JASS10 的规定。

④ 用于基础、地板等现浇混凝土的质量，要符合 JIS A5308（预制混凝土）－1998 的规定。

(3) 混凝土的设计标准强度

① 预制构件的混凝土以及在现浇混凝土的设计标准强度要大于 $18N/mm^2$，小于 $36N/mm^2$。注意，轻质混凝土，设计标准强度要在 $27N/mm^2$ 以下。

② 填充混凝土及填充砂浆的设计标准强度要大于 $21N/mm^2$，小于 $36N/mm^2$，并大于邻接的预制构件混凝土的设计标准强度。

【解说】

(1) 根据骨料划分的种类

WPC 建筑的主要承载构件多使用普通混凝土，但在低层建筑物中有时也使用轻质混凝土，所以这里的混凝土也包括了轻质混凝土。此外，在使用 2 类轻质混凝土时，必须通过结构实验确认建筑物的所需的刚度、承载力等特性，另外接地部分不能使用轻质混凝土。

注意，用于填充的混凝土，不能使用轻质混凝土，而应使用普通混凝土。此外，用于填充砂浆的轻质骨料也使用普通骨料。

(2) 混凝土的质量

预制构件并不在指定建筑材料规定的范围内，但是用于制造预制构件的未硬化的混凝土，作为国土交通省部长指定的材料必须符合 JIS A5308（预制混凝土）－1998 的规定，或具有其同等以上的质量。

3.2　钢筋与焊接金属网的质量

(1) 用于接合处之外的钢筋需采用满足 JIS G3112（钢筋混凝土用钢筋）－1987 的规定的异型钢棒。

(2) 焊接金属网需满足 JIS G3551（焊接钢丝网及钢筋网格）－2000 的规定，所以钢丝或是钢筋的直径要大于 4mm。此外，如果是用作屋面板及楼面板的主要钢筋时，钢丝或钢筋的直径要大于 6mm。

【解说】

（1）用于接合处以外的钢筋及焊接金属网

为了确保钢筋外的混凝土保护层厚度，防止粘着劈裂毁坏，同时考虑到PC板中多使用弯起钢筋等情况，以《中心壁式指南》的锚固钢筋直径的规定[3.1]为标准，剪力墙内的钢筋要避免使用超过0.15倍剪力墙厚度的直径的钢筋。

注意，用于吊装预制构件的钢筋和用于为避免钢筋布置量不足等情况的焊接钢丝网的质量，可以不满足本文中（1）与（2）的规定。

3.3 接合部的钢筋的种类及质量

（1）钢筋有圆钢与异型钢筋之分，都必须达到JIS G3112（钢筋混凝土用钢筋）-1987的规定规格。

（2）结构用到的碳素钢材，可分为一般结构用轧制钢材、焊接结构用轧制钢材以及建筑结构用轧制钢材等，要符合JIS G3101（一般结构用轧制钢材）-1995，JIS G3106（焊接结构用轧制钢材）-1999、JIS G3136（建筑结构用轧制钢材）-1994等的规格要求。但是，用于起主要承载作用的焊接接合的钢材不能使用一般结构用轧制钢材。

（3）用于焊接的焊条有低碳钢用覆盖弧光焊条、高强度钢用覆盖弧光焊条、低碳钢以及高强度钢焊接用实心钢丝、低碳钢以及50kg高强度钢弧光焊接用实心钢丝等。用于弧光手动焊接的焊条要符合JIS Z3211（低碳钢用覆盖弧光焊条）-1991，JIS G3212（高强度钢用覆盖弧光焊条）-2000的规格要求；用于半自动焊接的焊接钢丝要符合JIS Z3312（低碳钢以及高强度钢焊接用实心钢丝）-1999，JIS Z3313（低碳钢以及50kg高强度钢弧光灯焊接用实心钢丝）-1999的规格要求。

（4）高强度螺栓及普通螺栓，要符合JIS B1186（摩擦接合用高强六角螺栓·六角螺母·垫块装置）-1995、JIS B1256（垫块）-1998、JIS B1180（六角螺栓）-1994、JIS B1181（六角螺母）-1993等的规格要求。

【解说】

（1）圆钢的适用范围

圆钢是用于抗剪键的接合用钢筋（楔形钢筋），直径是$\phi 9$或者$\phi 13$。

此外，用于接合部的钢筋接头要符合平成12年建设省第1463号公告的规定，即须符合《7.5 黏着·固定·接头》的要求。

3.4 材料常数

（1）材料常数见表3.4.1与表3.4.2。

混凝土及砂浆的容许应力和材料强度（N/mm²） 表3.4.1

	杨氏弹性模量（N/mm²）	泊松比	线膨胀系数（1/℃）
钢筋以及钢材	2.05×10^5	—	1×10^{-5}
混凝土	$3.35\times10^4\times(\gamma/24)^2\times(F_c/60)^{1/3}$	0.2	1×10^{-5}

注：γ为混凝土单位体积重量（kN/m²），在无特别指定的情况下，可以用表3.4.2中的数值减1.0。

F_c为混凝土的设计标准强度。

钢筋混凝土的单位体积重量 表 3.4.2

混凝土的种类	设计标准强度的范围（N/mm²）	钢筋混凝土的容重（kN/m³）
普通混凝土	$F_c \leqslant 36$	24
1类轻质混凝土	$F_c \leqslant 27$	20
2类轻质混凝土	$F_c \leqslant 27$	18

【解说】

（1）材料常数的依据标准

材料常数依据《RC基准》[3.2]。

3.5 容许应力及材料强度

（1）有关混凝土、砂浆以及钢筋的容许应力和材料强度见表 3.5.1～表 3.5.3。

混凝土及砂浆的容许应力和材料强度（N/mm²） 表 3.5.1

长期容许应力值			短期容许应力值		材料强度
压缩	剪切		压缩	剪切	压缩
(1/3) F_c	$F_c \leqslant 21$	$21 < F_c$	等于长期容许应力值的2倍	等于长期容许应力值的1.5倍	等于长期容许应力值的3倍
	(1/30) F_c	0.49＋(1/100) F_c			

注：F_c 为表示混凝土设计标准强度（N/mm²）。

钢筋的容许应力和材料强度（N/mm²） 表 3.5.2

	长期容许应力值		短期容许应力值		材料强度	
	压缩·拉伸	抗剪	压缩·拉伸	抗剪	压缩·拉伸	抗剪
SR235	155	155	235	235	235×1.1	235
SR295	195	195	295	295	295×1.1	295
SD295A. B	195	195	295	295	295×1.1	295
SD345	215（195）	195	345	345	345×1.1	345
SD390	215（195）	195	390	390	390×1.1	390
焊接金属网	195	195	—	295	—	—

注：以上的容许应力值是根据钢筋的强度计算得出的。（）的数值是指直径超过28mm的钢筋的容许应力值。

钢筋混凝土的容许应力值（N/mm²） 表 3.5.3

	长期容许应力值				短期容许应力值
	梁的上端		其他位置		
圆形钢筋	0.7（使用轻质骨料时为0.6）				等于长期容许应力值的1.5倍
异形钢筋	$F_c \leqslant 22.5$	$22.5 < F_c$	$F_c \leqslant 22.5$	$22.5 < F_c$	
	$F_c/15$	$0.9+2F_c/15$	$F_c/10$	$1.35+F_c/25$	

注：F_c 为表示混凝土设计标准强度（N/mm²）。

（2）对于钢材与焊接接头的焊缝喉部断面的容许应力见表 3.5.4 与表 3.5.5。

钢材的容许应力值和材料强度（N/mm²） 表 3.5.4

	长期容许应力值				短期容许应力值	材料强度
	压缩	拉伸	弯曲	剪切		
构造用钢材	$F/1.5$	$F/1.5$	$F/1.5$	$F/(1.5\sqrt{3})$	等于长期容许应力值的 1.5 倍	等于基准强度的 1.1 倍

【注】F 表示根据钢材种类及品质确定的强度基准（N/mm^2）。

焊接接头断面的容许应力值和材料强度（N/mm²） 表 3.5.5

接头的形状	长期容许应力值				短期容许应力值	材料强度
	压缩	拉伸	弯曲	剪断		
对接形式	$F/1.5$	$F/1.5$	$F/1.5$	$F/(1.5\sqrt{3})$	等于长期容许应力值的 1.5 倍	等于基准强度的 1.1 倍
嵌入形式	$F/(1.5\sqrt{3})$	$F/(1.5\sqrt{3})$	$F/(1.5\sqrt{3})$	$F/(1.5\sqrt{3})$		

【解说】

（1）材料的容许应力及强度

混凝土、钢筋以及钢材等的容许应力和强度，采用法令中规定的数值。

注意，在计算构件的容许剪力的情况时，以不能超过《令》规定的数值，以《RC 基准》[3.3]中规定的混凝土的容许剪应力为标准。此外，对于“第 7.5 节黏着・固定・接头”中使用的钢筋的混凝土的容许黏着应力，以不能超过《令》中规定的数值，以《RC 基准》[3.4]为标准。

（2）接合部的混凝土的容许应力及强度

关于接合部的混凝土的容许应力及强度等的算式，是根据各种实验结论而制定的，详见第 8 章“接合部的设计”。

参考文献

[3.1] 日本建築センター：「壁式鉄筋コンクリート造設計施工指針」、2003

[3.2] 日本建築学会：「鉄筋コンクリート構造計算基準・同解説」、pp. 6－7、1999. 10

[3.3] 日本建築学会：「鉄筋コンクリート構造計算基準・同解説」、p. 6、1999. 10

[3.4] 日本建築学会：「鉄筋コンクリート構造計算基準・同解説」、pp. 20－22、1991. 4

第 4 章　荷载与外力

4.1　荷载与外力的类型及组合

用于建筑物的结构计算的荷载及外力的类型和组合根据《令》第 82 条第二款确定。

【解说】

(1) 用于结构计算的荷载与外力的类型及组合

用于建筑物的结构计算的荷载与外力的类型以及组合详见解表 4.1.1。

荷载与外力的类型及组合　　　　**解表 4.1.1**

力的种类	荷载状态	一般的情况	根据第 86 条 2 项补充条款的规定，在特定行政厅指定的多雪区域的情况	备　注
长期的力	平时	$G+P$	$G+P$	
	积雪时		$G+P+0.7S$	
短期的力	积雪时	$G+P+S$	$G+P+S$	
	暴风时	$G+P+W$	$G+P+W$	在研究建筑物的倒塌、柱子的拔出等情况中，P 的值可以根据建筑物的实际情况减少活载的值
			$G+P+0.35S+W$	
	地震时	$G+P+K$	$G+P+0.35S+K$	

其中，G——《令》第 84 条中规定的恒载；

P——《令》第 85 条中规定的活载；

S——《令》第 86 条中规定的积雪荷载；

W——《令》第 87 条中规定的风压力；

K——《令》第 88 条中规定的地震作用。

在示解表 4.1.1 中，根据《令》第 82 条第 2 款，暴风时，虽然规定了“在研究建筑物的倒塌、柱子的拔出等情况中，P 的数值可以根据建筑物的实际情况减少活载的值”，但是在适用于本技术资料的建筑物中，与因活载的变动而变化的应力相比，活载产生的应力起主要作用，所以一般情况下可以不减少活载值。

(2) 其他的外力

上面所列范围之外的外力，比如土压、水压、振动以及冲击等产生的力起作用时，需要在荷载组合中适当地考虑。

4.2　恒载

建筑物各部分的恒载根据《令》第 84 条规定。

【解说】

(1) 建筑物各部分的恒载

建筑物各部分的恒载，必须按照《令》第 84 条的表，或是根据该建筑物的实际情况计算。此外，对于总荷载，原则上要根据实际情况，也可参考《日本建筑学会指南》[4.1]进行计算。

4.3 活载

建筑物的各部分的活载根据《令》第 85 条的规定计算。

【解说】

(1) 建筑物各部分的活载

建筑物各部分的活载必须根据第 85 条的表取值，或根据该建筑物的实际情况计算。

本技术资料，主要以集体住宅为对象，在低层楼房中，也适用于住宅用的设施（电气室、机器室、受水层・泵房、自行车存放处、机动车车库等）和集会处等建筑以外用途。此外，对于屋顶（屋顶层）的用途以及设备机器的设置，有必要对设计条件逐一进行确认。因此，建筑物各部分的活载的设定，除了要符合《令》第 85 条的规定，还要依据既往的设计，根据建筑物的地板以及屋顶的用途，采用适当的数值。

包括有设备层、阁楼、屋顶平台、商业・事务类的设施的复合用途的建筑物，如果事先设想到将来会发生用途的变更或是设置各种设备机器、广告塔等情况时，设计中必须事先考虑到因为这些因素所导致的荷载的变化。

4.4 积雪荷载及风压力

---

(1) 积雪荷载根据《令》第 86 条以及平成 12 年建设省公告第 1455 号规定选取。

(2) 风压力根据《令》第 87 条以及平成 12 年建设省公告第 1454 号规定选取。此外，关于屋面铺设材料等，分别按照《令》第 82 条的 5 以及平成 12 年建设省公告第 1458 号规定选取。

【解说】

(1) 积雪荷载

积雪荷载，按照《令》第 86 条，用积雪的单位荷载乘以该地方的垂直积雪量进行计算。此处，在《令》第 86 条第 2 项补充条款中规定的多雪区域（根据国土交通省部长规定的基准指定的区域），用特定行政厅规定的垂直积雪量以及积雪的单位重量进行计算。

(2) 风压力

风压力，按照《令》第 87 条，用同条第 2 项中规定的速度压乘以同条第 4 项规定的风力系数进行计算。

铺屋面材料以及外面的幕墙，根据《令》第 82 条第 5 项的规定，必须确保在风压力情况下结构承受力方面的安全性。

4.5 设计地震作用

设计地震力符合下面 (1)、(2) 以及 (3) 的规定。

(1) 建筑物的地震力

根据《令》第 88 条第 1、2、4 项以及昭和 55 年建设省公告第 1793 号第 1（改正昭和 62 年建设省公告第 1918 号）中的规定计算地震力。此外，计算必要保有水平承载力时，应根据《令》第 88 条第 3 项的规定计算地震力。

(2) 不计入楼层数的楼顶上的塔屋的地震力计算

建筑物屋顶突出的不计入楼层数的塔屋的地震力，根据关于屋顶突出的水槽等的平成 12 年建设省公告第 1389 号规定，把水平烈度当做 1.0 以上进行计算。

(3) 楼面板・屋面板等的地震力

作用于楼面板・屋面板以及从建筑物的平面突出的楼层等的地震力，根据第 8 章接合处的设计第 8.3 节楼面板・屋面板中规定的水平烈度进行计算。

【解说】

(1) 建筑物的地震力

① 建筑物的地上部分的地震力

建筑物的地上部分（不包括各种附属部分）的地震力，根据《令》第 88 条第 1、2、3 项的规定进行计算。

在倾斜地建造的建筑物和具有跃层的建筑物等的地震力的计算，可以参考《建筑物的结构规定》[4.2]等。

振动特性系数 R_1 及地震层剪力系数的建筑物高度方向的分布系数 A_1 的数值，除了根据公告中规定的公式计算外，还可以根据补充条款的规定、特别调查或研究的结果进行计算。在此种情况下，可以参考《建筑物的结构规定》[4.3]。

② 建筑物的地下部分的地震力

作用于建筑物地下各部分的地震力，根据《令》第 88 条第 4 项，将该部分的恒载与活载的和乘以地下部分的设计烈度进行计算。

建筑物的地下部分的地震层剪力，根据水平烈度计算的地震力和地上部分传递的地震层剪力的和计算得出。此外，所谓的地下部分，不管是否是法规中的地下层，计算时考虑地震类型等情况，都能够看做是地下部分。此外，对于具有地下部分的建筑物的地震力的计算，或地基面上建造的部分可以适用于地下部分的地震力的计算，都可以参考《建筑物的结构规定》[4.4]。

(2) 屋顶突出的小屋等的地震力

楼顶突出的升降机塔等的小屋以及水箱、烟囱等的地震力，将该部分的恒载与活载的和乘以水平烈度 $k \geqslant 1.0$ 进行计算。

(3) 楼面板・屋面板等的地震力

作用于楼面板・屋面板的地震力，根据“接合部的设计”第 8 章接合部的设计第 8.3 节“楼面板・屋面板”中规定的水平烈度进行计算。此外，作用于建筑物平面突出的室外楼梯等的地震力也可以以此为基准进行计算。

4.6 其他荷载与外力等

除了 4.1 节至 4.5 节中列出的荷载与外力，实际的建筑还存在因土压、水压、震动以及冲击等产生的外力。

【解说】

（1）土压与水压

建筑物的地下外墙以及基础梁，除了前项提到的荷载与外力，通常情况下，还要承受风压与水压，所以设计时要确保其即使遭受其他可变压力情况下也能保证其安全性。在计算土压与水压时，可以适当参考《日本建筑学会指南》[4.5]、[4.6]。

参考文献

[4.1] 日本建築学会：「建築物荷重指針・同解説」、pp. 95－109、1993. 6

[4.2] 日本建築センター：「建築物の構造規定」、p. 268、1997. 12

[4.3] 日本建築センター：「建築物の構造規定」、p. 266、1997. 12

[4.4] 日本建築センター：「建築物の構造規定」、p. 273、1997. 12

[4.5] 日本建築学会：「建築基礎構造設計指針」、p. 24、2001. 10

[4.6] 日本建築学会：「建築物荷重指針・同解説」、p. 34、1993. 6

第 5 章　基本规划

5.1　平面·立面形状等

---

(1) 建筑物的平面形状，原则上是规则的。

(2) 建筑物的立面形状，原则上是规则的。

【解说】

(1) 建筑物的平面形状

平面形状，容易产生因为刚度及荷载分布的不平衡而导致的平面扭曲、连接角落处的剪力墙和各个结构面的接合部应力过大等应力集中现象。因此，在结构规划中，要使剪力墙均衡布置的同时让平面形状是规则的。

建筑物的平面形状，有单走廊型、楼梯室型、雁行型（请参照解图 5.1.1）等。在这些类型连续布置的建筑物中，平面形状可以是规则的。

对于雁行部分等的应力集中问题，与进行考虑了垂直相交壁弯曲刚性的应力计算相比，根据实际情况进行近似建模分析更加重要。此外，最好根据《壁式钢筋混凝土结构计算基准·解说书》[5.1] 4 条 4.7 节的平均剪应力的验算及抗剪钢筋配筋率的计算方法等进行分析，确保该部分或该层的强度。

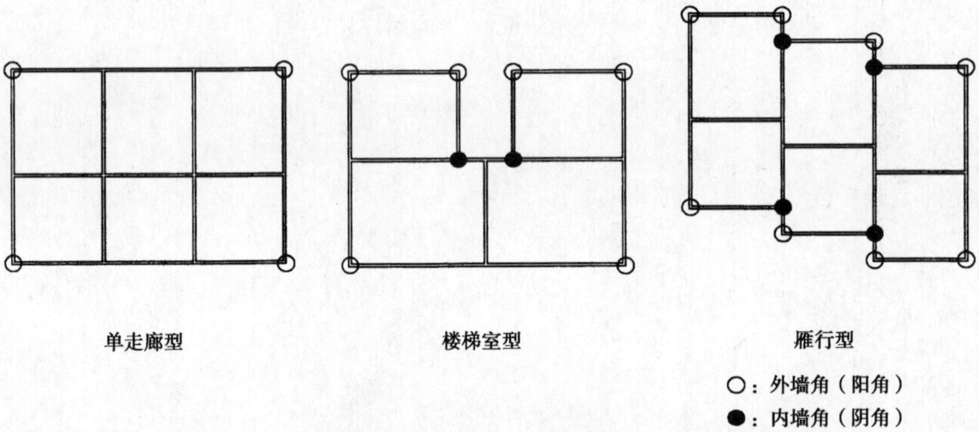

解图 5.1.1　平面类型和角落处

(2) 建筑物的立面形状

建筑物的立面形状原则上也应该是长方形等规则形状。具有外墙缩进的建筑物的立面形状也可以看作规则形状。但是，因为极端的外墙缩进等会使平面的扭曲变大，所以最好设置伸缩接缝等使结构的形状规则。

具有满足表 5.4.1 以及表 5.5.1 中剪力墙的厚度与壁量的规定的具有外墙缩进的建筑物，与没有外墙缩进的建筑物相比较，一般上层的地震力会减少，可以证明因为具有外墙缩进，剪力墙的剪力没有增大。但是，因为会产生平面的扭曲，所以在设计上，最好对具有外墙缩进的建筑进行扭曲应力的补充改正，使偏心率在 0.15 以下。此外，为了控制因外墙缩进产生的扭曲的影响，提高扭曲产生楼层的扭曲刚度是很重要的，所以建筑物的立面形状如果有外墙缩进的情况，要考虑让剪力墙的厚度和壁量有充分的足够的余裕。

屋顶的形状，除了有平屋顶，还有一面坡的屋顶、斜面屋顶（请参照图 1.2.1）等等，可以看作是规则形状。

5.2 剪力墙的布置

（1）剪力墙必须均衡布置。

（2）剪力墙的中心线包围部分的水平投影面积，原则上在 $60m^2$ 以下。

（3）地上层数在 4 层以上的建筑物，应使剪力墙的角落处为 T、L 或是十字形的同时，原则上将上层和下层的剪力墙连续布置。

【解说】

（1）剪力墙的均衡布置

本文的（1）与（2）是壁式公告第 6 第 1 款与第 4 款中规定的内容。

所谓的剪力墙的均衡布置，就是指在平面规划中，刚心和重心一致的布置与刚心周围的扭转刚度变大的布置。因此，剪力墙的布置必须是每个结构面的剪力墙的长度的比例不能有显著差异的均衡布置。雁行型的建筑物以及有外墙缩进情况的建筑物，为了不产生平面的扭曲，对于剪力墙的布置有必要作周密的规划。

在立面规划中，剪力墙的布置也很重要。因为剪力墙具有将作用于建筑物的地震力通过基础结构传递给地基的作用，所以最好是上下连续设置。此外，连接剪力墙间的墙梁具有防止剪力墙的脱离与倒塌和防止剪力墙的抗剪能力低下的作用，所以墙梁必须非常的结实。

（2）剪力墙的中心线包围部分的水平投影面积

剪力墙的中心线包围部分的水平投影面积应以 $60m^2$ 以下为原则进行布置。但是，如果对长期荷载产生的地板的振动、挠曲・扭曲的考虑・地板边缘处的固定度低下以及剪力墙的面外弯矩进行研究时，可以通过计算确认在结构承受力方面安全，不受此限制。

（3）建筑物角落处的剪力墙形状以及剪力墙上下的连续性

地上层数是 4 层以上的建筑物，根据《中心壁式指南》[5.2]，剪力墙的角落处（请参照解图 5.1.1）为了确保承载力以及刚度，要使剪力墙直角相交，避免出现解图 5.2.1 中所示的形式。此外，应以剪力

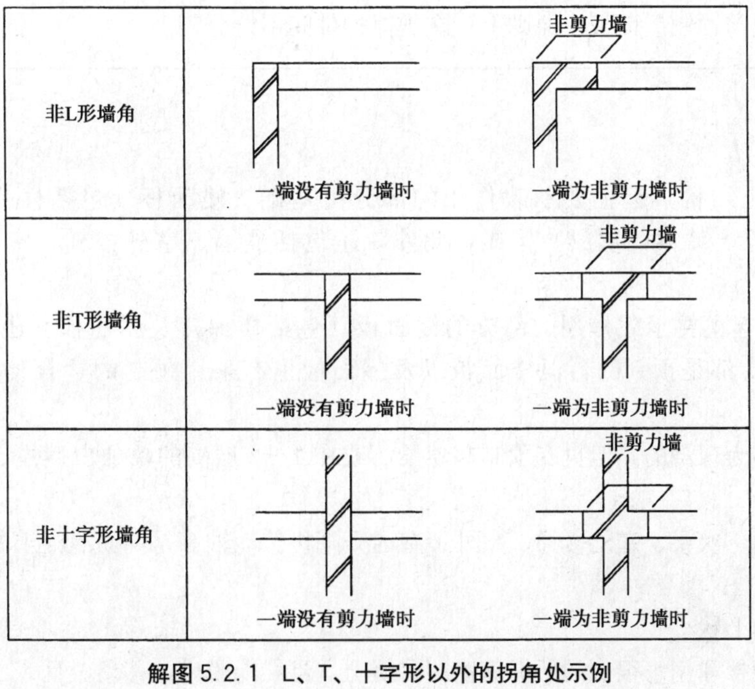

解图 5.2.1　L、T、十字形以外的拐角处示例

注：非剪力墙：长度不足 45mm，或厚度不足 12cm 的墙壁。

墙上下连续布置为原则，但是如果符合下列①到②的任何一种情况的话，可以不受此限制。

① 在剪力墙下方有效地布置了连续且坚固的墙梁。

② 在剪力墙的两端处的正下方布置与该剪力墙大体上直角相交的剪力墙。此外，解图 5.2.2 中的 B 型的 A 部，有必要考虑因上部直角相交壁的轴向力而产生的支承压力。

③ 通过计算确认在结构承受力方面不会出现问题。

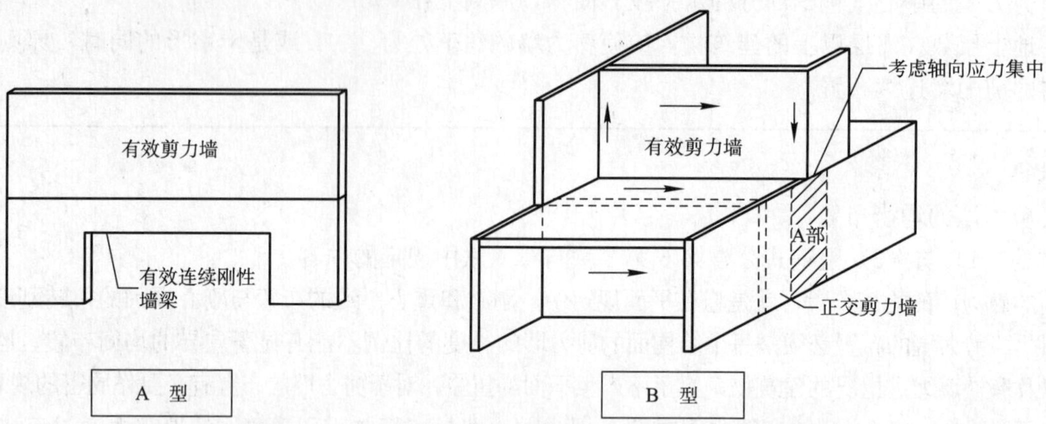

解图 5.2.2 【解说】(3) 中①及②应有的剪力墙布置

5.3 预制构件规划

---

(1) 构件的形状、大小、重量等要根据建筑物的形状、制造设备、搬运、建造方法等来确定。

(2) 剪力墙的竖向分割位置，原则上应在和正交的剪力墙（以下均简称为“垂直相交壁”）的交叉处。

(3) 剪力墙的水平方向分割位置，原则上应在和预制楼面板、预制屋面板或是基础梁的交叉处。

(4) 在原则上，墙梁在竖向不能分割。

(5) 预制楼面板与预制屋面板，原则上，在支撑构件间不能分割。

【解说】

(1) 预制构件

壁式钢筋混凝土结构，起主要承载作用的部分由基础、楼面板（包括楼梯）、屋面板、剪力墙、梁（包括基础梁、墙梁、次梁）构成，此外，还包括隔墙、室外楼梯、室外・室内升降机传动轴等。

WPC结构中，起主要承载作用的部分的楼面板（包括楼梯）及屋面板、还有紧密连接剪力墙和墙梁的墙板，通常都是预制的，但楼面板以及屋面板也有采用预制的叠合楼面板以及现浇板的情况。

基础与基础梁多为现浇的，但也有预制基础梁，或在 1～2 层高的单独户型住宅中采用预制连续基础与基础梁的情况。

除此之外的隔墙、次梁、室外楼梯、室外・室内升降机传动轴等是钢筋混凝土的结构，也有预制的情况。

(2) 预制构件的形状

预制构件，使用拌和用水很少的低坍落度的混凝土，可早期脱模、移动、且表面平整，所以为了确保准确填充并成为密实的混凝土，构件的形状最好是片状。

如果加大预制构件的体积，就会减少需要的构件数，从而有利于提高在制造、搬运、建造方法的效率。然而，由于受到制造设备和搬运时道路的限制以及道路宽、起重机的制约，所以在分割的时候，构件的尺寸应小于 3m×7m，重量小于 70kN。

基础梁与墙板一般在构件交叉的部分进行分割，但小构件也有超过交叉部延长线的情况。此外，如果交叉部较长的话，就在交叉部和交叉部的中间进行分割。

楼面板、屋面板受架设支撑构件的影响，要在墙板或墙梁之间进行分割，但是受到大小与重量的限制，有时构件不能进行 4 边支撑，这时就是 3 边或 2 边支撑。

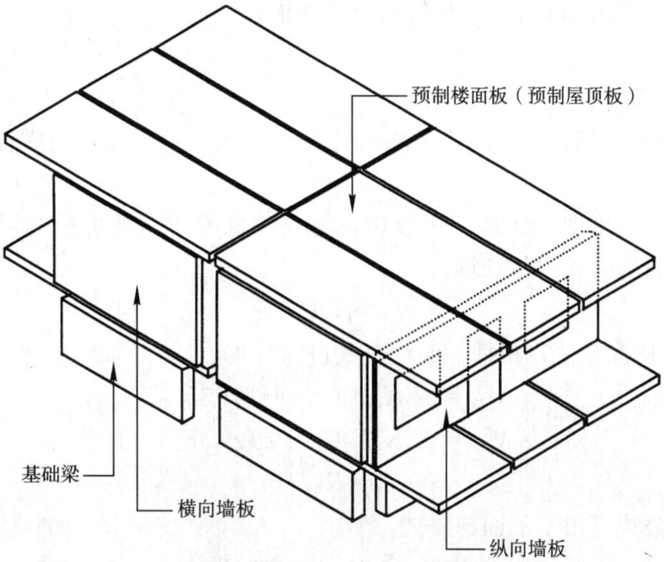

解图 5.3.1　预制构件化的例子

5.4　剪力墙的构造

(1) 剪力墙的长度应在 450mm 以上。

(2) 剪力墙的厚度应在表 5.4.1 中所列数值以上。但是，根据《令》第 3 章第 8 节第 1 款的 2 中规定的容许应力计算被确认安全的情况，可以不受此限制，但是下限值为 120mm。

WPC 结构的各层剪力墙的厚度（基准值）　表 5.4.1

层		剪力墙的厚度（单位：mm）
地上层	最上层与从最上层向下数的第 2 层	120
	其他层	150
地下层		180

【解说】

(1) 剪力墙的长度

① 剪力墙的长度在 450mm 以上，在采用平均剪应力法进行结构分析时，因为不考虑剪力墙的弯曲变形的影响，所以剪力墙的长度应大于相邻开口部的净高度的 30%（见解图 5.4.1）。

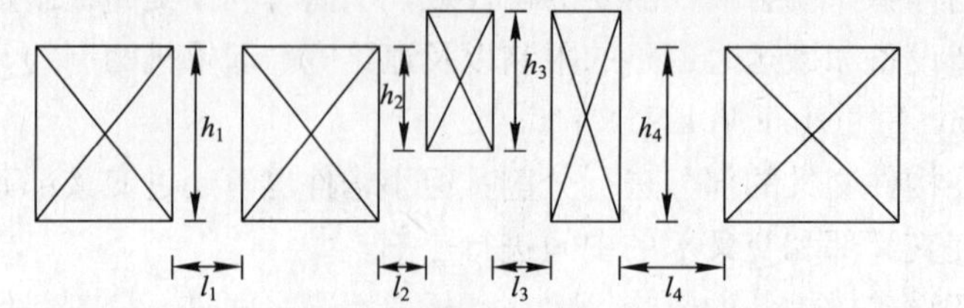

解图 5.4.1　剪力墙的长度以及开口高度的表示方法

图中，$l_n \geqslant 0.3h_n$ 并且 $l_n \geqslant 450$mm 时，将其作剪力墙考虑；

l_n——剪力墙的长度；

h_n——剪力墙的高度。

② 剪力墙的长度应大于相邻开口部的净高度的 30%，关于这一点，应进行剪切变形量和弯曲变形量的比较。

解图 5.4.2 中所示的模型图，计算了变形量，与只考虑剪切刚度情况的变形量比较，得出下面公式。剪切变形量根据下面的公式进行计算。

$$\delta_S = \kappa Qh/GA$$

弯曲变形量 δ_B 采用挠曲角法，根据下面的公式进行计算。

$$M_{AB} = 2EK_0k\ (2\theta_A + \theta_B - 3R_{AB})$$

$$M_{BA} = 2EK_0k\ (\theta_A + 2\theta_B - 3R_{AB})$$

$$\delta_B = R_{AB} \cdot h$$

总变形量根据以上公式得出了下面的公式

$$\sum\delta = \delta_S + \delta_B$$

剪力墙的厚度为 180mm，长度为 l，相对于剪力墙的净高 h_0 的比值（l/h_0）分别变为 15%、30%、45%、60%、90%的情况的 1 层部分的变形量见解图 5.4.3。

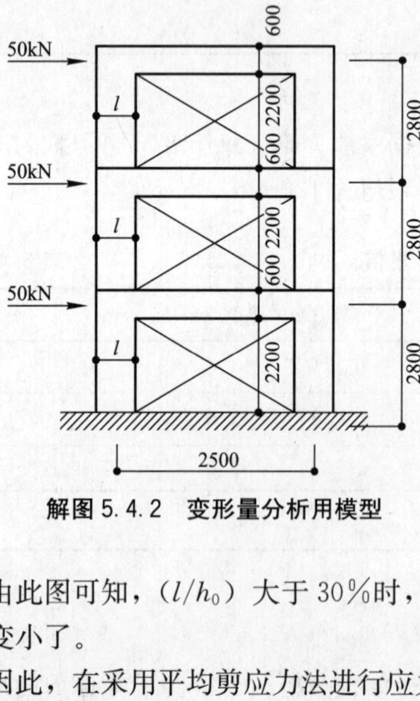

解图 5.4.2　变形量分析用模型

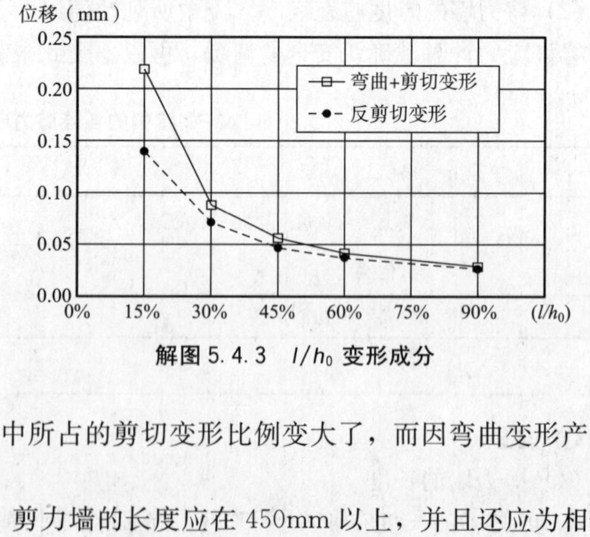

解图 5.4.3　l/h_0 变形成分

由此图可知，（l/h_0）大于 30%时，总变形量中所占的剪切变形比例变大了，而因弯曲变形产生的影响变小了。

因此，在采用平均剪应力法进行应力分析时，剪力墙的长度应在 450mm 以上，并且还应为相邻开口处的高度的 30%以上。

（2）剪力墙长度的表示方法

① 剪力墙的长度 l 是从墙壁的一端到另一端，如果带有竖向接合部，可以包括接合部的长度（解

图 5.4.4）。此外，带有竖向接合部的剪力墙的预制构件的长度，必须是能够确保连接的墙梁主筋不会脱落的水平固定长度（解图 5.4.6 的 l_1）。

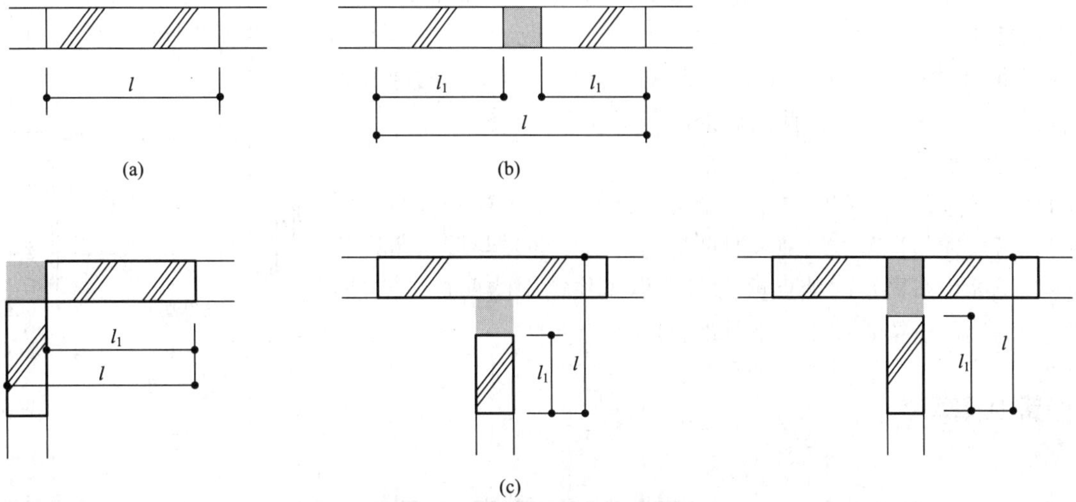

解图 5.4.4　剪力墙的长度 l

（a）独立墙壁；（b）含竖向接合部的墙壁；（c）含竖向接合部的墙壁

② 窗框部分，将能确保必要墙壁厚度的位置作为墙壁的长度（解图 5.4.5）。

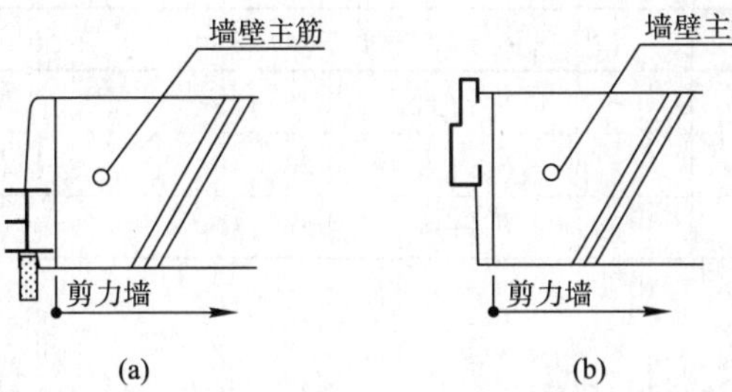

解图 5.4.5　窗框部分

（a）窗洞部分；（b）门开口处

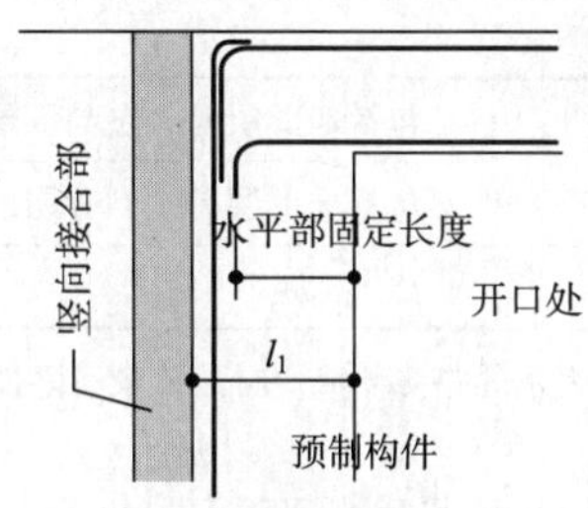

解图 5.4.6　预制构件的长度的确保

③ 剪力墙的长度，要考虑开口的形状、位置等，根据实际情况适当地设计（解图 5.4.7）。

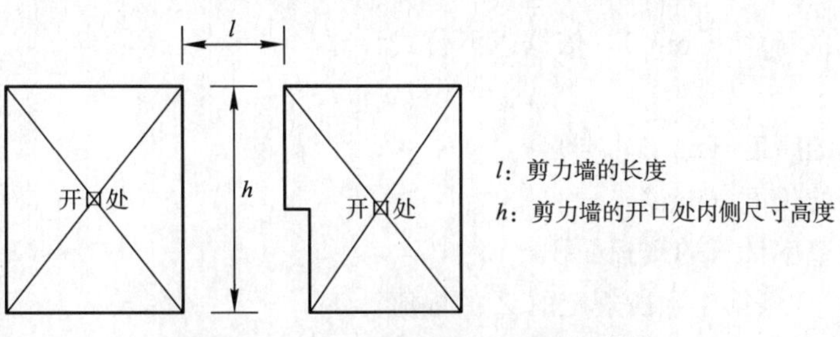

解图 5.4.7　特殊形状的计算方法[5.3]

（3）剪力墙的厚度

① 根据容许应力计算确认安全的情况，剪力墙的厚度可以小于规定值，但是根据《令》第 78 条 2 的规定必须大于 120mm。

此外，在《壁式钢筋混凝土结构计算基准·解说书》[5.4]中，规定“平房建筑要在 $h/25$ 以上，层数大于 2 层的建筑物，要大于 $h/22$。注意，h 是起主要承重作用的竖向支点间距离。”如果是坡屋顶，h 可以是所有垂直相交壁间的平均值。对纵向弯曲的分析，可以参考《RC 基准》[5.5]等。

② 剪力墙的厚度主要由结构需求的承载力决定，此外，配筋、接合金属等的稳定性、混凝土的保护层厚度、隔墙隔声性能等也是决定因素，所以应对剪力墙的厚度进行分析。

有关隔墙的隔声性能，可以参照《建筑物的隔声设计资料》[5.6]，关于集体住宅的房间之间的平均声压水平差的使用等级是 1 级 D－50、2 级 D－45。与此相对，混凝土墙壁厚度 150mm、120mm 的声音穿透损失的 D 值评价分别为 48、46，因为来自窗户或是顶棚的声音穿透影响较大，所以对其路径的侧路传播声需要仔细的分析。

(4) 剪力墙顶部底部的墙梁的连结

在剪力墙的顶部与底部，在能安全支承钢筋混凝土板的恒载和活载的同时，还应能传递剪力墙地震时的应力，所以必须与墙梁紧密连接。解图 5.4.8 中所展示的独立剪力墙是集体住宅中的两户公共墙，这个独立剪力墙的连续垂直相交壁可以设墙梁。

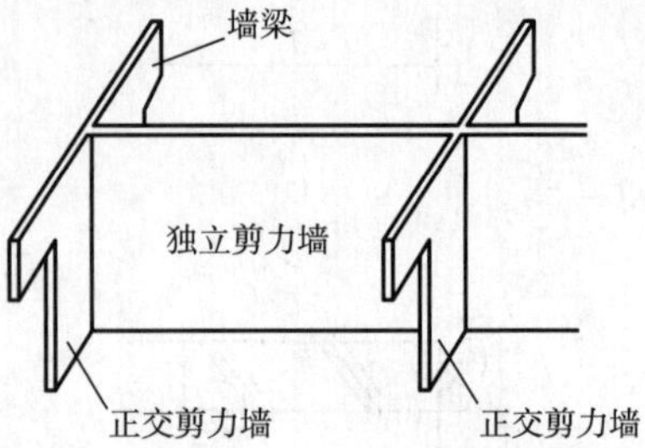

解图 5.4.8　独立剪力墙和墙梁

5.5　壁量及壁率

---

(1) 壁量应大于表 5.5.1 中所列的数值。但是，考虑到墙壁厚度和混凝土的设计标准强度以及地震地域系数等因素，取值可以小于下表中所列值，降低值的上限原则上是 50mm/m²。

WPC 结构的壁量　　　　**表 5.5.1**

层		壁量（单位：mm/m²）
地上层	不包括地下层是 4 层与 5 层的建筑物的各层	150 (100)
	不包括地下层是 1 到 3 层的建筑物的各层	120 (70)
地下层		200 (150)

注：（　）内表示的是降低壁量时的壁量下限值。

(2) 壁量计算用地板面积要大于各层基准法中规定的地板面积，上层有阳台和连续的护栏与室外楼梯的情况，算入其面积的 1/2 以上。

(3) 各层的壁率（每个方向的剪力墙总水平断面积除以壁量计算用地板面积所得的数值）要满足公式 (5.5.1)。

$$a_w \geqslant Z \cdot W \cdot A_i \cdot \beta/(2.5S) \tag{5.5.1}$$

式中　a_w——各个方向的壁率（mm²），依据以下公式计算

$$a_w = \sum(t \cdot l)/S$$

t——各剪力墙的厚度（mm）；

l——各剪力墙的长度（mm）；

S——依据每层壁率计算的楼板面积（m²）；

Z——《令》第 88 条第 1 项所规定的 Z 的数值；

W——依据《令》第 88 条第 1 项的规定，在计算地震影响时，该层承重部分所受恒载和活载之和（在第 86 条第 2 项的补充规定中规定：在政府规定的多雪地区还须计算积雪荷载）(N)；

A_i——《令》第 88 条第 1 项所规定的 A_i 的数值；

β——依据混凝土设计标准强度（N/mm²）在考虑折减系数的情况下，应为 $\sqrt{18/F_c}$ 并且 $\sqrt{1/2}$ 以上，系数以 2.5 为标准单位计算（N/mm²）。

(4) 壁量低于表 5.5.1 中所列的下限值，或是壁率不满足式 (5.5.1) 的情况，要确认初次设计时的层间变形角小于 1/2000，以及极限水平承载力大于必要极限水平承载力。

（5）剪力墙内的小开口，根据开口的大小和开口边缘到剪力墙边缘的尺寸等，在壁量与应力计算时有时可以忽略。

（6）平面或立面倾斜的剪力墙，要适当考虑其刚度要求，并将其计算入壁量中。

【解说】

（1）壁量及壁量的折减

壁量是每个方面剪力墙的总长度除以壁量计算用的地板面（地板楼面）所得的值。壁量的规定可以给予建筑物必要的刚度和水平承载力。并且，可以将中级地震中建筑物产生的形变控制在一定程度以下。

根据“壁式公告”第 6 条第 3 款中的壁量的折减系数规定，可能折减壁量按照以下方式确定

$$L_{wn}=L_{w0}\cdot\alpha\cdot\beta\cdot Z，并且\ L_{wn}\geqslant L_{w0}-50 \tag{解 5.5.1}$$

式中 L_{wn}——必要的壁量（mm/m^2）；

L_{w0}——表 5.5.1 中规定的壁量（mm/m^2）；

α——根据壁厚考虑折减系数，按照下面公式计算

$$\alpha=(t_0\cdot\sum l_w)/\sum(t\cdot l_w) \tag{解 5.5.2}$$

t_0——表 5.4.1 规定的墙壁厚度（mm）；

t——每个剪力墙的厚度（mm）；

l_w——每个剪力墙的长度（mm）；

β——依据混凝土的设计标准强度（N/mm^2）考虑折减系数的情况下，混凝土设计的标准强度参见解表 5.5.1。

混凝土设计标准强度下的折减系数 **解表 5.5.1**

设计标准强度（N/mm^2）	21	24	27	30	33	36
折减系数 β	0.926	0.866	0.817	0.775	0.739	0.707

如果规定壁量为 $150mm/m^2$、规定壁厚为 $150mm/m^2$、全部的墙壁厚度为 180mm、混凝土的设计标准强度为 $F_c=27N/mm^2$、$Z=1.0$，则

$L_{wn}=L_{w0}\cdot\alpha\cdot\beta\cdot Z=150\times(150/180)\times0.817\times1.0=102.1mm/m^2$，可以降低到下限值（$100mm/m^2$）左右。

如果壁量不足 $100mm/m^2$，应该确保初次设计时的层间位移角 $R\leqslant1/2000$，还要确保水平承载力。

（2）壁量计算用楼板面积

壁量计算用楼板面积，是对该建筑物的地震力计算用负荷量的估计，共同住宅中地震力计算用的重力作用于每平方米计算壁量的楼板的平均值为 $9\sim12kN/m^2$。因此，室外楼梯等的面积的计算比率，要根据建筑物的单位重量与该部分的单位重量的比例进行设定，但不能低于基准法楼板面积。

（3）壁率规定

壁率的规定，要使中级地震时作用于剪力墙的剪应力值在混凝土的短期容许剪应力值以下，防止中级地震时出现剪断裂纹，并确保其在大地震时的抗剪能力。

式（5.5.1）是根据平成 13 年国土交通部公告第 1369 号第 5 条规定（解 5.5.3）得来的。

$$\sum2.5A_\omega+\sum0.7A_c\geqslant Z\cdot W\cdot A_i\cdot\beta \tag{解 5.5.3}$$

式中 $\sum A_\omega$——计算方向的各剪力墙的总水平横截面积（mm^2），根据下式计算：

$$\sum A_\omega=\sum(t\cdot l)$$

$\sum A_c$——柱的横截面积之和（mm^2）。

没有柱的情况，式（解 5.5.3）可以表示为式（解 5.5.4）。

$$\sum 2.5(t \cdot l) \geqslant Z \cdot W \cdot A_i \cdot \beta \qquad (解\ 5.5.4)$$

公式（解 5.5.4）的两端除以 2.5S（S：壁量计算用楼板面积），可得式（5.5.1）。

$$\sum 2.5(t \cdot l)/(2.5S) \geqslant Z \cdot W \cdot A_i \cdot \beta/(2.5S) \rightarrow a_w = \sum (t \cdot l)/S \geqslant Z \cdot W \cdot A_i \cdot \beta/(2.5S)$$

如果以 5 层楼高 WPC 结构共同住宅中规定壁厚为 150mm、规定壁量为 150mm/m^2 构成的建筑物为例，进行式（5.5.1）的验算，得出下面的结论。

单位面积的地震力计算用重量平均为 10000～12000N/m^2，如果假设为 11000N/m^2，1 层的 W 就为 55000×S（N），

公式（5.5.1）的左边

$$a_w = \sum (t \cdot l)/S = t \times \sum l/S = 150\text{mm} \times 150\text{mm/m}^2 = 22500\text{mm}^2/\text{m}^2$$

公式（5.5.1）的右边

$$\begin{aligned} Z \cdot W \cdot A_i \cdot \beta/(2.5S) &= 1.0 \times 55000 \times S(\text{N}) \times 1.0 \times \beta/[2.5(\text{N/mm}^2) \times S(\text{m}^2)] \\ &= 55000 \times \beta/2.5 = 22000 \times \beta \text{mm}^2/\text{m}^2 \end{aligned}$$

β 是基于前列（1）项中混凝土的设计标准强度的折减系数，在 1.0 以下，即使 $\beta = 1.0$，22500mm^2/m^2≥22000mm^2/m^2，满足公式（5.5.1）。

（4）不满足壁量与壁率规定的情况

不满足壁量与壁率的规定的情况，根据壁式公告第 1 或是第 6 第 2 号的规定，初次设计时的层间位移角要低于 1/2000，还须确保根据《令》第 82 条的 4 第 1 号的规定计算的极限水平承载力大于根据同条第 2 号的规定计算的应有极限水平承载力。

（5）可以忽略壁量·壁率以及应力计算的开口

在考虑剪力墙中开口的大小和开口到剪力墙的边缘的长度的条件下，可以忽略壁量·壁率以及应力计算的开口是存在的。以下就是这种情况的例子。

在剪力墙中如果要设置圆形开口，开口的直径必须在 350mm 以下而且只能设置一个。并且开口到剪力墙上端边缘处的距离须在 200mm 以上，开口到剪力墙下端边缘处的距离也必须在 200mm 以上。

在剪力墙中如果设置长方形的开口，开口的长和宽之和须小于 800mm，两边之比须大于 0.5 小于 2.0 并且只能设置一个，并且开口到剪力墙上下端的距离须在 200mm 以上（解图 5.5.1）。同一面剪力墙之中不允许同时设置长方形和圆形开口。

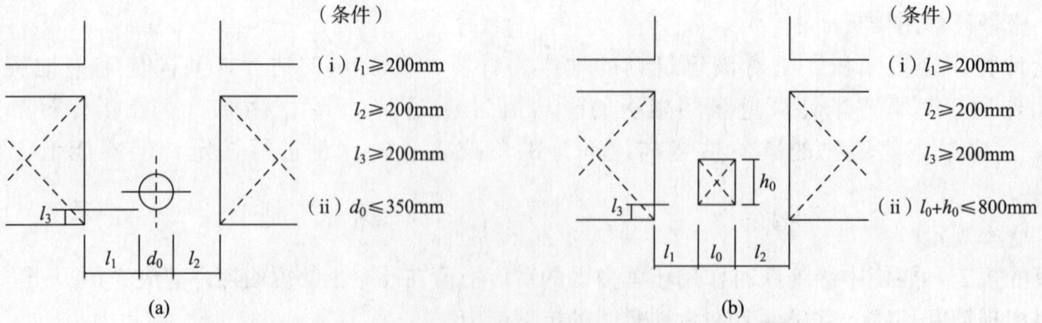

解图 5.5.1 可以忽略壁量·壁率与应力计算的开口[5.7]

(a) 圆形开口；(b) 长方形开口

（6）平面、立面是倾斜的剪力墙的长度与厚度

① 平面是倾斜的剪力墙，在计算壁量和壁率时，其长度与厚度应符合下列要求（见解图 5.5.2）。

$$l_1 = l_0 \cdot \cos\theta$$

$$t_1 = t_0 \cdot \cos\theta$$

式中 l_1——已经计算壁量与壁率的情况下剪力墙的长度（mm）。注意，θ 大于 45°时，l_1 取值为 0；

l_0——剪力墙的实际长度（mm）；

θ——地震力可能方向和剪力墙轴线的夹角；

t_1——在已经计算壁率情况下剪力墙的厚度（mm）；

t_0——与剪力墙倾斜面的轴垂直相交的剪力墙的厚度（mm）。

② 立面倾斜的剪力墙，在计算壁率时，其长度与厚度应符合下面的要求[5.8]（解图 5.5.3）。

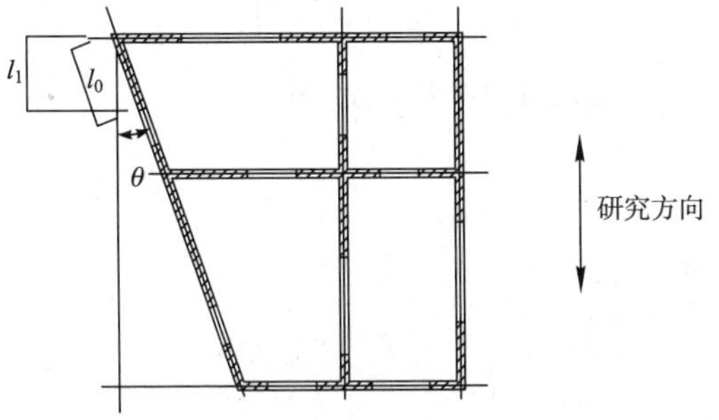

解图 5.5.2 平面内剪力墙倾斜时情况示例

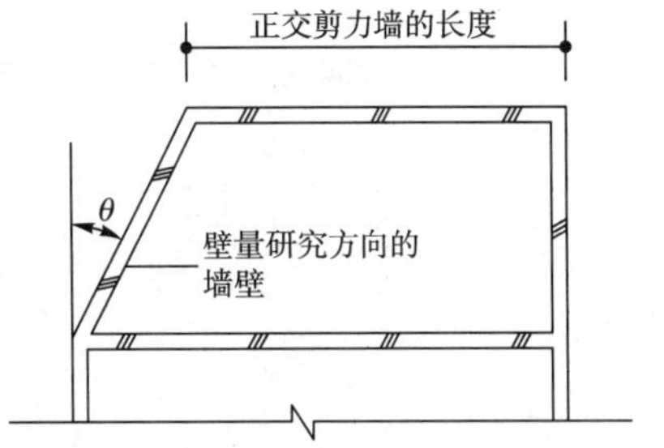

解图 5.5.3 立面倾斜的剪力墙的示例

$$t_1 = t_0 \cdot \cos\theta$$

式中 t_1——在已经计算壁率情况下剪力墙的厚度（mm），θ 大于 45°时，t_1 取值为 0；

t_0——与剪力墙倾斜面的轴垂直相交的剪力墙的厚度（mm）；

θ——剪力墙轴线与竖直方向的夹角；

另外，与倾斜剪力墙垂直相交的剪力墙的长度按照倾斜剪力墙的顶端长度计算。

5.6 墙梁的构造

（1）原则上，高度必须在 450mm 以上。

（2）宽度必须大于与其相连的剪力墙厚度。

（3）原则上在采用双配筋的墙梁的情况下，如果梁的宽度超过 200mm，必须采用弯曲加固钢筋和箍筋复合布置的形式。

【解说】

（1）墙梁的高度

墙梁的高度，原则上必须在 450mm 以上。但是，如果在容许应力条件下可以确保建筑物结构安全的情况下，墙梁的高度也可以小于 450mm。

（2）墙梁的宽度

墙梁的宽度超过与其相连接的剪力墙的厚度时，与墙梁高度相当的剪力墙，应布置必要的弯曲加固钢筋（解图 5.6.1）。

（3）宽度大于 200mm 的墙梁的钢筋布置

如果墙梁中开口处的宽度大于 200mm，为了防止出现因混凝土保护层过厚而导致开口裂缝增大等情况的发生，除了主筋要符合布置方式以外，在主筋外侧开口处还应布置起固定紧锁作用的箍筋（解图 5.6.2）。

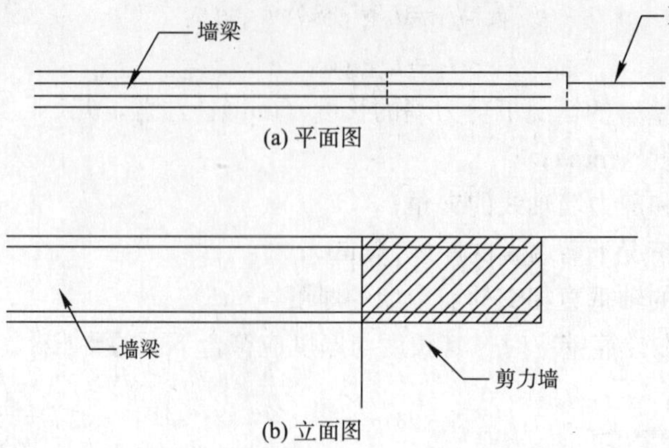

解图 5.6.1　宽度超过与其相连的剪力墙厚度的墙梁和剪力墙的关系

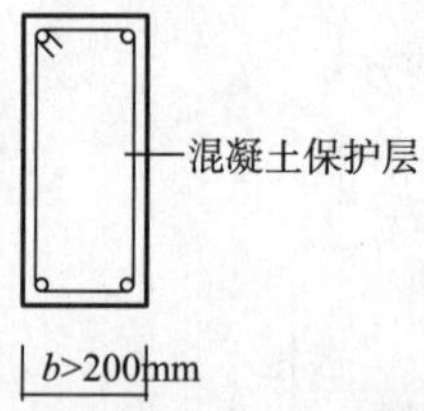

解图 5.6.2　宽度超过 200mm 的墙梁的复合配筋

5.7　楼板・屋面板的构造

（1）楼板和屋面板原则上应采用预制钢筋混凝土板或现浇钢筋混凝土板（包含叠合楼板）。

（2）楼板和屋面板应该确保在使用过程中不会有弯曲变形、晃动不稳定等情况的发生，因此必须有足够的厚度。

（3）必须确保预制钢筋混凝土楼板两端置放于墙壁上的长度。厚度在 150mm 以上的剪力墙应确保楼板两端置放于墙壁上的长度在 40mm 以上；厚度不足 150mm 的剪力墙应确保楼板两端置放于墙壁上的长度在 30mm 以上。

【解说】

（1）楼板和屋面板的构造类别

因为楼板和屋面板担负着将地震力传递给剪力墙的重要作用，因此必须使用预制钢筋混凝土板、现浇的钢筋混凝土板或者钢筋混凝土叠合板。

注意，在可以确保建筑物具备保有水平承载力的情况下，也可以使用钢筋混凝土以外的建筑材料。

（2）楼板和屋面板的厚度

为了确保楼板在使用过程中不会发生弯曲变形、晃动不稳定等情况，关于楼板和屋面板的厚度须满足解表 5.7.1 的规定。按照建设大臣指定的检测方法（平成 12 年建设部公告 1458）可以确保楼板弯曲在安全范围内的情况，不用满足以下标准要求。

楼板厚度的推荐值　　　　**解表 5.7.1**

项目	推荐值
楼板厚度 t（悬臂楼板除外）	$t>l_x/30$①
悬臂楼板厚度 t	$t>l_x/10$①

① l_x 为短边方向的长度。

（3）预制钢筋混凝土楼板两端伸出的长度

因为预制钢筋混凝土楼板两端要放置于剪力墙上，为了防止由于搭接长度不足而导致楼板脱落的情况发生，在施工时必须预留 30mm 以上的搭接长度（详见解表 5.7.2）。如果按照《第 8 章接合部的设计》中给出的承载力计算方法可以确保施工时不会脱落时，可以不用满足表中的规定。

预制钢筋混凝土楼板与屋面板两端伸出剪力墙的长度 **解表** 5.7.2

项目	推荐值
预制钢筋混凝土楼板两端伸出剪力墙的长度①	壁厚大于 150mm 时应在 40mm 以上（当壁厚小于 150mm 时应在 30mm 以上）

① 使用合成楼板的施工方法。

5.8 基础·基础梁的构造

（1）基础的作用是将作用于建筑物的荷载和外力安全地传递到地基并且防止因为地面下沉或者变形而导致建筑物在结构承载方面不安全问题的出现。

（2）基础梁应为钢筋混凝土一体结构（包括预制钢筋混凝土构件相互拼接浇筑而成的一体化结构）。

（3）基础梁应在最下层剪力墙下连续有效布置。

（4）基础梁的宽度应大于与之相接的剪力墙的厚度。另外还应确保其具有一定的高度和预埋深度。

【解说】

（1）在构造上的注意事项

因为基础·基础梁必须将建筑物上层结构的不变荷载和可变荷载等竖向的荷载安全地传递给地基，还须防止因地震作用、风压等作用于建筑物的水平荷载导致剪力墙偏离基础的情况发生，所以基础·基础梁必须具有足够的刚度和承载力。基于以上要求，在设计时必须考虑以下要求：

① 应根据建筑物下的地基情况决定采用直接基础还是桩基础。

② 采用直接基础时对于连续扩展基础和筏形基础应特别注意其不同的下沉率。

③ 采用桩基础时，原则上桩应设于各剪力墙的正下方。

在采用独立扩展基础时，应该在基础梁的交叉处设置桩。如果桩的间隔过大还必须确保基础梁的刚度。另外，如果必须在柱之间设置桩，除了要考虑平面之外的应力因素外，还应设置垂直相交的梁（参考解图 5.8.1）。

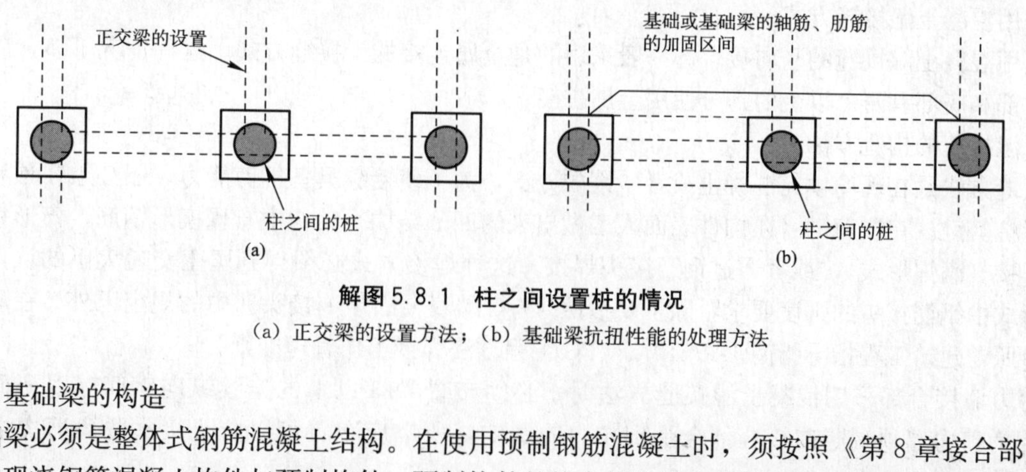

解图 5.8.1 **柱之间设置桩的情况**

（a）正交梁的设置方法；（b）基础梁抗扭性能的处理方法

（2）基础梁的构造

基础梁必须是整体式钢筋混凝土结构。在使用预制钢筋混凝土时，须按照《第 8 章接合部的设计》中的要求现浇钢筋混凝土构件与预制构件。预制构件的接合部设计必须符合结构承载力的相关要求。

（3）基础梁布置

应在建筑物最底层的剪力墙下布置连续的基础梁。基础梁不可以省略，剪力墙不能与基础直接相连。

(4) 基础梁的推荐值

为了使剪力墙下的基础梁（包含基础梁的起始部分）更好地传递剪力墙的应力，其宽度应该大于剪力墙的厚度。关于基础梁的形状和钢筋布置等参照解表 5.8.1。

基础梁的宽度、高度以及预埋深度的推荐值 解表 5.8.1

项目	推荐值
基础梁的宽度	最下层剪力墙的厚度＋50mm 以上
基础梁的高度	600mm 以上并且是楼高的 10%～15% （但是，如果设置了出入口的话，基础梁的高度应为出入口直径的 3 倍以上）
基础的预埋深度	楼高的 6%～10%

5.9 接合部的构造

(1) 剪力墙竖向接合部原则上需采用混凝土湿接缝方式，使用 1-D10 或者 1ϕ9 以上的楔形钢筋焊接。但是，如果通过容许应力计算满足结构承载力的安全要求，可以不受上述标准限制。

(2) 剪力墙的预制楼板（包括预制屋面板，以下与此相同）和墙梁的水平接合部必须设置可以传递应力的结构。

(3) 接合部使用的钢筋钢材以及填充用的混凝土或砂浆应具备防锈和耐火性能。

【解说】

(1) 接合部必要的性能

WPC 建筑的一个主要特征是使用预制钢筋混凝土构件作为建筑结构的主要承载力构件并将它们拼接成整体建筑。为了确保 WPC 建筑具备与整体结构建筑相同的承载能力，需要求接合部布置具备必要的刚度、强度和韧性等并可以安全传递应力的结构。

接合部必要的性能须满足本节的要求，按照《第 8 章接合部的设计》可以确保接合部具备必要的刚度、承载能力和韧性，并且可以安全传递作用于建筑物上的荷载。

(2) 剪力墙竖向接合部的形式

剪力墙的竖向接合部必须采用混凝土湿接缝方式。如果通过容许应力计算可以确保结构承载安全，可以不采用混凝土湿接缝方式。

不使用混凝土湿接缝的竖向接合部一般采用的是金属连接的干接缝方式。这种情况不多，应保证剪力墙的顶部和底部有两个以上的部分使用金属拼接。

(3) 湿接缝的构造方法

湿接缝方法是在现场填充混凝土或者砂浆的方法，为了使接缝具备抗剪能力，还必须在预制构件接合面设置抗剪键。在抗剪键（在构件表面人工做出来的凹凸结构）结构中布置楔形钢筋，楔形钢筋须相互交叉焊接（满焊形式），或者通过钢筋接头焊接。这种焊接方式必须得到国土交通大臣的认可。关于满焊接形式中钢筋接头的强度要求，除了要参照《7.5 黏着・固定・接头》中的规定以外，在质量方面还应该参照“建筑工程指导指南 JASS10”、《PC 工程方法焊接工作管理准则》。

在剪力墙接合部采用混凝土湿接缝方法时，必须布置 D13 以上的连续纵向钢筋（以下简称“纵筋”）。因为剪力墙顶端竖向接合部会受到拉力的影响，所以应布置可以防止接头脱离剪力墙底部的装置。

(4) 剪力墙水平接合部的构造方法

在剪力墙水平接合部，一般需要用砂浆将剪力墙底部和楼板之间或者剪力墙的顶部和底部相连的地方覆盖，并且通过接合钢筋将上下剪力墙连接。这种拼接一般采用机械式接头并用砂浆、水泥砂浆或相似的材料进行加固（套筒接头连接方式）。

采用金属连接方式，一般在预制构件中布置金属材料并辅以钢板，多采用焊接连接和螺栓连接方式。为了使预制构件中的金属材料可以将接合部的力顺利传递给剪力墙，在焊接中须使用锚固钢筋，钢材的厚度应在 6mm 以上即必须达到有效焊接厚度。如果使用钢板，由于热加工会对预制构件产生影响，所以钢板厚度应在 6mm 以上。

（5）预制楼板之间的水平接合部的构造方法

在处理预制楼板之间的水平接合部的问题时，不仅要确保接合结构的刚度，还应该避免因竖向荷载对相邻预制楼板的挤压产生的不同变形。这个问题在设计时必须要考虑。

如果水平接合部采用混凝土湿接缝方式，最好在焊接时在楼板的小口处辅以楔形钢筋。

（6）剪力墙、墙梁与预制楼板的水平接合部的构造方法

剪力墙或墙梁与预制楼板的水平接合部不仅要传递水平力还要防止预制楼板掉落。因此，宜在每个预制楼板上都设置两个以上的接合部。

如果在施工现场浇筑钢筋混凝土楼板和屋面板，尽管楼板和屋面板之间没有预制接合部，但是楼板和屋面板的四周还是承担着向剪力墙和墙梁传递水平力的作用，另外为了防止楼板或屋面板掉落，确保楼板、屋面板与剪力墙或墙梁之间的有效接合十分必要。

（7）墙梁和基础梁竖向接合部的构造方法

因为墙梁与剪力墙之间存在应力，所以最好不要设置接合部。但在施工过程中，会遇到诸如墙面板、正交墙等的交叉而不可避免地要设置接合部的情况。遇到这种情况时，必须使用厚度为 6mm 以上的金属材料进行接合。另外，还需要建模分析接合部所受的力，从而确定接合部的数量。

因为基础梁必须是整体的钢筋混凝土结构，在使用预制混凝土构件作为基础梁接合部的情况下，钢筋的布置与现浇钢筋混凝土构件的布置要领相同，在接合面上要设置人工凹凸面并设置钢筋结构以防止错位变形情况的发生。除此以外，还应通过试验确定整体钢筋混凝土接合部的刚度、承载能力、韧性等。

（8）接合部的耐久和耐火措施

在接合部的耐久和耐火措施方面，须对钢筋和金属材料进行防腐和耐火处理，并确保必要的保护层厚度。特别是在采用混凝土干接缝的情况下更要注意这个问题。

（9）接合部的示例

接合部的示例请参照解图 5.9.1 和解表 5.9.1。

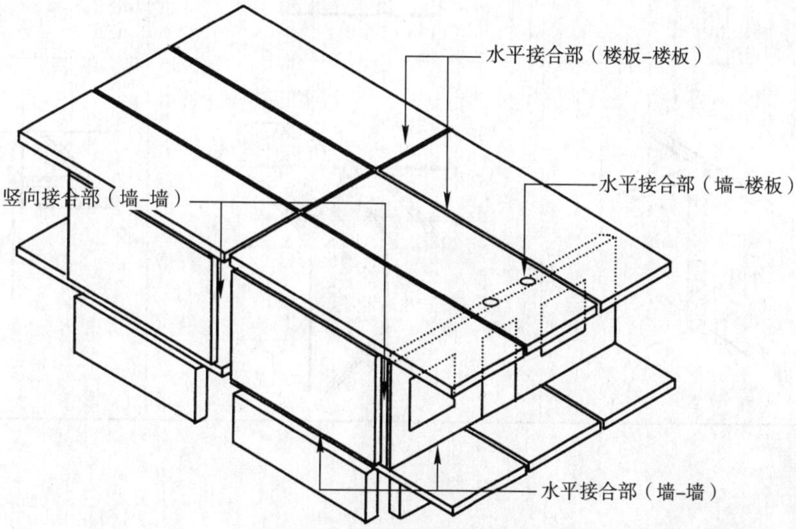

解图 5.9.1　接合部的示例

不同接合部的示例 解表 5.9.1

方向	构件	连接方法 / 连接形式	湿接缝连接	干接缝连接
竖向接合部	剪力墙和剪力墙	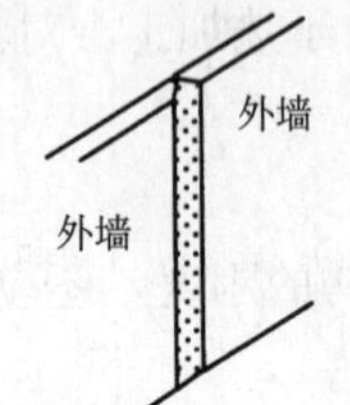	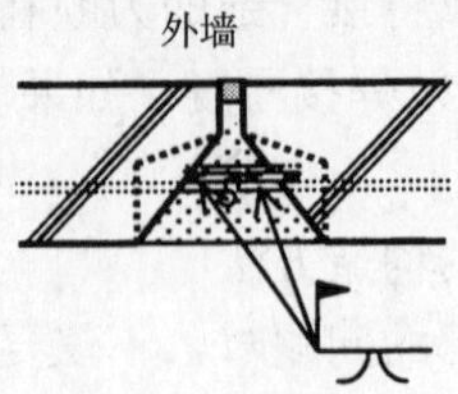 在施工现场将钢筋与PC楼板露出的连接钢筋用闪光焊方法焊接在一起。下同	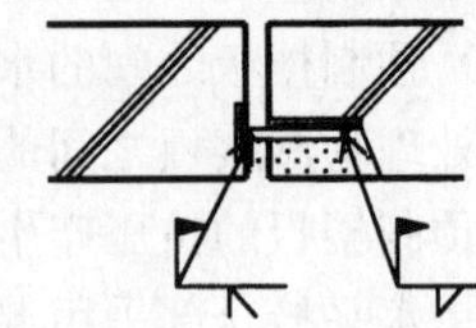
		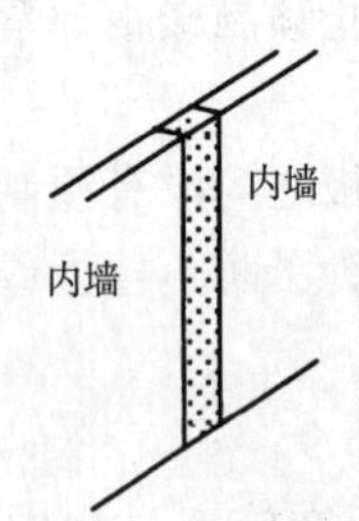	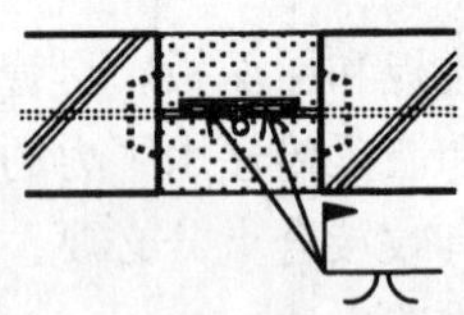	在插入PC楼板中的接合铁件之间配置钢板，在施工现场采用对焊和角焊将接合铁件焊接在一起。下同 由于不需要填充混凝土，所以必须对接缝处进行耐久、耐火及防水处理
		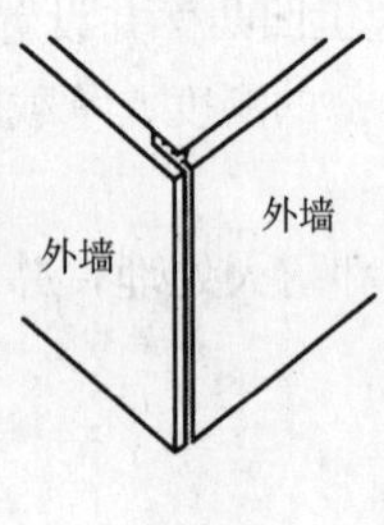	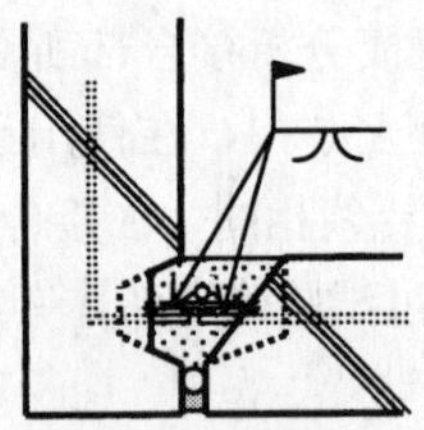 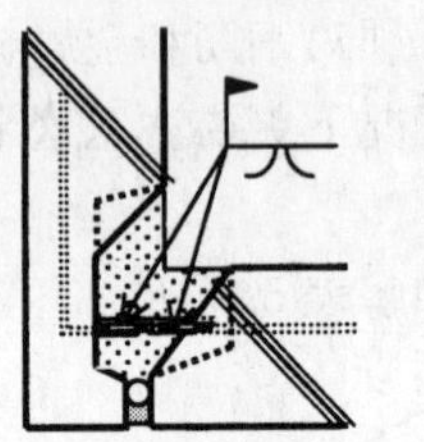	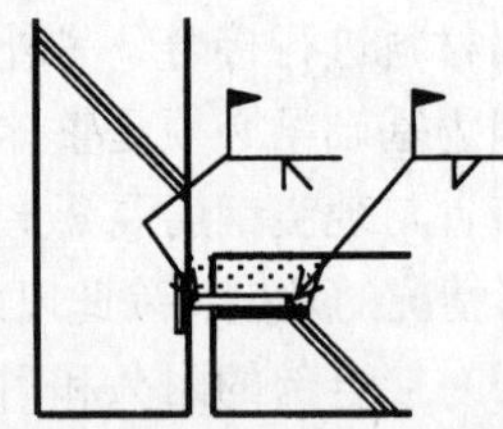 采用干接缝连接时，要在墙壁楼板的顶部和底部设置2个以上的连接点
		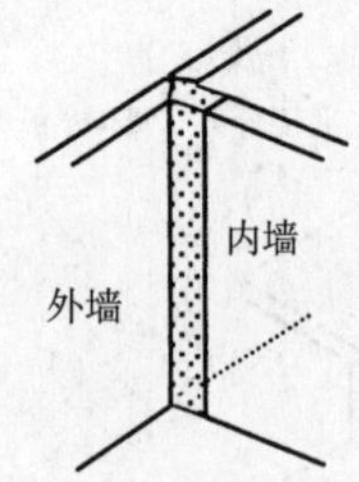	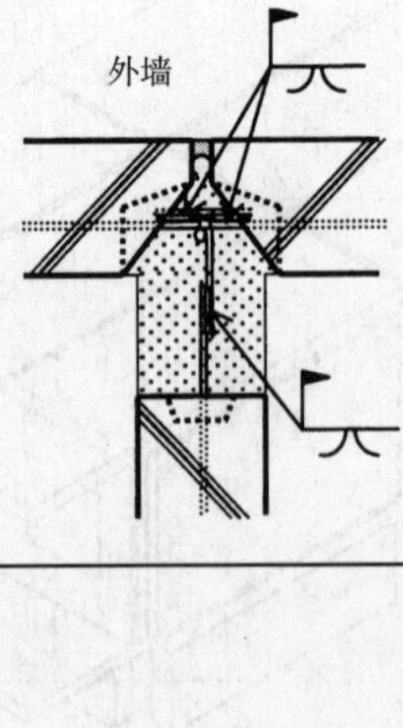	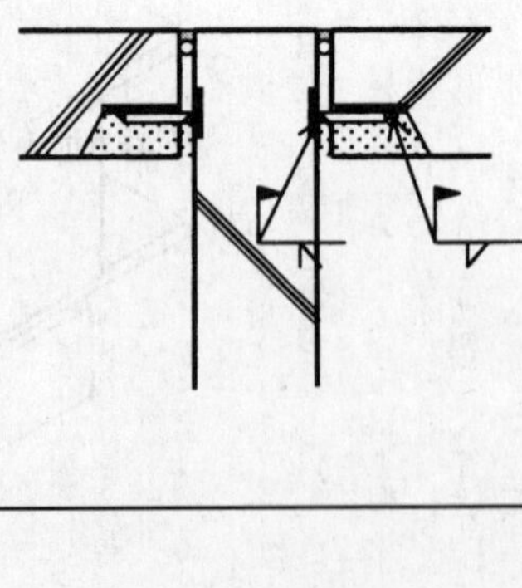

续表

方向	构件	连接方法 连接形式	湿接缝连接	干接缝连接
竖向接合部	剪力墙和剪力墙	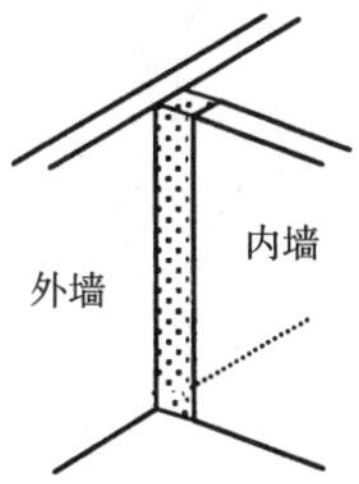	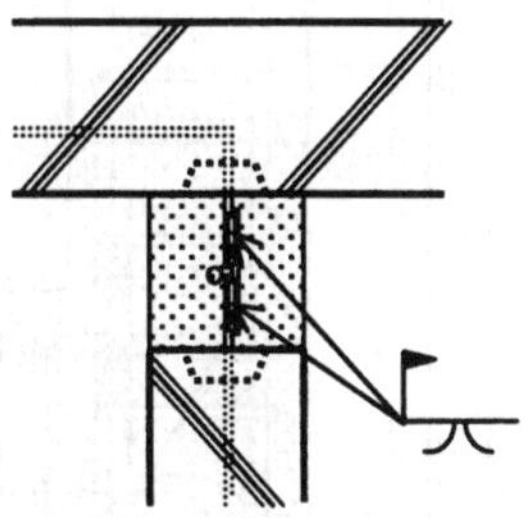	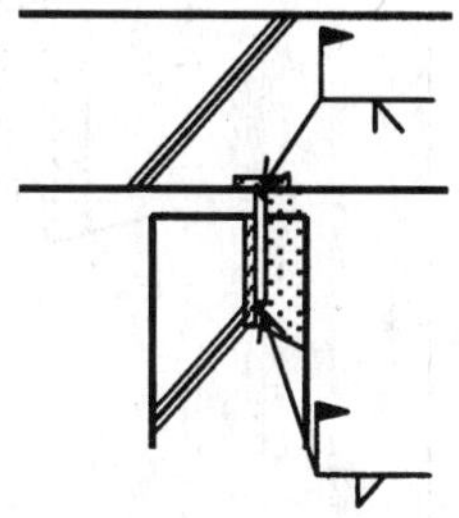
		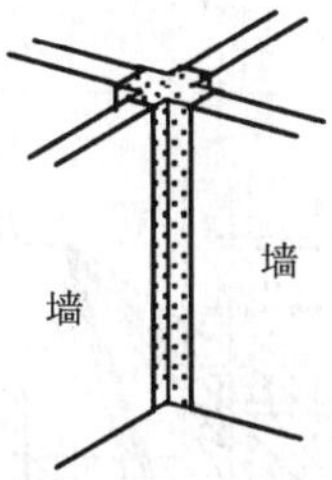	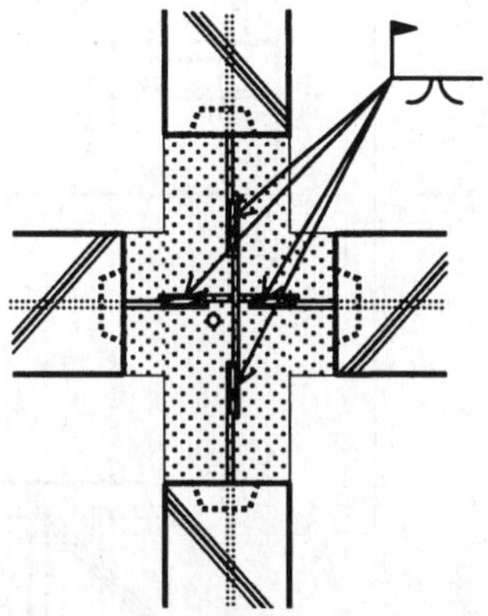	采用混凝土干接缝方式时，要在墙壁楼板的顶部和底部设置2个以上的连接点
	剪力墙和墙梁	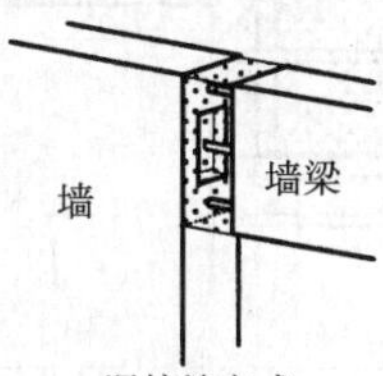湿接缝方式	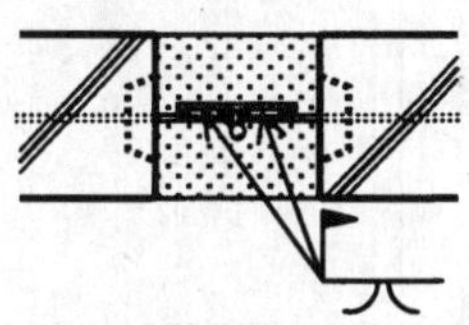	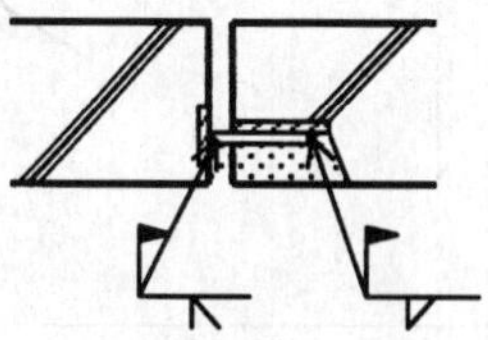
		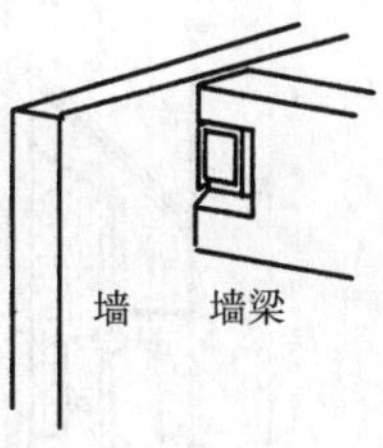	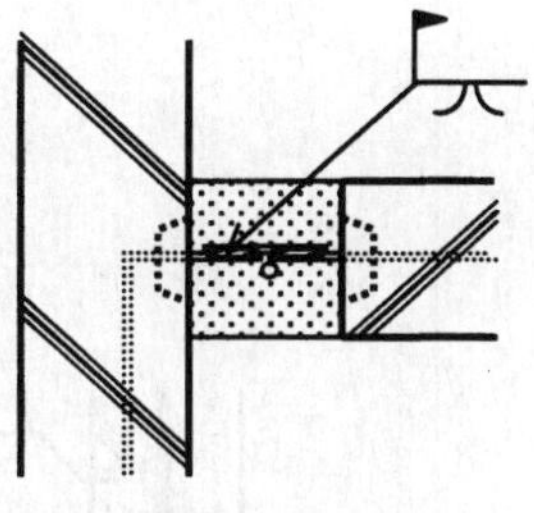	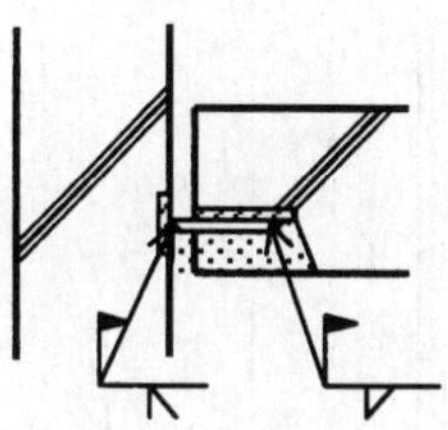
	基础梁和基础梁	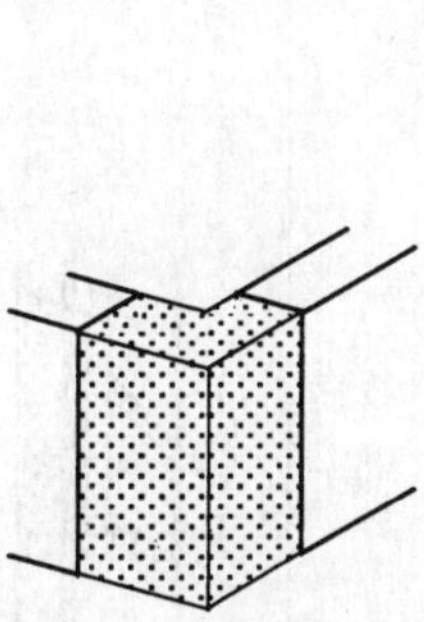	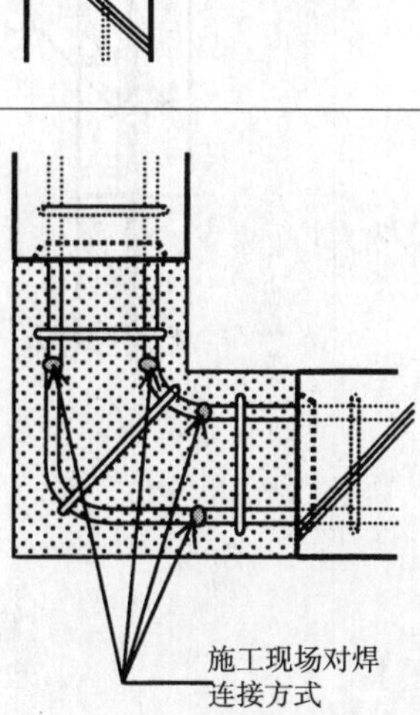	

续表

方向	构件	连接方法 连接形式	湿接缝连接	干接缝连接
竖向接合部	基础梁和基础梁	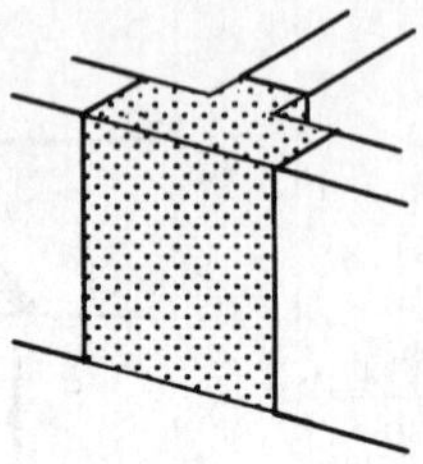	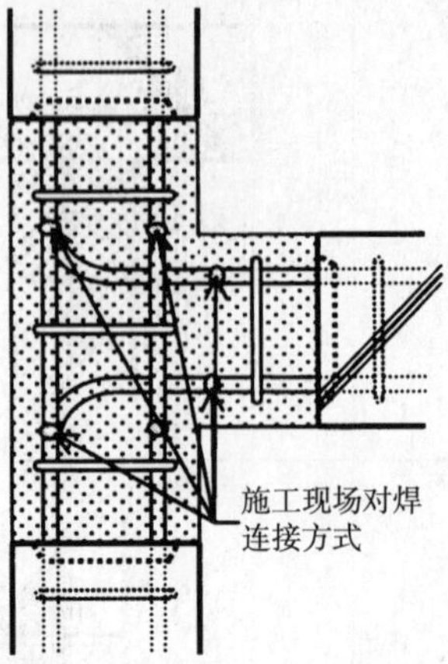	
		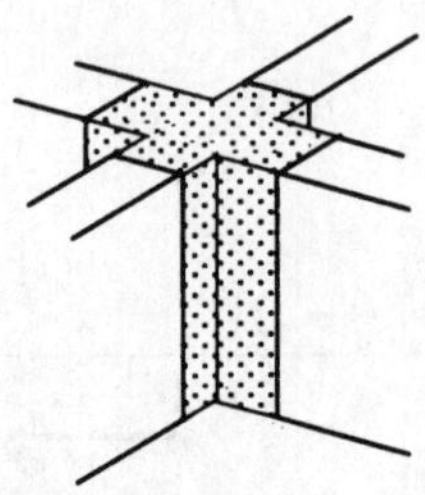	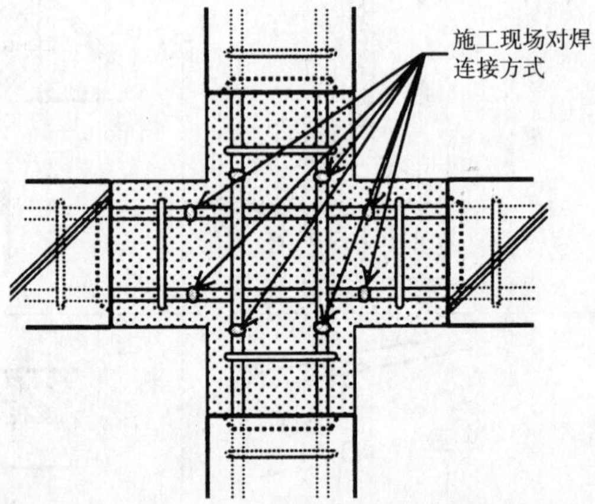	
水平接合部	剪力墙和剪力墙	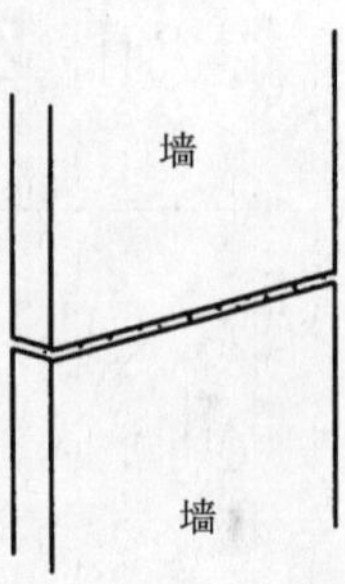	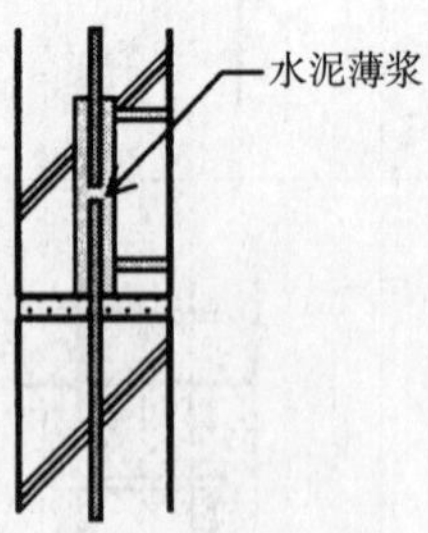	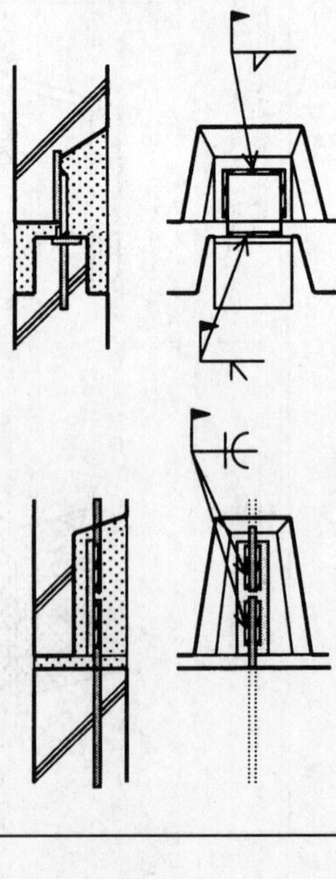

方向	构件	连接形式＼连接方法	湿接缝连接	干接缝连接
水平接合部	剪力墙和楼板		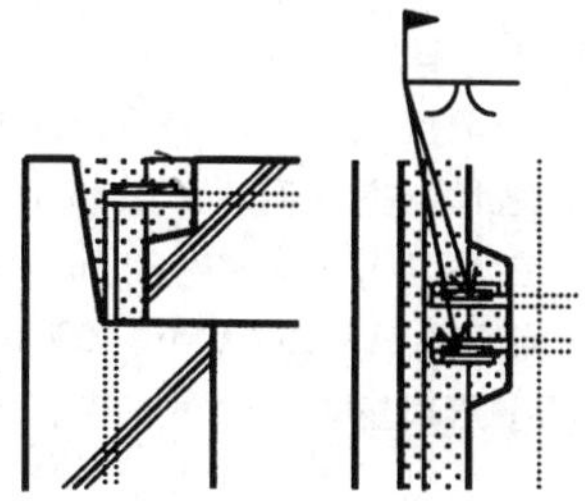	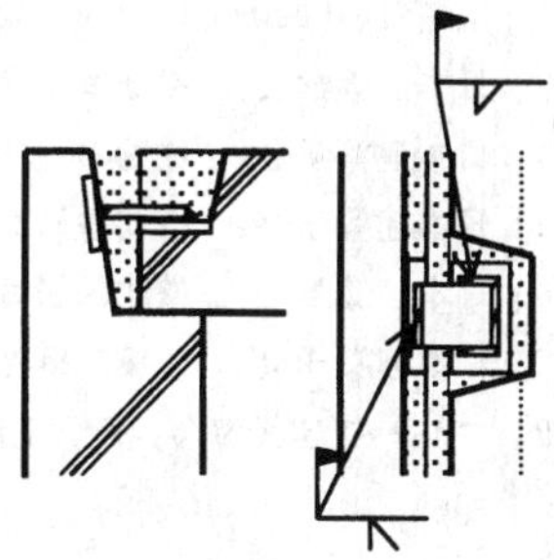
			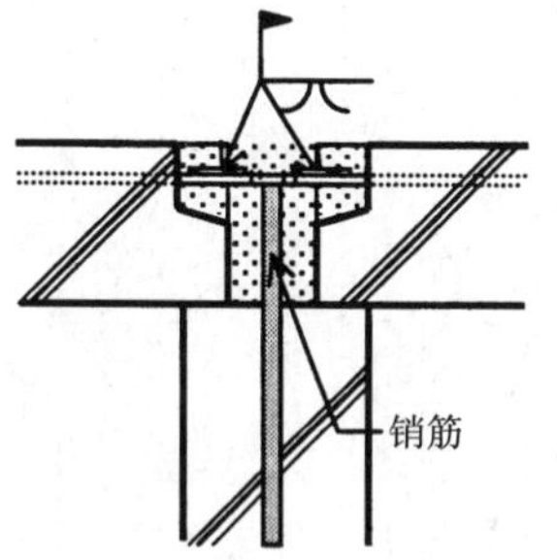	
	楼板和楼板	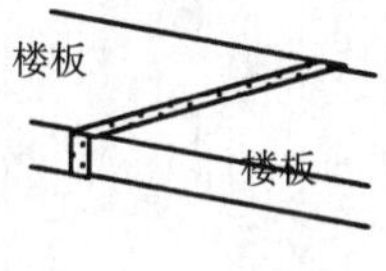	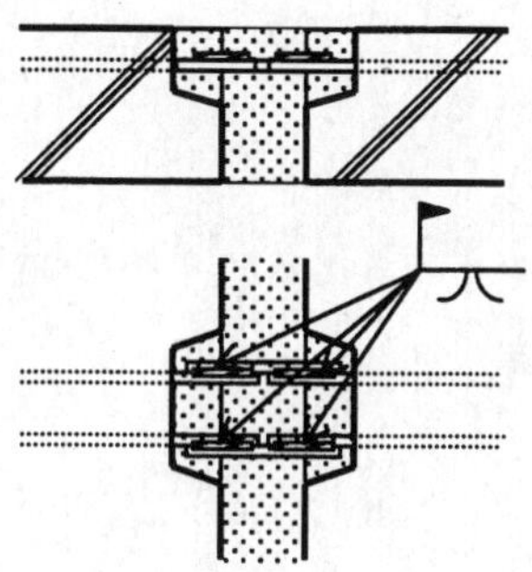	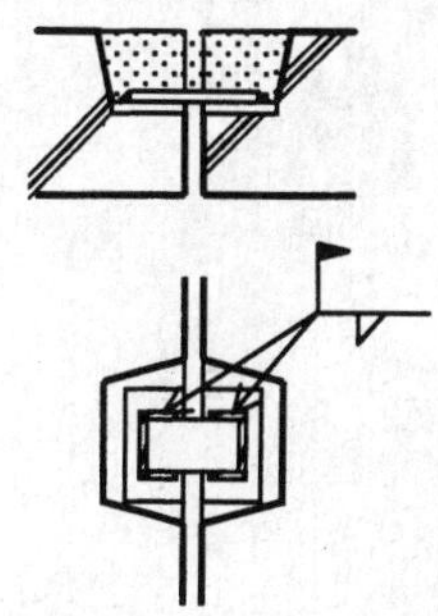
其他接合部示例	楼梯板和楼梯		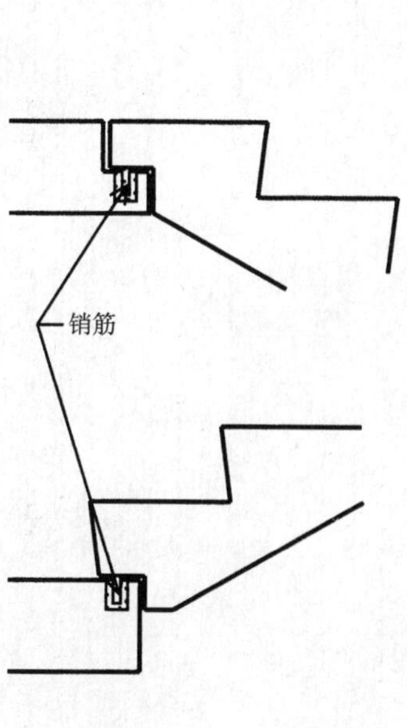	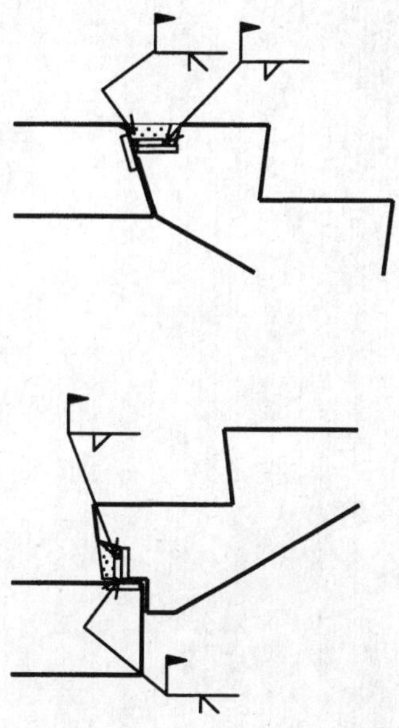

参考文献

[5.1] 日本建築学会：「壁式鉄筋コンクリート造計算基準・同解説」、pp. 147－152、1997. 11

[5.2] 日本建築センター：「壁式鉄筋コンクリート造設計施工指針」、2003 5. 3）日本建築センター：「壁式鉄筋コンクリート造設計施工指針」、20035. 4）日本建築学会：「壁式鉄筋コンクリート造計算基準・同解説」、pp. 130－132、1997. 11

[5.3] 日本建築学会：「鉄筋コンクリート構造計算基準・同解説」、pp. 231－233、1999. 10

[5.4] 日本建築学会：「建物の遮音設計資料」、技報堂、pp. 81－82、1988. 8

[5.5] 日本建築学会：「壁式鉄筋コンクリート造計算基準・同解説」、pp. 140、1997. 11

[5.6] 日本建築学会：「壁式鉄筋コンクリート造計算基準・同解説」、pp. 133－134、1997. 11

[5.7] 日本建築学会：「建築工事標準仕様書・同解説 JASS10プレキャストコンクリート工事」、pp. 206－210、1991. 1

[5.8] プレハブ建築協会：「PC工法溶接工事品質管理基準」、pp76－108、1997. 10

第 6 章　应力・变形分析

6.1　一般事项

（1）剪力墙预制构件间通过接合部形成整体，可作为整体对其进行刚度评价。此外，要确认接合部对作用应力要具有必要的刚度和承载力。

（2）应力与变形的计算，原则上要根据基于弹性刚度的计算，但对竖向荷载的应力计算，因为通常墙梁的净跨度较小，所以可以忽略。

（3）可以将垂直相交壁和钢筋混凝土板当做一体的剪力墙和墙梁的刚度，可以考虑垂直相交壁和钢筋混凝土板的影响。但是，采用平均剪应力法时，可以忽略。剪变刚度忽略垂直相交构件的影响。

（4）平面或立面倾斜的剪力墙的刚度，要适当考虑它的影响。

（5）轴线要设定在剪力墙与墙梁的构件高度的中心位置。连接上下部的腰墙梁和悬梁应该当成重叠梁来处理，并且，以悬梁的中心线为轴线。

（6）墙梁的高度的计算方法，要根据预制板的实际情况来决定。

【解说】

（1）剪力墙的建模

除了干接缝方式的接合部，包括接合部的壁式预制钢筋混凝土结构剪力墙的建模，可以和现浇的钢筋混凝土结构一样考虑。但是，前提是接合部对受的作用力要具有充分的刚度和承载力，如果不能满足要求，就有必要采用适当的模型。

（2）正交墙的效果

使与地震力研究方向的剪力墙一体化的正交墙的弯曲刚度有效的范围，按照式（解 6.1.1）（见解图 6.1.1）。此外，根据详细的分析和实验数据等在其他途径表示的情况，也可以采用此式。另外，考虑正交墙的情况下，剪力墙轴心可以位于忽略正交墙的剪力墙的长度方向的中央。

$$b_1、b_2=0.2l \text{ 并且}，b_1\leqslant a_1/4, b_2\leqslant a_2/4 \qquad (解\ 6.1.1)$$

式中　l——构件长度通常指的是层高，独立剪力墙时，应为楼高的 2 倍；

a_1、a_2——计算刚度的框架和相邻的框架的内距长度。

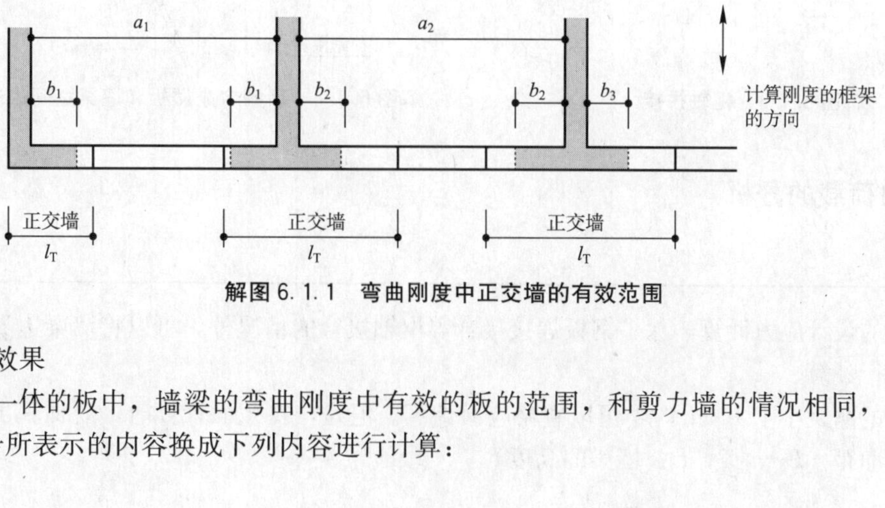

解图 6.1.1　弯曲刚度中正交墙的有效范围

（3）板的效果

与墙梁为一体的板中，墙梁的弯曲刚度中有效的板的范围，和剪力墙的情况相同，但要将式（解 6.1.1）中符号所表示的内容换成下列内容进行计算：

l——墙梁的跨度；

a_1、a_2——计算刚度的框架和相邻的框架的净距长度，对于预制楼板与预制屋面板，取0。

（4）平面或立面倾斜的剪力墙

平面或立面倾斜的剪力墙的刚度，要考虑地震力方向与剪力墙轴线的夹角（请参照第5.5节【解说】(6)）。

（5）墙梁的高度的计算方法

① 墙梁高度要考虑墙梁的主筋位置来测量。详见解图6.1.2。解图6.1.2（b）周围的加固钢筋是为了使预制的构件能够承受脱模、搬运、施工时产生的应力而配置的，所以在计算结构承载力时大多忽略。

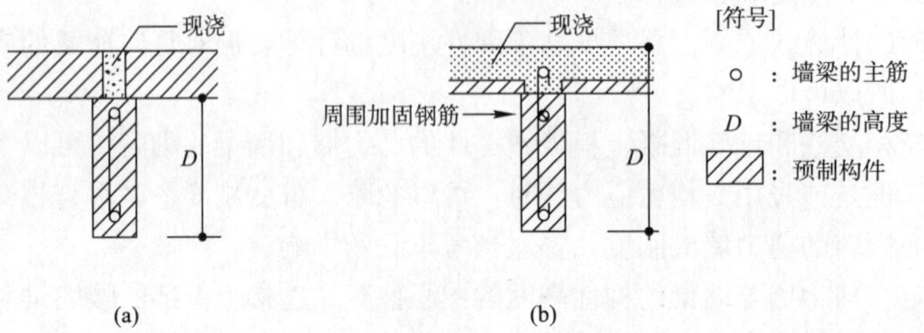

解图6.1.2　墙梁高度的测定方法

（a）全预制楼板时；（b）预制合成楼板时

② 在墙梁高度的中央附近的一处，钢板接合（解图6.1.3）和钢筋接合的情况，可以成为枢轴接合方式。

③ 与预制叠合楼板的情况相同，在现浇的钢筋混凝土板内布置主筋时，要将箍筋在钢筋混凝土板中延伸，确保钢筋混凝土板和预制墙梁之间可以进行必要的剪力传递（解图6.1.4）。预制楼板墙梁下端主筋受拉时，如果能确保钢筋混凝土板和预制墙梁之间的必要剪力传递，可以考虑将墙梁高度提升至钢筋混凝土板的上端，但是作为整体的初期刚度未知，所以容许应力设计时采用解图6.1.2（a）所示的原则。

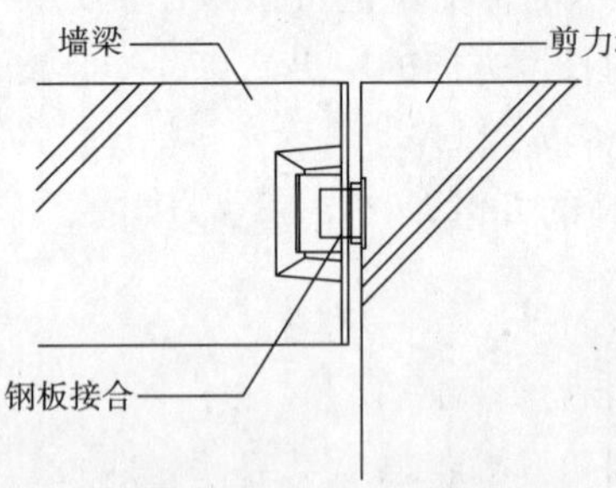

解图6.1.3　枢轴拼接

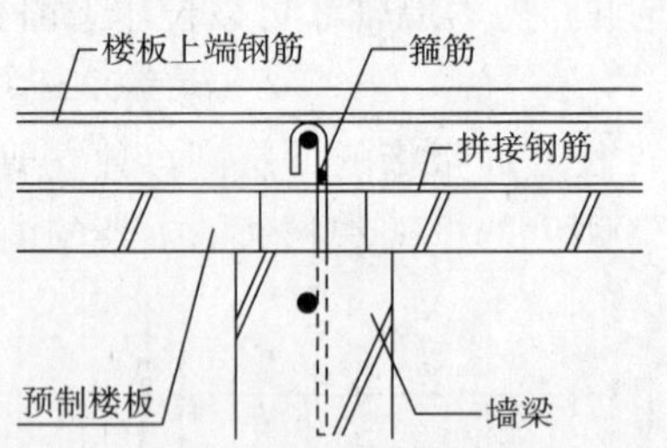

解图6.1.4　预制合成楼板和墙梁之间的连接

6.2　对竖向荷载的分析

（1）墙梁的设计应力计算，除了钢板焊接接合等枢轴接合的情况外，可以将墙梁边界作为刚性接合的单独构件进行计算。

（2）墙梁的净距小于1.0m时，可以省略应力计算。但是，在截面计算时，要估算出余裕值。分析跨度，应为（净距$+D/4\times2$，D：墙梁的高度）。

（3）在轴向力的计算中，楼板荷载按龟纹分布，由剪力墙与墙梁承担，在墙梁跨度中央由左右的剪力墙承担。

（4）剪力墙的竖向荷载的应力分析，通常可以省略。连接的外端剪力墙的墙梁净距大于 2.0m 时，剪力墙竖向荷载的应力分析不能省略。

【解说】

（1）墙梁的边界条件

墙梁的边界条件以钢板焊接连接为标准，当设置有一个钢板焊接连接时，假设其拼接端为枢轴，进行应力计算。

（2）墙梁的竖向荷载应力

墙梁的净距 L 为 1.0m，均布荷载 w 为 30kN/m，墙梁的高度为 0.6m 时，竖向荷载应力的有效跨度 $L=1.0+0.6/2=1.3$m，

$$固定端\ M=wL^2/12=4.23\text{kN}\cdot\text{m}，剪力\ Q=wL/2=19.5\text{kN}$$

墙梁主筋量如果由短期荷载时决定，钢筋规格为 SD345，垂直荷载应力的必要墙梁主筋量为 26mm^2 [$=4.23\times10^6/(345\times540\times0.875)$]。

如果省略对竖向荷载的应力计算，必须事先掌握墙梁的最大应力。此外，在墙梁的跨度内设置次梁时，因为有特殊荷载，所以可省略。

（3）楼板荷载的分担

假定剪力墙按照解图 6.2.1 所示的方式分担竖向楼板荷载。也就是说，正交墙面形成的直角的 2 等分线①、相邻构面直角的 2 等分线②和墙梁净距长度的 2 等分线③包围的楼板的荷载和墙梁的重量由该部分包含的剪力墙负担。比如，A 区是 W_1 的荷载，B 区是 W_2 的荷载。

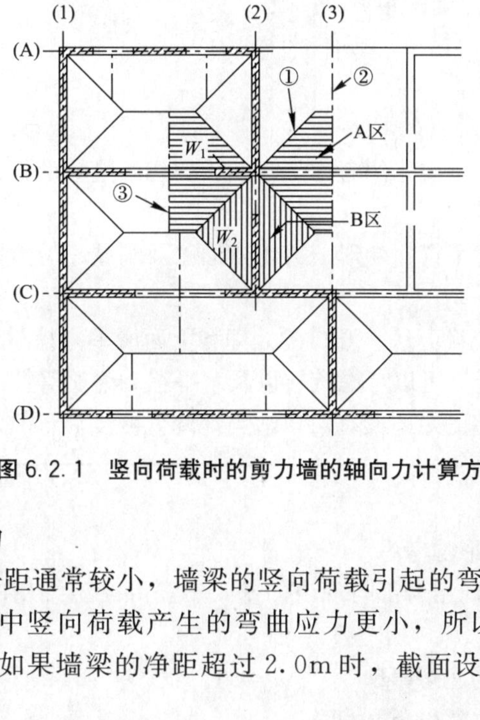

解图 6.2.1　竖向荷载时的剪力墙的轴向力计算方法

（4）剪力墙的竖向荷载应力

在 WPC 结构中，墙梁的净距通常较小，墙梁的竖向荷载引起的弯曲应力较小，与剪力墙两侧的墙梁的弯曲应力相抵，剪力墙中竖向荷载产生的弯曲应力更小，所以设计时剪力墙中竖向荷载产生的弯曲应力计算可以省略。如果墙梁的净距超过 2.0m 时，截面设计时还需考虑竖向荷载应力的影响。

（5）对面外应力的设计

在立面倾斜的剪力墙，会产生竖向荷载的面外应力，所以需要对其进行分析。此外，连接承受土压、水压等面外荷载的土地的剪力墙要进行应力计算要适当考虑周围的固定度。

6.3 对水平荷载的分析

对水平荷载的应力分析，除了要根据（1）与（2）的规定外，也可以如采用有限元法等精确解法直接分析墙面材料。

（1）基于平均剪应力法的方法（略算法）

基于平均剪应力法的方法（略算法），适用于不需要检讨层间位移角的情况，依据下列的（a）至（f）的假定。

（a）假定与地震力检讨方向的剪力墙的水平截面积成比例分担水平力。

（b）剪力墙不均匀时，因为发生扭曲需要进行分担剪力的修正。

（c）根据水平接合部以及连接剪力墙顶部、底部的墙梁（在最下层的情况是基础梁）的刚度适当的设定反弯点高比，再进行剪力墙应力的计算。

（d）墙梁的弯曲应力，根据连接剪力墙左右的墙梁的刚度来分配。

（e）具有连接很长的剪力墙的净距较小的墙梁（以下均简称为“短跨梁”）的框架等，应该考虑因短跨梁的裂纹导致的刚度低下问题。

（f）具有开口面积比（开口的面积与剪力墙的面积比，以下均与此同）在 0.16 以下，并且开口长度比（开口部的净距长度与剪力墙的长度的比，以下均与此同）在 0.40 以下的开口的剪力墙，要考虑式（6.3.1）表示的刚度降低情况。上述规定不适用于第 5.5 节中规定的壁量计算中可以忽略的开口。

$$\text{剪变刚度降低率：} r=1-1.25\sqrt{h_0 \cdot l_0/(h \cdot l)} \tag{6.3.1}$$

注意，必须满足 $\sqrt{h_0 \cdot l_0/(h \cdot l)} \leqslant 0.4$ 并且 $l_0/l_0 \leqslant 0.4$

式中 h——剪力墙承载竖向支点间的距离；

l——剪力墙的长度；

h_0——开口部的净高度；

l_0——开口部的净长度。

（2）层间位移角必须计算时，要采用考虑了弯曲、剪切、刚域的框架解法，同时还要符合下列（a）至（d）的内容。

（a）将各结构面置换为考虑了弯曲变形、剪切变形以及刚域、剪力墙的轴向变形的框架，基于挠角法进行分析。

（b）剪力墙、墙梁的线材置换方法、开口的处理和上面所举（1）相同。

（c）在剪力墙的水平接合处，可以考虑旋转以及水平移动弹簧等情况。

（d）连接壁长较大的剪力墙的短跨梁，可以适当地降低刚度。

【解说】

（1）WPC 结构接合部的变形的考虑

WPC 结构水平接合部与竖向结合部与现浇的壁式钢筋混凝土结构的不同，最好将各接合部的变形反映在刚度设定上。

（2）采用平均剪应力法时的注意事项

采用平均剪应力法时，要注意以下几点：

① 壁式钢筋混凝土结构变形中，剪切变形占相当大的比例。平均剪应力法是忽视弯曲变形，假设各剪力墙分担的水平力与地震力研究方向的剪力墙的水平截面积成比例的方法。

此外，最好还要考虑基于弯曲变形、剪力墙长的大小等的应力集中系数的导入以及墙长较长的剪力墙底部基础的旋转等情况。

② 在剪力墙平面不均匀的情况下，有必要进行应力放大，进行考虑偏心的设计等。放大系数 α，可按下式计算，但还要参照《壁式钢筋混凝土结构设计基准·解说书》[6.1]的解说。

$$\alpha_{jx}=1+\sum K_{jx}\cdot e\cdot y/(J_x+J_y)$$

式中　α_{jx}——X 方向 J 轴线位置的剪力的放大系数；

$\sum K_{jx}$——X 方向的剪力墙的总刚度；

e——重心和 X 方向刚心之间的距离；

y——X 方向刚心和 J 轴线之间的距离；

J_x+J_y——刚心周围的扭曲刚度。

③ 结构构件剪力墙、梁（指的是墙梁、基础梁、次梁、悬臂梁，以下均同此）是具有宽度、高度和长度的 3 维构件，结构分析时，将这些代表其力学特性的线材，置换在各个构件的中心轴位置。

上下层中剪力墙的长度发生变化以及剪力墙的位置发生变化时，将构件置换为线材时需追加因构件轴线的偏移产生的力矩等。

④ 剪力墙的弯矩，如解图 6.3.1 所示，根据水平接合部和墙梁的连接状态假定反弯点高度比进行计算。在有腰壁的情况下，如果梁的高度有效值大于 450mm，需要考虑腰壁的高度，如果不足 450mm，可以忽略不计。

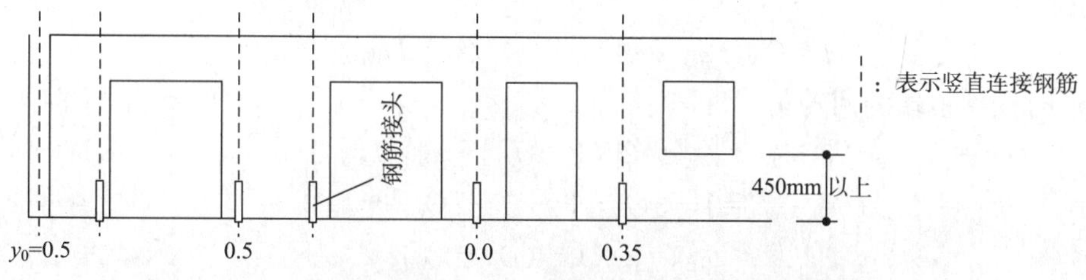

解图 6.3.1　采用平均剪应力法得到的剪力墙反弯点高度比（y_0）[6.2]

⑤ 墙梁节点的弯矩应按照剪力墙两侧墙梁的刚度比进行分配（参照解图 6.3.2）。

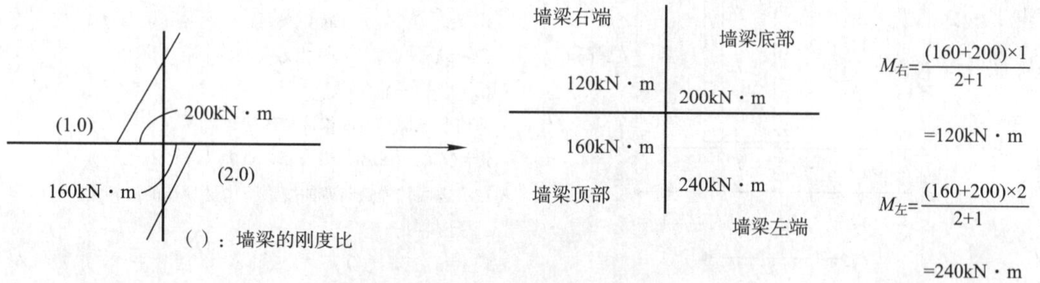

解图 6.3.2　节点的弯矩分配

⑥ 与较长剪力墙相连的短跨的梁，会因为弯矩分配而产生过大的剪力，过大的剪力有时会导致无法设计。这种情况时必须考虑因为短跨梁开裂而引起的刚度降低，根据降低后的刚度比进行应力的重新分配。重新分配应力时，需要将剪力墙的反弯点高度比进行适当的修正。

⑦ 除了在第 5.5 节（4）中规定的在壁量计算上可以忽略的开口以外，如果开口比在 0.16 以下，宜将包含开口的剪力墙的刚度与无开口的剪力墙的刚度（6.3.1 的公式）相乘，将得到的数值作为评价标准。

另外，如解图 5.5.1 所示的剪力墙内的开口，因为对建筑物的刚度影响很小，在应力、变形分析时可以忽略。注意，应对开口周围按照第 7.1 节的方法进行加固。

（3）使用框架分析法在弯曲、剪切、刚域方面的注意事项

使用框架分析法在弯曲、剪切、刚域时应注意下列问题：

① 该分析法假定如下

a. 开口框架依据 D 值法。

b. 独立剪力墙依据参考弯曲剪断棒和回转弹簧的 D 值法。

c. 带有竖向接合部的墙壁，可以按照整体考虑。

d. 腰墙梁和悬墙梁作为重合梁看待。

e. 宜在剪力墙的底部安装回转弹簧结构。

f. 如果剪力墙的开口不在第 5.4 节（3）所规定的壁量计算时可忽略的范围，需要将剪力墙作为整体剪力墙按照式（6.3.1）进行刚度计算。

② WPC 构件接合部的刚度很重要，因此，这种方法中应由剪力墙水平方向的弹簧和较长剪力墙底部基础的竖向的弹簧构成回转弹簧结构。

③ 与前项相同，对于有短跨梁的框架结构，需要适当降低刚度后再进行应力解析，需要通过反复演算来检验假设的刚度是否合适。因为这种构件的刚度计算误差对建筑物整体刚度的影响较小，所以可以以刚度降低 1/2 为限度进行应力和变形计算。

④ 刚域端在构件端 0.25D（D：构件的高度）的位置。

⑤ 可以将《建筑结构学大系 第 21 卷　特殊混凝土结构》[6.3] 作为参考。

⑥ 建模和应力分析的方法示例。

· 刚域长度

$$\lambda_A l = D_{WA}/2 - d/4 \qquad \lambda_B l = D_{WB}/2 - d/4$$

· 弯曲变形时构件顶端的回转角

$$\alpha_A{}' = 2[(1-\lambda_A)^3 - \lambda_B{}^3]$$

$$\alpha_{AB}{}' = 1 - 3(\lambda_A{}^2 + \lambda_B{}^2) + 2(\lambda_A{}^3 + \lambda_B{}^3)$$

$$\alpha_B{}' = 2[(1-\lambda_B)^3 - \lambda_A{}^3]$$

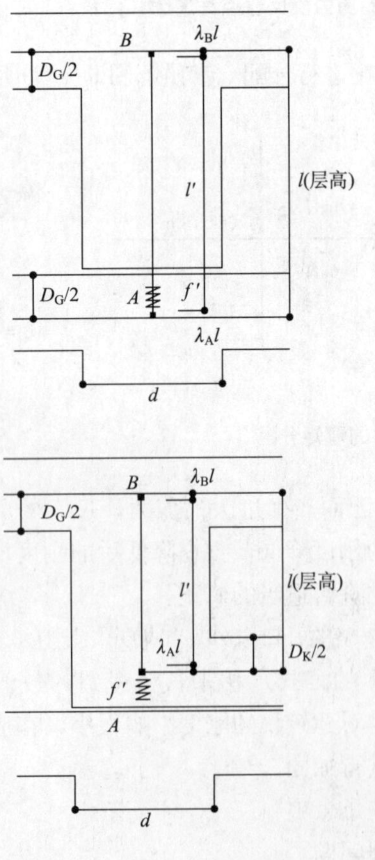

· 刚域的长度

$\lambda_A l = D_G/2 - d/4 \quad \lambda_B l = D_G/2 - d/4$

· 弯曲变形情况下的构件端部回转角

$\alpha'_A = 2[(1-\lambda_A)^3 - \lambda_B^3]$

$\alpha'_{AB} = 1 - 3(\lambda_A^2 + \lambda_B^2) + 2(\lambda_A^3 + \lambda_B^3)$

$\alpha'_B = 2[(1-\lambda_B)^3 - \lambda_A^3]$

· 剪切变形情况下的构件端部回转角

$\gamma' = 6EI\kappa l'/\beta GAl^3 = 1.725 \times 1/\beta \times (d/l)^2 \times (l'/l)$

· 在考虑回转弹簧时弯曲变形下构件顶端的回转角

$\alpha''_A = \alpha'_A(1+f')$

$\alpha''_{AB} = \alpha'_{AB}(1+f')$

· 弯矩的计算系数

$a = \dfrac{3(\alpha_B{}' + \gamma')}{Z} \qquad a' = \dfrac{3(\alpha_B{}'' + \gamma')}{Z}$

$b = \dfrac{3(\alpha_{AB}{}' + \gamma')}{Z} \qquad b' = \dfrac{3(\alpha_{AB}{}'' + \gamma')}{Z}$

$c = \dfrac{a+b}{3} \qquad c' = \dfrac{a'+b'}{3}$

其中，

$Z = (\alpha_A{}'' + \gamma')(\alpha_B{}'' + \gamma') - (\alpha_{AB}{}'' - \gamma')(\alpha_{AB}{}'' - \gamma')$

(a)

解图 6.3.3　考虑弯曲、剪切、刚域的框架分析法（一）

(a) 剪力墙

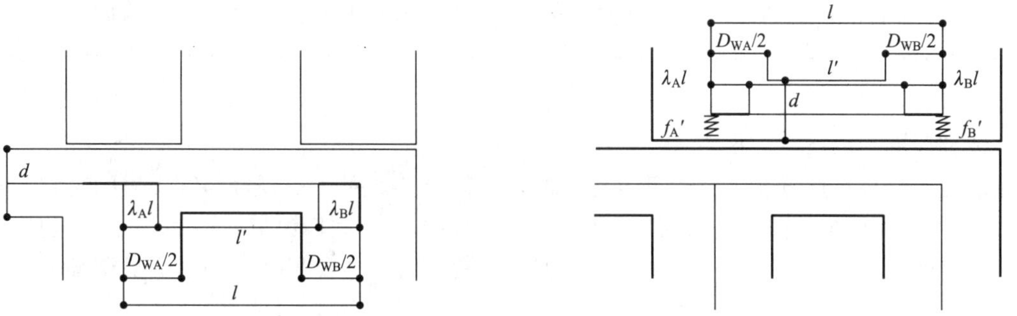

(b)　　　　(c)

解图 6.3.3　考虑弯曲、剪切、刚域的框架分析法（二）

（b）墙梁；（c）腰梁

·剪切变形时构件顶端的回转角

$$\gamma'=6EI\kappa l'/\beta GAl^3=1.725\times 1/\beta\times(d/l)^2\times(l'/l)$$

·在考虑回转弹簧时弯曲变形下构件顶端的回转角

$$\alpha_A''=\alpha_A'(1+f_A')$$

$$\alpha_{AB}''=\alpha_{AB}'(1+f_A')$$

$$\alpha_B'''=\alpha_B'(1+f_B')$$

$$\alpha_{AB}'''=\alpha_{AB}'(1+f_B')$$

·弯矩的计算系数

一般墙梁　　　　腰梁

$$a=\frac{3(\alpha_B'+\gamma')}{Z}\qquad a=\frac{3(\alpha_B'''+\gamma')}{Z}\qquad a'=\frac{3(\alpha_B''+\gamma')}{Z}$$

$$a'=\frac{3(\alpha_A'+\gamma')}{Z}\qquad b=\frac{3(\alpha_{AB}'''+\gamma')}{Z}$$

$$b=\frac{3(\alpha_{AB}'+\gamma')}{Z}\qquad b'=\frac{3(\alpha_{AB}''+\gamma')}{Z}$$

$$c=\frac{a+b}{3},\quad c'=\frac{a'+b'}{3},\quad c=\frac{a+b}{3},\quad c'=\frac{a'+b'}{3}$$

其中，

一般墙梁：$Z=(\alpha_A'+\gamma')(\alpha_B'+\gamma')-(\alpha_{AB}'+\gamma')^2$

腰　　梁：$Z=(\alpha_A'+\gamma')(\alpha_B'''+\gamma')-(\alpha_{AB}''-\gamma')(\alpha_B'''-\gamma')$

·回转弹簧

因为 $f=lf'/3EI=(0.21\sim1.41)/d^3(\text{rad/N}\cdot\text{mm})=0.5/d^3$

所以 $f'=0.5/d^3\cdot 3EI/l$

（4）适用的有限元法

使用有限元法直接分析结构表面材料时，由于不能通过软件直接将实际分析结果和截面设计直接结合起来，从输入到分析再到截面计算是需要做大量的工作。另外，因为对接合部的刚度、承载力的准确信息要求比较高，所以要事先准备好充分的数据。

6.4　楼板·屋面板

（1）应该根据实际支撑情况进行预制钢筋混凝土楼板和屋面板的设计。但是，一般设计是在建筑物全荷载情况下计算四边支撑、三边支撑、两边支撑时的应力跟弯曲度的。

（2）在有外墙缩进的建筑物中，还应该分析由外墙缩进而引起的楼板和屋面板水平方向荷载传递的问题。

【解说】

（1）楼板和屋面板的设计方法

全预制混凝土楼板和屋面板的接合部也有装配接合的方式。对于各接合部施工后的材料和加载的荷载、连接方法被认为是接近于固结的状态，在通常的设计中，一般按照估算全荷载，对四边支撑、三边支撑、两边支撑的情况进行应力和变形的计算。对于合成楼板，应该根据使用的合成楼板的设计施工指南计算应力。

（2）面内剪力的分析

具有外墙缩进的建筑物，由于其缩进会导致剪力墙分担水平方向力的变化。因此，应该对传递给建筑物各个结构面的力的楼板·屋面板在平面内所受到的剪力的不同情况进行分析。

6.5 基础·基础梁

（1）基础梁的设计应力，除了按连续梁计算以外，其端部也可以作为单独构件计算其应力。

（2）考虑地基反力的影响、土压跟水压的情况，请参照（社）日本建筑学会《建筑基础结构设计指南》。

（3）对于桩在地震时的轴力和直接基础在地震时接地压力的计算，请参照（财）日本建筑中心《地震力影响下建筑物基础的设计指南》。

（4）对于由桩的水平力产生的应力和基础梁的弯曲恢复应力计算，请参照（财）日本建筑中心《地震力影响下建筑物基础的设计指南》。

【解说】

（1）基础梁的应力计算

由基础梁的竖向荷载计算的应力应按照连续梁来计算。根据第6.3节的规定计算水平荷载的应力。

（2）直接基础的地基反力的影响

在采用直接基础时地基反力对基础梁的影响、采用倾斜基础时侧面的土压和水压对于基础梁的影响，在计算应力时必须考虑。根据（社）日本建筑学会《建筑基础结构设计指南》中的要求计算。

（3）水平荷载的考虑

除了要研究基础在竖向荷载时的应力及下沉情况，对于水平荷载在基础梁上产生的附加应力在设计时也应给予必要的考虑。其应力与沉降计算应按照《地震力影响下建筑物基础的设计指南》和《建筑基础结构设计指南》的规定。

（4）桩的水平力产生的应力和弯曲恢复应力

对于作用于桩的水平方向的力，除了计算桩自身产生的应力以外，基础梁中的桩顶部由弯矩产生的弯曲恢复应力和扭转弯曲应力等也应该考虑。对于其应力的计算还应该参照《地震力影响下建筑物基础的设计指南》和《建筑基础结构设计指南》的规定。

6.6 其他

建筑物主体以外的平面上或者立面上突出的外部楼梯、塔屋等的应力应该采用与建筑物主体计算相同的方法进行计算。

【解说】

（1）外部楼梯、塔屋等的竖向荷载

外部楼梯、塔屋等的竖向荷载由其下面的剪力墙或者梁来承担，其应力也应该直接传递到基础，必须要确保这一点。另外，竖向荷载跟水平荷载都必须考虑。

（2）地震时塔屋应力的计算

对于突出于建筑物主体的塔屋等的应力要按照建筑物主体的计算方法计算，地震时的应力也应该考虑。因此，必须在容许应力值的范围内对塔屋的结构以及建筑物主体的支撑部分进行设计。

（3）依存于建筑物主体的外部楼梯等

对于会产生水平荷载的依存于建筑物主体的外部楼梯等在分析建筑物主体变形的应力时，应计算其作用于建筑物主体上的全部荷载。在计算楼板、屋面板的容许应力和最终设计的水平地震力的基础上，设计时必须确保建筑物及其接合部的承载力高于设计应力。

参考文献

[6.1] 日本建築学会：「壁式鉄筋コンクリート造計算基準・解説」、p65、1997.11

[6.2] 日本建築センター：「壁式鉄筋コンクリート造設計施工指針」、2003

[6.3] 彰国社：「建築構造学大系 21　特殊コンクリート構造」、pp. 64－67、1972

[6.4] 日本建築学会：「建築基礎構造設計指針」、pp. 21－40、pp. 167－171、2001.10

[6.5] 日本建築センター：「地震力に対する建築物の基礎の設計指針」、pp. 16－19、1989.11

[6.6] 日本建築学会：「建築基礎構造設計指針」、pp. 105－156、pp. 167－171、pp. 200－261、2001.10

[6.7] 日本建築センター：「地震力に対する建築物の基礎の設計指針」、pp. 19－28、1989.11

[6.8] 日本建築学会：「建築基礎構造設計指針」、pp. 262－296、2001.10

第 7 章　截面计算

7.1　剪力墙

（1）对于弯矩与轴向力的设计，依据以下（a）到（d）的要求进行。

（a）虽然用于计算截面的弯矩原则上是节点的力矩，但是，设计者也可以根据自己的判断来决定采用垂直相交构件端部力矩或刚域端部力矩。另外，除外部剪力墙外，一般不予考虑长期应力的检讨。

（b）要使剪力墙的容许弯矩高于设计弯矩，就必须在剪力墙的固定位置布置足量的弯曲加固钢筋。在允许弯矩 $N/(t \cdot l \cdot f_c)<0.4$ 的情况下，采用式（7.1.1）计算。

$$M_A=C \cdot t \cdot l^2 \tag{7.1.1}$$

式中　M_A——剪力墙的容许弯矩（N・mm）；

C——取式（7.1.2）和式（7.1.2）中较小的值

$$C_1=\left\{\frac{40}{3}\left(1-1.2\frac{N}{t \cdot l \cdot f_c}\right) \cdot p_t+\frac{1}{15}\left(1-1.2\frac{N}{t \cdot l \cdot f_c}\right)\right\} \cdot f_c \tag{7.1.2}$$

$$C_2=\left(0.8p_t+\frac{N}{t \cdot l \cdot f_t}\right) \cdot f_t \tag{7.1.3}$$

t——剪力墙厚度（mm）；

l——剪力墙的长度（mm）；

p_t——受拉配筋率，$p_t=a_t/(t \cdot l)$；

N——轴向力时，受压为正值；

f_t——受拉钢筋的容许拉应力（N/mm^2）；

f_c——混凝土的容许压应力（N/mm^2）；

a_t——受拉钢筋的横截面积（mm^2）。

（c）在剪力墙的顶部和角落处，要按照高于计算的弯曲加固钢筋布置量来布置 1－D13 规格以上的钢筋，即布置多与计算量的弯曲加固钢筋。

（d）剪力墙在壁厚方向的细长比较大时，应该考虑面外纵向弯曲的情况。

（2）对于剪力的设计，需要依据以下（a）和（b）进行。

（a）作用于剪力墙的长期剪应力值必须满足式（7.1.4）。

$$\tau_L=Q_L/(r \cdot t \cdot j)\leqslant {}_L f_s \tag{7.1.4}$$

式中　τ_L——作用于剪力墙的长期剪应力值（N/mm^2）；

Q_L——用于剪力墙的长期剪力（N）；

r——开口后折减系数，取以下 r_1、r_2 中较小的值

$$r_1=1-\sqrt{h_0 \cdot l_0/(h \cdot l)} \tag{7.1.5}$$

$$r_2=1-l_0/l \tag{7.1.6}$$

注意，$\sqrt{h_0 \cdot l_0/(h \cdot l)}\leqslant 0.4$ 且 $l_0/l\leqslant 0.4$

h——剪力墙承载竖向支点间的距离（mm）；

l——剪力墙的长度（mm）；

h_0——开口处的内部高度（mm）；

l_0——开口处的内部长度（mm）；

t——剪力墙的厚度（mm）；

j——剪力墙的应力中心距离（mm）；

${}_{L}f_s$——混凝土的长期容许剪应力值（N/mm²）。

（b）原则上，对于作用于剪力墙的短期剪应力，应该确保其满足于式（7.1.7）。无法满足式（7.1.7）时，应该确保其满足式（7.1.8）。

$$\tau_s = {}_{S}Q_D/(r \cdot t \cdot j) \leqslant {}_{S}f_s \tag{7.1.7}$$

$$ {}_{S}Q_D \leqslant r \cdot t \cdot j[{}_{S}f_s + 0.5{}_{w}f_t(p_w - 0.002)] \tag{7.1.8}$$

式中 τ_s——作用于剪力墙的短期剪应力值（N/mm²）；

${}_{S}Q_D$——短期设计用剪力（N），根据下式计算

$$ {}_{S}Q_D = Q_L + n \cdot Q_E \tag{7.1.9}$$

Q_E——水平荷载下的剪力（N）；

${}_{S}f_s$——混凝土短期容许剪应力（N/mm²）；

${}_{w}f_t$——抗剪钢筋的短期允许拉应力（N/mm²）；

p_w——抗剪钢筋配筋率；

Q_L、r、t、j：参照公式（7.1.4）。

（3）配筋规定

（a）剪力墙中要使用规格为 D10 以上的纵筋和横筋，并且钢筋间距要小于 300mm（复合配筋时为 450mm）。另外，剪力墙的配筋率（所布置的全部钢筋截面与剪力墙水平截面和竖向截面面积之比）必须达到表 7.1.1 中规定的数值以上。但是，如果按照《令》第 82 条第 1 款～第 3 款的规定方法计算，在确保剪力墙承载力安全的情况下可以依据相关计算确定基础值（相关数值未达到 0.2%时取 0.2%）。

WPC 结构剪力墙的配筋率（基准值） 表 7.1.1

<table>
<tr><th colspan="3">楼层</th><th>配筋率（%）</th></tr>
<tr><td rowspan="4">地上层</td><td colspan="2">不包括地下室的层数在 2 层以下的建筑物的各层</td><td>0.20</td></tr>
<tr><td rowspan="3">不包括地下室的层数在 3 层以上的建筑物</td><td>顶层</td><td>0.20</td></tr>
<tr><td>顶层之下的 2 层</td><td>0.25</td></tr>
<tr><td>其他楼层</td><td>0.30</td></tr>
<tr><td colspan="3">地下室</td><td>0.30</td></tr>
</table>

（b）在开口周围要布置一根以上的 D13 规格以上的横筋和纵筋。

（c）顶部和角落部分要布置 D13 规格以上的纵筋。

（d）每层的剪力墙的顶部和底部要布置 D13 规格以上的横筋。

（e）厚度超过 200mm 的剪力墙，抗剪钢筋应该采取双钢筋形式。

（4）带有开口的剪力墙的开口周围，须布置按照式（7.1.10）～式（7.1.12）计算的加固钢筋量以上的钢筋。

·倾斜的加固钢筋：

$$a_{td} = (h_0 + l_0)/(2\sqrt{2} \cdot l_w) \cdot {}_{D}Q_{mu}/f_t \tag{7.1.10}$$

·竖向加固钢筋：

$$a_{tv} = h_0/[2(l_w - l_0)] \cdot {}_{D}Q_{mu}/f_t \tag{7.1.11}$$

·水平加固钢筋：

$$a_{th} = l_0/[2(h - h_0)] \cdot h/l_w \cdot {}_{D}Q_{mu}/f_t \tag{7.1.12}$$

式中 h、h_0——参照公式（7.1.15）；

l_0——开口处内部的长（mm）；

l_w——剪力墙的长度（mm）；

$_{D}Q_{mu}$——剪力墙设计剪力，取 2.5Q_E（Q_E——剪力墙水平荷载作用时的剪力）；

f_t——加固钢筋短期容许拉应力值（N/mm²）。

【解说】

（1）对弯矩与轴向力的设计

① 原则上截面计算用弯矩等同于节点力矩，但是也可以通过建模精确分析等方法计算力矩。原则上，应该讨论长期应力，但是如果净距较大的墙梁不与外缘剪力墙相连，或者不与受到土压和水压的剪力墙相连，一般可以不检讨其长期应力。

② 剪力墙的受拉钢筋的截面积 a_t 的计算依据式（7.1.1）～式（7.1.3），但是也可以在式（解7.1.2）的条件下，近似按照式（解 7.1.1）计算。

$$a_t=({}_{D}M/j-N/2)/f_t \quad \text{（解 7.1.1）}$$

$$({}_{D}M/j+N/2)\leqslant 0.15t\cdot l\cdot f_c \quad \text{（解 7.1.2）}$$

式中 $_{D}M$——剪力墙弯矩设计值（N·mm）；

N——在轴方向力作用下，受压力为正值；

j——剪力墙的应力中心距离（mm）最佳值为 0.8l；

l——剪力墙的长度（mm）；

f_t——受拉钢筋的容许拉应力值（N/mm²）；

t——剪力墙的厚度（mm）；

f_c——混凝土的容许受压应力值（N/mm²）。

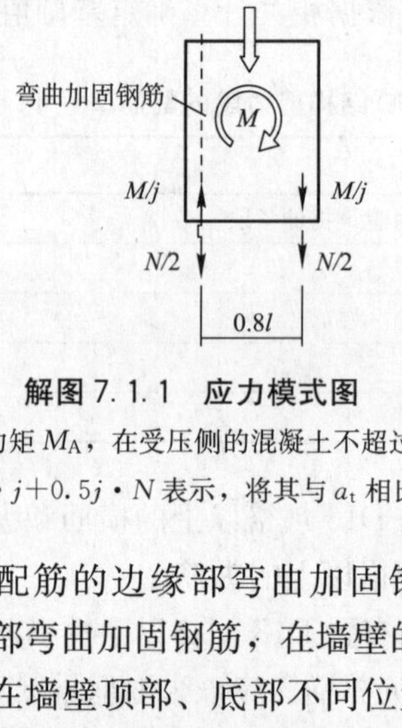

解图 7.1.1　应力模式图

注：剪力墙的弯曲抵抗力矩 M_A，在受压侧的混凝土不超过容许压应力的条件下，估算值用公式 $M_A=a_t\cdot f_t\cdot j+0.5j\cdot N$ 表示，将其与 a_t 相比对，就为式（解 7.1.1）。

③ 弯曲加固钢筋，有纵方向连续配筋的边缘部弯曲加固钢筋与竖向接合部内纵向钢筋（解图 7.1.2）。因为布置于预制剪力墙内的全部弯曲加固钢筋，在墙壁的底部与下层剪力墙内的弯曲加固钢筋接合在一起，所以弯曲加固钢筋要考虑在墙壁顶部、底部不同位置来计算。竖向接合部内的纵向钢筋，因为要确保所需要的固定长度，所以可看作弯曲加固钢筋。

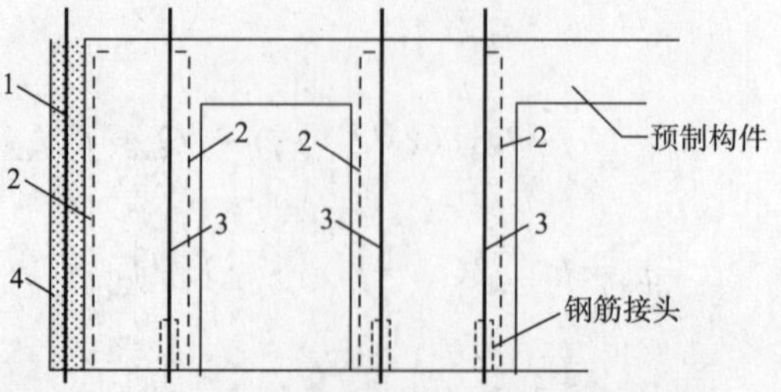

解图 7.1.2　可算作剪力墙的弯曲加固钢筋的纵向钢筋

1：竖向接合部内纵向钢筋；2：预制构件边缘部钢筋；3：预制构件内竖向接合钢筋；4：竖向接合部

［注］“2”处所示的钢筋，布置在墙壁底部时不能算做弯曲加固钢筋。此外，在无开口的连续层剪力墙中，“2”处所示的钢筋也不能算做各层顶部的弯曲加固钢筋。

④ 弯曲加固钢筋，必须大于计算所求得的数值，同时要布置解表 7.1.1 中所列的配筋以上。

剪力墙的弯曲加固钢筋的推荐值（厚度小于 200mm 时的单配筋情况）　　解表 7.1.1

层	与竖向接合部相连的预制板顶端的加固钢筋	剪力墙顶部的弯曲加固钢筋	
		$h<1$m	$h\geqslant1$m
最上层开始数 1～2 层	1-D13	1-D13	1-D13
最上层开始数 3 层		1-D13	1-D16
最上层开始数 4 层		1-D16	1-D19
最上层开始数 5 层		1-D19	1-D22
地下室		1-D19	1-D22

注：h——沿着弯曲加固钢筋的开口边缘的高度（开口部的上部或是下部不能看做是有效墙梁时，就为加上这部分高度的值）。

开口部周围的加固钢筋布置的原则是，在基于短期设计剪力计算的开口周围的附加斜拉力和边缘拉力的作用下，能确保结构的安全。但是，如果开口较小，计算的钢筋量也会变小，与开口部周围的加固钢筋不相符。因此，不管计算结果如何，均布置 D13 以上的钢筋。

原则上应该通过计算求得边缘和角落的纵向钢筋的数量，但是通过概算得到的设计用量与实际的数量截然不同的情况也是很多的。因此，为了使各层剪力墙壁板的弯曲承载力不至于过小，规定均布置 D13 以上的纵向钢筋。

⑤ 剪力墙（也包括通过墙梁以及腰壁看作一体的剪力墙）内的开口面积比和开口长度比小于规定值的开口的周围以及根据第 5.5 节第（3）项在壁量计算上可以忽略的开口周围，根据《RC 基准》[7.1] 19 条抗震墙的条款，布置的钢筋量须大于按照式（7.1.10）～式（7.1.12）计算的加固钢筋量。此外，采用斜加固钢筋时，应在开口的周围竖直方向和水平方向增加布置必要加固钢筋的 0.7 倍以上的钢筋。

另外，ϕ100 以下的套管等，特别是较小的开口，可以采用计算外的加固要领进行加固。

⑥ 墙壁厚度与主要承载的两个竖向支点间距离的比大于 2.2 时，要对面外压曲进行分析，或是参考《RC 基准》[7.2] 14 条解说放大轴力与弯矩。

（2）对剪力的设计

① 要以在标准剪力系数 $C_0=0.2$ 的地震时不会使剪力墙发生剪切裂纹为原则来设计，但是，对混凝土的收缩裂纹等难以预料的情况，可以忽略混凝土的拉力，宜按剪力系数 C_0 取下限值 0.2 进行计算得到的剪力配置抗剪钢筋。

对混凝土的单位水平截面，抗剪钢筋能够承受的剪应力 ${}_s\tau_a$ 与抗剪钢筋比 p_s 的关系，如果忽略剪力墙的轴力，可按照下面公式计算 ${}_s\tau_a$[7.3]。

$${}_s\tau_a=p_s\cdot{}_wf_t$$

式中　${}_wf_t$——抗剪钢筋的抗剪短期容许拉应力（N/mm^2）。

如果将 ${}_wf_t=295$N/mm^2、$p_s=0.003$ 代入上式，则 ${}_s\tau_a=0.885$N/mm^2。

另一方面，在满足方法 1 地上层数为 5 的 WPC 结构建筑物的 1 层，在标准剪力系数 $C_0=0.2$ 的地震时，产生于 WPC 结构剪力墙的平均剪应力 ${}_{ave}\tau_{0.2}$，如果混凝土的设计标准强度 F_c 取 24N/mm^2，由下式可得（$Z=R_t=A_i=1.0$）

$$\begin{aligned}{}_{ave}\tau_{0.2}&=Z\cdot W\cdot R_t\cdot A_i\times0.2/A_w\\&=2.5\times\sqrt{F_c/18}\times0.2=0.577\text{N/mm}^2。\end{aligned}$$

如果将产生于各个剪力墙的平均剪应力与建筑物整体的平均剪应力的比（应力集中系数）假定为 1.2，那么各个剪力墙的平均剪应力为 0.692（$=0.577\times1.2$）N/mm^2，${}_s\tau_a$（$=0.885$N/mm^2）以下，抗剪钢筋可以承受。

② 剪力墙厚度为 150mm 时，满足表 7.1.1 的基准值的配筋为 0.20%-D10@236、0.25%-D10@189、

0.30%- D10@157，布置于其规格以下的弯曲加固钢筋或者边缘部加固钢筋之间。

③ 为了防止中级地震发生时剪力墙出现剪切裂纹，在标准剪力系数 $C_0=0.2$ 的地震中，产生于剪力墙的剪应力，要确保低于混凝土的短期容许剪应力。不满足上述条件时，通过布置按照式（7.1.8）计算的所需抗剪钢筋，以防止发生过大的剪切裂纹。式（7.1.7）与式（7.1.8）为《壁式钢筋混凝土结构计算基准·解说书》[7.4]规定的算式。

7.2 墙梁

---

(1) 应根据实际计算确定弯曲加固钢筋量，并且要使用一根以上的 D13 规格以上的钢筋。

(2) 应根据实际计算得出所需的抗剪钢筋（箍筋），配箍率应大于 0.002。

(3) 墙梁中如果设有贯通的孔洞，孔洞的直径应小于墙梁高度的 1/3，如果同一墙梁中设有 2 个以上的孔洞，那么孔洞中心间的距离应大于孔洞直径的 3 倍。

【解说】

(1) 对弯矩的设计

① 水平荷载情况下的应力可以采用表面力矩计算。

② 对墙梁的弯矩设计，参照式（解 7.2.1）和式（解 7.2.2）。

$$_{L}M_a \geqslant {}_{L}M_D \tag{解 7.2.1}$$

$$_{S}M_a \geqslant {}_{S}M_D \tag{解 7.2.2}$$

式中 $_{L}M_a$——墙梁的长期容许弯矩（N·mm），依据（解 7.2.3）式计算

$$_{L}M_a = a_t \cdot {}_{L}f_t \cdot j \tag{解 7.2.3}$$

a_t——墙梁中的受拉钢筋的横截面积（mm^2）；

$_{L}f_t$——墙梁中的受拉钢筋的长期容许拉应力（N/mm^2）；

j——墙梁的应力中心距离，取值（7/8）d 为宜；

d——墙梁的有效高度（mm）；

$_{L}M_D$——墙梁的长期弯矩设计值（N·mm）；

$_{S}M_a$——墙梁的短期容许弯矩，按照公式（7.2.4）计算

$$_{S}M_a = a_t \cdot {}_{S}f_t \cdot j \tag{解 7.2.4}$$

$_{S}f_t$——墙梁的受拉钢筋的短期容许拉应力（N/mm^2）；

$_{S}M_D$——墙梁的短期弯矩设计值（N·mm）。

另外，为了保证构件具有足够的水平承载能力，宜布置高于规范要求的弯曲加固钢筋。为了使建筑物整体具有标准剪力系数 0.5 程度的抗弯承载力，墙梁中应布置足够的主筋，参照《WPC 标准》[7.5]中的相关规定。

(2) 对剪力的设计

① 墙梁的肋筋比应该根据实际工况进行计算，最小值应大于 0.002。

② 对墙梁剪力设计，依据式（解 7.2.5）和式（解 7.2.6）。

$$_{L}Q_A \geqslant {}_{L}Q_D \tag{解 7.2.5}$$

$$_{S}Q_A \geqslant {}_{S}Q_D \tag{解 7.2.6}$$

式中 $_{L}Q_A$——墙梁的长期容许剪力，采用式（解 7.2.7）计算。

$$_{L}Q_A = b \cdot j \cdot \alpha \cdot {}_{L}f_s \tag{解 7.2.7}$$

b——墙梁的宽（mm）；

j——墙梁的应力中心距离，取值（7/8）d 为宜；

d——墙梁的有效高度（mm）；

α——墙梁的剪断跨度比的放大系数，采用如下公式计算

$$\alpha=4/[M/(Q\cdot d)+1]，并且 1\leqslant\alpha\leqslant2$$

M——墙梁的最大弯矩（N·mm）；

Q——墙梁的最大剪力（N）；

${}_{L}f_{s}$——混凝土的长期允许剪应力（$N\cdot mm^2$）；

${}_{L}Q_{D}$——墙梁的长期剪力设计值，采用式（解 7.2.8）计算

$${}_{L}Q_{D}=Q_{L} \tag{解 7.2.8}$$

Q_{L}——墙梁长期荷载时的剪力（N）；

${}_{s}Q_{A}$——墙梁的短期容许剪力（N），采用式（解 7.2.9）计算

$${}_{s}Q_{A}=b\cdot j[\alpha\cdot {}_{s}f_{s}+0.5{}_{w}f_{t}(p_{w}-0.002)] \tag{解 7.2.9}$$

${}_{s}f_{s}$——混凝土的短期容许剪应力（$N\cdot mm^2$），取长期容许剪应力的 1.5 倍为宜；

${}_{w}f_{t}$——抗剪钢筋设计短期容许拉应力值（N/mm^2）；

p_{w}——墙梁的抗剪配筋率，如果不足 0.002 以 0.002 计，高于 0.012 以 0.012 计；

${}_{s}Q_{D}$——墙梁的短期剪力设计（N），采用式（解 7.2.10）计算

$${}_{s}Q_{D}=\min(Q_{L}+n\cdot Q_{E},Q_{L}+\sum M_{y}/l') \tag{解 7.2.10}$$

Q_{L}——墙梁在长期荷载下的剪力（N）；

n——剪力的放大系数，应取大于 2.0 的值；

$\sum M_{y}$——最大剪力时墙梁两端的屈服弯矩的绝对值之和，$\sum M_{y}=0.9\sum(a_{t}\cdot\sigma_{y})\cdot d$；

a_{t}——墙梁弯曲加固钢筋的截面积，不考虑混凝土板钢筋；

σ_{y}——墙梁弯曲加固钢筋的标准屈服强度（$N\cdot mm^2$）；

l'——墙梁净跨的长度（mm）。

（3）墙梁中设计的贯通孔洞

在墙梁中应尽可能避免设置贯通孔洞。在不得以情况下，应按照《RC 标准（1991）》[7.6]的规定，孔洞的大小也该在墙梁的高度的 1/3 以下，同一墙梁中设置 2 个以上的贯通孔洞，孔洞的中心的间隔应该保证是孔洞直径的 3 倍以上，并且还应对其剪力进行分析。

7.3 楼板·屋面板

（1）对楼板与屋面板的长期弯矩的设计，以墙梁为基准。对平面内剪力的设计，以剪力墙为基准。

（2）全预制楼板与屋面板的钢筋布置，可以采用单层配筋。主筋与配力筋相对于混凝土截面积的配筋率，要在 0.2%以上。此外，在使用异型钢筋时，主筋边缘不需设置弯钩。

（3）承受最大弯矩部分的受拉钢筋的间隔，主筋方向应小于 200mm，配力钢筋方向应小于 300mm，且应为楼板与屋面板的厚度的 3 倍以下。

（4）楼板与屋面板的边缘部（楼板相互间的拼接面）的保护层厚度尽可能少，还要考虑在楼板与屋面板的架设长度部分布置钢筋。

（5）关于裂纹，要根据实际支承条件进行设计，最大裂纹宽度应小于 0.2mm。但是，在一般环境下，可以为 0.3mm 以下。

（6）楼板与屋面板的厚度和短边方向有效长度的比值小于 1/30（悬臂板为 1/10），要确认因竖向荷载产生于楼板与屋面板的挠曲的最大值（弹性挠曲）乘以变形放大系数（16），再除以楼板的有效长度所得的值在 1/250 以下。

【解说】

（1）楼板与屋面板的截面积计算

楼板与屋面板，原则上可以作为单位宽度的梁构件来设计，但在全预制楼板中，设计有楼板高低平面差异的变截面情况下，应充分考虑其刚度变化。

（2）楼板与屋面板的配筋

全预制钢筋混凝土楼板与屋面板周围，在通常的接合方法中，不限于简支状态，也可以是相近的状态。因此，边缘也可以不布置顶部钢筋。在使用叠合楼板的情况下，要根据各叠合楼板施工方法的设计施工指南。

（3）楼板与屋面板的最小配筋

楼板与屋面板的最小配筋量，按照《RC 基准》[7.7]的规定设置。

（4）安装时的脱落防止

全预制楼板与屋面板，在施工时，有时不设置支护结构。为了防止施工时意外荷载导致的架设部分的破损和脱落等情况发生，应充分考虑在搭接部分布置钢筋（参照第 10.4 节）。

（5）弯曲裂缝力矩与裂缝宽度的计算

为了防止楼板与屋面板的徐变挠度，在一般环境下的最大裂缝宽度为 0.3mm 以下。弯曲裂缝力矩与裂缝宽度的计算按照下列公式。

① 弯曲裂缝力矩

$$M_{cr}=0.56 \cdot \sqrt{F_c} \cdot Z_c$$

式中 M_{cr}——弯曲裂缝力矩（N·mm）；

F_c——混凝土的设计标准强度（N/mm^2）；

Z_c——截面系数（mm^3），可以考虑钢筋的效果。

② 裂缝宽度

裂缝宽度的计算按照《RC 基准》[7.8]的附录，或者《PRC 指南》[7.9]进行计算。

（6）公告的规定

根据建设省第 1459 号公告，楼板与屋面板（非步行的屋面板除外）的厚度与短边方向有效长度的比值的规定如下。

$$t > l_x/30 \text{（悬臂板 } l_x/10\text{）}$$

式中 t——楼板与屋面板的厚度（mm）；

l_x——楼板与屋面板的短边方向的有效长度（mm）；

在不能满足此规定的情况下，须满足下面的条件

$$\delta/l_x \leqslant 1/250$$

式中 δ——全挠曲，按照下式计算

$$\delta=16\times\delta_1$$

δ_1——弹性挠曲（mm）；

l_x——楼板与屋面板的短边方向的有效长度（mm）。

7.4 基础·基础梁

（1）确认接地压力或桩的轴向力，小于地基的容许应力或桩的容许支承力，并确认沉降量小于容许值。

（2）弯曲加固钢筋的配筋量应大于计算得到的值，同时，还应布置一根以上 D16 以上的钢筋。

（3）抗剪钢筋（箍筋）的配筋量应大于计算得到的值，同时，配箍率在 0.002 以上，间隔在基础梁

高度的1/2以下，并且在250mm以下。此外，以小于300mm（平房建筑450mm）的间隔布置腹筋。另外，对剪力的抗剪钢筋的计算，以第7.2节墙梁为标准。

（4）对人行通道等的开口进行加固。

【解说】

（1）地基的容许应力等

地基的容许应力与桩的容许支承力按照国土交通省第1113号公告的规定。此外，容许沉降量根据《2001年版　建筑物的结构关系技术基准解说书》[7.10]。

（2）对弯矩的设计

为了确保足够的极限水平承载力，宜充分布置基础梁的弯曲加固钢筋。对弯矩的设计，按照第7.2节【解说】（1）的要求进行。

（3）剪力的设计

对基础梁的剪力的设计，按照第7.2节【解说】（2）的要求进行。

（4）基础梁的开口加固

在基础梁中多设置设备用开口和人行通道开口。在基础梁中设置开口，即使对其充分进行抗剪加固，也会降低基础梁的刚度，所以圆孔的直径和长方形孔在基础梁高度方向的边长宜小于1/3基础梁高度，孔边缘距梁外边缘间距离宜大于2倍孔直径。有关开口的加固设计，请参照第7.2节【解说】（3）。

7.5　黏着·固定·接头

（1）黏着

① 弯曲构件（墙梁·剪力墙·次梁·基础梁等）的受拉钢筋，在跨度内根据式（7.5.1）确认黏着长度大于必要黏着长度与构件有限高度的和。在黏着长度的范围内不产生斜裂缝时，可以不用加上构件的有效高度。此外，钢筋贯穿的情况，可以省略对黏着长度的分析。

$$l_d \geqslant l_{db} + d \quad (7.5.1)$$

式中　l_d——黏着长度（mm）；

d——构件的有效高度（mm）；

l_{db}——必要黏着长度（mm），根据式（7.5.2）计算。

$$l_{db} = \sigma_t \cdot A_s / (f_b \cdot \phi) \quad (7.5.2)$$

σ_t——黏着检定位置的钢筋存在应力（N/mm^2）；

A_s——该钢筋的截面积（mm^2）；

f_b——容许黏着应力（N/mm^2），根据表3.5.3选取；

ϕ——钢筋的周长（mm）。

（2）固定

① 剪力墙、墙梁以及基础梁的受拉钢筋的接头处的固定长度l_a，应大于钢筋的长度的40倍（轻质混凝土为50倍）。采用式（7.5.3）进行固定长度的分析的钢筋，不受此限制。

$$l_a \geqslant l_{ab} \quad (7.5.3)$$

式中　l_a——固定长度（mm）；

l_{ab}——必要固定长度，根据公式（7.5.2）计算。σ_t为钢筋的容许应力。

② 剪力墙、墙梁以及基础梁的受拉钢筋以外使用的接合钢筋以及接合金属的锚固钢筋的固定长度l_a，根据公式（7.5.3）计算。注意，最小长度应为钢筋标称直径的30倍以上。

(3) 搭接接头

搭接接头的搭接长度，应为钢筋标称直径的 40 倍（轻质混凝土为 50 倍）以上。采用式（7.5.2）进行搭接长度的分析时，不受此限制。此外，式（7.5.2）中的 σ_t 为钢筋的屈服强度。

(4) 搭接接头以外的接头

搭接接头以外的接头，采用国土交通大臣长规定的构造方法。

【解说】

(1) 弯曲构件主筋的黏着长度

弯曲构件的黏着长度，按照《RC 基准》[7.11]的内容。

(2) 钢筋的固定长度

剪力墙、墙梁以及基础梁的受拉钢筋接头处的固定长度，按照《令》第 73 条的规定确定，而补充说明书的固定长度的分析，以《RC 基准》[7.11]为标准。

墙梁主筋贯通剪力墙部分连续的情况，要确认能够确保所需要的固定长度。

(3) 搭接接头长度

搭接接头长度［钢筋标称直径的 40 倍（轻混凝土为 50 倍）以上］，按照《令》第 73 条的规定确定。补充说明书的搭接长度的分析，以《RC 基准》[7.11]为标准。

(4) 国体交通大臣制定的钢筋的接头的构造方法

采用国土交通大臣制定的接头的构造方法，为平成 12 年建设省第 1463 号公告中规定的构造方法。

【焊接接头的实例】

WPC 结构的接头中，搭接焊接（喇叭形分组焊接）如解图 7.5.1 和解图 7.5.2 所示。

① D16 以上的钢筋（湿接缝的纵向钢筋）

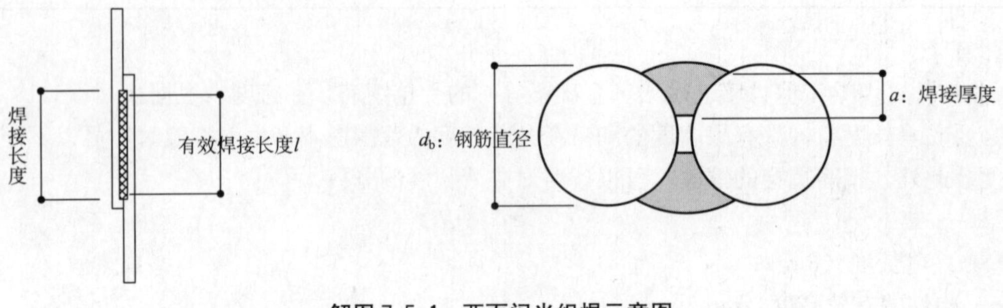

解图 7.5.1　两面闪光组焊示意图

(a) 有效焊接长度 $l \geqslant 5\times$钢筋直径（d_b），两面焊接。

其中，l=焊接的全长（从开端到终端的长度）$-d_b$。

(b) 焊接处的短期容许剪力 Q_a

$$Q_a = f_s \cdot a \cdot 5d_b \cdot 2$$

式中　$a = 0.25d_b$；

f_s——缝焊处的短期容许剪应力（N/mm²），$F/\sqrt{3}$（参照表 3.5.4）；

F——焊接处的标准强度（N/mm²）；

因此，$Q_a = F/\sqrt{3}\times 0.25d_b\times 5d_b\times 2 = 1.443Fd_b^2$

(c) 钢筋的短期容许拉力 T_a

$$T_a = f_t \cdot a_s \approx F\cdot\pi(d_b/2)^2 = 0.785Fd_b^2 < Q_a = 1.443Fd_b^2$$

基于以上各项，D16 以上的钢筋的喇叭形分组焊接有效长度，如果两面 $5d_b$ 以上，焊接接头的承载力就在母材的短期容许拉力以上。

② ϕ9、D10、D13（墙壁板、楼板的楔筋等）的情况

解图 7.5.2　单面闪光组焊示意图

(a) 有效焊接长度 $l \geqslant 5 \times$ 钢筋直径 (d_b)，单面焊接。

其中，l=焊接的全长（从开端到终端的长度）$-d_b$。

(b) 焊接处的短期容许剪力 Q_a

$$Q_a = f_s \cdot a \cdot 5d_b$$

其中，$a = 0.3d_b$

$$= F/\sqrt{3} \times 0.3d_b \times 5d_b = 0.866 \cdot F \cdot d_b^2$$

由以上计算可知，D13 以下的钢筋的喇叭形分组焊接有效长度，如果片面大于 $5d_b$，那么就在母材的短期容许拉力以上。

【预制混凝土壁板内的钢筋的黏着・固定要领】

预制混凝土壁板内的钢筋的黏着・固定的概要详见解图 7.5.3 与解图 7.5.4。

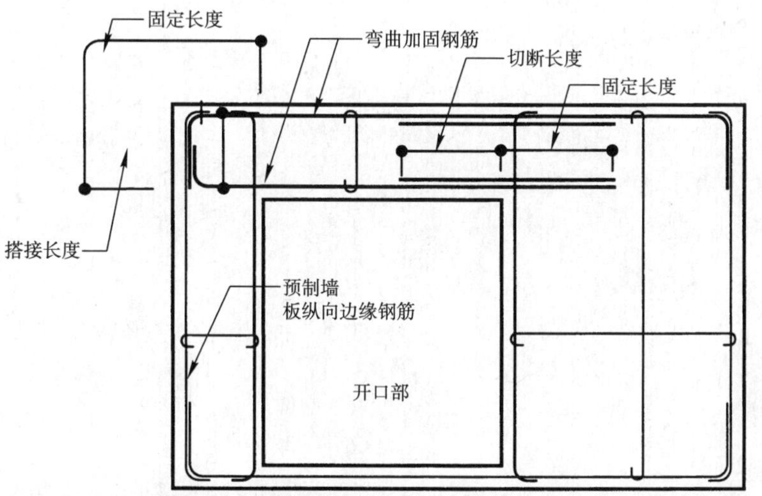

解图 7.5.3　预制壁板内钢筋的黏着・固定・接头的例子（带开口的壁板）

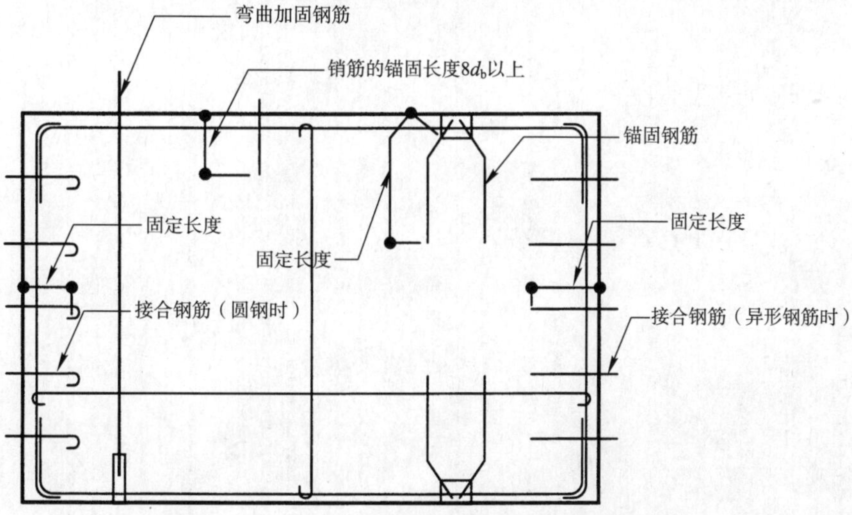

解图 7.5.4　接合钢筋等的黏着・固定・接头的实例

参考文献

[7.1] 日本建築学会：「鉄筋コンクリート構造計算基準・同解説」、pp. 228－230、1999. 10
[7.2] 日本建築学会：「鉄筋コンクリート構造計算基準・同解説」、pp. 129－131、1999. 10
[7.3] 日本建築学会：「壁式コンクリート造計算基準・同解説」、pp. 182－183、1997. 11
[7.4] 日本建築学会：「壁式コンクリート造計算基準・同解説」、pp. 172－178、1997. 11
[7.5] 日本建築学会：「壁式プレキャスト鉄筋コンクリート造計算基準・同解説」、pp. 20－30、1982. 6
[7.6] 日本建築学会：「鉄筋コンクリート構造計算基準・同解説」、pp. 277－280、1991. 4
[7.7] 日本建築学会：「鉄筋コンクリート構造計算基準・同解説」、pp. 23－24、1999. 10
[7.8] 日本建築学会：「鉄筋コンクリート構造計算基準・同解説」、pp. 353－359、1999. 10
[7.9] 日本建築学会：「プレストレスト鉄筋コンクリート（Ⅲ種 PC）構造設計・施工指針・同解説」、pp. 112－120，1986. 1
[7.10] 国土交通省住宅建築指導課その他：「2001 年版　建築物の構造関係技術基準解説書」、pp. 55－57、2001. 3
[7.11] 日本建築学会：「鉄筋コンクリート構造計算基準・同解説」、pp. 20－22、1991. 4

第 8 章　接合部的设计

8.1　剪力墙

（1）竖向接合部的设计

① 剪力的设计

为了确保接合部的剪切屈服强度与强度超过设计剪力，必须满足公式（8.1.1）～公式（8.1.3）。此外，对长期荷载时的竖向接合部剪力的设计，除了使剪力墙的轴向力传递给通过竖向接合部直交的构件的情况以外，均可以省略。

$$ {}_{A}Q_{LV} \geqslant {}_{D}Q_{LV} \tag{8.1.1}$$

$$ {}_{A}Q_{SV} \geqslant {}_{D}Q_{SV} \tag{8.1.2}$$

$$ Q_{UV} \geqslant {}_{D}Q_{UV} \tag{8.1.3}$$

式中 ${}_{A}Q_{LV}$——竖向接合部的长期容许屈服剪力（N），根据式（8.1.4）确定；

${}_{D}Q_{LV}$——竖向接合部产生的长期荷载时的剪力（N）；

${}_{A}Q_{SV}$——竖向接合部的短期容许屈服剪力，根据式（8.1.5）确定；

${}_{D}Q_{SV}$——竖向接合部的短期剪力设计值（N），根据式（8.1.7）计算；

Q_{UV}——竖向接合部的受剪切承载力（N），根据式（8.1.6）确定；

${}_{D}Q_{UV}$——竖向接合部的设计极限剪力（N），不需要确认极限水平承载力的建筑物根据式（8.1.8）计算，需要确认极限水平承载力的建筑物根据式（8.1.9）计算。

$$ {}_{A}Q_{LV} = \min[\alpha_1 \cdot {}_{L}f_{ss} \cdot \sum A_{sk}, \alpha_2 \cdot {}_{L}f_{cs} \cdot \sum A_{pc}, {}_{L}f_{sw} \cdot A_{ve}] \tag{8.1.4}$$

$$ {}_{A}Q_{SV} = \min[\alpha_1 \cdot {}_{S}f_{ss} \cdot \sum A_{sk}, \alpha_2 \cdot {}_{S}f_{cs} \cdot \sum A_{pc}, {}_{S}f_{sw} \cdot A_{ve}] \tag{8.1.5}$$

$$ Q_{uV} = \min[0.1F_c \cdot \sum A_{sk} + \sum(a_s \cdot \sigma_y), \alpha_2 \cdot F_c \cdot \sum A_{pc}, {}_{S}f_{sw} \cdot A_{ve} + 1.4\sum(a_s \cdot \sigma_y)] \tag{8.1.6}$$

$$ {}_{D}Q_{SV} = k \cdot \tau_H \cdot A_V \tag{8.1.7}$$

$$ {}_{D}Q_{UV} = 2.5\tau_{av} \cdot A_V \tag{8.1.8}$$

$$ {}_{D}Q_{UV} = \tau_m \cdot A_V \tag{8.1.9}$$

式中 α_1——考虑了抗剪键的直接剪切的放大系数，取 2.0，以下均相同；

${}_{L}f_{ss}$——抗剪键的分界面的混凝土的长期容许剪切应力强度（N/mm^2），根据表 3.5.1 取值；

$\sum A_{sk}$——抗剪键的全剪切面积（mm^2），按照下面的公式计算

$$\sum A_{sk} = n \cdot h_s \cdot b_s$$

n——有抗剪键的接合部的总数；

h_s——有抗剪键的分界面的高度（mm）；

b_s——有抗剪键的分界面的宽度（mm）；

α_2——考虑了抗剪键的局部受压的放大系数，为 1.2；

${}_{L}f_{cs}$——取剪力墙的混凝土或者填充混凝土的长期容许受压强度中较小的值（N/mm^2），根据表 3.5.1 选取；

$\sum A_{pc}$——抗剪键的全承压面积（mm^2），根据下式计算

$$\sum A_{pc} = n \cdot d_s \cdot (b_s + b_{s1})/2$$

d_s——抗剪键的深度（mm）；

b_{s1}——抗剪键的最小宽度（mm）；

${}_{\mathrm{L}}f_{\mathrm{sw}}$——填充混凝土的长期容许剪应力强度（N/mm^2），按照表 3.5.1 选取；

A_{ve}——填充混凝土的有效剪切面积（mm^2），根据下面公式，以下均与此同。

$$A_{\mathrm{ve}}=t_{\mathrm{e}}\cdot h$$

t_{e}——填充混凝土的有效厚度（mm）；

h——剪力墙竖向接合部的高度（mm）；

${}_{\mathrm{S}}f_{\mathrm{ss}}$——抗剪键的分界面的混凝土的短期容许剪应力强度（N/mm^2），按照表 3.5.1 选取。

${}_{\mathrm{S}}f_{\mathrm{cs}}$——剪力墙的混凝土或是填充混凝土的短期容许压应力强度中较小的值（N/mm^2），按照表 3.5.1 选取；

${}_{\mathrm{S}}f_{\mathrm{sw}}$——填充混凝土的短期容许剪应力强度（N/mm^2），按照表 3.5.1 确定；

F_{c}——剪力墙的混凝土或者填充混凝土的设计标准强度（N/mm^2）中较小的值；

a_{s}——抗剪键钢筋的截面积（mm^2）；

σ_{y}——抗剪键钢筋的标准屈服强度（N/mm^2）；

k——形状系数，为 1.2，建筑物的角落处的竖向接合部，可以取 1.0；

τ_{H}——标准剪力系数 $C_0=0.2$ 的地震中，剪力墙的剪应力强度（N/mm^2），依照下式计算。

$$\tau_{\mathrm{H}}=Q_{\mathrm{E}}/A_{\mathrm{H}}$$

Q_{E}——标准剪力系数 $C_0=0.2$ 的地震中，产生于剪力墙的剪力（N）；

A_{H}——具有竖向接合部的剪力墙的水平截面积，按照下式计算

$$A_{\mathrm{H}}=t\cdot l$$

t——剪力墙的厚度（mm）；

l——剪力墙的长度（mm）；

A_{V}——剪力墙的竖向断面积（mm^2），按照下式计算

$$A_{\mathrm{V}}=t\cdot h$$

τ_{av}——标准剪力系数 $C_0=0.2$ 的地震中，剪力墙的平均剪应力（N/mm^2），按照下式计算

$$\tau_{\mathrm{av}}=\sum Q_{\mathrm{E}}/\sum A_{\mathrm{H}}$$

$\sum Q_{\mathrm{E}}$——地震时，标准剪力系数 $C_0=0.2$ 时，产生于每层各方向的地震层剪切力（N）；

$\sum A_{\mathrm{H}}$——地震力研究方向的剪力墙的总水平截面积（mm^2），按照下式计算

$$\sum A_{\mathrm{H}}=\sum(t\cdot l)$$

τ_{m}——形成机构时产生于剪力墙的剪应力（N/mm^2），按照下式计算

$$\tau_{\mathrm{m}}=Q_{\mathrm{m}}/A_{\mathrm{H}}$$

Q_{m}——形成机构时剪力墙的剪力（N）。

（2）水平接合部的设计

① 对轴向力和弯矩的设计

为了使剪力墙的容许轴力，超过短作用时的轴力和弯矩的轴向力，必须满足式（8.1.10）。此外，把水平接合部的竖向接合钢筋作为轴向钢筋，采用与剪力墙相同的方法设计。

$$N_{\mathrm{a}}\geqslant N_{\mathrm{e}} \tag{8.1.10}$$

式中 N_{a}——短期荷载时的容许轴向力（N），按照下式计算

$$N_{\mathrm{a}}=\min\{S_{\mathrm{n}}/x_{\mathrm{n}}\cdot f_{\mathrm{c}},S_{\mathrm{n}}/[n(x_{\mathrm{n}}-d_{\mathrm{c}})]\cdot {}_{\mathrm{r}}f_{\mathrm{c}},S_{\mathrm{n}}/[n(l-d_{\mathrm{t}}-x_{\mathrm{n}})]\cdot f_{\mathrm{t}}\}$$

S_{n}——与中性轴相关的有效等价截面面积矩（mm^3）；

x_{n}——中性轴（mm）；

f_{c}——混凝土的短期容许压应力强度（N/mm^2）；

n——杨氏模量比；

d_{c}——从受压边缘到接合钢筋中受压钢筋重心的距离（mm）；

${}_{\mathrm{r}}f_{\mathrm{c}}$——接合钢筋的短期容许压应力强度（N/mm^2）；

l——剪力墙的长度（mm）；

d_t——从拉力边缘到接合钢筋中受拉钢筋重心的距离（mm）；

f_t——接合钢筋的短期容许拉应力强度（N/mm^2）；

N_e——水平接合部在短期荷载作用下的轴力和弯矩产生的偏心轴向力（N），根据下式计算

$$N_e = N_s/2 + M_s/j$$

N_s——在短期荷载下剪力墙的轴力（N）；

M_s——在短期荷载下剪力墙的弯矩（N·mm）；

j——剪力墙的应力中心距离（mm），为 7/8（l－d_t）。

② 对剪力的设计

为了使水平接合部的剪切强度大于设计剪力，须满足式（8.1.11）。

$$Q_{UH} \geqslant {}_{D}Q_{UH} \tag{8.1.11}$$

式中 Q_{UH}——受剪切承载力（N），按照公式（8.1.12）计算。

${}_{D}Q_{UH}$——水平接合部的强度极限设计剪力（N），对于不需要确认极限水平承载力的建筑物，按照式（8.1.13）计算；对于需要确认极限水平承载力的建筑物，按照式（8.1.14）计算

$$Q_{UH} = \mu(\sum a_s \cdot \sigma_y + N_U) \tag{8.1.12}$$

$${}_{D}Q_{UH} = 2.5\tau_{av} \cdot A_H \tag{8.1.13}$$

$${}_{D}Q_{UH} = Q_m \tag{8.1.14}$$

式中 μ——水平接合面的摩擦系数，取 0.7；

a_s——在把水平接合部竖向的接合钢筋或者接合金属当做受拉钢筋时的断面积（mm^2）；

σ_y——与上面一样的钢筋或者金属的标准屈服强度（N/mm^2）；

N_U——强度极限设计的轴向力（N），对于不需要确认极限水平承载力的建筑物，按下面的公式计算 N_U 值；对于需要确认极限水平承载力的建筑物，N_U 值与形成机构时的轴向力相同。如果轴向力为负值，取 0

$$N_U = N_L \pm N_E$$

N_L——长期荷载时剪力墙的轴向力（N）；

N_E——在发生标准剪力系数 C_0＝0.2 的地震时剪力墙的轴向力（N）；

τ_{av}——在发生标准剪力系数 C_0＝0.2 的地震时，剪力墙的平均剪应力（N/mm^2），根据式（8.1.8）计算；

A_H——剪力墙的水平截面积（mm^2）。

【解说】

（1）长期荷载作用下竖向接合部的设计剪力

在对竖向接合部的剪力设计中，在考虑长期荷载时，一般的剪力墙的轴向力会被传递给位于下层起直接支撑作用的剪力墙，因此，作用于竖向接合部的力可以忽略不计。上下剪力墙不连续时（见解图5.2.2），为使轴向力可以传递给介于竖向接合部之间相邻的剪力墙，有必要将传递的轴向力计入竖向接合部的长期设计剪力之中。

（2）竖向接合部的剪力集中系数

在对竖向接合部的剪力的设计中，由于剪力墙长度与紧密连结左右墙梁的弯曲刚度的不均一性，剪力墙的剪力分布与剪力墙的截面积不成比例，所以要乘以集中系数。但是，在建筑物的角落处（见解图 5.1.1），仅有单侧墙梁与其连接时的剪力墙，刚度的增大与左右均有墙梁紧密连结的剪力墙相比较少。竖向接合部被设置于剪力墙的边缘，考虑到剪力墙内的剪应力强度分布，应力集中系数可取 1.0。

在承载能力极限时，因为出现裂缝要进行应力重分配，不必乘以应力集中系数。此外，在必须确认

极限水平承载力的情况中，按照强度极限时剪力墙的剪力来计算。

(3) 承载能力极限状态时设计剪力

承载能力极限状态时竖向接合部以及水平接合部的设计剪力，对于必须进行极限水平承载力分析的建筑物，取承载能力极限状态时该处的剪力。对于不须进行极限水平承载力分析的建筑物的承载能力极限设计剪力，要进行承载能力极限设计状态下的应力重分配，对根据短期设计地震力的平均剪应力强度计算的剪力，将放大系数取 2.5 来计算。

之所以将放大系数设为 2.5，是因为在《中心指南》中也将放大系数设定为 2.5，这是基于将 WPC 结构承载能力极限状态时的剪力系数作为 0.5 时所得出的值。

(4) 容许剪切承载力公式及剪切强度公式

竖向接合部及水平接合部的容许剪切承载力公式及剪切强度公式，以《中心指南》为基准。在本指南中，为了尽可能避免接合部的剪切破坏，考虑到强度的不稳定，将剪切强度公式的接合钢筋等的材料强度限制在屈服强度的下限值-标准屈服强度。此外，在剪力墙以外的接合部，与此相同。

这里列出了竖向接合部为湿接缝时的承载力公式与强度公式，但是在采用钢板形式（干接缝）的情况中，要使容许剪切承载力与剪切强度根据钢板、焊接处以及锚固钢筋的实际情况适当进行计算。

此外，容许剪切承载力公式以及剪切强度公式，与以往的实验结果的对应内容，请参照本编附录。

(5) 对水平接合部的轴向力和弯矩的设计

对水平接合部的轴向力和弯矩的设计，要确认拉伸与受压钢筋的位置以及其断面积等，满足于式 (8.1.10)。可以按照《RC 基准》[8.1]的第 14 条关于柱子的轴向力和弯曲的断面计算的规定，进行主筋的断面积的计算。

采用弯曲加固钢筋的剪力墙中的主筋，因为在第 7.1 节剪力墙的断面计算中已对其进行了计算，所以在这里可以不再计算。用于竖向接合部，直接接缝方式中的接合钢筋，或者在钢板方式中将接合金属以及竖向接合部内的纵向的主筋用作受拉钢筋时，因为其位置与《RC 基准》计算的情况下的主筋位置不同，所以必须按照实际情况计算。

采用钢板形式时，作为受拉钢筋的钢材，应为接合用的钢板或是钢板的锚固钢筋，并要确保其接合部的承载力大于被接合钢材的受拉承载力。此外，以八字型的角度布置锚固钢筋时，应将此锚固钢筋的竖向成分作为有效断面来计算。

竖向的接合钢筋或者接合金属被用作主筋时，竖向的接合钢筋或者接合金属也可以用于剪力设计。对于剪切强度关系式 (8.1.12)，接合部的强度关系与张拉引起的反力压缩变形有关，所以对与轴力和弯矩有关的主筋也一样适用。

【计算示例】

(1) 计算的条件

① 使用材料

混凝土：$F_c=24$ (N/mm^2)；$_sf_s=1.5\times(0.49+24/100)=1.095$ (N/mm^2)

钢筋的种类 D10：SD295　　D16～D19：SD345

钢材的种类：SN490B

② 作用力

τ_h、τ_{av}：将短期荷载作用时的剪力墙的剪应力与平均剪应力设为相同值，均为 0.5N/mm^2。

此外，长期荷载作用时的剪力可以忽略。

(2) 竖向接合部的计算示例

① 剪力墙的竖向接合部的形状

以解图 8.1.1～解图 8.1.3 中所示的形状图，进行计算。

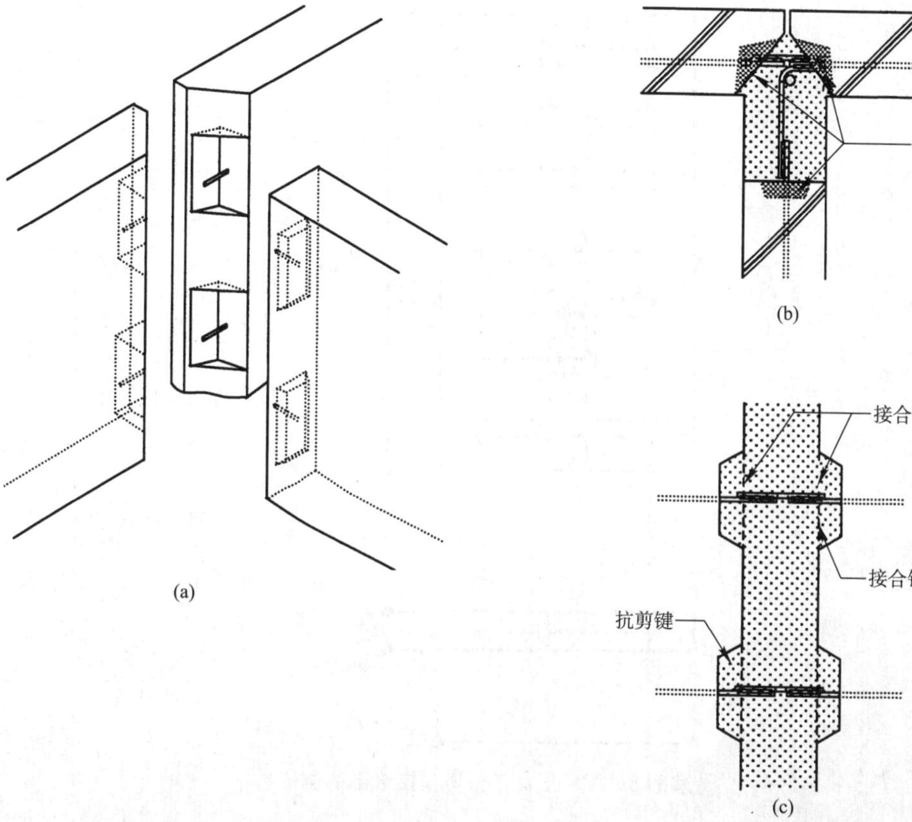

解图 8.1.1　PC 剪力墙的竖向接合部的部分概念和水平·竖直断面图

（a）概念图；（b）水平断面图；（c）竖向断面图

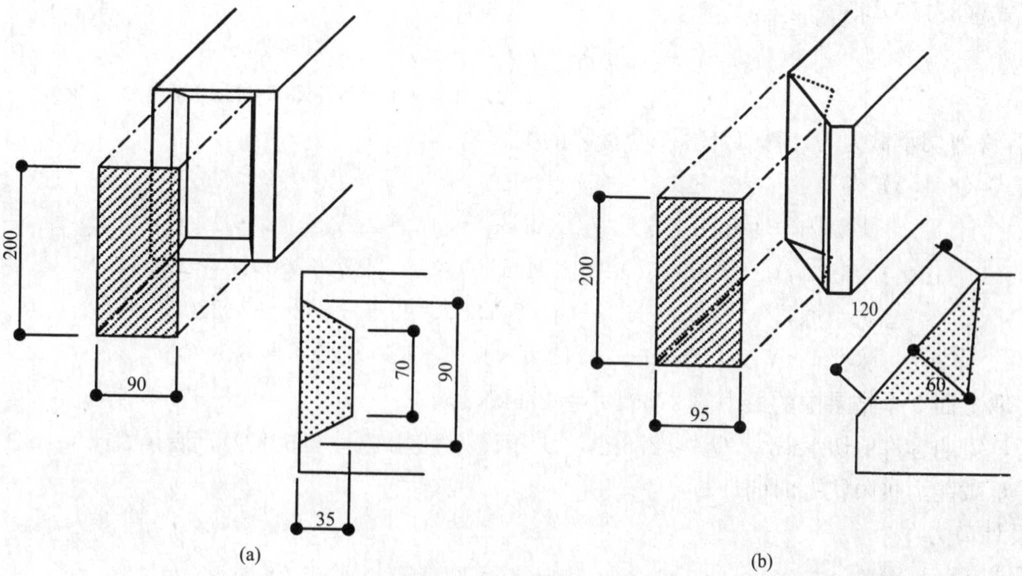

解图 8.1.2　抗剪键的形状图

（a）二个接缝的类型；（b）一个接缝的类型

［注］在图表中列出了尺寸

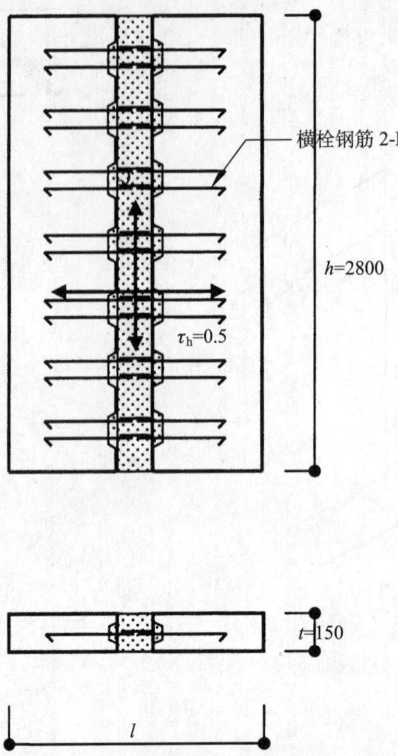

解图 8.1.3　层高部分竖向接合部的例子

② 剪力的设计

(a) 短期荷载作用下的计算

i) 设计剪力

根据式（8.1.7）得

$$
\begin{aligned}
{}_{D}Q_{SV} &= k \cdot \tau_H \cdot A_V \\
&= 1.2 \times 0.5 \times 150 \times 2800 = 252000\text{N} = 252\text{kN}
\end{aligned}
$$

ii) 容许剪切承载力的计算（计算 2 个接缝的类型）

根据式（8.1.5）得

$$
{}_{A}Q_{SV} = \min[\alpha_1 \cdot {}_{S}f_{ss} \cdot \sum A_{sk}, \alpha_2 \cdot {}_{S}f_{cs} \cdot \sum A_{pc}, {}_{S}f_{sw} \cdot A_{ve}]
$$

$$
\alpha_1 \cdot {}_{S}f_{ss} \cdot \sum A_{sk} = 2.0 \times [(0.49 + 24/100) \times 1.5] \times 7 \times 200 \times 90 = 275940\text{N}
$$

$$
\alpha_2 \cdot {}_{S}f_{cs} \cdot \sum A_{pc} = 1.2 \times 16 \times 7 \times 35 \times (90 + 70)/2 = 376320\text{N}
$$

$$
{}_{S}f_{sw} \cdot A_{ve} = [(0.49 + 24/100) \times 1.5] \times 150 \times 2800 = 459900\text{N}
$$

${}_{A}Q_{SV}$取上面 3 个结果中的最小值 275940N≈276kN。

于是，短期容许剪切承载力${}_{A}Q_{SV}$（276kN）大于设计剪力${}_{D}Q_{SV}$（252kN），满足式（8.1.2）。

(b) 承载能力极限状态时的计算

i) 设计剪力

根据式（8.1.8）得

$$
\begin{aligned}
{}_{D}Q_{UV} &= 2.5\tau_{ve} \cdot A_V \\
&= 2.5 \times 0.5 \times 150 \times 2800 = 525000\text{N} = 525\text{kN}
\end{aligned}
$$

ii) 抗剪强度的计算（横栓钢筋各为 2－D10）

根据式（8.1.6）得

$$
Q_{UV} = \min[0.1F_c \cdot \sum A_{sk} + \sum(a_s \cdot \sigma_y), \alpha_2 \cdot F_c \cdot \sum A_{pc}, {}_{S}f_{sw} \cdot A_{ve} + 1.4\sum(a_s \cdot \sigma_y)]
$$

$$0.1F_c \cdot \sum A_{sk} + \sum(a_s \cdot \sigma_y) = 0.1 \times 24 \times 7 \times 200 \times 90 + 71.3 \times 2 \times 7 \times 295 = 596869\text{N}$$

$$\alpha_2 \cdot F_c \cdot \sum A_{pc} = 1.2 \times 24 \times 7 \times 35 \times (90+70)/2 = 564480\text{N}$$

$$_{S}f_{sw} \cdot A_{ve} + 1.4\sum(a_s \cdot \sigma_y) = 459900 + 1.4 \times 71.3 \times 2 \times 7 \times 295 = 872157\text{N}$$

Q_{UV}取上面 3 结果中的最小值 564480N≈564kN。

于是，受剪承载力 Q_{UV}（=564kN）大于设计剪力$_{D}Q_{UV}$（=525kN），满足式（8.1.3）。

（3）水平接合部的计算示例

① 剪力墙的水平接合部的形状

以解图 8.1.4 中所示形状示例，进行计算。

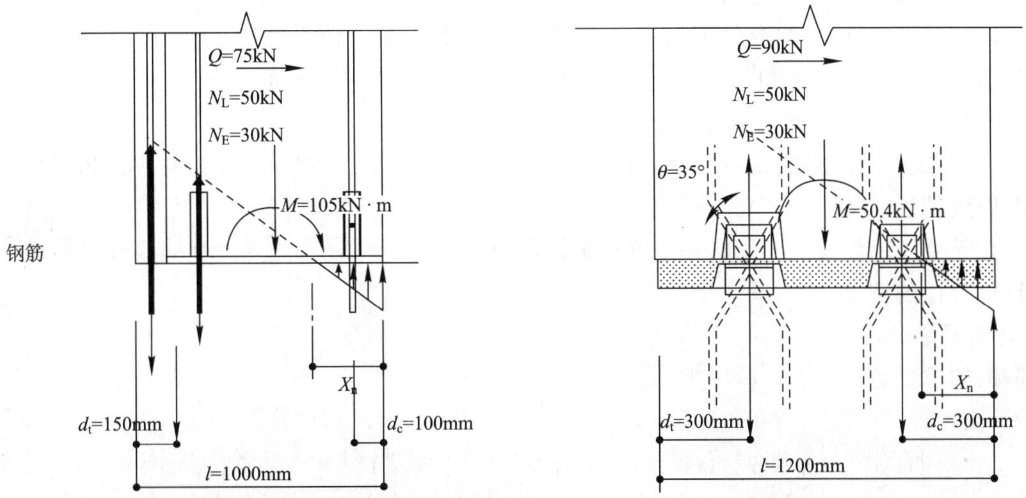

(a)（受拉侧边缘部有竖向接合部时）

接合钢筋　：D19(SD345)

竖向接合部轴筋　：D19(SD345)

Q=0.5N/mm²×150mm×1000mm=75000N

M=75kN×2.8m×0.5y_0=105kN · m

(b)（不包括竖向接合部）

锚固钢筋　：2–D16(SD345)

钢板断面　：9×90(SN490B)

Q=0.5×150×1200=90000N

M=90×2.8×0.2=50.4kN · m

解图 8.1.4　剪力墙水平接合部的示例

（a）直接缝方式；（b）钢板方式

② 轴向力与弯矩的设计

对水平接合部的轴向力与弯矩的设计，应以《RC 基准》的 14 条-柱的轴向力和弯曲的断面计算的规定来计算，但是由于受拉钢筋-接合钢筋等的位置与《RC 基准》的计算图表的假定不同，在计算图表中，将剪力墙的长度 l 替换为符合计算图表假定的（$d_t=0.1l$）来计算。

在解图 8.1.4 中，采用直接缝方式时，在剪力墙的边缘部有竖向接合部，可将竖向接合部内的轴钢筋和横向接合钢筋设置为受拉钢筋。

在钢板连接的方式中，如果将钢板或锚固钢筋设为受拉钢筋来计算，应布置不少于必要钢筋量的钢筋。此外，当锚固钢筋相对于竖向倾斜时，应将竖向成分作为有效断面。另外，因为钢板与锚固钢筋通过焊接接合在一起，所以必须保证焊接处的应力强度不高于容许应力强度，并保证其具有钢板以及锚固钢筋的容许拉力以上的容许抗拉承载力。

（a）直接缝方式的例子

i）如例图中方向加载时（N_E 为负）必要钢筋量的计算

《RC 基准》的计算表的假定，$D-d_t=0.9D$，那么以 $l-d_t=1000-150=850=0.9l$，$l=850/0.9=944$mm 公式来计算。

$$N/(t \cdot l) = (N_L - N_E)/(t \cdot l) = (50-30) \times 10^3/(150 \times 944) = 0.141$$

$$M/(t \cdot l^2)=105\times10^6/(150\times944^2)=0.786$$

根据《RC 基准》p. 125 的图，$p_t=0.25\%$

$$\text{必要钢筋量 } a_n=150\times944\times0.0025=354\text{mm}^2$$

ii）如例图中反向加载时（NE 为正）必要钢筋量的计算

同样，采用 $l-d_t=1000-100=900=0.9l$，$l=900/0.9=1000$mm 公式计算。

$$N/(t \cdot l)=(N_L+N_E)/(t \cdot l)=(50+30)\times10^3/(150\times1000)=0.533$$

$$M/(t \cdot l^2)=105\times10^6/(150\times1000^2)=0.700$$

根据《RC 基准》p. 125 的图，$p_t=0.15\%$

$$\text{必要钢筋量 } a_n=150\times1000\times0.0015=225\text{mm}^2$$

综上可知，情形 i）中，接合钢筋 D19 和竖向接合部轴筋 D19 的断面积 $a_s=287\times2=574\text{mm}^2$，超过了必要钢筋量 a_n（$=354\text{mm}^2$）。情形 ii）中，因为接合钢筋 D19 的断面积 $a_s=287\text{mm}^2$，超过了必要钢筋量 a_n（$=225\text{mm}^2$）。因此，两种情形均满足式（8.1.10）。

情形 i）中，虽然受压钢筋 a_s（$=287\text{mm}^2$）低于必要钢筋量 a_n（$=354\text{mm}^2$），但是因为受拉钢筋有余裕，所以仍然满足式（8.1.10）。

注意，在无受压钢筋或远低于必要钢筋量的情况下，不按照计算表计算，须通过计算来确定。

（b）钢板连接的例子

i）必要钢筋量的计算

因为钢板的位置是对称的，所以在 N_E 为负值的情况下计算。

采用 $l-d_t=1200-300=900=0.9l$，$l=900/0.9=1000$mm 公式计算。

$$N/(t \cdot l)=(N_L-N_E)/(t \cdot l)=(50-30)\times10^3/(150\times1000)=0.133$$

$$M/(t \cdot l2)=50.4\times10^6/(150\times1000^2)=0.336$$

根据《RC 基准》p. 125 的图，$p_t=0.10\%$

$$\text{必要钢筋量 } a_n=150\times1000\times0.001=150\text{mm}^2$$

ii）锚固钢筋 2 - D16 的有效断面积

$$\text{有效断面积 } a_e=199\times2\times\cos35°=362\text{mm}^2$$

iii）钢板 9×90 的有效断面积

$$\text{有效断面积 } a_e=9\times90\times325/345=763\text{mm}^2$$

根据 ii）、iii）所示，水平接合部的有效断面积 a_e，锚固钢筋为较小的数值 362mm^2。

综上可知，水平接合部的有效断面积 a_e（$=362\text{mm}^2$），大于必要钢筋量 a_n（$=150\text{mm}^2$），满足式（8.1.10）。

此外，为了使焊接处的承载力能在钢材的抗拉强度以上，有效焊缝焊接长度须符合下列条件。

iv）锚固钢筋的必要有效缝焊焊接的长度

必要有效焊接长度

$$l_w=a_s\times f_t/(a\times f_s)=199\times345/(0.25\times16\times187)=92\text{mm}$$

因此，两面的有效焊缝的总长大于 100mm。

v）钢板的必要有效缝焊焊接长度

必要有效焊接长度

$$l_w=a_s\times f_t/(a\times f_s)=9\times90\times325/(0.7\times9\times187)=223\text{mm}$$

因此，钢板的有效焊缝的总长大于 230mm。

③ 对剪力的设计

关于直接缝形式的例子。

（a）极限时设计剪力

根据式（8.1.13）得

$$_DQ_{UH}=2.5\tau_{av}\cdot A_H$$
$$=2.5\times0.5\times150\times1000\times10^{-3}=187.5\text{kN}$$

（b）受剪承载力

根据式（8.1.12）得

$$Q_{UH}=\mu(\sum a_s\sigma_y+N_U)$$
$$=0.7\times(287\times3\times345+50000-30000)$$
$$=0.7\times(297045+20000)=317045\text{N}=317\text{kN}$$

综上可知，受剪承载力 Q_{UH} （=317kN），大于极限时的设计剪力$_DQ_{UH}$ （=187.5kN），满足式（8.1.11）。

8.2 墙梁·基础梁

（1）竖向接合部的设计

① 对弯矩的设计

须确保墙梁或基础梁（称作“梁”，此节中均与此同）的竖向接合部的容许弯矩超过长期荷载与短期荷载作用下的设计弯矩。

② 对剪力的设计

为了使梁的竖向接合部的剪切承载力超过设计剪力，须确认满足式（8.2.1）～式（8.2.3）的条件

$$_AQ_{LV}\geqslant{}_DQ_{LV} \tag{8.2.1}$$

$$_AQ_{SV}\geqslant{}_DQ_{SV} \tag{8.2.2}$$

$$Q_{UV}\geqslant{}_DQ_{UV} \tag{8.2.3}$$

式中 $_AQ_{LV}$——梁的竖向接合部的长期容许剪切承载力（N），根据式（8.1.4）计算。

$_DQ_{LV}$——梁的竖向接合部产生的长期荷载时的剪力（N），根据公式（8.2.8）计算。

$_AQ_{SV}$——梁的竖向接合部的短期容许剪切承载力（N），根据式（8.1.5）、式（8.2.4）、式（8.2.5）中的任意一个公式计算。

$_DQ_{SV}$——梁的竖向接合部的短期设计剪力，根据式（8.2.9）计算。

Q_{UV}——梁的竖向接合部的剪切承载力（N），根据式（8.1.6）、式（8.2.6）、式（8.2.7）中的任意一个公式计算。

$_DQ_{UV}$——梁的竖向接合部的强度极限时设计剪力（N），根据式（8.2.10）计算。

$$_AQ_{SV}=\mu\cdot C_S \tag{8.2.4}$$

$$_AQ_{SV}=1.17\sum(a_s\sqrt{F_c\cdot f_t}) \tag{8.2.5}$$

$$Q_{UV}=\mu\cdot C_U \tag{8.2.6}$$

$$Q_{UV}=1.65\sum(a_s\sqrt{F_c\cdot\sigma_y}) \tag{8.2.7}$$

式中 μ——接触面压应力传递的摩擦系数，取0.6；

C_S——短期荷载作用下的弯曲压缩合力（N），按照下式计算

$$C_S=M_S/j$$

M_S——短期荷载作用下竖向接合部的弯矩（N·mm）；

j——梁应力中心的距离（mm），可以为（7/8）d；

d——梁的有效高度（mm）；

a_s——受压侧主筋以及接合钢筋的断面积（mm²）；

F_c——填充用混凝土的设计标准强度（N/mm²）；

f_t——受压侧主筋以及接合钢筋的短期容许抗拉强度（N/mm²）。

C_U——在强度极限时的弯曲压缩合力（N），按照下式计算

$$C_U = M_u/(0.9d)$$

M_u——强度极限时竖向接合部的弯矩（N·mm），对于不需要确保极限水平承载力的建筑物，按照下式计算；

$$M_u = a_t \cdot \sigma_y \cdot 0.9d$$

a_t——梁的拉力侧主筋的横断面积（mm²）；

σ_y——同上钢筋及受压侧主筋、接合钢筋的标准屈服强度（N/mm²）

$$_DQ_{LV} = Q_{LV} \tag{8.2.8}$$

$$_DQ_{SV} = Q_{LV} + n \cdot Q_E \tag{8.2.9}$$

$$_DQ_{UV} = Q_{LV} + Q_U \tag{8.2.10}$$

式中　Q_{LV}——在长期荷载情况下的梁的剪力（N）；

n——剪力的放大系数，应为2.0以上；

Q_E——在标准剪力系数$C_0 = 2.0$的地震力作用下，产生于竖向接合部的剪力（N）；

Q_U——在标准剪力系数$C_0 = 0.5$以上的地震力作用下，产生于竖向接合部的剪力（N）。

此外，接合部为钢板形式（干接缝）时，容许剪切承载力及抗剪强度宜根据钢板、焊接处以及锚固钢筋的实际状况来计算。

（2）水平接合部的设计

① 剪力的设计

楼板（包括屋面板，以下均与此同）为现场浇筑钢筋混凝土结构，并与梁一体的情况下，为了使梁的水平接合部的抗剪强度超过设计剪应力，须确保其满足式（8.2.11）。

$$\tau_{s1} \geqslant \tau_s \tag{8.2.11}$$

式中　τ_{s1}——与梁的楼板相接的水平接合部的抗剪强度（N/mm²），按照下式计算

$$\tau_{s1} = \min[\mu \cdot p_w \cdot \sigma_{wy}, 0.7(0.7 - F_c/200) \cdot F_c/2]$$

μ——在接合面平滑的情况下摩擦系数为0.6，如果在接合面设有5mm左右人工凸凹时摩擦系数为1.0；

p_w——梁的配箍率（小数）；

σ_{wy}——箍筋的标准屈服强度（N/mm²）；

F_c——混凝土的设计标准强度（N/mm²）；

τ_s——在强度极限时与梁的楼板相接的水平接合部的设计剪应力（N/mm²），按照下式计算

$$\tau_s = \sum T_{max}/(b \cdot l')$$

$\sum T_{max}$——梁主筋的最大拉力的和（N），按照下式计算

$$\sum T_{max} = \sum a_t \cdot \sigma_y$$

$\sum a_t$——梁两端的受拉主筋断面积的和（mm²）；

σ_y——同上钢筋的上限强度（N/mm²）；

b——梁的宽度（mm）；

l'——梁的净跨距（mm）。

（3）预制构件基础梁与基础的接合部的设计

① 轴向力、弯矩以及剪力的设计

把因桩或者土压力作用而产生的基础的应力作为与基础接合部的设计应力。

【解说】

(1) 墙梁·基础梁的竖向接合部的形式

为了确保建筑物的极限水平承载力，墙梁·基础梁要布置一定量的弯曲加固钢筋。在墙梁中设计有竖向接合部时，为了能够传递弯矩、剪力和轴向力，最好设计成解图 8.2.1 所示的湿接缝。

因为干接缝接合部多为枢轴接合，不存在弯曲承载力，所以不宜设置干接缝。

在墙梁中设计有竖向接合部时，湿接缝要设置于如解图 8.2.2 所示的剪力墙的正下方，或剪力墙的非正下方。在任意一种情况下，在竖向接合部，为了能够传递弯矩、剪力和轴向力，墙梁的主筋须有效地接合在一起，同时，与剪力墙的竖向接合部相同，也要布置抗剪键和横栓筋。

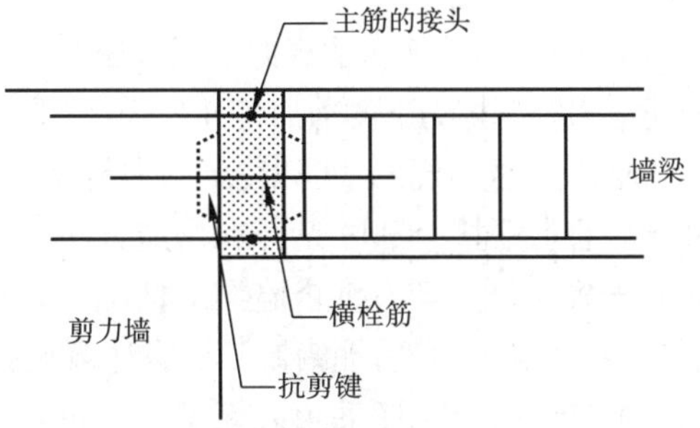

解图 8.2.1　墙梁竖向接合部的例子

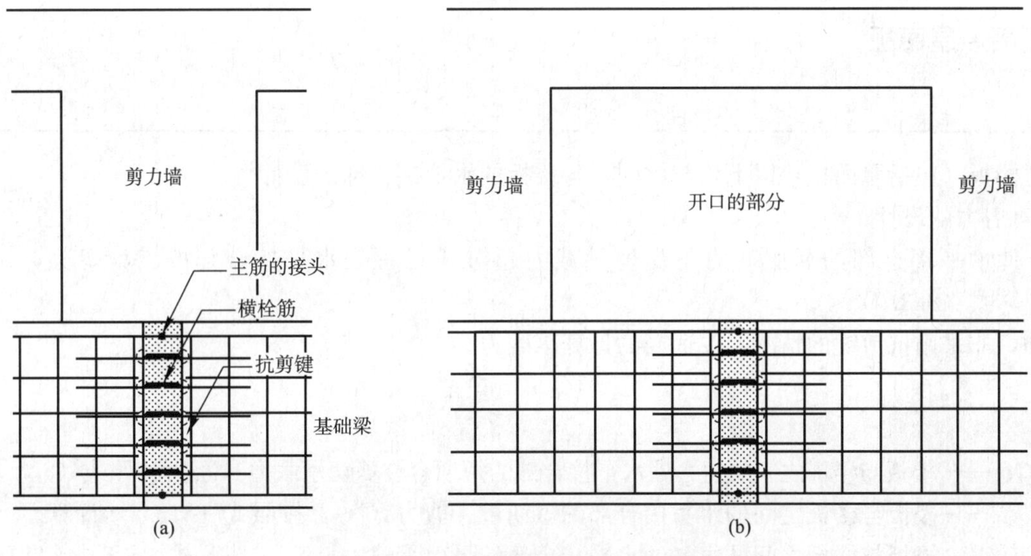

解图 8.2.2　基础梁竖向接合部的例子

(a) 设计在剪力墙的正下方的例子；(b) 设计在剪力墙的非正下方的例子

(2) 竖向接合部的设计剪力

设计于墙梁及非剪力墙下的墙梁的竖向接合部的短期设计剪力，原则上，须将在标准剪力系数 C_0＝0.2 的横向荷载作用下的梁的剪力放大 2.0 倍以上计算。但是，梁的两端可以将屈服时的剪力放大 1.1 倍以上来计算。此外，强度极限时设计剪力，应该将在标准剪力系数 C_0＝0.2 的横向荷载作用下的梁的剪力放大为 2.5 倍以上来计算，或是将梁的两端的按极限弯曲承载力计算的剪力放大 1.1 倍以上来计算。

(3) 剪力墙下的墙梁的竖向接合部的设计剪力

作用于剪力墙下的墙梁的竖向接合部的剪力，与梁的剪力一样不能通过应力分析直接计算，所以要考虑竖向接合部下面的基础形式、正上方的剪力墙的形状及应力、相邻的基础梁的应力等情况适当地进行计算。比如，要计算在地震荷载作用下的剪力，可以考虑采用下面的方法，但要以较大的数值作为设计剪力。

①《RC 基准》的柱-梁接合部的设计剪力的计算方法[8.2]

在正上方的剪力墙的长度较大的情况下，τ_j（柱-梁接合部的横向方向的剪应力强度）会变小，此外，还要注意在独立连层剪力墙的情况下不能计算。

② 竖向接合部与相邻的墙梁的设计剪力

③ 正上方剪力墙的设计剪力中，考虑到正上层的剪力墙的下半部分及墙梁自重和钢筋混凝土板荷载因素，应该传递给基础结构的剪力。

(4) 竖向接合部的容许剪切承载力公式及抗剪强度公式

竖向接合部的长期容许剪切屈服强度公式，考虑到梁的存在应力与变形较小的因素，与剪力墙的竖向接合部相同，采用抗剪键的剪切承载力公式。

短期容许剪力公式与抗剪强度公式，a）横栓剪切承载力公式，在考虑 b）作用于接合部的力较大时导致其变形较大时，可以得到在接触面压应力的摩擦力下的剪力传递公式（8.2.4）和公式（8.2.6）。在 c）到接触面为 $8d_b$ 以上的固定钢筋和混凝土的支撑压力情况下，可以得到剪力传递公式（8.2.5）和公式（8.2.6）。

(5) 与钢筋混凝土板一体的墙梁的水平接合部的设计和构造方法

钢筋混凝土板为现浇钢筋混凝土结构，并且为叠合墙梁的情况下，与钢筋混凝土板的接合面为水平接合部。这种情况时，应参照《WR-PC 结构的设计指南》[8.3] 等计算设计剪力与抗剪强度。此外，在长期荷载时与短期荷载下，与通常的继续浇筑处一样采用表面粗糙处理，因为在长期荷载时与短期荷载时不会产生裂缝，所有无需特别确认。

8.3 楼板·屋面板

---

(1) 楼板（包括屋面板，以下均与此同）与楼板的水平接合部的设计

① 对剪力的设计

为了使水平接合部的屈服剪力与受剪承载力超过任意一处水平接合部的设计剪力，须满足式（8.3.1）与式（8.3.2）。

此外，非采用抗剪键的情况，要适当的计算承载力。

$$ {}_{A}Q_{SH} \geqslant {}_{D}Q_{SH} \tag{8.3.1}$$

$$ Q_{UH} \geqslant {}_{D}Q_{UH} \tag{8.3.2}$$

式中 ${}_{A}Q_{SH}$——楼板与楼板之间的每一处水平接合部的短期容许剪切承载力（N），按照式（8.3.3）计算。

${}_{D}Q_{SH}$——楼板与楼板之间的水平接合部的短期设计剪力（N），按照式（8.3.5）计算。

Q_{UH}——楼板与楼板之间的每一处水平接合部的受剪承载力（N），按照式（8.3.4）计算。

${}_{D}Q_{UH}$——强度极限时楼板与楼板之间的水平接合部的设计剪力（N），按照式（8.3.6）计算。

$$ {}_{A}Q_{SH} = \min[\alpha_1 \cdot {}_{S}f_{ss} \cdot A_{sk}, \alpha_2 \cdot {}_{S}f_{cs} \cdot A_{pc}, {}_{S}f_{sw} \cdot A_{He}] \tag{8.3.3}$$

$$ Q_{UH} = \min[0.1F_c \cdot A_{sk} + a_s \cdot \sigma_y, \alpha_2 \cdot F_c \cdot A_{pc}, {}_{S}f_{sw} \cdot A_{He} + 1.4a_s \cdot \sigma_y] \tag{8.3.4}$$

式中 α_1——考虑了抗剪键的直接剪切的放大系数，取 2.0；

${}_{S}f_{ss}$——抗剪键的分界面的混凝土的短期容许剪应力（N/mm²），按照表 3.5.1 确定。

A_{sk}——抗剪键的剪切面积（mm²），按照下式计算

$$A_{sk} = h_s \cdot b_s$$

h_s——抗剪键的分界面的高度（mm）；

b_s——抗剪键的分界面的宽度（mm）；

α_2——考虑了抗剪键的承压的放大系数，取 1.2；

${}_{S}f_{cs}$——楼板的混凝土或者填充混凝土的短期容许压应力强度中，较小的值（N/mm²），按照表 3.5.1 确定；

A_{pc}——抗剪键的承压面积（mm^2），按照下式计算

$$A_{pc}=d_s\cdot(b_s+b_{s1})/2$$

d_s——抗剪键的深度（mm）；

b_{s1}——抗剪键的最小的宽度（mm）；

${}_Sf_{sw}$——填充混凝土的短期容许剪应力（N/mm^2），按照表 3.5.1 确定；

A_{He}——填充混凝土的有效剪切面积（mm^2），按照下式计算

$$A_{He}=d_e\cdot B$$

d_e——填充混凝土的有效深度（mm）；

B——每一处抗剪键的填充混凝土的宽度（mm）；

F_c——楼板的混凝土或者填充混凝土的设计标准强度（N/mm^2）中，较小的数值；

a_s——每一处抗剪键的锚固钢筋的断面积（mm^2）；

σ_y——锚固钢筋的标准屈服强度（N/mm^2）。

$$_DQ_{SH}=C_i\cdot W \quad (8.3.5)$$

$$_DQ_{UH}=k\cdot W \quad (8.3.6)$$

式中 C_i——$C_0=0.2$ 时该部分的地震层剪力系数；

W——地震力计算楼板荷载，恒荷载与活荷载的和，一个水平接合部所承担的荷载（N）；

k——水平震度取值 1.0。此外，在标准剪力系数 $C_0=0.5$ 时该部分的层剪力系数 C_i（即为${}_{0.5}C_i$，以下均与此同）超过 1.0 的情况下，将 k 替换为${}_{0.5}C_i$。注意，在进行极限水平承载力计算时，将标准剪力系数 $C_0=0.5$ 替换成 D_S。

此外，在短期设计剪力${}_DQ_{SH}$的计算中，如果有外墙缩进等情况，须将因通过楼板传递的力和产生于接合部的剪力［式（8.3.5）］相加，得出下式（图 8.3.1）

$$_DQ_{SH}=C_i\cdot W+Q_{SB}/n$$

式中 Q_{SB}——有外墙缩进等的情况，在 $C_0=0.2$ 的地震力作用下，通过楼板传递的力（N）；

n——分析部分的水平接合部的数量。

此外，在强度极限时设计剪力${}_DQ_{UH}$的计算中，如果有外墙缩进时，在标准剪力系数 $C_0=0.2$ 的情况下，要将因通过楼板传递的所有力而产生的接合部的剪力的 2.5 倍的数值与公式（8.3.6）中的 k 取值为 $0.5C_i$ 得到的数值相加，然后与 $k\cdot W$ 比较，将较大的数值作为强度极限设计剪力，并依照下式计算（图 8.3.1）

$$_DQ_{UH}=\max[2.5Q_{SB}/n+0.5C_i\cdot W,k\cdot W]$$

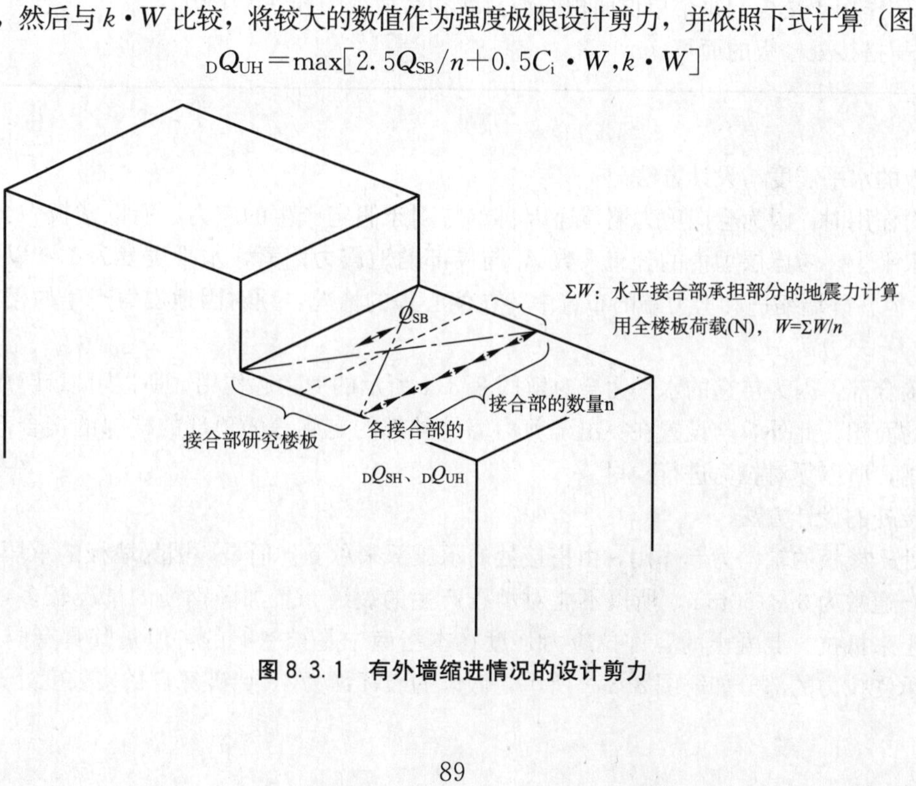

图 8.3.1 有外墙缩进情况的设计剪力

(2) 楼板、剪力墙与墙梁（包括基础梁，以下均与此同）的水平接合部的设计

① 对剪力的设计

为了使楼板、剪力墙与墙梁的水平接合部的剪切承载力与抗剪强度能够超过任意一处水平接合部的设计剪力，须确认其满足式（8.3.7）与式（8.3.8）

$$_{A}Q_{SH} \geqslant {}_{D}Q_{SH} \tag{8.3.7}$$

$$Q_{UH} \geqslant {}_{D}Q_{UH} \tag{8.3.8}$$

式中 $_{A}Q_{SH}$——楼板、剪力墙与墙梁的每一处水平接合部的短期容许剪切承载力（N），按照下面的方法确定。

(a) 抗剪键方式时，根据式（8.3.3）计算。

(b) 横栓钢筋方式时，根据式（8.2.5）计算。

(c) 钢板方式等时，适当的计算短期容许剪力。

$_{D}Q_{SH}$——楼板、剪力墙与墙梁的水平接合部的设计剪力（N），根据公式（8.3.5）计算。

Q_{UH}——楼板、剪力墙与墙梁的每一处水平接合部的受剪承载力（N），按照下面的方法确定。

(a) 抗剪键方式时，根据式（8.3.4）确定。

(b) 横栓钢筋方式时，根据式（8.2.7）确定。

(c) 钢板方式等时，适当的计算受剪承载力。

$_{D}Q_{UH}$——强度极限时楼板、剪力墙与墙梁的水平接合部的设计剪力（N），根据式（8.3.6）计算。

(3) 搭接处的设计

为了使搭接处的长期容许剪切承载力超过作用于搭接处的设计剪力，须确认满足式（8.3.9）。

$$_{A}Q_{L} \geqslant {}_{D}Q_{L} \tag{8.3.9}$$

式中 $_{A}Q_{L}$——搭接处的长期容许剪切承载力，按照式（8.3.10）计算

$$_{A}Q_{L} = {}_{L}f_{s} \cdot a \cdot b \tag{8.3.10}$$

$_{L}f_{s}$——搭接处的混凝土的长期容许剪应力度（N/mm^2）；

a——搭接处的搭接长度（mm）；

b——加固构件的总宽度（mm）；

$_{D}Q_{L}$——长期荷载时作用于搭接处的力（N），按照式（8.3.11）计算

$$_{D}Q_{L} = w \cdot A \tag{8.3.11}$$

w——作用于楼板的每个单位面积的恒荷载和活荷载的和（N/m^2）；

A——搭接处楼板的面积（m^2）。

【解说】

(1) 楼板的水平震度与设计方法

在地震力作用时，因为会向剪力墙传递因自重与刚床假定产生的应力，所以楼板中会产生水平力。楼板产生的水平力，考虑层剪力的分布系数 A_i 与局部的地震力因素，水平震度为 1.0 以上。水平震度通常为 1.0，但在外墙缩进和剪力墙的布置中存在偏心等的情况，须对因地震力产生的楼板的面内剪力进行检讨。

在水平接合部，因为传递的水平力会对解图 8.3.1 所示的剪力起作用，所以可以计算接合部的位置承担的楼板的面积。此外，与设置在突出于剪力墙的外部的走廊等的顶部的楼梯的接合部，除剪力外，拉力也起作用，所以须对拉力进行检讨。

(2) 搭接处的设计方法

在搭接处，楼板的轴向力起作用，由搭接处的承压部来承受。但是，因为墙板的承压部的长度（搭接处的长度）通常为 30～50mm，所以不能对承压产生的裂缝布置加固钢筋的情况较多，在本指南中，只能用混凝土来抵抗。混凝土的容许拉应力强度在本指南中是被忽略的，但是其具有同等的容许剪应力。此外，承受拉力的部分如解图 8.3.2 所示，假设的破坏面为 45°、破坏自搭接长度处开始。

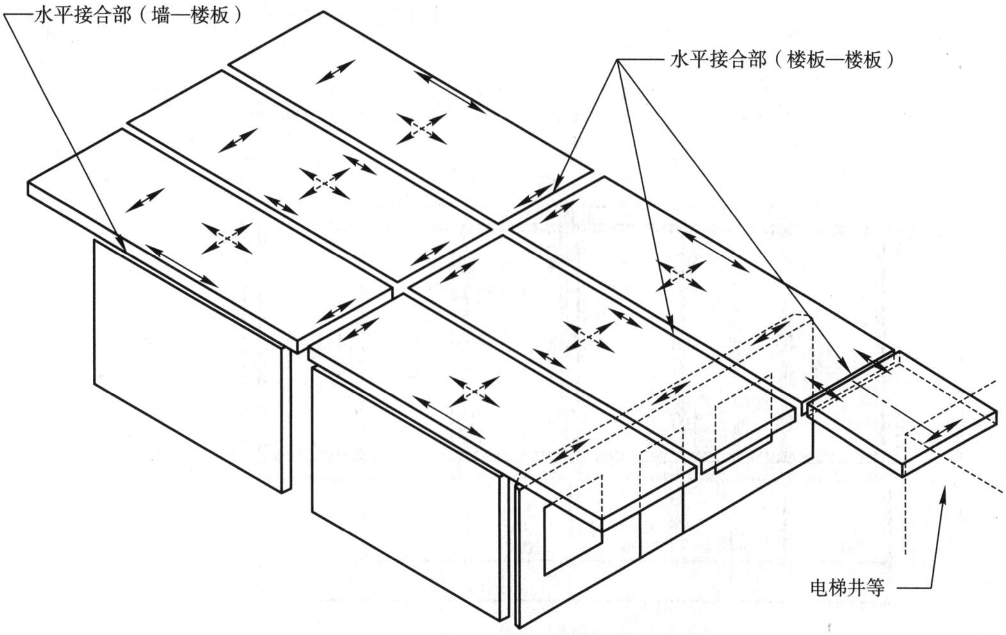

解图 8.3.1　地震作用时楼板的剪力概念图

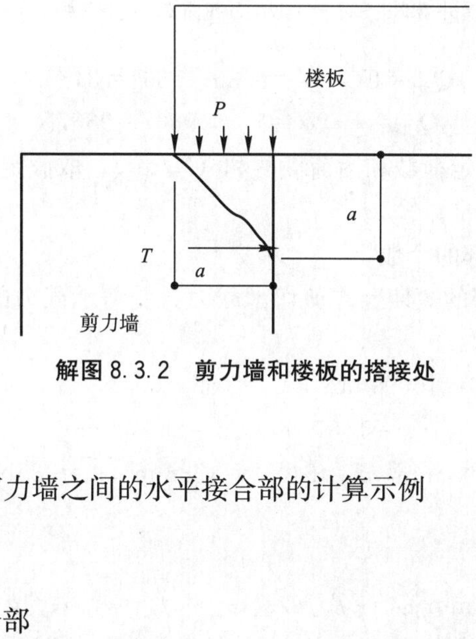

解图 8.3.2　剪力墙和楼板的搭接处

【计算示例】

(1) 楼板与楼板及楼板与剪力墙之间的水平接合部的计算示例

以解图 8.3.3 为例计算。

① 剪力的计算

(a) 楼板与楼板的水平接合部

i) 设计剪力的计算

假设现有 5 层高建筑物的屋面板（以下均称作“楼板”），用下列的假定进行计算

建筑物的高度　　　　$h=16\text{m}$

最上层的重量比　　　$\alpha_5=0.15$

1 次固有周期　　　　$T=0.02\times16=0.32\text{s}$

层剪力分布系数 $A_5=1+(1/\sqrt{0.15}-0.15)\times(2\times0.32)/(1+3\times0.32)=1.79$

在没有外墙缩进和不产生较大的扭曲变形的建筑物中，楼板和楼板的水平接合部的短期设计剪切承载力以及强度极限时设计剪力，可由式（8.3.5）和式（8.3.6）得出下列算式

$$C_5=C_0\cdot A_5=0.2\times1.79=0.36$$

$$W=(D_L+L_L)\cdot S/n=(5200+600)\times1.0\times5.0/3=9667\text{N}$$

$$k=\max[1.0,{}_{0.5}C_5=0.5\times1.79=0.89]=1.0$$

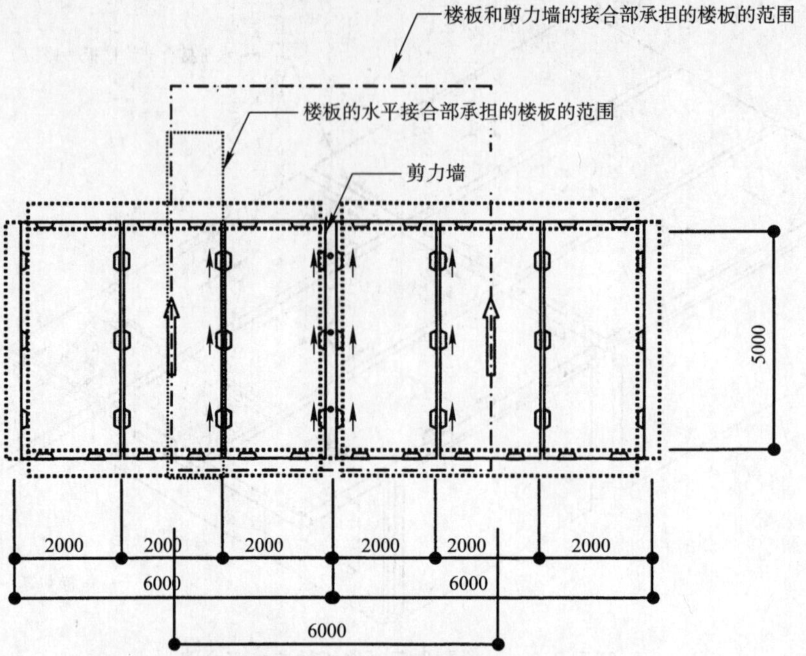

解图 8.3.3　作用于楼板的剪力

（没有外墙缩进和不产生较大的扭曲变形的建筑物的情形）

$$_{D}Q_{SH}=C_5\cdot W=0.36\times 9667=3480\text{N}$$

$$_{D}Q_{UH}=k\cdot W=1.0\times 9667=9667\text{N}$$

式中　(D_L+L_L)——楼板的固定荷载和活荷载的和（N/m^2），取假定值；

S——承担面积 m^2；

n——水平接合部的个数。

ii）楼板与楼板的水平接合部的短期容许剪切承载力与受剪承载力的计算对如解图 8.3.4 所示的抗剪键方式进行计算。

$$A_{sk}=80\times 200=16000\text{mm}^2,A_{pc}=(80+60)\times 1/2\times 50=3500\text{mm}^2$$

$$A_{He}=150\times 5000/3=250000\text{mm}^2$$

$$F_c=24\text{N/mm}^2,a_s=64\times 2=128\text{mm}^2,\sigma_y=235\text{N/mm}^2$$

1）短期容许剪切承载力 $_{A}Q_{SH}$

根据式（8.3.3）得：

$$_{A}Q_{SH}=\min[\alpha_1\cdot {}_{S}f_{ss}\cdot A_{sk},\alpha_2\cdot {}_{S}f_{cs}\cdot A_{pc},{}_{S}f_{sw}\cdot A_{He}]$$

$$\alpha_1\cdot {}_{S}f_{ss}\cdot A_{sk}=2\times(0.49+24/100)\times 1.5\times 16000=35040\text{N}$$

$$\alpha_2\cdot {}_{S}f_{cs}\cdot A_{pc}=1.2\times 16\times 3500=67200\text{N}$$

$${}_{S}f_{sw}\cdot A_{He}=(0.49+24/100)\times 1.5\times 250000=273750\text{N}$$

因此，$_{A}Q_{SH}$ 取上面 3 个式子中的最小值 35040N。

2）受剪承载力 Q_{UH}

根据式（8.3.4）得：

$$Q_{UH}=\min[0.1F_c\cdot A_{sk}+a_s\cdot\sigma_y,\alpha_2\cdot F_c\cdot A_{pc},{}_{S}f_{sw}\cdot A_{He}+1.4a_s\cdot\sigma_y]$$

$$0.1F_c\cdot A_{sk}+a_s\cdot\sigma_y=0.1\times 24\times 16000+128\times 235=68480\text{N}$$

$$\alpha_2\cdot F_c\cdot A_{pc}=1.2\times 24\times 3500=100800\text{N}$$

$${}_{S}f_{sw}\cdot A_{He}+1.4a_s\cdot\sigma_y=(0.49+24/100)\times 1.5\times 250000+1.4\times 128\times 235=315862\text{N}$$

因此，Q_{UH} 取上面 3 个式子中的最小数值 68480N。

基于以上分析，短期容许剪切承载力 $_{A}Q_{SH}$（=35040N）的数值，超过了设计剪力 $_{D}Q_{SH}$（=3480N）

的数值，满足式（8.3.1）的要求。此外，受剪承载力 Q_{UH}（=71424（N））的数值，超过了设计剪力$_DQ_{UH}$（=9667N）的数值，满足式（8.3.2）的要求。

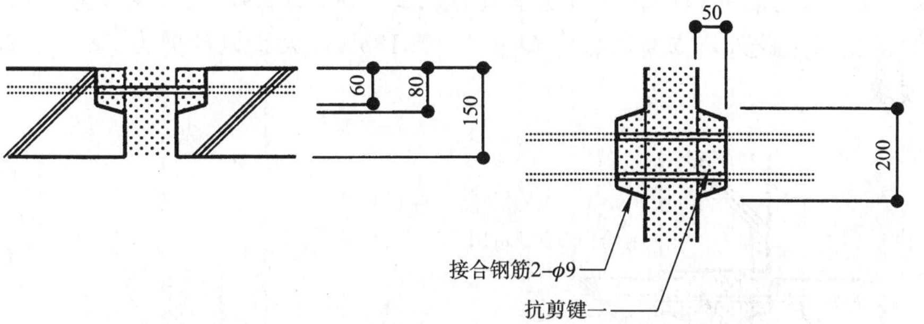

解图 8.3.4　楼板非焊接方式的接合部的示例

（b）楼板和剪力墙的水平接合部

i）设计剪力的计算

水平接合部，楼板为抗剪键方式，剪力墙为横栓钢筋方式（解图 8.3.5）。

与楼板和楼板的水平接合部的计算示例相同，屋面板（以下均称作"楼板"）的假设也相同。

楼板和剪力墙的水平接合部的短期设计剪切承载力以及强度极限时设计剪力，由式（8.3.5）与式（8.3.6）进行如下计算

1）楼板的荷载

$$W=(D_L+L_L)\cdot S/n=(5200+600)\times3.0\times5.0/3=29000\text{N}$$

2）剪力墙的荷载

$$W=(D_L+L_L)\cdot S/n=(5200+600)\times6.0\times5.0/3=58000\text{N}$$

3）楼板的设计剪力

$$_DQ_{SH}=C_5\cdot W=0.36\times29000=10440\text{N}$$

$$_DQ_{UH}=k\cdot W=1.0\times29000=29000\text{N}$$

4）剪力墙的设计剪力

$$_DQ_{SH}=C_5\cdot W=0.36\times58000=20880\text{N}$$

$$_DQ_{UH}=k\cdot W=1.0\times58000=58000\text{N}$$

ii）楼板和剪力墙的水平接合部的短期容许剪切承载力与抗剪强度的计算

1）楼板的短期容许剪切承载力与受剪承载力，与（a）楼板和楼板的水平接合部相同，按照下式计算。

$$_AQ_{SH}=35040\text{N}$$

$$Q_{UH}=68480\text{N}$$

基于以上内容，楼板的短期容许剪切承载力$_AQ_{SH}$（=35040N），超过了设计剪力$_DQ_{SH}$（=10440N），满足式（8.3.7）的要求。此外，受剪承载力 Q_{UH}（=68480N），大于设计剪力$_DQ_{UH}$（=29000N），满足式（8.3.8）的要求。

iii）剪力墙的短期容许剪切承载力与受剪承载力，按照下面的过程计算。

1）短期容许剪切承载力

根据式（8.2.5）得

$$_AQ_{SH}=1.17\cdot a_s\sqrt{F_c\cdot f_t}$$

$$=1.17\times387\times(24\times345)^{0.5}\approx41201\text{N}$$

2）受剪承载力

根据式（8.2.7）得

$$
\begin{aligned}
Q_{UH} &= 1.65 \cdot a_s \sqrt{F_c \cdot \sigma_y} \\
&= 1.65 \times 387 \times (24 \times 345)^{0.5} \approx 58105\text{N}
\end{aligned}
$$

由以上计算可知，剪力墙的短期容许剪切承载力${}_{A}Q_{SH}$（＝41201N）大于设计剪力${}_{D}Q_{SH}$（＝20880N），满足式（8.3.7）的要求。此外，受剪承载力 Q_{UH}（＝58105N）大于设计剪力${}_{D}Q_{UH}$（＝58000N），满足式（8.3.8）的要求。

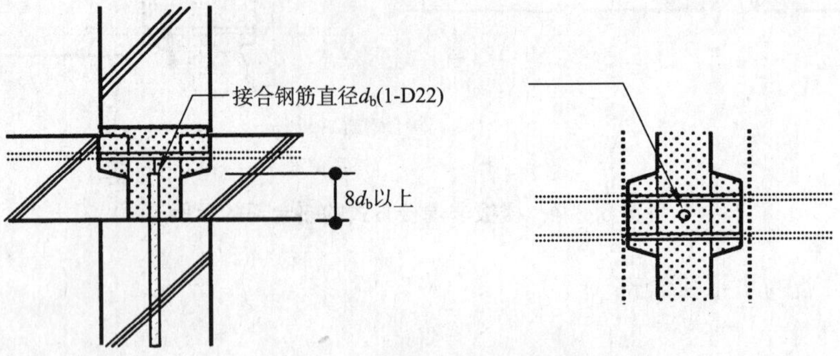

解图 8.3.5　剪力墙的接合钢筋

（c）搭接处的设计

解图 8.3.6 给出了搭接处的设计示例。

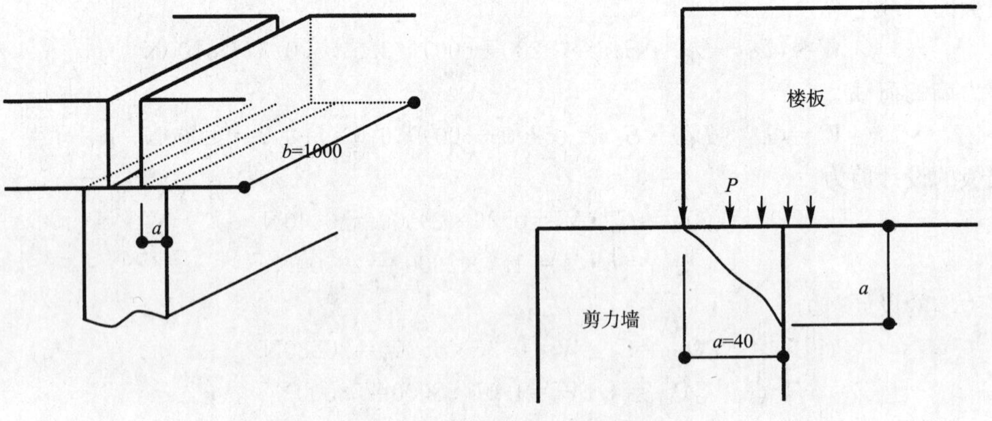

解图 8.3.6　剪力墙和楼板的搭接处部分图

i）搭接处的荷载计算

根据式（8.3.11）得：

$$
\begin{aligned}
{}_{D}Q_L &= w \cdot A \\
&= 7000 \times 1.0 \times 3.0 = 21000\text{N}
\end{aligned}
$$

其中，$w=(D_L+L_L)=(5200+1800)=7000\text{N/m}^2$

A：楼板的总宽为 1.0m，楼板的承担长度为 3.0m。

ii）搭接处的承载力的计算

根据式（8.3.10）得：

$$
\begin{aligned}
{}_{A}Q_L &= {}_{L}f_s \cdot a \cdot b \\
&= 0.73 \times 40 \times 1000 = 29200\text{N}
\end{aligned}
$$

由上述计算可知，搭接处的长期容许剪切承载力${}_{A}Q_L$（＝29200N）大于设计剪力${}_{D}Q_L$（＝21000N），满足式（8.3.9）的要求。

参考文献

［8.1］日本建築学会：「鉄筋コンクリート構造計算基準・同解説」、pp. 119－123、1999.10

［8.2］日本建築学会：「鉄筋コンクリート構造計算基準・同解説」、pp. 158－164、1999.10

［8.3］プレハブ建築協会：《プレハブ建築技術集成第3編 WR-PCの設計》、2003.1

第9章　极限水平承载力的确认

9.1　一般事项

以下所列的（1）至（6）条的任意情况，都须进行极限水平承载力的确认。

（1）层高高于3.5m的情况。

（2）不符合建设省平成13年第1369号公告中“ロ”项的规定的情况。

（3）楼板和屋面板为非钢筋混凝土结构的情况。但是，在非松软地基区域建筑的单层建筑的一层楼板除外。

（4）不符合表5.5.1关于壁量的规定的情况。

（5）墙梁为非复配钢筋梁的情况。

（6）墙梁的主筋直径不足12mm的情况。

【解说】

（1）确认极限水平承载力的必要条件

在剪力墙公告中，对极限水平承载力做出了以上的必要规定。

层高高于3.5m的情况；不符合结构计算方式1的规定的情况；楼板和屋面板为木结构等非钢筋混凝土结构的情况；壁厚和混凝土低于设计的标准强度下的壁量以及墙梁的结构为非规定结构的情况。在确保该建筑的极限水平承载力高于必要保有水平承载力时，可以使用前面公告中所记的剪力墙钢筋混凝土结构。

（2）层高超过3.5m的情况下的特例

仅限于确认层高超过3.5m的（建筑物）极限水平承载力，为了确保第7.2节解说中指出的极限水平承载力，也可以确认必要墙梁的主筋的估算量。

（3）一层楼板的特例

在非松软地基区域建筑的单层WPC结构建筑物的一层楼板为非钢筋混凝土结构的情况时，根据《剪力墙钢筋混凝土结构设计施工指南》的规定也可以不必确认楼板的极限水平承载力。

9.2　计算方针

（1）极限水平承载力可以依据精算法，假定工作法或者节点分配法来计算。

（2）极限水平承载力时的外力分布要符合必要极限水平承载力的要求。在韧性不同的材料混合使用的情况下，要根据所采用的材料的韧性和屈服强度和的比来确定其极限水平承载力的外力分布。

（3）接合部的极限剪切承载力应以不低于极限水平承载力的设计剪力为原则，但当构件的等级为*WD*时，可以容许接合部剪切损坏。

（4）构件的屈服位置以墙梁、剪力墙的节点力矩中的较小值为破坏时节点力矩。

（5）剪力墙及与剪力墙相接的墙梁在预先剪切损坏的情况下，*WD*构件制剪力墙的剪力即为该剪力墙极限水平承载力。

（6）各构件的剪切设计要与D_s相适应。

【解说】

(1) 极限水平承载力的计算方法

除了可以使用非线性加载分析法等精算法以外，也可以使用假定工作法和节点分开法来计算极限水平承载力。在需要计算 WPC 构件的极限水平承载力的情况下，需要注意与 WRC 构件的区别。在讨论极限水平承载力时，因为必须根据其刚性率、偏心率来确定放大系数 F_e、F_s，所以在 1 次设计中，对于层间变位要采用可以计算弯曲、剪切、刚域等的解析法。

腰壁和下层的墙梁是上下相连的，在构件间结合十分紧密的情况下，可以采用将上下高度合在一起计算高度的墙梁。在这种情况下，要确保构件间水平接合部在形成机构应力下不会在梁构件之前屈服。如果腰壁和下层墙梁构件间不相接，在各自的位置应该布置独立的墙梁。

(2) 结构特性系数 D_s 的设定

建筑物每层和地震力每个可能方向的结构特性系数 D_s。请依照以下顺序确定。

① 根据破坏形式和 τ_u/F_c 的值确定剪力墙的类别（详见解表 9.2.1）。在预计连接剪力墙上下的墙梁先于剪力墙弯曲屈服的情况下，宜根据墙梁的种类确定。

剪力墙的类别 **解表 9.2.1**

类别	*WA*	*WB*	*WC*	*WD*
破坏形式	剪切破坏及损毁			左边所述情形及接合部先破坏的情形
τ_u/F_c 的上限	0.1	0.125	0.15	

式中 τ_u——破坏机构时的平均剪应力（N/mm^2）；

F_c——混凝土设计标准强度（N/mm^2）。

② 对于所有剪力墙，应该根据其所属类别进行分类并求出其屈服强度之和。另外还要算出除了属于 *WD* 类别剪力墙以外的所有剪力墙屈服强度之和与其所对应类别的屈服强度的比率。

③ 根据解表 9.2.2 确定该层的 D_s。

结构特性系数 **解表 9.2.2**

D_s	*WA* 构件的屈服强度之和与所有屈服强度之和的比	*WB* 构件的屈服强度之和与所有屈服强度之和的比	*WC* 构件的屈服强度之和与所有屈服强度之和的比
0.45	50%以上	—	20%以下
0.50	—	—	不足 50%
0.55	—	—	50%以上

注：除去含有 *WD* 构件情况。

(3) 剪力墙接合部的承载力

剪力墙的竖向接合部和水平接合部的极限剪切承载力的设计，以形成机构时超过接合部产生的剪力为原则。但是，在接合部优先剪切破坏时，该剪力墙构件类别为 *WD* 时，由接合部的屈服强度产生的横向力作为该剪力墙的极限水平承载力。

(4) 节点力矩的计算方法

构件的表面位置作为其屈服位置，用构件剪力与节点间距离相乘得到的值和屈服力矩相加即得到节点力矩。此时的节点破坏力矩，就是墙梁以及剪力墙各个节点力矩之和的较小值。一般的剪力墙钢筋混凝土构件，其剪力墙弯曲承载力较大，两端梁发生曲服的可能性越大。在剪力墙先于墙梁屈服的情况下，须将基于两侧墙梁刚性的剪力墙弯曲屈服时的节点力矩与墙梁节点力矩进行区分和修正。

解图 9.2.1 (b) 中剪力墙 C1 的壁顶节点力矩被与其相连接的墙梁分开，墙梁 G1 右端节点力矩被修正为 4.2kN·m。

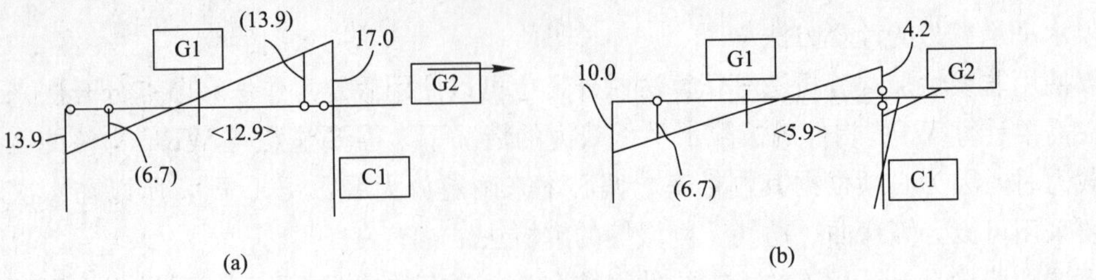

[符号]( )：表面位置的弯曲承载力 (kN·m)

< >：墙梁的弯曲承载力时的剪力（kN）

解图 9.2.1 节点力矩修正的示例

（a）墙梁两端屈服时；（b）剪力墙弯曲屈服时

（5）韧性的确保

壁式钢筋混凝土建筑，在遭遇大地震时，最大层间位移角应低于 1/200，应保证其具备足够的抗剪能力。但是，混凝土的抗剪能力会因为其变形增大而减小，因此对于应充分考虑各构件 D_s 值后设计有足够余量的抗剪力。各构件 D_s 值的冗余度 α（构件的极限剪切承载力/构件弯曲破坏时的剪力）请参照解表 9.2.3[9.2]。

另外，短跨梁的韧性请按照第 7.5 章中“黏结”中的相关要求进行检讨。

基于 D_s 的剪力冗余度 α 的值 **解表 9.2.3**

D_s		0.45	0.50	0.55
剪力冗余度 α	剪力墙	1.10	1.05	1.00
	墙梁	1.10	1.05	1.00
	基础梁	1.15	1.10	1.05

9.3 层间位移角

（1）层间位移角是 1 次设计时各层的层间变位（楼板上下之间的横向位移的差，以下与此相同）除以对应各层的层高而得到的值。

（2）在下面列出的（a）至（c）的情况下，要确保 1 次设计的各层的层间位移角小于 1/2000。

（a）层高超过 3.5m 的情况；

（b）不符合建设省平成 13 年第 1369 号公告中“ロ”项的规定的情况；

（c）壁量不符合公告的相关规定的情况。

【解说】

（1）极限水平承载力时层间位移角的控制

剪力墙钢筋混凝土建筑物，即使在大地震时，层间位移角也应小于 1/200，这是一个必须达到的前提。多种实验结果显示，在标准剪力系数 $C_0=0.2$ 的水平力作用下，如果可以将建筑物的层间位移角控制在 1/2000 以下，在经受大地震时，就可以保证建筑物层间位移角低于 1/200[9.3]。

（2）不符合建设省平成 13 年第 1369 号公告中“ロ”项的规定的情况

相当于不符合结构计算方式 1 的条件的情况。

9.4 构件极限承载力的计算公式

（1）墙梁或基础梁（以下总称为“梁”）的弯曲承载力，依据公式（9.4.1）计算。此外，还应考虑有效范围内的钢筋混凝土板钢筋的弯曲承载力。

$$_{b}M_{u}=0.9\sum(\alpha_{t}\cdot\delta_{y}\cdot d) \tag{9.4.1}$$

式中 $_{b}M_{u}$——梁的弯曲承载力（N/mm^2）；

α_t——梁的主筋以及有效范围内板内钢筋的断面积（mm^2）；

δ_y——主筋、板内钢筋的材料强度（N/mm^2）；

d——梁的有效高度（mm）。

（2）剪力墙的弯曲承载力依据式（9.4.2）计算。

$$_{w}M_{u}=(a_{t}\cdot\delta_{y}+0.5a_{w}\cdot\delta_{wy}+0.5N)\cdot l'+M_{e} \tag{9.4.2}$$

式中 $_{w}M_{u}$——剪力墙的弯曲承载力（N/mm）；

a_t——受拉钢筋的横断面（mm^2）中包含的有效范围内的垂直相交的墙内的纵向钢筋的弯曲承载力。在这里，有效范围内的垂直相交墙的弯矩范围是单侧垂直相交墙厚度的6倍、相邻的剪力墙的净距的1/4，以及到开口端的长度之中的最小值；

δ_y——同上钢筋的材料强度（N/mm^2）；

a_w——剪力墙中间部分纵向钢筋断面积之和（mm^2）。在其中间部分有垂直相交墙时，包含有效范围内的垂直相交的墙内的纵向钢筋；

δ_{wy}——同上钢筋的材料强度（N/mm^2）；

N——作用于剪力墙轴向的力（受拉为负，不能超过轴向的拉伸承载力）(N)，依据下式计算

$$N=N_L+N_H$$

N_L——剪力墙长期的轴向力（N）；

N_H——在保有水平承载力时剪力墙的附加轴力（N）；

l'——梁的两端与垂直相交墙相连接时，其中心距离（mm）。取值为其他剪力墙长度的0.9倍（mm）；

M_e——由正交墙轴向力产生的偏心力矩，$M_e=N_{WT}\cdot e$；

N_{WT}——在正交墙的轴方向中与剪力墙弯矩有关的轴向力（N）取值与其相连接的垂直相交墙的长期轴向力的1/4。

e——剪力墙中心点和垂直相交墙中心点之间的距离（mm）。垂直相交墙位于剪力墙的受拉侧时为正值，垂直相交墙位于剪力墙的受压侧时为负值，垂直相交墙位于剪力墙的中央时取值零。

（3）梁的极限剪切承载力依据式（9.4.3）计算

$$_{b}Q_{su}=\left[\frac{0.053p_{t}^{0.23}(F_{c}+18)}{M/(Q\cdot d)+0.12}+0.85\sqrt{p_{w}\cdot\sigma_{wy}}\right]b\cdot j \tag{9.4.3}$$

式中 $_{b}Q_{su}$——梁的极限剪切承载力（N）；

p_t——梁的抗弯钢筋比 $p_t=100a_t/(b\cdot d)$；

a_t——受拉钢筋的断面积（mm^2），在受拉侧配筋时，应该包含有效范围内的板内钢筋的断面积；

b——梁宽（mm）；

d——梁的有效高度（mm）；

F_c——混凝土的设计标准强度（N/mm^2）；

$M/(Q\cdot d)$——M、Q是计算断面上的弯矩和剪力，注意，数值小于1时取1，数值大于3时取3；

p_w——抗剪钢筋比，$p_w=a_w/(b\cdot s)$，p_w取值应为0.012以下；

a_w——1组的抗剪钢筋的断面积（mm^2）；

s——1组的抗剪钢筋的间距（mm）；

σ_{wy}——抗剪钢筋的标准屈服点（N/mm^2）。

j——梁的应力中心距离（mm），取值（7/8）d 为宜。

（4）剪力墙的极限剪切承载力依据式（9.4.4）计算

$$_{w}Q_{su}=r\left\{\frac{0.053p_t^{0.23}(F_c+18)}{M/(Q\cdot l)+0.12}+0.85\sqrt{p_{wh}\cdot\sigma_{wy}}+0.10\sigma_0\right\}t\cdot j \tag{9.4.4}$$

式中 $_{w}Q_{su}$——剪力墙的极限剪切承载力（kN）；

r——因开口而导致剪力墙极限剪切承载力的降低率，根据式（7.1.4）计算。

p_t——剪力墙的受拉钢筋比，$p_t=100a_t(t\cdot l')$；

a_t——受拉钢筋的断面积（mm^2），包含弯矩在有效范围内的垂直相交墙内的纵筋。

t——剪力墙的厚度（mm）；

l'——剪力墙的有效高度（mm），一般取值 0.9 为宜；

l——剪力墙的长度（mm）；

F_c——混凝土的设计标准强度（N/mm^2）；

$M/(Q\cdot l)$——M、Q 为各计算断面上的弯矩和剪力。M 也包含因垂直相交墙产生的偏心力矩。注意，数值不足 1 时取 1，数值超过 3 时取 3。

p_{wh}——抗剪配筋率，$p_{wh}=a_w/(t\cdot s)$；注意，p_{wh}取值 0.012 以下为宜；

a_w——1组抗剪钢筋的断面积（mm^2）；

s——1组抗剪钢筋的间距（mm）；

σ_{wy}——抗剪钢筋的标准屈服强度（N/mm^2）；

σ_0——形成机构时剪力墙的压应力值（N/mm^2）依据下式计算

$$\delta_0=N/\sum A$$

N——形成机构时剪力墙的轴向力，包含有效范围内垂直相交墙的轴向力；

$\sum A$——剪力墙在极限剪切承载力时，与有效范围内垂直相交墙的全部断面积之和（mm^2）；

j——剪力墙的应力中心距离（mm），取 $0.8l$ 为宜。

【解说】

（1）板内钢筋的考虑

梁上端受拉时，梁上端的主筋取包含梁一侧 1m 范围以内的板中钢筋的断面积和板接缝钢筋断面积中的较小值。考虑屋面板中钢筋时，应该确保屋面板-剪力墙接合部的承载力大于设计强度。解图 9.4.1 中的板的接合钢筋距离梁在 1m 范围以内，可以看做有效板筋。

（2）垂直相交墙的考虑

在计算剪力墙弯曲承载力时要考虑垂直相交墙有效范围内的轴向力。在垂直相交墙中有竖向接合部

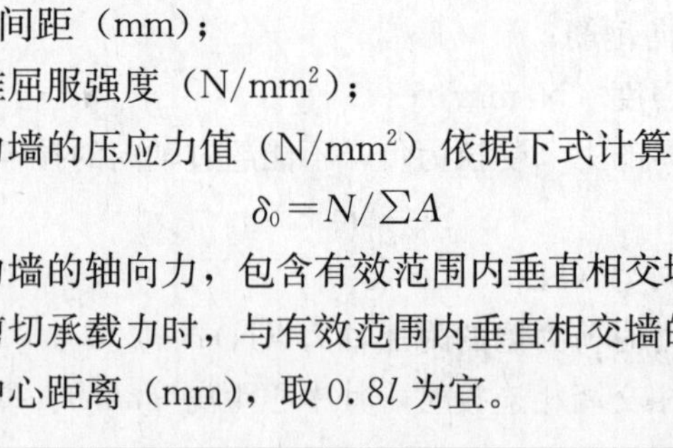

解图 9.4.1 对梁弯曲承载力有效的板钢筋

时，应该将垂直相交墙的轴向力和纵筋的剪力考虑在内，即依照第 8.1 节式（8.1.3）所示的竖向接合部极限设计剪力的要求计算。

（3）剪切承载力对直交构件的效果

在本指南中，关于 WPC 构件墙梁与剪力墙极限剪切承载力对板、垂直相交墙的效果的资料不足，因此这里不做相应说明。

9.5 接合部的剪切强度

（1）形成机构时，预制钢筋混凝土构件接合部的设计剪力原则上要确保接合部的剪切强度要高于设计剪力。此外，剪切强度公式依照第 8 章确定。

（2）接合部的剪切强度，须高于当构造特性系数 D_s 为 0.55 时换算得出的设计剪力。

【解说】

（1）接合部的必要性能。

原则上，接合部的剪切强度要高于形成机构时构件的剪力，但是，当采用 *WD* 材料的构件时，可以不受以上限制。

（2）接合部剪切承载力的余量

即使建筑物各层的结构特性系数为 0.45 和 0.50，但是为了避免瞬间破坏的情况发生，接合部的剪切强度的下限值必须高于按照结构特性 $D_s=0.55$ 时换算得出的剪力。

9.6 极限水平承载力的确认

应确保建筑物的极限水平承载力高于必要极限水平承载力。

【解说】

（1）必要极限水平承载力

必要极限水平承载力依据式（解 9.6.1）计算。

$$Q_{un}=D_s \cdot F_{es} \cdot Q_{ud} \qquad (解\ 9.6.1)$$

$$Q_{ud}=Z \cdot R_t \cdot A_t \cdot C_0 \cdot \sum W_i$$

式中 Q_{un}——各层必要极限水平承载力；

D_s——结构特性系数；

F_{es}——形状系数；

Q_{ud}——在标准剪力系数为 $C_0=1.0$ 时由于地震力而产生的各层的剪力；

Z——地域系数。

9.7 基础

基础是在上部结构达到必要极限水平承载力时，可以安全的将竖向荷载和横向荷载安全地传给地基的构造。

【解说】

(1) 桩基础极限时的研究

采用桩基础时，必须确保在必要极限水平承载力情况下，桩的轴力小于桩的极限竖向支持力。在必要极限水平承载力情况下，轴向力等于依据极限水平承载力和必要极限水平承载力的比例而得到的长期荷载下的轴向力和形成机构时的轴向力差值。

另外，要确保桩基础的极限水平承载力高于必要极限水平承载力。

(2) 直接基础的极限时的检讨

采用直接基础时，要确保必要极限水平承载力下，受压侧的接地压力小于地基的极限承载力。

参考文献

[9.1] 日本建築センター：「壁式コンクリート造設計施工指針」、2003

[9.2] 日本建築学会：「建築耐震設計における保有耐力と変形性能」、p413、1990.10

[9.3] 日本建築学会：「壁式コンクリート造計算基準・同解説」、p155，1997.11

第 10 章　配筋要领等

10.1　总则

（1）本章给出了预制构件的配筋要领。现场浇筑的钢筋混凝土结构构件的配筋要领应以日本建筑学会的标准等为基准。

（2）预制构件的设计保护层厚度，原则上以 JASS10 为标准，即在《令》第 79 条规定的数值之上增加 5mm 以上的数值。

【解说】

（1）配筋遵循的标准

在基础或楼板为现浇钢筋混凝土结构的情况下，以《壁构造配筋指南》[10.1]等内容为标准。

（2）预制构件的保护层厚度

预制构件的保护层厚度，根据平成 13 年国土交通省第 1372 号公告，对不包括地下室层数为 3 层以下的建筑物可以适当地降低《令》第 79 条规定的标准。但是，在本指南中，其保护层厚度作为必要原则，并不适用于降低标准的规定。符合公告的规定的情况可以不受此限制。

10.2　剪力墙板的配筋要领

（1）PC 剪力墙板的顶端（包括与竖向接合处相连接的顶端，以下与此同）应该布置 D13 规格以上的异形纵筋。

（2）在剪力墙板的顶部和底部，布置 D13 规格以上的异形横筋，在最外端与纵筋弯曲拼合。重叠的长度依据第 7.5 节的相关规定，应大于 $30d$（d：纵筋和横筋直径的较小者）。

（3）剪力墙的纵筋与横筋的末端布置 180°的弯钩，与各部分的纵筋和横筋连接在一起。在采用双配筋的情况下，在横筋和纵筋的末端，采用 135°弯钩将各部分横筋和纵筋以 U 形筋的形式捆扎在一起。此外，在双配筋的情况下，剪力墙壁厚度须确保足够的保护层厚度。

（4）在第 5.4 节规定的在壁量计算时可以不计算的小开口的周围，应依据第 7.1 节中“开口加固标准”进行加固。但是，直径 100mm 以下的小开口不受此限制。

【解说】

（1）剪力墙板四角的补强

尽管没有规定边缘纵筋和边缘横筋必须连续布置，但在本指南中，为了加固剪力墙板的四个角，要求用搭接接头将钢筋连接在一起。

（2）采用双配筋时的壁厚

在采用双配筋时，应该考虑剪力墙纵筋、横筋、拼接钢筋、墙梁的主筋、抗剪钢筋、开口处加固钢筋的选用和组合使用，并且要保证足够的冗余度。另外，为了确保必要的混凝土保护层厚度，剪力墙须具备足够的壁厚。

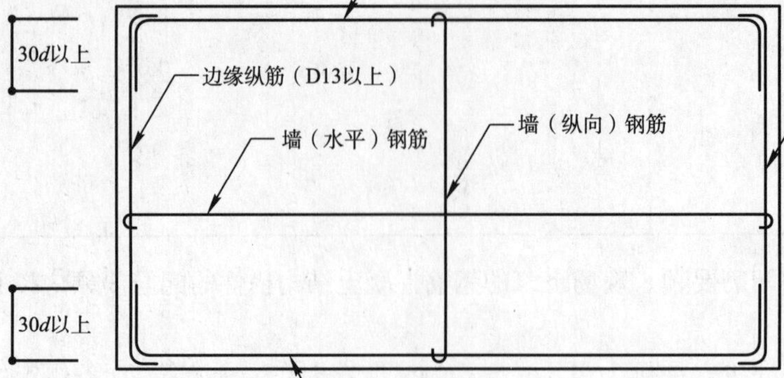

(a)

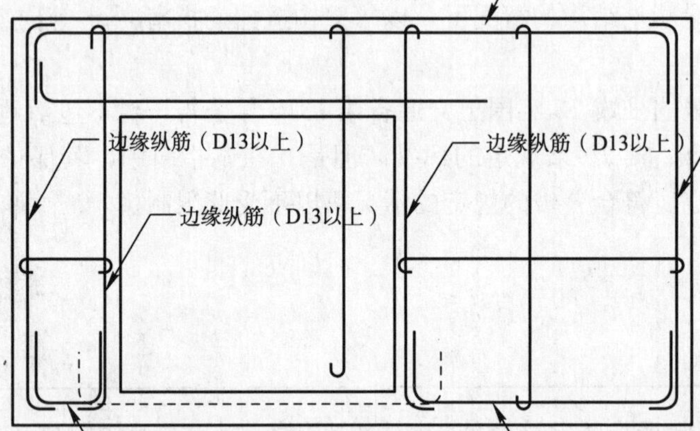

(b)

(c)

图 10.2.1　剪力墙板的配筋要领

(a) 无开口剪力墙板的配筋要领；(b) 有开口剪力墙板的配筋要领；(c) 采用双配筋时横筋顶端的配筋要领

10.3　墙梁的配筋要领

(1) 墙梁的主筋应采用 D13 规格以上的钢筋，其固定（端）长度以可以兼做剪力墙的顶部或底部边缘横钢筋为宜。原则上，主筋上不允许设置接头。另外，主筋顶端应固定在剪力墙中，其长度须满足第

7.5 节中规定，即：大于 30d（d：主筋的标称直径）。主筋采用双配筋而剪力墙为单配筋时，要将主筋的锚固部分限定为闭锁型的抗剪钢筋（图 10.3.1）。

（2）抗剪钢筋的末端要设计成 180°的弯钩，钩挂在主筋上。如果是双配筋，要设计成 135°的弯钩（图 10.3.1）。此外，墙梁两端最初的抗剪钢筋的位置，应设置在从剪力墙的顶部到墙梁之间所需要的抗剪钢筋间隔的 1/2 以内。

（3）主筋以外的水平钢筋应为 D10 以上，间隔应在 300mm 以内，剪力墙·墙梁接合部的锚固长度应为 20d 以上。

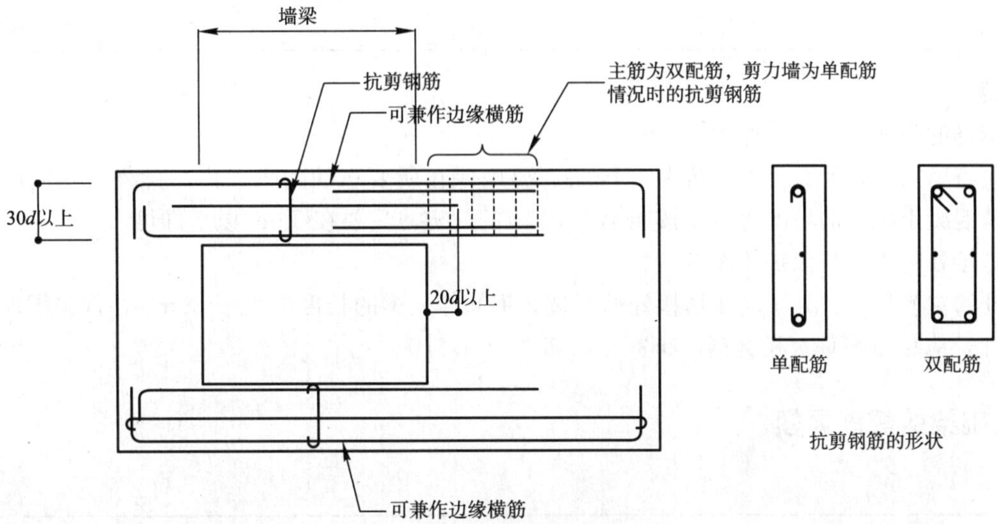

图 10.3.1 墙梁的配筋要领

【解说】

（1）墙梁主筋的锚固

墙梁主筋锚固长度的计算，要根据 7.5 节规定的内容。墙梁的宽度大于剪力墙的厚度并且为双配筋，如果剪力墙为单配筋时，要将主筋的锚固部分限定为闭锁型的抗剪钢筋。此外，约束钢筋的量，应与抗剪钢筋相同，为 0.2％以上。

（2）抗剪钢筋的末端

在采用单配筋时，为了提高主筋的约束效果，应将抗剪钢筋的末端设置为 180°的弯钩，而不能采用 135°的弯钩。

（3）非主筋的横向钢筋的锚固长度

墙梁的非主筋的横向钢筋，不作为施工用的横向钢筋使用，与墙壁横向钢筋相同，也要确保其锚固长度。此外，因为墙梁的非主筋的水平钢筋不是弯曲加固钢筋，可以采用《令》规定的短期允许黏结应力，并且其锚固长度应大于 20d。

10.4 楼板·屋面板的配筋要领

（1）预制楼板·屋面板的钢筋，要根据周围情况来布置，主筋布置间隔应小于 200mm，架力筋的布置间隔应小于 300mm（图 10.4.1a）。

（2）应该将加固构件的钢筋末端完全插入加固构件之中（图 10.4.1b）。

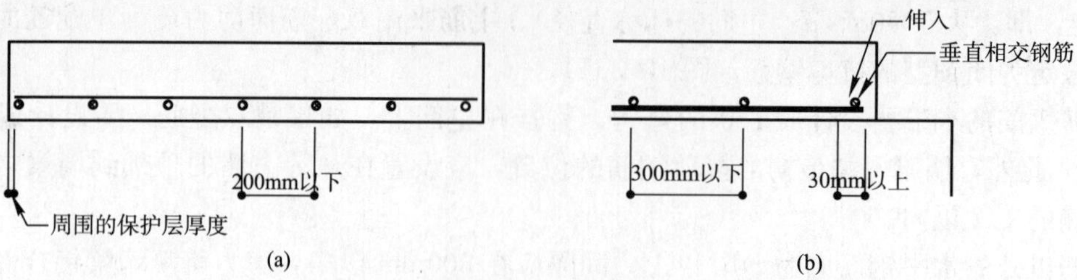

图 10.4.1　预制楼板、屋面板的配筋要领

(a) 主筋间隔；(b) 配力钢筋间隔和搭接处的配筋要领

【解说】

(1) 钢筋的间隔与保护层厚度

要尽量将所需的钢筋数量均匀布置，同时还要确保在所要求的间隔以内。此外，周围的保护层厚度，如果是混凝土填充的情况可以不按照第 10.1 节的规定，只要在 5mm 以上即可。

(2) 搭接处的配筋与保护层厚度

搭接处的主筋顶部，为了防止搭接处的开裂，钢筋伸入梁的长度应大于 30mm，保护层厚度应大于 5mm。此外，应尽量将垂直相交钢筋布置于顶部（10.4.1b）。

10.5　基础梁的配筋要领

---

(1) 基础梁原则上应采用双配筋。上下四角的主筋要布置于整个基础梁，除此以外的主筋要确保所需要的锚固长度。此外，地上楼层数是 2 层以下的建筑物的基础梁，在通过结构计算能够确保其安全时，可以为单配筋。

(2) 抗剪钢筋要布置于全长，其末端为 135°的弯钩，钩挂于主筋上。

【解说】

(1) 基础梁主筋与地上楼层数是 2 层以下的建筑物的基础梁配筋

地下层数为 3 层以上的建筑物的基础梁的宽度，通常须满足 5.8 节的解说（4）中的规定：即 200mm 以上。因此，须确保钢筋的保护层厚度并且采用双配筋。此外，不管是否存在应力，上下四角的主筋都要通长布置，并且在非悬梁的顶部与垂直相交的基础梁有 $30d$ 以上的锚固长度（解图 10.5.1)。所需的锚固长度，根据第 7.5 节的规定计算，但是考虑刚域边缘时，宜在所计算出的长度数值基础上加上 1/4 倍的基础梁长度。地上楼层数为 2 层以下的建筑物的基础梁的宽度，可以不足 200mm，并且在通过结构计算确认了其安全性的情况下，在确保钢筋的保护层厚度之后，可以采用单配筋。

(2) 抗剪钢筋的配筋范围

基础梁的抗剪钢筋要全长布置，即使在剪力墙的下方、开口部下部也应布置必要数量的抗剪钢筋（解图 10.5.1)。此时的抗剪钢筋的末端应设置成 135°的弯钩，钩挂于主筋上（图 10.3.1)。

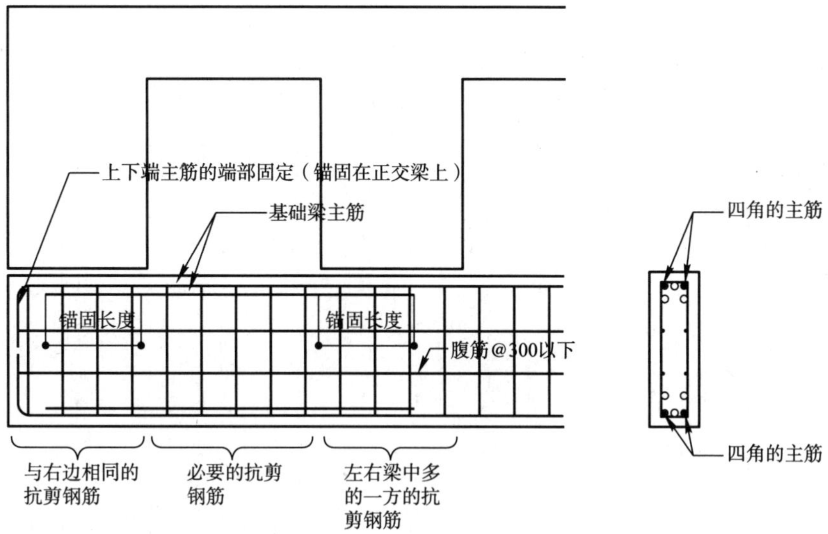

解图 10.5.1　基础梁的配筋要领图

参考文献

[10.1] 日本建築学会：「壁構造配筋指針」、1987.11

壁式预制钢筋混凝土结构

（W-PC）

设计实例 I

5 层公共住宅的容许应力设计

目录

1　一般事项

1.1　建筑物概要

（1）本建筑为 5 层壁式预制钢筋混凝土结构的集体住宅，每层为 6 户，共计 30 户。设计时，将屋外楼梯以及升降机轴突出于主体建筑物。

（2）建筑物各部分的构造及装饰的概要

（a）剪力墙	预制钢筋混凝土结构 （以下均简称为“预制构件”）	厚度 横向	纵向　200mm 分户墙　150mm 山墙　180mm
（b）非承重墙	预制构件	厚度	120mm
（c）屋面板	预制构件	厚度	200mm
（d）1～5 层楼板	预制构件	厚度	220mm
（e）基础梁（基础）	现浇混凝土		
（f）基础	桩基础（PHC 桩）		
（g）装饰	·屋顶　沥青油毡屋面 ·住户地板　木制地板材料、榻榻米 ·天花板　聚氯乙烯（PVC）壁纸 ·外墙壁　饰面瓷砖 ·内墙壁　聚氯乙烯（PVC）壁纸		

（3）建筑物概况

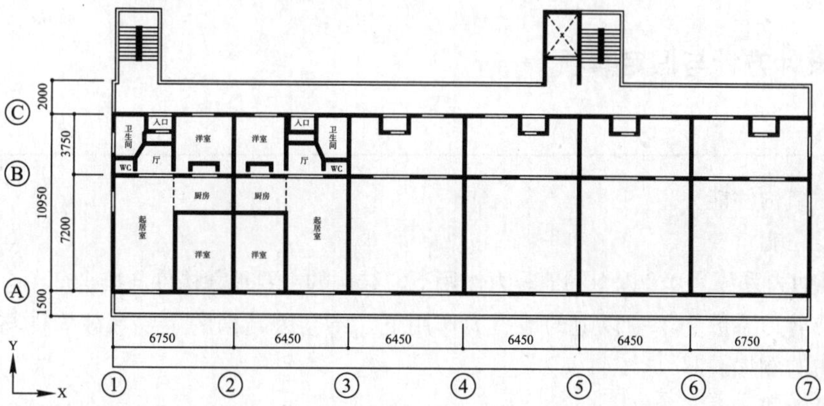

标准层平面图

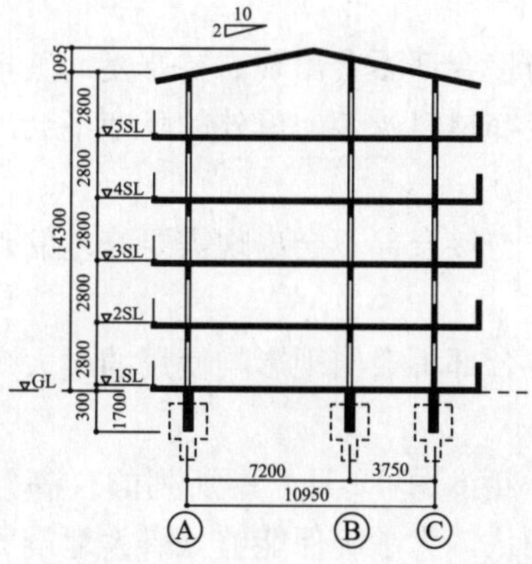

断面图

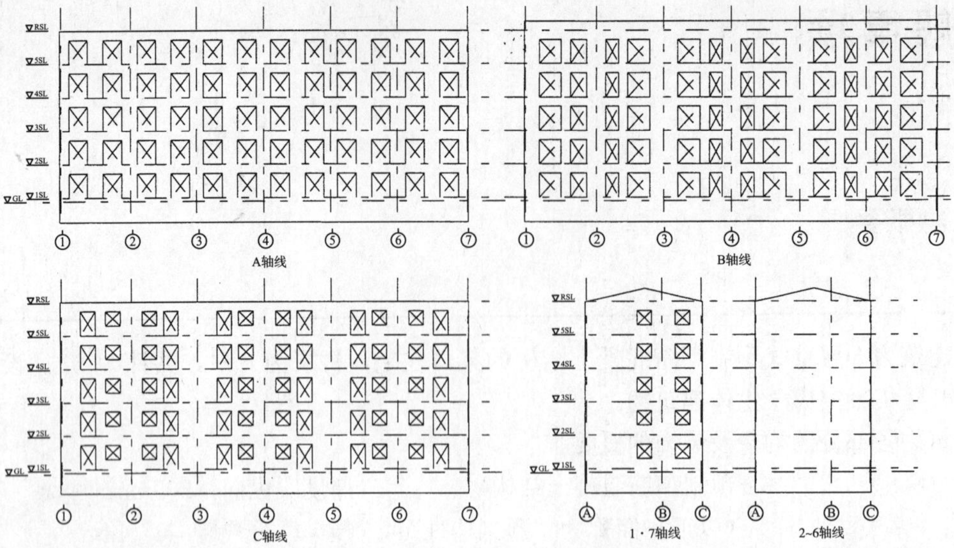

简略轴线图

1.2 应遵照的标准等

- 建筑基准法・及施行令以及相关公告
- 剪力墙钢筋混凝土结构设计施工指南　2003　（日本建筑中心）
- 预制结构技术集成第 2 编 W-PC 的设计　2003　（预制建筑协会）
- 地震条件下建筑物基础的设计指南　1995　（日本建筑中心）
- 钢筋混凝土结构计算准则・及解说　1991、1999　（日本建筑学会）
- 建筑基础结构设计指南　2001　（日本建筑学会）

1.3 结构设计方针与假定事项

（1）目标结构性能

（a）抗震性能

- 在标准剪力系数为 0.2 以上的地震力作用下，结构的主要承载构件与接合部不会出现需要修复的破坏。
- 在标准剪力系数为 1.0 以上的地震力作用下，不会因结构的主要承载构件与接合部的破坏而导致建筑物的倒塌。

（b）抗风性能

- 在风压力作用下，结构的主要承载构件与接合部不会出现需要修复的破坏。
- 在风压力作用下，屋顶铺设材料、外部装饰材料及朝向屋外的障壁不会出现损坏。

（c）抗积雪性能

- 在积雪荷载作用下，结构的主要承载构件与接合部不会出现需要修复的破坏。

（d）日常使用性能

- 在恒载作用下，结构的主要承载构件与接合部不会出现影响使用的过大变形与振动。

（2）结构设计方针

- 要在国土交通省第 1026 号公告（平成 13 年 6 月 12 日）中所列的层高、壁量等的规定范围内进行设计，但不必进行极限水平承载力的确认。为了确保能够抵御大地震力情况下建筑物全体的弯曲承载力，墙梁、基础梁的加固弯筋量须在推荐值以上。

- 要确认各构件的竖向荷载的应力在长期容许应力以下，为了防止建筑物因楼板的振动、变形而导致其毁损，须检讨楼板的厚度。
- 考虑到剪力墙的偏移等问题，所以要确认其偏心率在 0.15 以下。此外，还要确认在 $C_0=0.20$ 的地震力影响下，剪力墙的偏心的应力应小于各构件的短期容许应力。另外，须使基础梁可以承受水平力作用下桩的弯矩。
- 在竖向荷载作用下，要确认水平荷载所产生的应力小于各接合部的容许屈服度。但是，对剪力墙的竖向接合部及水平接合部的剪力的分析，须考虑强度抵抗型情况，应以水平荷载时应力的 2.5 倍为宜。
- 楼梯与升降电梯旋转轴所处的墙壁只承担竖向力，不承担水平力。注意，与建筑物主体一样，本算例省略对该墙壁因变形而产生的应力的计算。

(3) 假定事项

(a) 竖向荷载作用

- 根据周边的承载条件楼板应为 4 边、3 边以及 2 边简支。
- 墙梁作为符合两端的接合状况的单独构件来计算。
- 在轴向力计算中，楼板荷载呈龟纹分布，由剪力墙与墙梁承载。此外，墙梁承载的竖向力以跨距中央为分割线由左右的剪力墙承载。

(b) 水平荷载作用

- 应力分析应采用考虑弯曲、剪断、刚域等内容的 D 值法。
- 可以忽略对板及垂直相交墙弯曲刚度的影响。
- 相邻的预制壁构件，通过竖向接合部（混凝土湿接缝）连接。
- 反弯点高度比 y，应根据上下梁的平均刚度比与墙刚度比的比值 k 来计算。
- 室外楼梯、升降电梯旋转轴在地震时产生的水平力，通过与各层走廊的接合部传递给建筑物主体。

1.4 使用材料与容许应力

(1) 使用材料的区分

(a) 混凝土

墙板、楼板等预制构件 $F_c=27\text{N/mm}^2$

基础、基础梁 $F_c=24\text{N/mm}^2$

接合部的填充混凝土 $F_c=27\text{N/mm}^2$

(b) 钢筋

D10 - D16 SD295A

D19 - D25 SD345

9ϕ - 13ϕ SR235

(2) 容许应力

(a) 混凝土 (N/mm²)

强度 (N/mm²)	长期		短期	
	抗压	剪切	抗压	剪切
24	8.00	0.73	取长期值的 2 倍	取长期值的 1.5 倍
27	9.00	0.76		

(b) 钢筋 (N/mm²)

材料种类	长期		短期		材料强度
	抗拉及抗压	剪切	抗拉及抗压	剪切	抗拉及抗压
SD295	195	195	295	295	295×1.1
SD345	215	195	345	345	345×1.1
SD235	155	155	235	235	235×1.1

(c) 钢筋与混凝土的粘结 (N/mm²)

钢筋	混凝土	长期		短期	
		上端钢筋	其他钢筋	上端钢筋	其他钢筋
SD295	$F_c=24$	1.54	2.31	取长期值的1.5倍	
SD345	$F_c=27$	1.62	2.43		

(d) 钢材 (N/mm²)

材料种类	长期			短期
	抗压·抗拉	弯曲	剪切	
SS400	160	160	92.3	取长期值的1.5倍

(e) 焊接 (N/mm²)

材料种类	焊接类别	长期			短期
		抗压·抗拉	弯曲	剪切	
SS400	对焊	160.0	160.0	92.3	取长期值的1.5倍
	角焊缝	92.3	92.3	92.3	

2 荷载

2.1 楼板单位荷载

		(kN/m²) 恒载
房顶	沥青单层板（墙底同样要求）	0.10
	混凝土板 （ア）204 （平均）	4.90
	天花板	0.05
		5.05→5.10
住户	装饰	0.30
	混凝土板 （ア）220	5.28
	隔墙	0.20
	天花板	0.05
		5.83→5.90
阳台	混凝土板 （ア）165 （平均）	3.96
		3.96→4.00
阳台房顶	沥青单层板（墙底同样要求）	0.10
	混凝土板 （ア）200	4.80
		4.90→4.90
走廊	混凝土板 （ア）190 （平均）	4.56
		4.56→4.60
走廊房顶	沥青单层板（墙底同样要求）	0.10
	混凝土板 （ア）200	4.80
		4.90→4.90
电梯井	防水涂层	0.00
	混凝土板 （ア）250	6.00
		6.00→6.00
楼梯（相对于水平面）	混凝土板 （平均厚度为234）0.23×24×1.221＝	6.84
		6.84→6.90
楼梯平台	混凝土板 （ア）180	4.32
		4.32→4.40

楼板单位荷载表　(kN/m²)

名称	D.L.	L.L.			T.L.		
		楼板·次梁用	构架用	地震用	楼板·次梁用	构架用	地震用
房顶	5.10	1.00	0.50	0.30	6.10	5.60	5.40
住户	5.90	1.80	1.30	0.60	7.70	7.20	6.50
阳台	4.00	1.80	1.30	0.60	5.80	5.30	4.60
阳台房顶	4.90	1.00	0.50	0.30	5.90	5.40	5.20
走廊	4.60	1.80	1.30	0.60	6.40	5.90	5.20
走廊房顶	4.90	1.00	0.50	0.30	5.90	5.40	5.20
电梯井	6.00	1.00	0.50	0.30	7.00	6.50	6.30
楼梯	6.90	1.80	1.30	0.60	8.70	8.20	7.50
楼梯平台	4.401	1.80	1.30	0.60	6.20	5.70	5.00

2.2 墙壁单位荷载

(kN/m²)

		混凝土		装饰			恒载
剪力墙	X 方向外墙	(ア) 200	4.80	+0.10	=4.90	→	4.90
	X 方向外墙	(ア) 200	4.80	+0.05	=4.85	→	4.90
	Y 方向外墙	(ア) 180	4.32	+0.10	=4.42	→	4.50
	Y 方向外墙	(ア) 150	3.60	+0.05	=3.65	→	3.70
非剪力墙		(ア) 120	2.88	+0.10	=2.98	→	3.00
室外楼梯	束墙	(ア) 250	6.00	+0.10	=6.10	→	6.10
电梯井		(ア) 200	4.80	+0.10	=4.90	→	4.90

2.3 其他恒载

· 扶手　阳台·楼梯　(钢制或者面板)　0.40kN/m

走廊·楼梯 (混凝土制) 0.13×24×1.20+0.05×1.20=　3.81　→　3.90kN/m

仅楼梯中间平台前端的楼梯扶手是混凝土制的。

· 窗　0.40kN/m²

· 电梯　绳式　电梯间 9 人承载　60m/min　101kN　1 基

2.4 地震力

按照建筑基准法施行令执行。

· 地域系数　$Z=1.0$

· 地基类别　第 2 类

2.5 风压力

按照建筑基准法施行令执行。

风压力$=q\times C_f$

· 速度风压 $q=0.6\times E\times V_0^2$

· 地表粗糙度＝Ⅲ

· $V_o=34$（m/s）。

2.6 积雪荷载

按照建筑基准法施行令执行。

· 竖向积雪量的计算

区域编号	ls（m）	rs	α	β	γ	R	d（mm）
24	10	0.2	0.0005	−0.06	0.28	40	273

（1～40）

· 积雪荷载的计算

单位积雪重量［N/（m^2·mm）］	积雪荷载（kN/m^2）
2	0.546

积雪荷载＝单位积雪量$\times d$

综上可知，屋顶板的设计用短期荷载为 6.10＋0.546＝6.646kN/m^2，因为该数值小于长期荷载的1.5 倍（即 9.15kN/m^2），所以可以省略对积雪荷载的设计。

3 剪力墙的验算

3.1 剪力墙的符号与布置

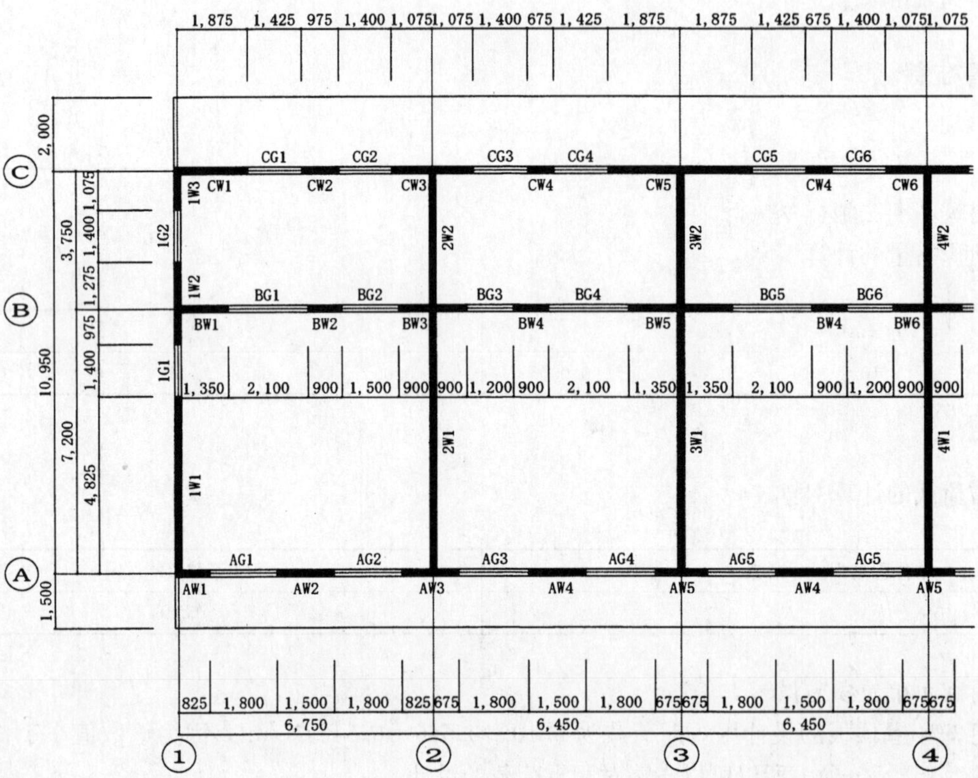

注：·上图中的墙的尺寸标注于端部；
·所有剪力墙的中心＝通过中心

3.2 所需壁厚

(1) 最上层

A·C 轴线	$H/25=$	$2800/25=$	112	$<$	200	（采用剪力墙厚度）
B 轴线	$H/25=$	$3550/25=$	142	$<$	200	（采用剪力墙厚度）
横向	$H/25=$	$3348^{*1)}/25=$	134	$<$	150	（采用最小剪力墙厚度）

*1）坡屋顶与直交壁间的平均值（2,800+1095/2）

(2) 一般层

$H/22=$	$2800/22=$	127	$<$	150	（采用最小剪力墙厚度）

3.3 壁量

（1）楼板面积（基准法中的楼板面积不包括走廊、阳台、楼梯的面积，所以应将其实际面积的 1/2 加到楼板面积之中）

1～5 层	住户	39.3×10.95	＝ 430.34
	阳台	39.3×1.5×1/2	＝ 29.48
	走廊	39.3×2.0×1/2	＝ 39.30
	楼梯、电梯井	2.5×4.5×2×1/2＋2.0×4.5	＝ 20.25
			A＝519.36m^2

（2）墙长

（a）X 方向

1～5 层	A 轴线	(915＋1500＋1500＋1500＋1350＋1500＋675)×2	＝17880
	B 轴线	(1440＋900＋1800＋900＋2700＋900＋900)×2	＝19080
	C 轴线	(1965＋975＋2150＋675＋3750＋675＋1075)×2	＝22530
			$\sum l_x$＝59490mm

（b）Y 方向

1～5 层	1・7 轴线	(4925＋2250＋1175)×2	＝16700
	2－6 轴线	11150×5	＝55750
			$\sum l_y$＝72450mm

（3）壁量

（a）必要壁量的降低（降低值的上限为 50mm/m^2）

依据下式计算必要壁量的降低值

$$L_{wn}=L_{w0}\cdot\alpha\cdot\beta\cdot Z$$

式中 L_{wn}——必要的壁量（mm/m^2）；

L_{w0}——规定的壁量（mm/m^2）；

α——根据壁厚得出的减低系数，$\alpha=t_0\cdot\sum l_w/[\sum(t\cdot l_w)]$

t_0——规定壁厚（mm）；

t——设计建筑物的壁厚（mm）；

l_w——各剪力墙的长度（mm）；

Z——《令》第 88 条第 1 项中规定的 Z 值；

β——根据混凝土设计基准强度得到的折减系数（$=\sqrt{\frac{18}{F_c}}$并且$\sqrt{\frac{1}{2}}$以上）。

i）X 方向

$\alpha=150/\quad 200=0.750$

$\beta=\sqrt{\frac{18}{27}}\quad=0.816$

$L_{wn}=L_{w0}\cdot\alpha\cdot\beta\cdot Z=91.8\rightarrow\quad 100\text{mm/m}^2$

ii）Y 方向

$\alpha=\ 150/\ 150\ =\ 1.000$

$\beta=\sqrt{\frac{18}{27}}\quad=0.816$

$L_{wn}=L_{w0}\cdot\alpha\cdot\beta\cdot Z=123\text{mm/m}^2$

（b）壁量

i）X 方向　1～5 层　　　　必要壁量

$L_{wx}=$ 59490 / 519.36 = 114.5mm/m^2 > 100mm/m^2

ii）Y 方向　1～5 层　　　　必要壁量

$L_{wy}=$ 72450 / 519.36 = 139.5mm/m^2 > 123mm/m^2

4 竖向荷载作用下的应力

4.1 平面图

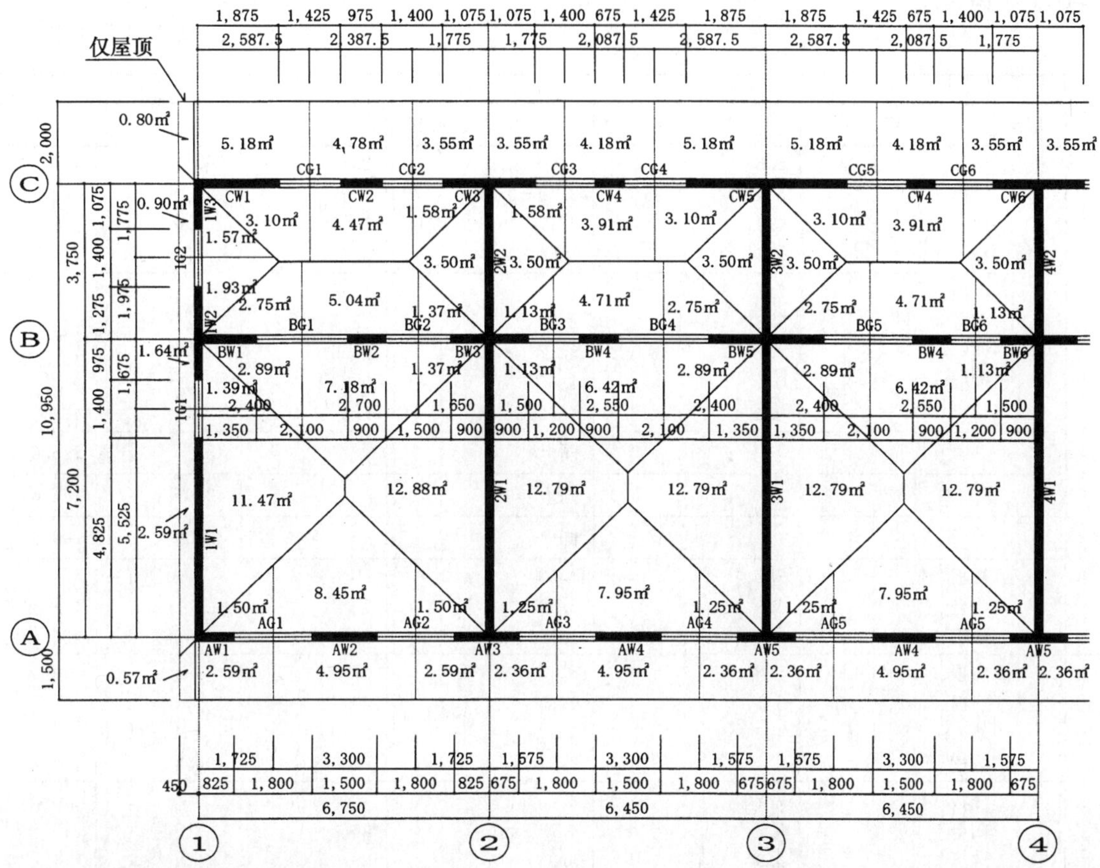

4.2 楼板的承担面积和墙板面积

(1) 开口面积 (m^2)

1.70 ×1.95 ×1/2 =1.66 2.10 ×2.05 ×1/2=2.15 1.50 ×2.05 ×1/2=1.54

1.20 ×2.05 ×1/2 =1.23 1.425 ×2.05 ×1/2=1.46 1.30 ×1.10 ×1/2=0.72

(2) 楼板的承担面积和墙板面积 (m^2)

墙符号			墙 (窗框)	楼板 (阳台·走廊)	房顶 (房檐)
AW1	居室楼板面积	1.50		1.50	1.50
	阳台楼板面积	2.59		(2.59)	(2.59)
	房顶房檐面积	0.57			仅限于5楼(0.57)
	墙板面积 1.725×2.80−1.66	3.17	3.17		
	开口面积	1.66	(1.66)		

续表

墙符号			墙（窗框）	楼板（阳台·走廊）	房顶（房檐）
1W1	居室楼板面积	11.47		11.47	11.47
	房顶房檐面积	2.59			仅限于5楼（2.59）
	墙板面积 5.25×（2.80+0.552）−0.72	17.81	顶层 17.81		
	墙板面积 5.25×2.80−0.72	14.76	其他层 14.76		
	开口面积	0.72	（0.72）		

其他略。

4.3 轴力计算

墙符号	层	部位	单位重量	计算式		N（kN）	ΣN（kN）
AW1	5	房顶	5.6	1.50	8.4		
		房檐	5.4	2.59+0.57	17.1		
		墙	4.9	3.17	15.5		
		窗框	0.4	1.66	0.7	41.7	41.7
	4	楼板	7.2	1.50	10.8		
		阳台	5.3	2.59	13.7		
		墙	4.9	3.17	15.5		
		窗框	0.4	1.66	0.7		
		扶手	0.4	1.725+1.40	1.3	42.0	42.0
	3			同上		42.0	125.6
	2			同上		42.0	167.6
	1			同上		42.0	209.6
	F	楼板	7.2	1.50	10.8		
		阳台	5.3	2.59	13.7		
		扶手	0.4	1.725+1.40	1.3	25.8	235.4
AW2	5	房顶	5.6	8.45	47.3		
		房檐	5.4	4.95	26.7		
		墙	4.9	5.93	29.0		
		窗框	0.4	3.32	1.3	104.4	104.4
	4	楼板	7.2	8.45	60.8		
		阳台	5.3	4.95	26.2		
		墙	4.9	5.93	29.0		
		窗框	0.4	3.32	1.3		
		扶手	0.4	3.30	1.3	118.8	223.2
	3			同上		118.8	341.9
	2			同上		118.8	460.7
	1			同上		118.8	579.4
	F	楼板	7.2	8.45	60.8		
		阳台	5.3	4.95	26.2		
		扶手	0.4	3.30	1.3	88.4	667.8
AW3	5	房顶	5.6	2.75	15.4		
		房檐	5.4	4.95	26.7		
		墙	4.9	5.93	29.0		
		窗框	0.4	3.32	1.3	72.5	72.5
	4	楼板	7.2	2.75	19.8		
		阳台	5.3	4.95	26.2		
		墙	4.9	5.93	29.0		
		窗框	0.4	3.32	1.3		
		扶手	0.4	1.725+1.575	1.3	77.7	150.2

续表

墙符号	层	部位	单位重量	计算式		N (kN)	ΣN (kN)
AW3	3			同上		77.7	227.9
	2			同上		77.7	305.6
	1			同上		77.7	383.3
	F	楼板 阳台 扶手	7.2 5.3 0.4	2.75 4.95 1.725+1.575	19.8 26.2 1.3	47.4	430.7
AW4	5	房顶 房檐 墙 窗框	5.6 5.4 4.9 0.4	7.95 4.95 5.93 3.32	44.5 26.7 29.0 1.3	101.6	101.6
	4	楼板 阳台 墙 窗框 扶手	7.2 5.3 4.9 0.4 0.4	7.95 4.95 5.93 3.32 3.30	57.2 26.2 29.0 1.3 1.3	115.2	216.8
	3			同上		115.2	331.9
	2			同上		115.2	447.1
	1			同上		115.2	562.2
	F	楼板 阳台 扶手	7.2 5.3 0.4	7.95 4.95 3.30	57.2 26.2 1.3	84.8	647.0
AW5	5	房顶 房檐 墙 窗框	5.6 5.4 4.9 0.4	2.50 4.72 5.51 3.32	14.0 25.5 27.0 1.3	67.8	67.8
	4	楼板 阳台 墙 窗框 扶手	7.2 5.3 4.9 0.4 0.4	2.50 4.72 5.51 3.32 1.575+1.575	18.0 25.0 27.0 1.3 1.3	72.6	140.4
	3			同上		72.6	212.9
	2			同上		72.6	285.5
	1			同上		72.6	358.1
	F	楼板 阳台 扶手	7.2 5.3 0.4			44.3	402.4
BW1	5	房顶 墙	5.6 4.9	5.64 6.37	31.6 31.2	62.8	62.8
	4	楼板 墙	7.2 4.9	5.64 4.57	40.6 22.4	63.0	125.8
	3			同上		63.0	188.8
	2			同上		63.0	251.8
	1			同上		63.0	314.7
	F	楼板	7.2	5.64	40.6	40.6	355.3
BW2	5	房顶 墙	5.6 4.9	12.22 5.90	68.4 28.9	97.3	97.3
	4	楼板 墙	7.2 4.9	12.22 3.87	88.0 19.0	106.9	204.3

续表

墙符号	层	部位	单位重量	计算式		N (kN)	ΣN (kN)
BW2	3			同上		106.9	311.2
	2			同上		106.9	418.2
	1			同上		106.9	525.1
	F	楼板	7.2	12.22	88.0	88.0	613.1
BW3	5	房顶 墙	5.6 4.9	5.00 8.42	28.0 41.2	69.2	69.2
	4	楼板 墙	7.2 4.9	5.00 6.05	36.0 29.7	65.7	134.9
	3			同上		65.7	200.5
	2			同上		65.7	266.2
	1			同上		65.7	331.9
	F	楼板	7.2	5.00	36.0	36.0	367.9
BW4	5	房顶 墙	5.6 4.9	11.13 5.67	62.3 27.8	90.1	90.1
	4	楼板 墙	7.2 4.9	11.13 3.76	80.1 18.4	98.5	188.7
	3			同上		98.5	287.2
	2			同上		98.5	385.8
	1			同上		98.5	484.3
	F	楼板	7.2	11.13	80.1	80.1	564.4
BW5	5	房顶 墙	5.6 4.9	11.28 12.74	63.2 62.4	125.6	125.6
	4	楼板 墙	7.2 4.9	11.28 9.14	81.2 44.8	126.0	251.6
	3			同上		126.0	377.5
	2			同上		126.0	503.5
	1			同上		126.0	629.5
	F	楼板	7.2	11.28	81.2	81.2	710.7
BW6X4 轴线交点	5	房顶 墙	5.6 4.9	4.52 8.19	25.3 40.1	65.4	65.4
	4	楼板 墙	7.2 4.9	4.52 5.94	32.5 29.1	61.7	61.7
	3			同上		61.7	188.7
	2			同上		61.7	250.7
	1			同上		61.7	312.0
	F	楼板	7.2	4.52	32.5	32.5	344.6
CW1	5	房顶 房檐 墙 墙 窗框	5.6 5.4 4.9 3.0 0.4	3.10 5.18+0.80 5.79 3.47 0.62	17.4 32.3 28.4 10.4 0.2	88.6	88.6
	4	楼板 走廊 墙 墙 窗框 扶手	7.2 5.9 4.9 3.0 0.4 0.4	3.10 5.18 5.79 3.31 0.62 2.588+1.90	22.3 30.6 28.4 9.9 0.2 17.5	108.9	187.5

续表

墙符号	层	部位	单位重量	计算式		N（kN）	ΣN（kN）
CW1	3			同上		108.9	306.4
	2			同上		108.9	415.3
	1			同上		108.9	524.2
	F	楼板 走廊 扶手	7.2 5.9 3.9	3.10 5.18 2.588+1.90	22.3 30.6 17.5	70.4	594.6
CW2	5	房顶 房檐 墙 墙 窗框	5.6 5.4 4.9 3.0 0.4	4.47 4.78 4.51 3.07 1.23	25.0 25.8 22.1 9.2 0.5	82.6	82.6
	4	楼板 走廊 墙 墙 窗框 扶手	7.2 5.9 4.9 3.0 0.4 0.4	4.47 4.78 4.51 2.90 1.23 2.388	32.2 28.2 22.1 8.7 0.5 9.3	101.0	183.6
	3			同上			
	2			同上			
	1			同上			
	F	楼板 走廊 扶手	7.2 5.9 3.9	4.47 4.78 2.388	32.2 28.2 9.3	69.7	556.3
CW3 CW6	5	房顶 房檐 墙 窗框	5.6 5.4 4.9 0.4	3.16 7.10 8.51 1.43	17.7 38.3 41.7 0.6	98.3	98.3
	4	楼板 走廊 墙 窗框 扶手	7.2 5.9 4.9 0.4 0.4	3.16 7.10 8.51 1.43 1.775+1.775	22.8 41.9 41.7 0.6 13.8	120.8	219.1
	3			同上		120.8	339.8
	2			同上		120.8	460.6
	1			同上		120.8	581.3
	F	楼板 走廊 扶手	7.2 5.9 3.9	3.16 7.10 1.775+1.775	22.8 41.9 13.8	78.5	659.8
CW4	5	房顶 房檐 墙 墙 窗框	5.6 5.4 4.9 3.0 0.4	3.91 4.18 3.67 3.07 1.23	21.9 22.6 18.0 9.2 0.5	72.2	72.2
	4	楼板 走廊 墙 墙 窗框 扶手	7.2 5.9 4.9 3.0 0.4 0.4	3.91 4.18 3.67 2.90 1.23 2.088	28.2 24.7 18.0 8.7 0.5 8.1	88.1	160.3
	3			同上		88.1	248.4
	2			同上		88.1	336.5
	1			同上		88.1	424.7

续表

墙符号	层	部位	单位重量	计算式		N（kN）	$\sum N$（kN）
CW4	F	楼板	7.2	3.91	28.2		
		走廊	5.9	4.18	24.7		
		扶手	3.9	2.088	8.1	61.0	485.6
CW5	5	房顶	5.6	6.20	34.7		
		房檐	5.4	10.36	55.9		
		墙	4.9	11.57	56.7		
		墙	3.0	6.93	20.8		
		窗框	0.4	1.23	0.5	168.6	168.6
	4	楼板	7.2	6.20	44.6		
		走廊	5.9	10.36	61.1		
		墙	4.9	11.57	56.7		
		墙	3.0	6.61	19.8		
		窗框	0.4	6.61	2.6		
		扶手	0.4	1.875+1.875	14.6	199.5	368.2
	3			同上		199.5	567.7
	2			同上		199.5	767.3
	1			同上		199.5	966.8
	F	楼板	7.2	6.20	44.6		
		走廊	5.9	10.36	61.1		
		扶手	3.9	1.875+1.875	14.6	120.4	1087.2
1W1	5	房顶	5.6	11.47	64.2		
		房檐	5.4	2.59	14.0		
		墙	4.5	17.81	80.1		
		窗框	0.4	0.72	0.3	158.6	158.6
	4	楼板	7.2	11.47	82.6		
		墙	4.5	14.76	66.4		
		窗框	0.4	0.72	0.3	149.3	307.9
	3			同上		149.3	457.2
	2			同上		149.3	606.4
	1			同上		149.3	755.7
	F	楼板	7.2	11.47	82.6	82.6	838.3
1W2	5	房顶	5.6	3.32	18.6		
		房檐	5.4	1.64	8.9		
		墙	4.5	11.42	51.4		
		窗框	0.4	1.43	0.6	79.4	79.4
	4	楼板	7.2	3.32	23.9		
		墙	4.5	8.79	39.6		
		窗框	0.4	1.43	0.6	64.0	143.4
	3			同上		64.0	207.5
	2			同上		64.0	271.5
	1			同上		64.0	335.5
	F	楼板	7.2	3.32	23.9	23.9	359.4
1W3	5	房顶	5.6	1.57	8.8		
		房檐	5.4	0.90	4.9		
		墙	4.5	4.57	20.6		
		窗框	0.4	0.72	0.3	34.5	34.5
	4	楼板	7.2	1.57	11.3		
		墙	4.5	4.26	19.1		
		窗框	0.4	0.72	0.3	30.7	65.2
	3			同上		30.7	96.0

续表

墙符号	层	部位	单位重量	计算式		N（kN）	ΣN（kN）
1W3	2			同上		30.7	126.7
	1			同上		30.7	157.5
	F	楼板	7.2	1.57	11.3	11.3	168.8
2W1	5	房顶 墙	5.6 4.5	25.67 24.75	143.8 111.4	255.1	255.1
	4	楼板 墙	7.2 4.5	25.67 20.16	184.8 90.7	275.5	530.7
	3			同上		275.5	806.2
	2			同上		275.5	1081.8
	1			同上		275.5	1357.3
	F	楼板	7.2	25.67	184.8	184.8	1542.1
2W2	5	房顶 墙	5.6 4.5	7.00 11.91	39.2 53.6	92.8	92.8
	4	楼板 墙	7.2 4.5	7.00 10.50	50.4 47.3	97.7	190.4
	3			同上		97.7	288.1
	2			同上		97.7	385.7
	1			同上		97.7	483.4
	F	楼板	7.2	7.00	50.4	50.4	533.8
3W1	5	房顶 墙	5.6 4.5	25.58 24.75	143.2 111.4	254.6	254.6
	4	楼板 墙	7.2 4.5	25.58 20.16	184.2 90.7	274.9	529.5
	3			同上		274.9	804.4
	2			同上		274.9	1079.3
	1			同上		274.9	1354.2
	F	楼板	7.2	25.58	184.2	184.2	1538.4
3W2	5	房顶 墙	5.6 4.5	7.00 11.91	39.2 53.6	92.8	92.8
	4	楼板 墙	7.2 4.5	7.00 10.50	50.4 47.3	97.7	190.4
	3			同上		97.7	288.1
	2			同上		97.7	385.7
	1			同上		97.7	483.4
	F	楼板	7.2	7.00	50.4	50.4	533.8

其他部分略。

4.4 压应力

压应力在轴力（N）最大时对 1 层的剪力墙进行验算。

墙符号	N（kN）	墙的断面积（mm^2）		σ（N/mm^2）
AW1	209.6	200×915	183000	1.15
AW2	579.4	200×1500	300000	1.93

续表

墙符号	N（kN）	墙的断面积（mm^2）		σ（N/mm^2）
AW3	383.3	200×1500	300000	1.28
AW4	562.2	200×1500	300000	1.87
AW5	358.1	200×1350	270000	1.33
BW1	314.7	200×1440	288000	1.09
BW2	525.1	200×900	180000	2.92
BW3	331.9	200×1800	360000	0.92
BW4	484.3	200×900	180000	2.69
BW5	629.5	200×2700	540000	1.17
CW1	524.2	200×1965	393000	1.33
CW2	486.6	200×975	195000	2.50
CW3	581.3	200×2150	430000	1.35
CW4	424.7	200×675	135000	3.15
CW5	966.8	200×3750	750000	1.29
1W1	755.7	180×4925	886500	0.85
1W2	335.5	180×2250	405000	0.83
1W3	157.5	180×1175	211500	0.74
2W1	1357.3	150×7200	1080000	1.26
2W2	483.4	150×3750	562500	0.86
3W1	1354.2	150×7200	1080000	1.25
3W2	483.4	150×3750	562500	0.86

注：所有的压应力强度都在允许压应力强度（9.0N/mm^2）以下，所以均满足要求。

4.5 建筑物重心的计算

横向是对称住户布置的，所以只需计算纵向的重心。

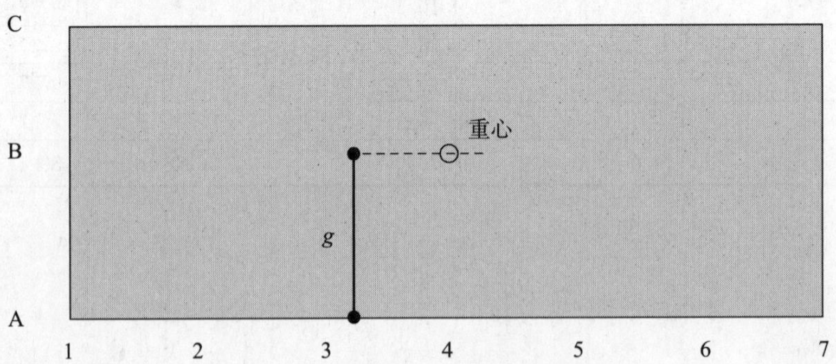

依据以下公式计算重心

$$g=\sum (N\cdot l)/\sum N$$

式中 g——重心（=轴线开始的距离）(mm)；

N——作用于各剪力墙的长期轴力（kN）；

l——各剪力墙的平面重心距 A 的距离（mm）。

轴线	距离/(m)	5楼		4楼		3楼		2楼		1楼	
		N(kN)	$N\cdot l$(kN·m)	N(kN)	$N\cdot l$(kN·m)	N(kN)	$N\cdot l$(kN·m)	N(kN)	$N\cdot l$(kN·m)	N(kN)	$N\cdot l$(kN·m)
A	0.000	41.7	0	83.7	0	125.6	0	167.6	0	209.6	0
	0.000	104.4	0	223.2	0	341.9	0	460.7	0	579.4	0
	0.000	72.5	0	150.2	0	227.9	0	305.6	0	383.3	0
	0.000	101.6	0	216.8	0	331.9	0	447.1	0	562.2	0
	0.000	67.8	0	140.4	0	212.9	0	285.5	0	358.1	0
	0.000	101.6	0	216.8	0	331.9	0	447.1	0	562.2	0
	0.000	67.8	0	140.4	0	212.9	0	285.5	0	358.1	0
	0.000	101.6	0	216.8	0	331.9	0	447.1	0	562.2	0
	0.000	67.8	0	140.4	0	212.9	0	285.5	0	358.1	0
	0.000	101.6	0	216.8	0	331.9	0	447.1	0	562.2	0
	0.000	72.5	0	150.2	0	227.9	0	305.6	0	383.3	0
	0.000	104.4	0	223.2	0	341.9	0	460.7	0	579.4	0
	0.000	41.7	0	83.7	0	125.6	0	167.6	0	209.6	0
B	7.200	62.8	452	125.8	906	188.8	1359	251.8	1813	314.7	2266
	7.200	97.3	701	204.3	1471	311.2	2241	418.2	3011	525.1	3781
	7.200	69.2	498	134.9	971	200.5	1444	266.2	1917	331.9	2389
	7.200	90.1	649	188.7	1358	287.2	2068	385.8	2777	484.3	3487
	7.200	125.6	904	251.5	1811	377.5	2718	503.3	3625	629.5	4532
	7.200	90.1	649	188.7	1358	287.2	2068	385.8	2777	484.3	3487
	7.200	65.4	471	127.1	915	188.7	1359	250.4	1803	312.0	2247
	7.200	90.1	649	188.7	1358	287.2	2068	385.8	2777	484.3	3487
	7.200	125.6	904	251.5	1811	377.5	2718	503.5	3625	629.5	4532
	7.200	90.1	649	188.7	1358	287.2	2068	385.8	2777	484.3	3487
	7.200	69.2	498	134.9	971	200.5	1444	266.2	1917	331.9	2389
	7.200	97.3	701	204.3	1471	311.2	2241	418.2	3011	525.1	3781
	7.200	62.8	452	125.8	906	188.8	1359	251.8	1813	314.7	2266
C	10.950	88.6	971	197.5	2163	306.4	3355	415.3	4548	524.2	5740
	10.950	82.6	905	183.6	2011	284.6	3117	385.6	4222	486.6	5328
	10.950	98.3	1076	219.1	2399	339.8	3721	460.6	5043	581.3	6366
	10.950	72.2	790	160.3	1755	248.4	2720	336.5	3685	424.7	4650
	10.950	168.6	1847	368.2	4032	567.7	6217	767.3	8402	966.8	10587
	10.950	72.2	790	160.3	1755	248.4	2720	336.5	3685	424.7	4650
	10.950	98.3	1076	219.1	2399	339.8	3721	460.6	5043	581.3	6366
	10.950	72.2	790	160.3	1755	248.4	2720	336.5	3685	424.7	4650
	10.950	168.6	1847	368.2	4032	567.7	6217	767.3	8402	966.8	10587
	10.950	72.2	790	160.3	1755	248.4	2720	336.5	3685	424.7	4650
	10.950	98.3	1076	219.1	2399	339.8	3721	460.6	5043	581.3	6366
	10.950	82.6	905	183.6	2011	284.6	3117	385.6	4222	486.6	5328
	10.950	88.6	971	197.5	2163	306.4	3355	415.3	4548	524.2	5740
1	2.363	158.6	375	307.9	727	457.2	1080	606.4	1433	755.7	1785
	7.350	79.4	584	143.4	1054	207.5	1525	271.5	1995	335.5	2466
	10.463	34.5	361	65.2	683	96.0	1004	126.7	1326	157.5	1647
2	3.600	255.1	918	530.7	1910	806.2	2902	1081.8	3894	1357.3	4886
	9.075	92.8	842	190.4	1728	288.1	2614	385.7	3500	483.4	4387
3	3.600	254.6	917	529.5	1906	804.4	2896	1079.3	3886	1354.2	4875
	9.075	92.8	842	190.4	1728	288.1	2614	385.7	3500	483.4	4387
4	3.600	254.6	917	529.5	1906	804.4	2896	1079.3	3886	1354.2	4875
	9.075	92.8	842	190.4	1728	288.1	2614	385.7	3500	483.4	4387
5	3.600	254.6	917	529.5	1906	804.4	2896	1079.3	3886	1354.2	4875
	9.075	92.8	842	190.4	1728	288.1	2614	385.7	3500	483.4	4387
6	3.600	255.1	918	530.7	1910	806.2	2902	1081.8	3894	1357.3	4886
	9.075	92.8	842	190.4	1728	288.1	2614	385.7	3500	483.4	4387

续表

轴线	距离/(m)	5楼		4楼		3楼		2楼		1楼	
		N(kN)	$N \cdot l$(kN·m)	N(kN)	$N \cdot l$(kN·m)	N(kN)	$N \cdot l$(kN·m)	N(kN)	$N \cdot l$(kN·m)	N(kN)	$N \cdot l$(kN·m)
7	2.363	158.6	375	307.9	727	457.2	1080	606.4	1433	755.7	1785
	7.350	79.4	584	143.4	1054	207.5	1525	271.5	1995	335.5	2466
	10.463	34.5	361	65.2	683	96.0	1004	126.7	1326	157.5	1647
合计		5729.1	33447	11949.1	70402	18169.1	107358	24389.0	144313	30609.0	181269

4.6 墙梁的长期应力

（1）计算方针

- 应采用均匀分布方式计算梁的荷载分布。
- 计算应力所采用的梁长度，是梁的净跨度与梁的高度的1/4的2倍相加得到的值。
- 梁的自重　宽 b=200mm　高 D=550mm　W_g=2.7kN/m（A·C轴线）

　　　　　宽 b=200mm　高 D=550mm　W_g=2.7kN/m（B轴线）。

（2）长期应力

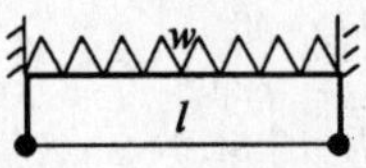

计算梁的长度 $l=l_0+D/4\times2$（m）

符号	l_0（m）	l（m）	层	W（kN）的算式		w（kN/m）	C（kN·m）	Q（kN）
AG1 AG2	1.80	2.08	R	5.6×（2.765×2.765/2−0.685×0.685/2）+ 5.4×2.08×1.50+2.7×2.08=	42.5	20.5	7.3	21.3
			2～5	7.2×（2.765×2.765/2−0.685×0.685/2）+ 5.3×2.08×1.50+2.7×2.08=	47.9	23.1	8.3	24.0
AG3 AG4	1.80	2.08	R	5.6×（2.615×2.615/2−0.535×0.535/2）+ 5.4×2.08×1.50+2.7×2.08=	40.8	19.6	7.0	20.4
			2～5	7.2×（2.615×2.615/2−0.535×0.535/2）+ 5.3×2.08×1.50+2.7×2.08=	45.7	22.0	7.9	22.8
BG1	2.10	2.38	R	5.6×（3.375×3.375/2−1.21×1.21/2+3.375× 0.215−0.215×0.215/2+2.38×1.875−0.665× 0.665/2）+2.7×2.38=	61.8	26.0	12.2	30.9
			2～5	7.2×（3.375×3.375/2−1.21×1.21/2+3.375× 0.215−0.215×0.215/2+2.38×1.875−0.665× 0.665/2）+2.7×2.38=	77.7	32.7	15.4	38.8
BG2	1.50	1.78	R	5.6×（2.54×2.54/2−0.76×0.76/2+1.78× 1.875−1.115×1.115/2）+2.7×1.78=	36.4	20.5	5.4	18.2
			2～5	7.2×（2.54×2.54/2−0.76×0.76/2+1.78× 1.875−1.115×1.115/2）+2.7×1.78=	45.4	25.6	6.7	22.7
BG3	1.20	1.48	R	5.6×（2.24×2.24/2−0.76×0.76/2+1.48× 1.875−1.115×1.115/2）+2.7×1.48=	28.4	19.3	3.5	14.2
			2～5	7.2×（2.24×2.24/2−0.76×0.76/2+1.48× 1.875−1.115×1.115/2）+2.7×1.48=	35.4	24.0	4.4	17.7
BG4	2.10	2.38	R	5.6×（3.225×3.225/2−1.21×1.21/2+3.225× 0.365−0.365×0.365/2+2.38×1.875−0.665× 0.665/2）+2.7×2.38=	61.4	25.8	12.1	30.7
			2～5	7.2×（3.225×3.225/2−1.21×1.21/2+3.225× 0.365−0.365×0.365/2+2.38×1.875−0.665× 0.665/2）+2.7×2.38=	77.1	32.4	15.2	38.5

续表

符号	l_0（m）	l（m）	层	W（kN）的算式	w（kN/m）	C（kN·m）	Q（kN）
GG1 GG4	1.425	1.70	R	5.6×（1.70×1.875−0.14×0.14/2）＋ 5.4×1.70×2.00＋2.7×1.70＝ 40.7	24.0	5.8	20.4
			2～5	7.2×（1.70×1.875−0.14×0.14/2）＋ 5.9×1.70×2.00＋2.7×1.70＝ 47.5	28.0	6.7	23.8
GG2 GG3	1.40	1.68	R	5.6×（1.875×1.875/2−0.935×0.935/2＋0.74× 1.875）＋5.4×1.68×2.00＋2.7×1.68＝ 37.8	22.6	5.3	18.9
			2～5	7.2×（1.875×1.875/2−0.935×0.935/2＋0.74× 1.875）＋5.9×1.68×2.00＋2.7×1.68＝ 43.8	26.1	6.1	21.9

5　水平荷载作用下的应力计算

5.1　地震力的计算

(1) 建筑物各部分的面积、长度

每一层的面积和长度　　(m^2)　(m^2)　(m^2)　(m^2)

部位	算式	墙（窗框）	楼板	房顶（房檐）	其他
房顶	(39.3+0.09×2)×(10.95+0.2)			440.20	
阳台房顶	(39.3+0.09×2)×1.40			(55.27)	
走廊房顶	(39.3+0.09×2)×1.90			(75.01)	
电梯井房顶	4.6×2.2			10.12	
房间楼板	(39.3+0.09×2)×(10.95+0.2)		440.20		
阳台楼板	(39.3+0.09×2)×1.40		(55.27)		
走廊楼板	(39.3+0.09×2)×1.90		(75.01)		
电梯间楼板	2.0×2.0		(4.00)		
楼梯	(2.97−0.25)×1.75×2		(9.52)		
楼梯平台	2.97×(4.5−1.75)×2		(16.34)		
A 轴线窗框	1.7×1.95×12	(39.78)			
A 轴线墙	39.3×(2.8−0.2)−39.78	62.40			
B 轴线墙（5F）	39.3×(2.8+0.75−0.2)−41.82	89.84			
B 轴线墙（1～4F）	39.3×(2.8−0.2)−41.82	60.36			
C 轴线窗框	1.3×1.1×6	(8.58)			
C 轴线墙	39.3×(2.8−0.2)−8.58−17.53	76.07			
1、7 轴线窗框	1.3×1.1×2	(2.86)			
1、7 轴线墙（5F）	10.95×(2.8−0.2)+10.95×1.095/2−2.86	31.61			
1、7 轴线墙（1～4F）	10.95×(2.8−0.2)−2.86	25.61			
2～6 轴线墙（5F）	10.95×(2.8−0.2)+10.95×1.095/2	34.47			
2～6 轴线墙（1～4F）	10.95×(2.8−0.2)	28.47			
凹室框架	0.8×1.95×6	(9.36)			
凹室墙（5F）	{1.545×(2.8−0.2+0.15)+0.75×2×(2.8−0.2+0.075)}×6−9.36	40.21			
凹室墙（1～4F）	(1.545+0.75×2)×(2.8−0.2)×6−9.36	38.14			
电梯井的墙	(4.5×2+2.5)×2.8	32.20			
楼梯束墙	2.2×2.8	6.16			
阳台扶手	39.3+1.4×2				42.10
走廊扶手	39.3+1.9×2−2.5−4.5				36.10
楼梯扶手	4.50				4.50
楼梯扶手（RC）	2.97				2.97

· 1、7 轴线窗框和墙应为以上数值的 2 倍。

· 2～6 轴线墙应为以上数值的 5 倍。

· 楼梯束墙、扶手应为以上数值的 2 倍。

（2）计算地震力用的重量

层	部位	单位重量	算式	W（kN）	W_i（kN）
5	房顶	5.4	440.20	2377.1	
	阳台的房顶	5.2	55.27	287.4	
	走廊的房顶	5.2	75.01	390.1	
	电梯井房顶	5.4	10.12	54.6	
	A 轴线窗框	0.4	39.78/2	8.0	
	A 轴线墙	4.9	62.40/2	152.9	
	B 轴线墙（5 楼）	4.9	89.84/2	220.1	
	C 轴线窗框	0.4	8.58/2	1.7	
	C 轴线墙	4.9	76.07/2	186.4	
	类型 1、7 的窗框	0.4	2.86/2×2	1.1	
	1、7 轴线墙（5 楼）	4.5	31.61/2×2	142.2	
	2～6 轴线墙（5 楼）	3.7	34.47/2×5	318.8	
	凹室的框架	0.4	9.36/2	1.9	
	凹室的墙（5 楼）	3.0	40.21/2	60.3	
	电梯井的墙	4.9	32.20/2+(2.5+2.0)×2×0.6	105.4	4307.9
4	住户楼板	6.5	440.20	2861.3	
	阳台楼板	4.6	55.27	254.3	
	走廊楼板	5.2	75.01	390.1	
	电梯间楼板	5.2	4.00	20.8	
	楼梯	7.5	9.52	71.4	
	楼梯平台	5.0	16.34	81.7	
	A 轴线窗框	0.4	39.78	15.9	
	A 轴线墙	4.9	62.40	305.8	
	B 轴线墙（5 楼）	4.9	89.84/2	220.1	
	B 轴线墙（1～4 楼）	4.9	60.36/2	147.9	
	C 轴线窗框	0.4	8.58	3.4	
	C 轴线墙	4.9	76.07	372.8	
	1、7 轴线的窗框	0.4	2.86×2	2.3	
	1、7 轴线墙（5 楼）	4.5	31.61/2×2	142.2	
	1、7 轴线墙（1～4 楼）	4.5	25.61/2×2	115.2	
	2～6 轴线墙（5 楼）	3.7	34.47/2×2	318.8	
	2～6 轴线墙（1～4 楼）	3.7	28.47/2×5	263.3	
	凹室的框架	0.4	9.36	3.7	
	凹室的墙（5 楼）	3.0	40.21/2	60.3	
	凹室的墙（1～4 楼）	3.0	38.14/2	57.2	
	电梯井的墙	4.9	32.20	157.8	
	楼梯束墙	6.1	6.16×2	75.2	
	阳台扶手	0.4	42.10	16.8	
	走廊扶手	3.9	36.10	140.8	
	楼梯扶手	0.4	4.50/2×2	1.8	
	楼梯扶手（RC 造）	3.9	2.97/2×2	11.6	
	电梯	101.0	1.00	101.0	6213.5
3	住户楼板	6.5	440.20	2861.3	
	阳台楼板	4.6	55.27	254.3	
	走廊楼板	5.2	75.01	390.1	
	电梯间楼板	5.2	4.00	20.8	
	楼梯	7.5	9.52	71.4	
	楼梯平台	5.0	16.34	81.7	
	A 轴线窗框	0.4	39.78	15.9	
	A 轴线墙	4.9	62.40	305.8	
	B 轴线墙（1～4 楼）	4.9	60.36	295.8	
	C 轴线窗框	0.4	8.58	3.4	
	C 轴线墙	4.9	76.07	372.8	
	1、7 轴线窗框	0.4	2.86×2	2.3	

续表

层	部位	单位重量	算式	W（kN）	W_i（kN）
3	1、7轴线墙（1～4楼）	4.5	25.61×2	230.5	
	2～6轴线墙（1～4楼）	3.7	28.47×2	526.7	
	凹室的框架	0.4	9.36	3.7	
	凹室的墙（1～4楼）	3.0	38.14	114.4	
	电梯井的墙	4.9	32.20	157.8	
	楼梯束墙	6.1	6.16×2	75.2	
	阳台扶手	0.4	42.10	16.8	
	走廊扶手	3.9	36.10	140.8	
	楼梯扶手	0.4	4.50×2	3.6	
	楼梯扶手（RC造）	3.9	2.97×2	23.2	5968.1
2			同上		5968.1
1			同上		5968.1
F	住户等楼板		2861.3＋254.3＋390.1＋20.8	3526.4	
	楼梯	7.5	9.52/2	35.7	
	楼梯平台	5.0	16.34/2	40.8	
	A轴线窗框	0.4	39.78/2	8.0	
	A轴线墙	4.9	62.40/2	152.9	
	B轴线墙（1～4楼）	4.9	60.36/2	147.9	
	C轴线窗框	0.4	8.58/2	1.7	
	C轴线墙	4.9	76.07/2	186.4	
	1、7轴线的窗框	0.4	2.86/2×2	1.1	
	1、7轴线墙（1～4楼）	4.5	25.61/2×2	115.2	
	2～6轴线墙（1～4楼）	3.7	28.47/2×5	263.3	
	凹室的框架	0.4	9.36/2	1.9	
	凹室的墙（1～4楼）	3.0	38.14/2	57.2	
	电梯井的墙	4.9	32.20/2	78.9	
	楼梯束墙	6.1	6.16/2×2	37.6	
	阳台扶手	0.4	42.10	16.8	
	走廊扶手	3.9	36.10	140.8	
	楼梯扶手	0.4	4.50/2×2	1.8	
	楼梯扶手（RC造）	3.9	2.97/2×2	11.6	4826.1

（3）地震力

- 地域系数　$Z=$ 1.000
- 建筑物的高度　$h=$ 14.848m

【钢结构的高度】　$h_s=$ 0.000m

- 建筑物的一次固有周期　$T=$ 0.294s
- 地基周期　$T_c=$ 0.600s
- 振动特性系数　$R_L=$ 1.000
- 标准剪力系数　一次设计　$C_0=$ 0.200

层	W_i（kN）	ΣW_i（kN）	α_i	A_i	C_i	Q_i（kN）	P_i（kN）	A（m^2）	W_i/A（kN/m^2）
5	4307.9	4307.9	0.152	1.759	0.352	1515.7	1515.7	519.36	8.29
4	6213.5	10521.4	0.370	1.400	0.280	2946.0	1430.3	519.36	11.96
3	5968.1	16489.5	0.580	1.230	0.246	4057.0	1111.0	519.36	11.49
2	5968.1	22457.6	0.790	1.105	0.221	4964.1	907.1	519.36	11.49
1	5968.1	28425.7	1.000	1.000	0.200	5685.1	721.0	519.36	11.49

(4) 路线 1 的确认

必须确认$\sum 2.5A_w + \sum 0.7A_c \geqslant ZWA_i\beta$。 $\sum 0.7A_c = 0$ $Z = 1.0$

方向	层	W (kN)	A_i	β	$ZWA_i\beta$ (kN)	A_w (mm^2)	$\sum 2.5A_w$ (kN)	判定
纵向	5	4307.9	1.759	0.816	6188	11898000	29745	OK
	4	10521.4	1.400	0.816	12027	11898000	29745	OK
	3	16489.5	1.230	0.819	16563	11898000	29745	OK
	2	22457.6	1.105	0.816	20266	11898000	29745	OK
	1	28425.7	1.000	0.816	23209	11898000	29745	OK
横向	5	4307.9	1.759	0.816	6188	11898000	29745	OK
	4	10521.4	1.400	0.816	12027	11898000	29745	OK
	3	16489.5	1.230	0.816	16563	11898000	29745	OK
	2	22457.6	1.105	0.816	20266	11898000	29745	OK
	1	28425.7	1.000	0.816	23209	11898000	29745	OK

5.2 风压力的计算

(1) 速度风压与风力系数的计算

将纵向与横向进行比较，计算受压面积较大的横向的受力。

地表面粗糙度划分	Z_b	Z_G	α	Gf ($H \leqslant 10$)	Gf ($H \geqslant 40$)
Ⅰ (1)	5	250	0.1	2	1.8
Ⅱ (2)	5	350	0.15	2.2	2
Ⅲ (3)	5	450	0.2	2.5	2.1
Ⅳ (4)	10	550	0.27	3.1	2.3
Ⅲ	5	450	0.2	2.5	2.1

C_{pe} (上风) (kz)	C_{pe} (下风)	C_{pi}
0.8	−0.4	−0.2

V_o (m/s)	速度风压减低系数 ω	Gf	Er	E	q (N/m^2)	$q \times \omega$ (N/m^2)
34.0	1.00	2.4427	0.8529	1.7767	1232.3	1232.3

层	层高 (m)	Z (m)	kz	Cpe (上风)	Cpe (下风)	Cf (上风)	Cf (下风)	风压力 (上风)	风压力 (下风)
5	2.8	14.3	0.9592	0.7673	−0.4000	0.967	−0.200	1192.06	−246.46
4	2.8	11.5	0.8695	0.6956	−0.4000	0.896	−0.200	1103.64	−246.46
3	2.8	8.7	0.7630	0.6104	−0.4000	0.810	−0.200	998.71	−246.46

续表

层	层高（m）	Z（m）	kz	Cpe（上风）	Cpe（下风）	Cf（上风）	Cf（下风）	风压力（上风）	风压力（下风）
2	2.8	5.9	0.6642	0.5313	−0.4000	0.731	−0.200	901.24	−246.46
1	2.8	3.1	0.6568	0.5255	−0.4000	0.725	−0.200	894.00	−246.46
GL−1层楼板高度	0.3								
总计	14.3								

注：从建筑物的外侧向内侧为正，从建筑物的内侧向外侧为负。

（2）横向的风压力

受压面积＝39.3×2.80＝110.04m^2/层

层	各层风压力（kN）	风压力合计（kN）	地震力 Q_i（kN）
5	79.1	79.1	1515.7
4	153.4	232.6	2946.0
3	142.8	375.4	4057.0
2	131.7	507.0	4964.1
1	125.9	632.9	5685.1

根据以上内容中水平力较大的地震力计算。

5.3 纵向 D 值与反弯点高度比的计算

（1）计算假定

• 依据考虑弯曲、剪切、刚域的角变位移法的缩略法（D 值法）计算。

• 楼板可以不计入墙梁的刚度之中。

• 包含竖向接合部的墙可以当做一体墙。

• 腰墙梁和墙梁作为双重梁。

• 垂直方向的墙的刚度可以忽略不计。

• 包含除了鞘管等以外的小开口的剪力墙，其刚度等于无开口墙的刚度乘以 $\gamma=1-1.25\xi$（ξ：等价开口圆周比）得到的值。

• 剪切弹性系数 $G_c=E_c/2.3$，形状系数 $\kappa=1.5$ 条件下的剪切变形。

• 刚域的长度设定为构件高度的 1/4。

• 壁板区域的变形可以忽略不计。

• 剪力墙以中心轴为配筋的中心，但墙梁的配筋中心要向楼板移动。

（2）D 值与反弯点高度比的计算。

（a）A 轴线

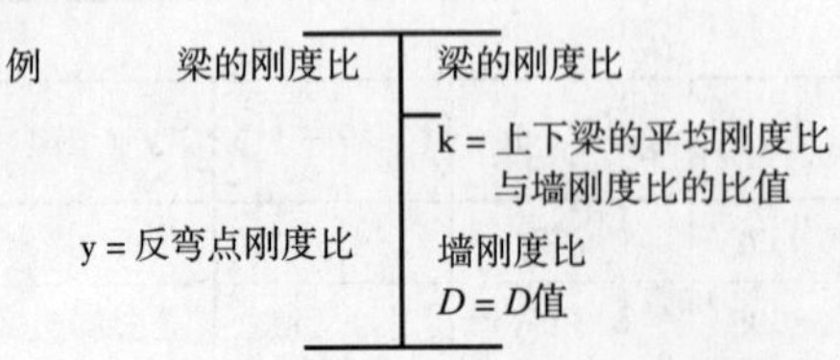

层高	y	AW1 × 2 (3015)	AW2 × 2 (3300)	AW3 × 2 (3300)	AW4 × 2 (3225)	AW5 × 2 (3225)	AW4 × 2 (3225)	AW5 × 1 (3225)
2800	y = 0.35	2.12 2.58 $\bar{k}$ = 0.86 2.47 y = 0.30 D = 0.74	2.83 2.83 $\bar{k}$ = 0.70 7.76 y = 0.30 D = 2.01	2.83 2.83 $\bar{k}$ = 0.73 7.76 y = 0.30 D = 2.07	2.77 2.64 $\bar{k}$ = 0.72 7.76 y = 0.35 D = 2.06	2.64 2.77 $\bar{k}$ = 0.87 6.08 y = 0.30 D = 1.84	2.77 2.64 $\bar{k}$ = 0.71 7.76 y = 0.35 D = 2.04	2.64 $\bar{k}$ = 0.87 6.08 D = 1.84
2800	y = 0.40	2.12 2.58 $\bar{k}$ = 0.86 2.47 y = 0.40 D = 0.74	2.83 2.83 $\bar{k}$ = 0.70 7.76 y = 0.40 D = 2.01	2.83 2.83 $\bar{k}$ = 0.73 7.76 y = 0.40 D = 2.07	2.77 2.64 $\bar{k}$ = 0.72 7.76 y = 0.40 D = 2.06	2.64 2.77 $\bar{k}$ = 0.87 6.08 y = 0.40 D = 1.84	2.77 2.64 $\bar{k}$ = 0.71 7.76 y = 0.40 D = 2.04	2.64 $\bar{k}$ = 0.87 6.08 D = 1.84
2800	y = 0.45	2.12 2.58 $\bar{k}$ = 0.86 2.47 y = 0.45 D = 0.74	2.83 2.83 $\bar{k}$ = 0.70 7.76 y = 0.45 D = 2.01	2.83 2.83 $\bar{k}$ = 0.73 7.76 y = 0.45 D = 2.07	2.77 2.64 $\bar{k}$ = 0.72 7.76 y = 0.45 D = 2.06	2.64 2.77 $\bar{k}$ = 0.87 6.08 y = 0.45 D = 1.84	2.77 2.64 $\bar{k}$ = 0.71 7.76 y = 0.45 D = 2.04	2.64 $\bar{k}$ = 0.87 6.08 D = 1.84
2800	y = 0.50	2.12 2.58 $\bar{k}$ = 0.86 2.47 y = 0.50 D = 0.74	2.83 2.83 $\bar{k}$ = 0.70 7.76 y = 0.50 D = 2.01	2.83 2.83 $\bar{k}$ = 0.73 7.76 y = 0.50 D = 2.07	2.77 2.64 $\bar{k}$ = 0.72 7.76 y = 0.50 D = 2.06	2.64 2.77 $\bar{k}$ = 0.87 6.08 y = 0.50 D = 1.84	2.77 2.64 $\bar{k}$ = 0.71 7.76 y = 0.50 D = 2.04	2.64 $\bar{k}$ = 0.87 6.08 D = 1.84
3425	y = 0.75	2.12 2.58 $\bar{k}$ = 0.42 5.00 y = 0.75 D = 1.91	2.83 2.83 $\bar{k}$ = 0.47 11.6 y = 0.75 D = 4.55	2.83 2.83 $\bar{k}$ = 0.49 11.6 y = 0.75 D = 4.61	2.77 2.64 $\bar{k}$ = 0.48 11.6 y = 0.70 D = 4.60	2.64 2.77 $\bar{k}$ = 0.56 9.48 y = 0.75 D = 3.92	2.77 2.64 $\bar{k}$ = 0.48 11.6 y = 0.70 D = 4.58	2.64 $\bar{k}$ = 0.56 9.48 D = 3.92

（b）B轴线

层高	y	BW1 × 2 (3277.5)	BW2 × 2 (2850)	BW3 × 2 (2550)	BW4 × 2 (3900)	BW5 × 2 (3900)	BW4 × 2 (2550)	BW6 × 1 (2550)
2800	y = 0.15	2.09 1.77 $\bar{k}$ = 0.30 7.07 y = 0.40 D = 0.91	2.68 3.69 $\bar{k}$ = 1.87 2.38 y = 0.30 D = 1.15	4.78 3.34 $\bar{k}$ = 0.73 11.5 y = 0.40 D = 3.10	2.11 3.38 $\bar{k}$ = 2.29 2.38 y = 0.15 D = 1.27	3.38 2.11 $\bar{k}$ = 0.27 24.6 y = 0.40 D = 2.97	3.34 4.78 $\bar{k}$ = 2.29 2.38 y = 0.30 D = 1.27	4.78 $\bar{k}$ = 0.76 12.5 D = 3.46
2800	y = 0.25	2.09 1.77 $\bar{k}$ = 0.30 7.07 y = 0.45 D = 0.91	2.68 3.69 $\bar{k}$ = 1.87 2.38 y = 0.40 D = 1.15	4.78 3.34 $\bar{k}$ = 0.73 11.5 y = 0.45 D = 3.10	2.11 3.38 $\bar{k}$ = 2.29 2.38 y = 0.25 D = 1.27	3.38 2.11 $\bar{k}$ = 0.27 24.6 y = 0.45 D = 2.97	3.34 4.78 $\bar{k}$ = 2.29 2.38 y = 0.40 D = 1.27	4.78 $\bar{k}$ = 0.76 12.5 D = 3.46
2800	y = 0.40	2.09 1.77 $\bar{k}$ = 0.30 7.07 y = 0.50 D = 0.91	2.68 3.69 $\bar{k}$ = 1.87 2.38 y = 0.45 D = 1.15	4.78 3.34 $\bar{k}$ = 0.73 11.5 y = 0.50 D = 3.10	2.11 3.38 $\bar{k}$ = 2.29 2.38 y = 0.40 D = 1.27	3.38 2.11 $\bar{k}$ = 0.27 24.6 y = 0.50 D = 2.97	3.34 4.78 $\bar{k}$ = 2.29 2.38 y = 0.45 D = 1.27	4.78 $\bar{k}$ = 0.76 12.5 D = 3.46
2800	y = 0.50	2.09 1.77 $\bar{k}$ = 0.30 7.07 y = 0.50 D = 0.91	2.68 3.69 $\bar{k}$ = 1.87 2.38 y = 0.50 D = 1.15	4.78 3.34 $\bar{k}$ = 0.73 11.5 y = 0.50 D = 3.10	2.11 3.38 $\bar{k}$ = 2.29 2.38 y = 0.50 D = 1.27	3.38 2.11 $\bar{k}$ = 0.27 24.6 y = 0.50 D = 2.97	3.34 4.78 $\bar{k}$ = 2.29 2.38 y = 0.50 D = 1.27	4.78 $\bar{k}$ = 0.76 12.5 D = 3.46
3425	y = 0.75	2.09 1.77 $\bar{k}$ = 0.16 12.7 y = 0.65 D = 3.89	2.68 3.69 $\bar{k}$ = 1.09 4.10 y = 0.75 D = 2.11	4.78 3.34 $\bar{k}$ = 0.53 16.1 y = 0.65 D = 6.53	2.11 3.38 $\bar{k}$ = 1.33 4.10 y = 0.85 D = 2.25	3.38 2.11 $\bar{k}$ = 0.23 29.5 y = 0.65 D = 9.65	3.34 4.78 $\bar{k}$ = 1.33 4.10 y = 0.75 D = 2.25	4.78 $\bar{k}$ = 0.41 23.5 D = 8.9

（c）C 轴线

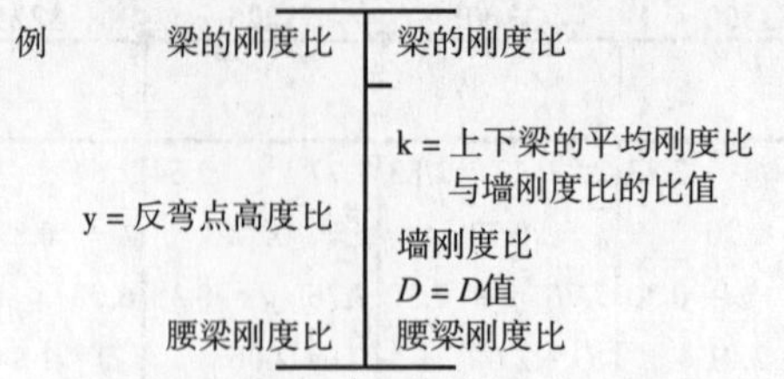

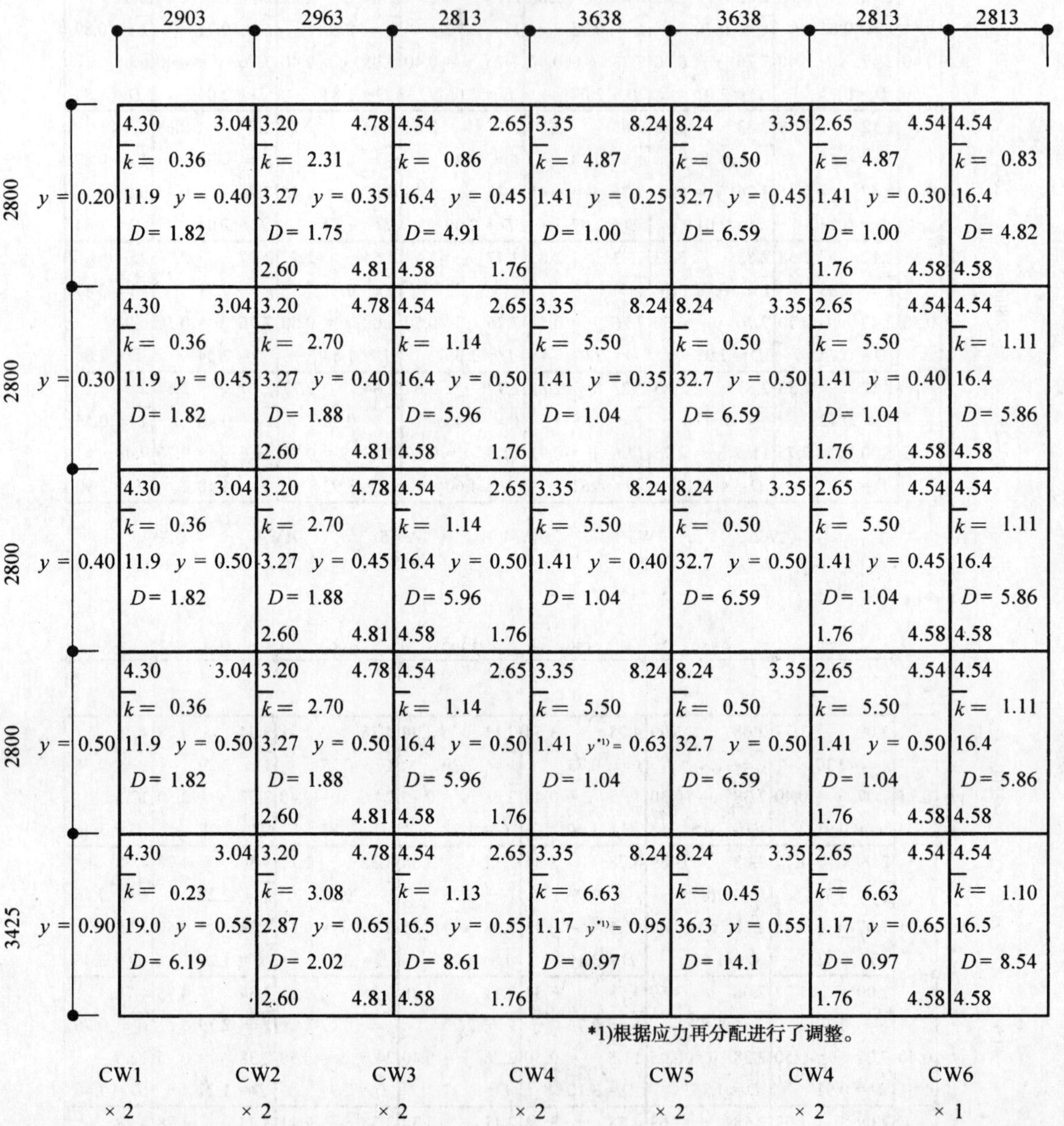

（3）纵向 D 值与层间变形角

层	$\sum D_x$	Q（kN）	h（mm）	δ（mm）	层间变形角
5	87.1	1515.7	2800	0.482	1/5807
4	90.6	2946.0	2800	0.901	1/3109
3	90.6	4057.0	2800	1.240	1/2257
2	90.6	4964.1	2800	1.518	1/1845
1	188.7	5685.1	3425	1.249	1/2742

5.4 横向 D 值与应力的计算

（1）计算假定

·依据下列算式计算弯曲、剪切变形（此处无需考虑基础下沉的影响）。

$$\delta_n = \delta_s + \delta_B$$

$$\delta_s = \frac{\kappa Q h}{\beta G A_w} \quad （剪切变形）$$

$$\delta_B = \sum_{i=1}^{n-1}\left(\frac{M_i h_i}{EI_i}\right) \times h_n + \frac{M_n h_n}{EI_n} \times x_n \quad （弯曲变形）$$

式中 κ——剪切变形系数；

β——剪切刚度下降率；

Q——剪力；

h——层高；

G——剪切弹性系数；

A_w——墙的有效面积；

M——弯矩；

E——弹性系数；

I——断面惯性矩。

n——n 层；

x_n——依据下图。

n：n 层

x_n：参照下图

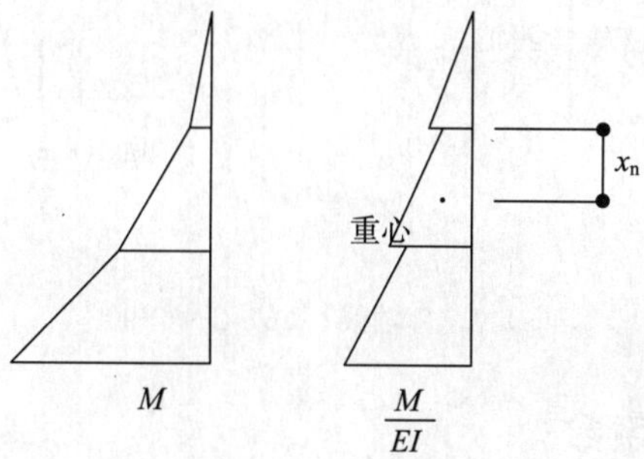

1、7 轴线的开口可以依据作为小开口的剪切刚度下降率考虑。

$$\gamma = 1 - 1.25 \times \sqrt{\frac{1.20 \times 1.40 \times 2}{(2.80 \times 10.95)}} \quad （2\sim5 层）$$

$$= 0.586$$

$$\gamma = 1 - 1.25 \times \sqrt{\frac{1.20 \times 1.40 \times 2}{(3.43 \times 10.95)}} \quad （1 层）$$

$$= 0.626$$

（2）D 值与层间位移角

·依据下式计算 D 值

$D_y = Q_i / \delta_{yi} \times h^2 / (12 \cdot E \cdot K)$

层	Y 轴线（横向）						
	Q_i（kN）	h（mm）	层间位移（mm）	层间位移角	1、7 轴线 D_y	2～6 轴线 D_y	ΣD_y
5	1515.7	2800	0.396	1/7077	11.1	7.5	59.4
4	2946.0	2800	0.431	1/6494	23.2	21.6	154.6
3	4057.0	2800	0.428	1/6539	31.7	33.5	230.9
2	4964.1	2800	0.383	1/7308	41.3	48.6	325.5
1	5685.1	3425	0.311	1/10997	116.6	152.4	995.3

（3）应力图

为了避免在横向进行扭曲修正，应该按照上记的 D 值进行应力计算。

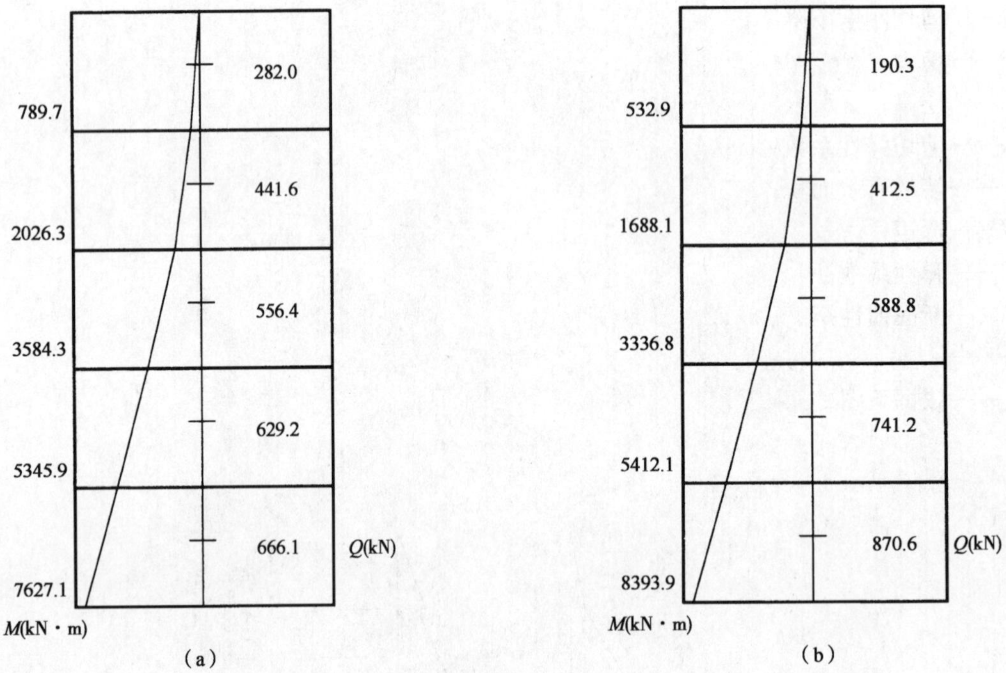

（a）1、7 轴线；（b）2～6 轴线

5.5 建筑物刚心与扭曲修正系数

（1）建筑物的刚心

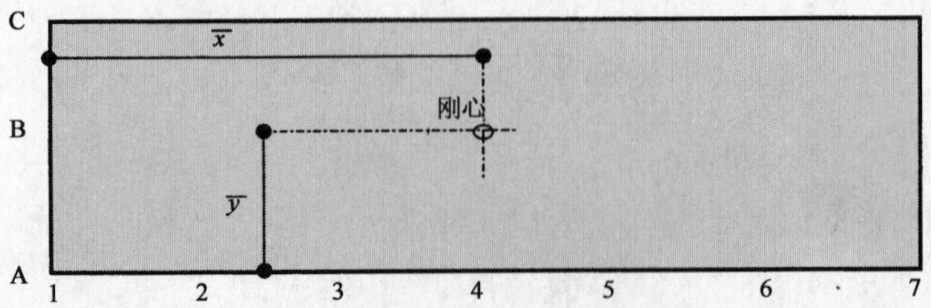

l：从左侧下端开始的距离

$y=l-\bar{y}$ $x=l-\bar{x}$

层	轴线	D_x	距离 l（m）	$D_x \times l$	$D_x \times y^2$	
5	A	23.36	0.00	0	1127	
	B	24.78	7.20	178	2	
	C	38.96	10.95	427	625	
	Σ	87.11		605	1753	$\bar{y}$=6.946m
4	A	23.36	0.00	0	1178	
	B	24.78	7.20	178	0	
	C	42.49	10.95	465	629	
	Σ	90.64		644	1808	$\bar{y}$=7.102m
3	A	23.36	0.00	0	1178	
	B	24.78	7.20	178	0	
	C	42.49	10.95	465	629	
	Σ	90.64		644	1808	$\bar{y}$=7.102m
2	A	23.36	0.00	0	1178	
	B	24.78	7.20	178	0	
	C	42.49	10.95	465	629	
	Σ	90.64		644	1808	$\bar{y}$=7.102m
1	A	52.25	0.00	0	2333	
	B	62.21	7.20	448	17	
	C	74.28	10.95	813	1353	
	Σ	188.74		1261	3703	$\bar{y}$=6.682m

层	轴线	D_y	距离 l（m）	$D_y \times l$	$D_y \times x^2$	
5	1	11.06	0.00	0	4270	
	2	7.46	6.75	50	1242	
	3	7.46	13.20	99	311	
	4	7.46	19.65	147	0	
	5	7.46	26.10	195	311	
	6	7.46	32.55	243	1242	
	7	11.06	39.30	435	4270	
	Σ	59.44		1168	11646	$\bar{x}$=19.650m
4	1	23.17	0.00	0	8948	
	2	21.65	6.75	146	3602	
	3	21.65	13.20	286	901	
	4	21.65	19.65	425	0	
	5	21.65	26.10	565	901	
	6	21.65	32.55	705	3602	
	7	23.17	39.30	911	8948	
	Σ	154.58		3037	26900	$\bar{x}$=19.650m
3	1	31.66	0.00	0	12225	
	2	33.51	6.75	226	5576	
	3	33.51	13.20	442	1394	

续表

层	轴线	D_y	距离 l（m）	$D_y\times l$	$D_y\times x^2$	
3	4	33.51	19.65	658	0	
	5	33.51	26.10	875	1394	
	6	33.51	32.55	1091	5576	
	7	31.66	39.30	1244	12225	
	Σ	230.85		4536	38390	$\bar{x}$=19.650m
2	1	41.25	0.00	0	15929	
	2	48.60	6.75	328	8087	
	3	48.60	13.20	642	2022	
	4	48.60	19.65	955	0	
	5	48.60	26.10	1268	2022	
	6	48.60	32.55	1582	8087	
	7	41.25	39.30	1621	15929	
	Σ	325.50		6396	52077	$\bar{x}$=19.650m
1	1	116.60	0.00	0	45023	
	2	152.41	6.75	1029	25363	
	3	152.41	13.20	2012	6341	
	4	152.41	19.65	2995	0	
	5	152.41	26.10	3978	6341	
	6	152.41	32.55	4961	25363	
	7	116.60	39.30	4583	45023	
	Σ	995.27		19557	153454	$\bar{x}$=19.650m

（2）偏心率

$I_x=\sum(D_x\cdot y^2)$

$I_y=\sum(D_y\cdot x^2)$

层	方向	抗震要素 $\sum D$	刚度 I	扭曲刚度 K_R $(=I_x+I_y)$	偏向距离 e（m）	弹力半径 e $(=\sqrt{K_R/\sum D})$	偏心率 R_e (e/r_e)
5	X	87.11	1753	13399	1.108	12.40	0.09
	Y	59.44	11646		0.000	15.01	0.00
4	X	90.64	1808	28708	1.210	17.80	0.07
	Y	154.58	26900		0.000	13.63	0.00
3	X	90.64	1808	40197	1.193	21.06	0.06
	Y	230.85	38390		0.000	13.20	0.00
2	X	90.64	1808	53884	1.185	24.38	0.05
	Y	325.50	52077		0.000	12.87	0.00
1	X	188.74	3703	157157	0.760	28.86	0.03
	Y	995.27	153454		0.000	12.57	0.00

（3）扭曲修正系数

$\alpha=1+\sum D\cdot e/K_R\times l$

5层　X　$\alpha=1+87.11\times1.108/13399.294\times6.946=$　　　1.050

Y　$\alpha=1+59.44\times0.000/13399.294\times19.650=$　1.000

4层　X　$\alpha=1+90.64\times1.210/28708.206\times19.650=$　1.027

Y　$\alpha=1+154.58\times0.000/28708.206\times19.650=$　1.000

3层　X　$\alpha=1+90.64\times1.193/40197.298\times7.102=$　1.019

Y　$\alpha=1+230.85\times0.000/40197.298\times19.650=$　1.000

2层　X　$\alpha=1+90.64\times1.185/53884.355\times7.102=$　1.014

Y　$\alpha=1+325.50\times0.000/53884.355\times19.650=$　1.000

1层　X　$\alpha=1+188.74\times1.108/157156.811\times6.682=$　1.006

Y　$\alpha=1+995.27\times0.000/157156.811\times19.650=$　1.000

5.6 纵向的应力计算

(1) 各个剪力墙的剪力和弯矩。

轴线	墙符号	层	h (m)	$\sum Q_i$(kN)	$\sum D$	D	Q (kN)	α	αQ (kN)	y	M (kN·m)	
											上	下
A	AW1	5	2.80	1515.7	87.11	0.74	12.9	1.050	13.6	0.35	24.7	13.3
		4	2.80	2946.0	90.64	0.74	24.1	1.027	24.8	0.40	41.6	27.8
		3	2.80	4057.0	90.64	0.74	33.2	1.019	33.9	0.45	52.1	42.7
		2	2.80	4964.1	90.64	0.74	40.7	1.014	41.2	0.50	57.7	57.7
		1	3.43	5685.1	188.74	1.91	57.4	1.006	57.8	0.75	49.5	148.5
	AW2	5	2.80	1515.7	87.11	2.01	34.9	1.050	36.7	0.30	71.8	30.8
		4	2.80	2946.0	90.64	2.01	65.2	1.027	67.0	0.40	112.5	75.0
		3	2.80	4057.0	90.64	2.01	89.8	1.019	91.5	0.45	140.9	115.3
		2	2.80	4964.1	90.64	2.01	109.9	1.014	111.4	0.50	156.0	156.0
		1	3.43	5685.1	188.74	4.55	137.1	1.006	137.9	0.75	118.1	354.2
	AW3	5	2.80	1515.7	87.11	2.07	36.1	1.050	37.9	0.30	74.3	31.8
		4	2.80	2946.0	90.64	2.07	67.4	1.027	69.3	0.40	116.3	77.6
		3	2.80	4057.0	90.64	2.07	92.9	1.019	94.6	0.45	145.7	119.2
		2	2.80	4964.1	90.64	2.07	113.6	1.014	115.2	0.50	161.3	161.3
		1	3.43	5685.1	188.74	4.61	138.9	1.006	139.8	0.75	119.7	359.0
	AW4	5	2.80	1515.7	87.11	2.06	35.8	1.050	37.6	0.30	73.7	31.6
		4	2.80	2946.0	90.64	2.06	66.9	1.027	68.7	0.40	115.4	76.9
		3	2.80	4057.0	90.64	2.06	92.1	1.019	93.8	0.45	144.5	118.2
		2	2.80	4964.1	90.64	2.06	112.7	1.014	114.3	0.50	160.0	160.0
		1	3.43	5685.1	188.74	4.60	138.4	1.006	139.3	0.75	119.3	357.8
	AW5	5	2.80	1515.7	87.11	1.84	32.0	1.050	33.6	0.35	61.2	33.0
		4	2.80	2946.0	90.64	1.84	59.8	1.027	61.5	0.40	103.2	68.8
		3	2.80	4057.0	90.64	1.84	82.4	1.019	84.0	0.45	129.3	105.8
		2	2.80	4964.1	90.64	1.84	100.8	1.014	102.3	0.50	143.2	143.2
		1	3.43	5685.1	188.74	3.92	118.1	1.006	118.8	0.70	122.1	284.8

续表

轴线	墙符号	层	h (m)	$\sum Q_i$ (kN)	$\sum D$	D	Q (kN)	α	αQ (kN)	y	M (kN·m)	
											上	下
A	AW5 4轴线交点	5	2.80	1515.7	87.11	1.84	32.0	1.050	33.6	0.35	61.2	33.0
		4	2.80	2946.0	90.64	1.84	59.8	1.027	61.5	0.40	103.3	68.8
		3	2.80	4057.0	90.64	1.84	82.4	1.019	84.0	0.45	129.3	105.8
		2	2.80	4964.1	90.64	1.84	100.8	1.014	102.3	0.50	143.2	143.2
		1	3.43	5685.1	188.74	3.92	118.1	1.006	118.8	0.70	122.1	284.8
B	BW1	5	2.80	1515.7	87.11	0.91	15.8	1.050	16.6	0.15	39.5	7.0
		4	2.80	2946.0	90.64	0.91	29.6	1.027	30.4	0.25	63.8	21.3
		3	2.80	4057.0	90.64	0.91	40.7	1.019	41.5	0.40	69.7	46.5
		2	2.80	4964.1	90.64	0.91	49.8	1.014	50.5	0.50	70.7	70.7
		1	3.43	5685.1	188.74	3.89	117.2	1.006	117.9	0.75	101.0	302.9
	BW2	5	2.80	1515.7	87.11	1.15	20.0	1.050	21.0	0.40	35.3	23.5
		4	2.80	2946.0	90.64	1.15	37.4	1.027	38.4	0.45	59.1	48.4
		3	2.80	4057.0	90.64	1.15	51.5	1.019	52.4	0.50	73.4	73.4
		2	2.80	4964.1	90.64	1.15	63.0	1.014	63.8	0.50	89.4	89.4
		1	3.43	5685.1	188.74	2.11	63.4	1.006	63.8	0.65	76.5	142.0
	BW3	5	2.80	1515.7	87.11	3.10	53.9	1.050	56.6	0.30	110.9	47.5
		4	2.80	2946.0	90.64	3.10	100.6	1.027	103.3	0.40	173.6	115.7
		3	2.80	4057.0	90.64	3.10	138.6	1.019	141.2	0.45	217.5	177.9
		2	2.80	4964.1	90.64	3.10	169.5	1.014	171.9	0.50	240.7	240.7
		1	3.43	5685.1	188.74	6.53	196.8	1.006	198.0	0.75	169.5	508.5
	BW4	5	2.80	1515.7	87.11	1.27	22.1	1.050	23.2	0.40	39.0	26.0
		4	2.80	2946.0	90.64	1.27	41.3	1.027	42.4	0.45	65.3	53.4
		3	2.80	4057.0	90.64	1.27	56.9	1.019	57.9	0.50	81.1	81.1
		2	2.80	4964.1	90.64	1.27	69.6	1.014	70.6	0.50	98.8	98.8
		1	3.43	5685.1	188.74	2.25	67.8	1.006	68.2	0.65	81.8	151.9
	BW5	5	2.80	1515.7	87.11	2.97	51.6	1.050	54.2	0.15	129.0	22.8
		4	2.80	2946.0	90.64	2.97	96.4	1.027	99.1	0.25	208.0	69.3
		3	2.80	4057.0	90.64	2.97	132.8	1.019	135.4	0.40	227.4	151.6
		2	2.80	4964.1	90.64	2.97	162.5	1.014	164.8	0.50	230.7	230.7
		1	3.43	5685.1	188.74	9.65	290.6	1.006	292.3	0.85	150.2	851.1
	BW6	5	2.80	1515.7	87.11	3.46	60.2	1.050	63.2	0.30	123.9	53.1
		4	2.80	2946.0	90.64	3.46	112.5	1.027	115.5	0.40	194.1	129.4
		3	2.80	4057.0	90.64	3.46	154.9	1.019	157.8	0.45	243.0	198.9
		2	2.80	4964.1	90.64	3.46	189.5	1.014	192.2	0.50	269.0	269.0
		1	3.43	5685.1	188.74	8.85	266.7	1.006	268.3	0.75	229.7	689.2
C	CW1	5	2.80	1515.7	87.11	1.82	31.7	1.050	33.3	0.20	74.5	18.6
		4	2.80	2946.0	90.64	1.82	59.2	1.027	60.8	0.30	119.2	51.1
		3	2.80	4057.0	90.64	1.82	81.5	1.019	83.1	0.40	139.6	93.0
		2	2.80	4964.1	90.64	1.82	99.7	1.014	101.1	0.50	141.6	141.6
		1	3.43	5685.1	188.74	6.19	186.3	1.006	187.5	0.90	64.2	577.9

续表

轴线	墙符号	层	h（m）	$\sum Q_i$(kN)	$\sum D$	D	Q（kN）	α	αQ（kN）	y	M（kN·m）	
											上	下
C	CW2	5	2.80	1515.7	87.11	1.75	30.5	1.050	32.0	0.40	53.8	35.8
		4	2.80	2946.0	90.64	1.88	61.1	1.027	62.8	0.45	96.6	79.1
		3	2.80	4057.0	90.64	1.88	84.1	1.019	85.7	0.50	120.0	120.0
		2	2.80	4964.1	90.64	1.88	102.9	1.014	104.4	0.50	146.2	146.2
		1	3.43	5685.1	188.74	2.02	61.0	1.006	61.4	0.55	94.6	115.6
	CW3	5	2.80	1515.7	87.11	4.91	85.4	1.050	89.7	0.35	163.3	87.9
		4	2.80	2946.0	90.64	5.96	193.6	1.027	198.9	0.40	334.1	222.8
		3	2.80	4057.0	90.64	5.96	266.7	1.019	271.8	0.45	418.5	342.4
		2	2.80	4964.1	90.64	5.96	326.3	1.014	330.9	0.50	463.3	463.3
		1	3.43	5685.1	188.74	8.61	259.4	1.006	260.9	0.65	312.8	580.9
	CW4	5	2.80	1515.7	87.11	1.00	17.4	1.050	18.3	0.45	28.2	23.0
		4	2.80	2946.0	90.64	1.04	33.7	1.027	34.6	0.50	48.4	48.4
		3	2.80	4057.0	90.64	1.04	46.3	1.019	47.2	0.50	66.1	66.1
		2	2.80	4964.1	90.64	1.04	56.7	1.014	57.5	0.50	80.5	80.5
		1	3.43	5685.1	188.74	0.97	29.1	1.006	29.3	0.55	45.2	55.2
	CW5	5	2.80	1515.7	87.11	6.59	114.6	1.050	120.3	0.25	252.7	84.2
		4	2.80	2946.0	90.64	6.59	214.0	1.027	219.8	0.35	400.1	215.5
		3	2.80	4057.0	90.64	6.59	294.8	1.019	300.4	0.40	504.7	336.4
		2	2.80	4964.1	90.64	6.59	360.7	1.014	365.8	0.63	378.9	645.2
		1	3.43	5685.1	188.74	14.11	425.1	1.006	427.7	0.95	73.2	1391.7
	CW6	5	2.80	1515.7	87.11	4.82	83.9	1.050	88.1	0.30	172.7	74.0
		4	2.80	2946.0	90.64	5.86	190.5	1.027	195.7	0.40	328.8	219.2
		3	2.80	4057.0	90.64	5.86	262.4	1.019	267.4	0.45	411.8	336.9
		2	2.80	4964.1	90.64	5.86	321.1	1.014	325.6	0.50	455.8	455.8
		1	3.43	5685.1	188.74	8.54	257.2	1.006	258.7	0.65	310.2	576.0

(2) 纵向的应力图

A 轴线

(剪力墙)

依据下列内容确定（）内数值，剪力墙—刚域边缘力矩—墙梁—表面力矩。

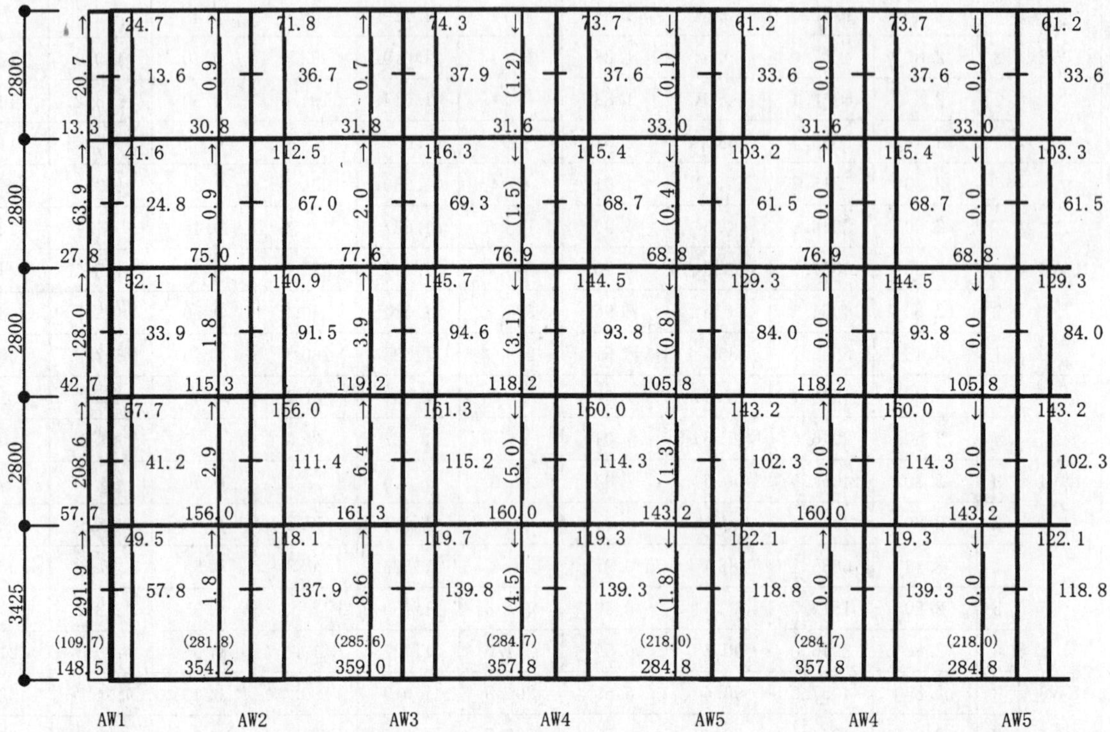

(墙梁)

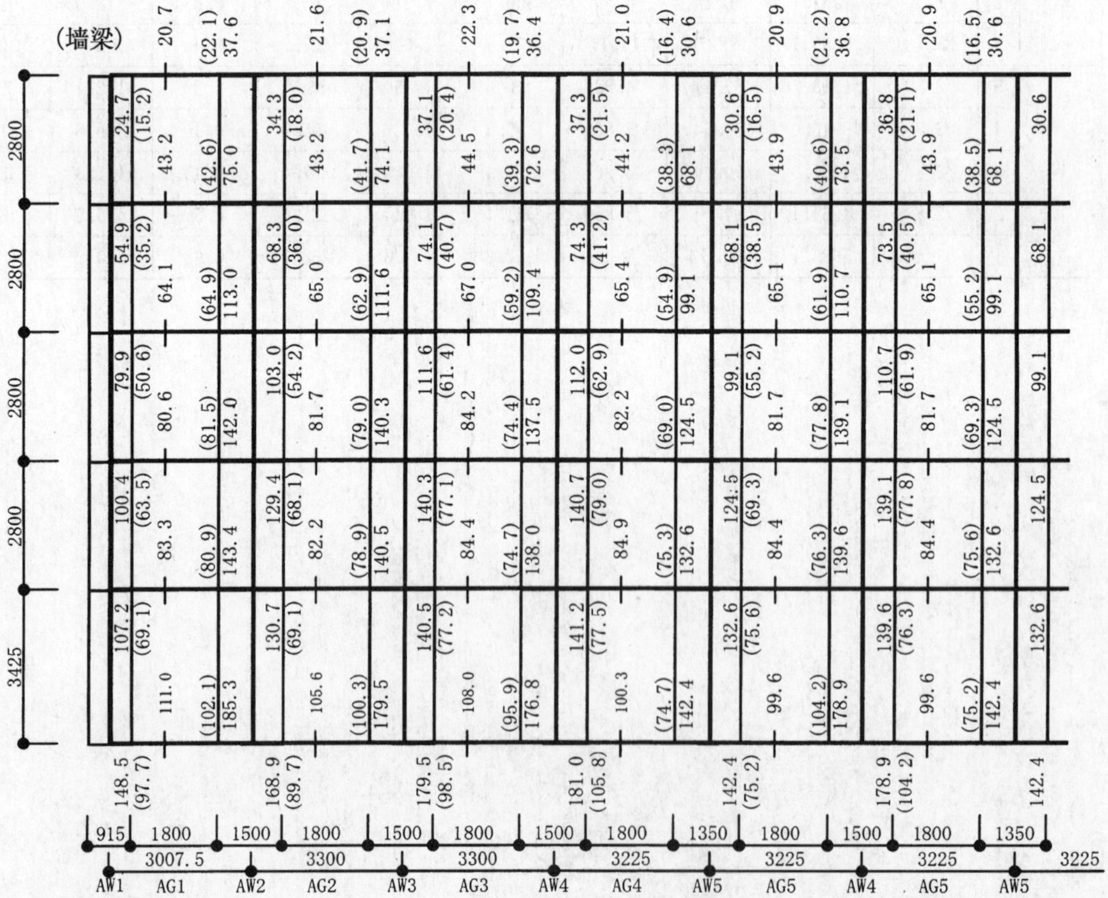

B轴线

（剪力墙）

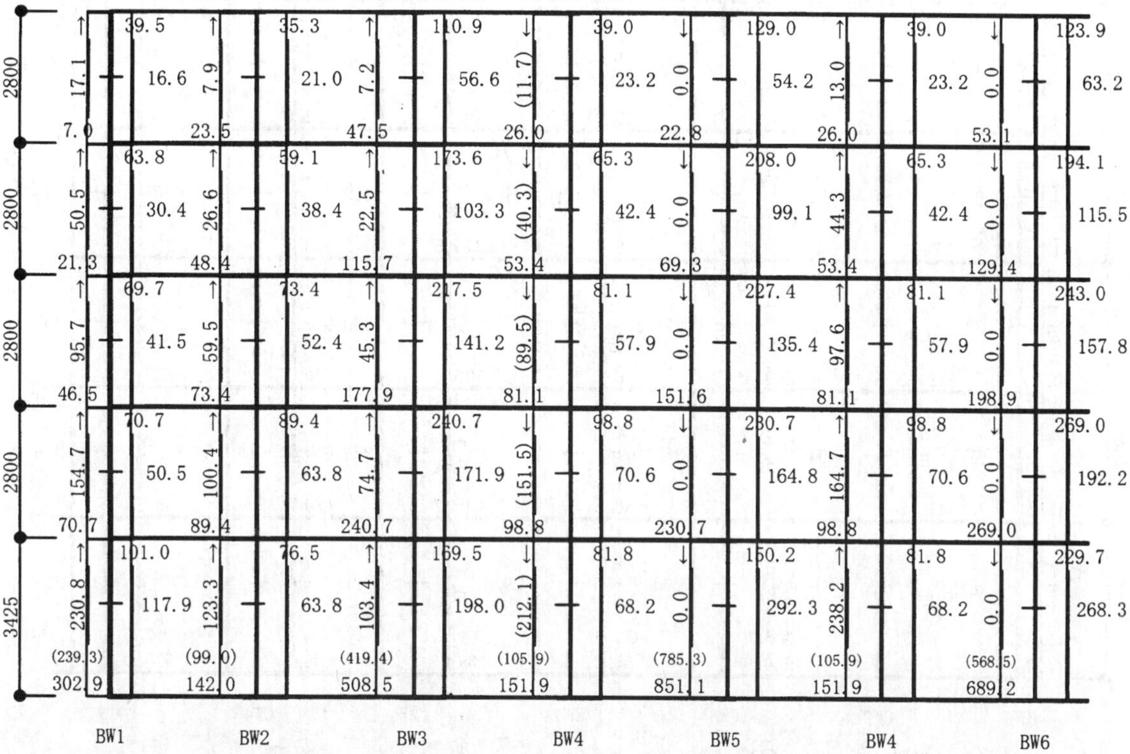

（墙梁）

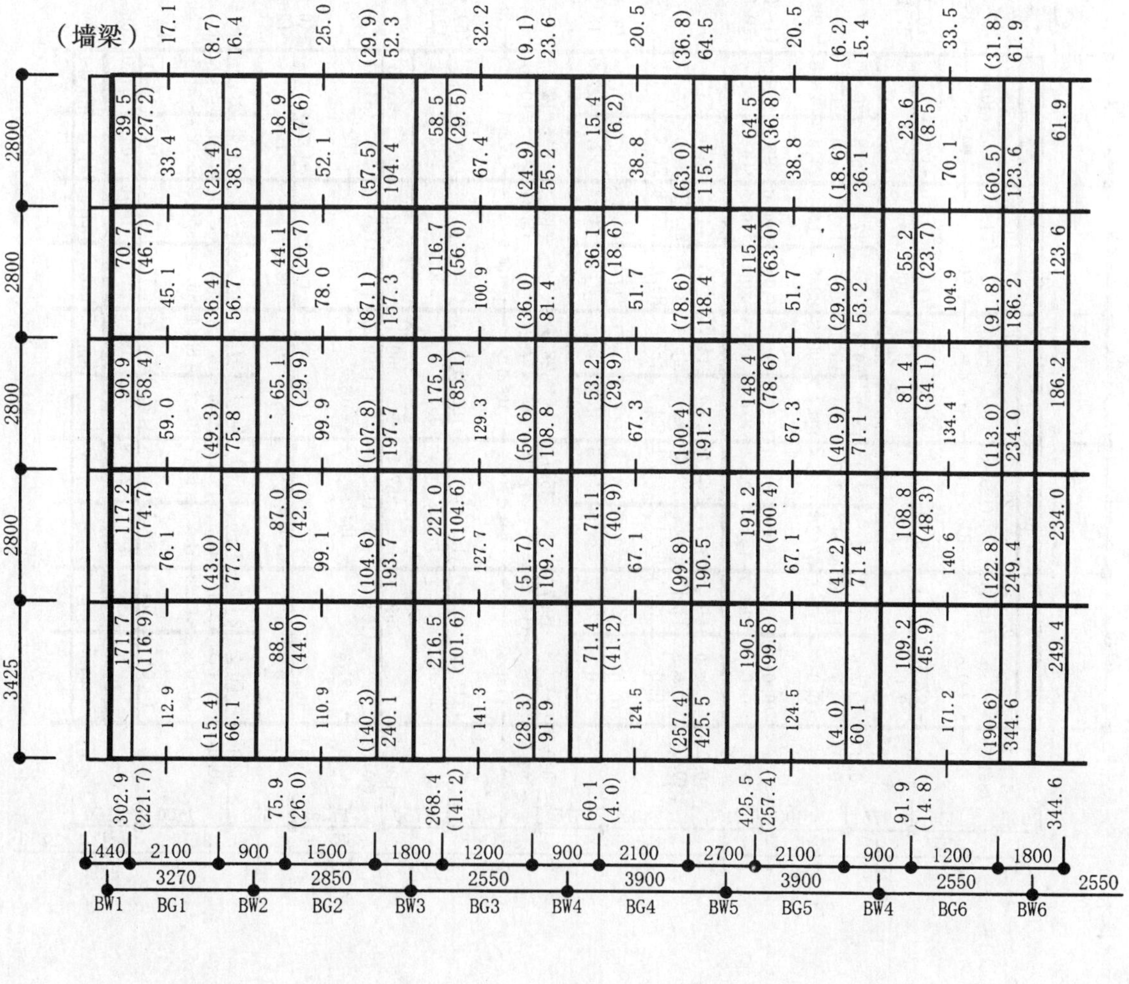

C 轴线

（剪力墙）

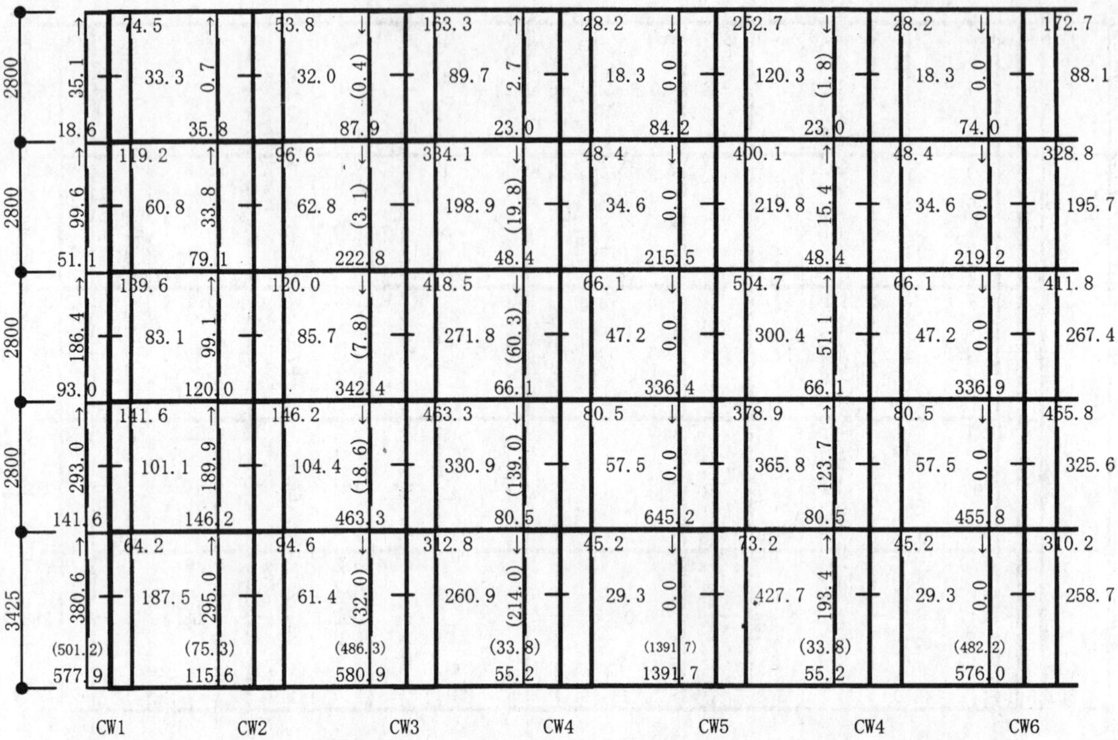

（墙梁）

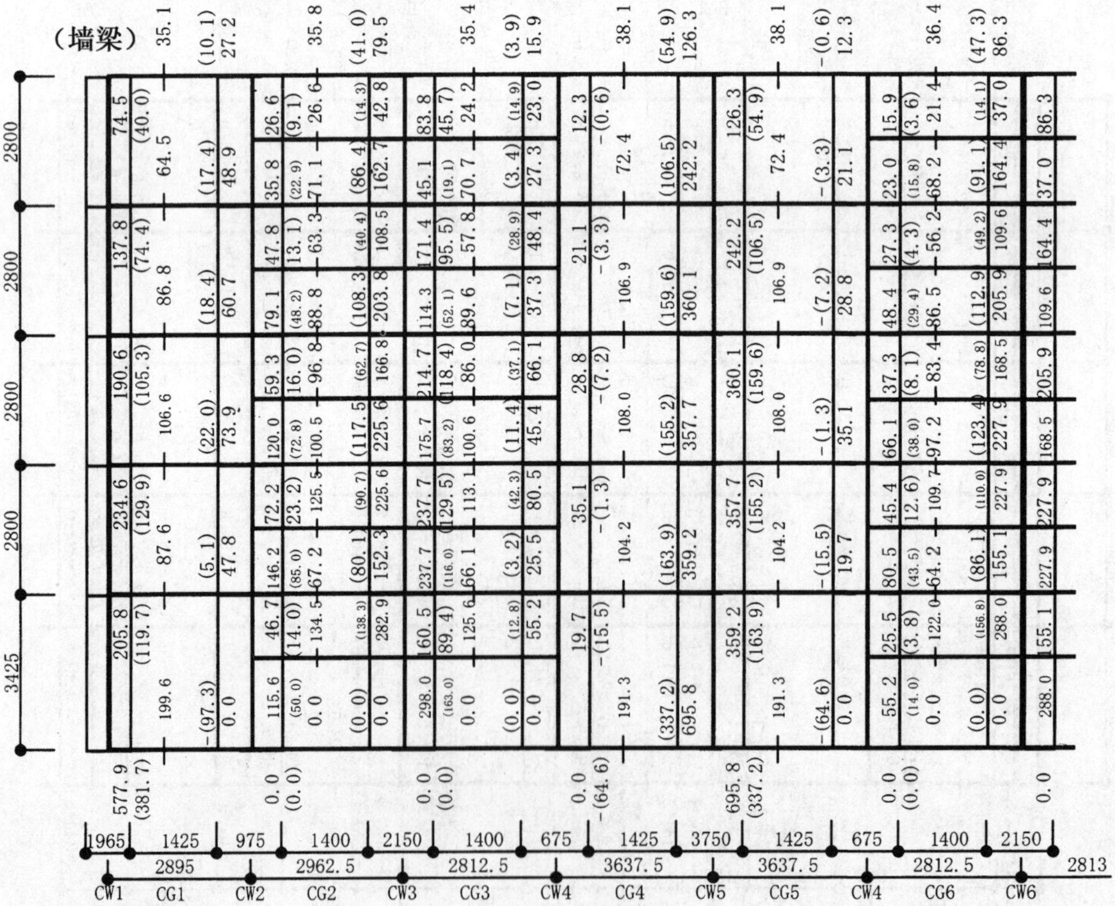

6　断面计算

6.1　墙梁

（1）断面计算方针

- 因为长期应力的影响较小，所以上下采用相同配筋。
- 原则上水平荷载时应力采用左端或者右端节点弯矩中最大的值，配筋应左右相同，但如果两端部节点弯矩相差 2 倍以上时，单侧 2 排配筋，其他端可以 1 排配筋。
- 弯矩的计算应采用下式。此外，因为短期弯矩为长期弯矩的 1.5 倍，相对较大，所以长期应力的计算可以省略。

$$_{S}M_{A} \geqslant {}_{S}M_{D}$$

$$_{S}M_{A} = a_{t} \cdot f_{t} \cdot j$$

$$_{S}M_{D} = M_{L} + M_{E}$$

式中　$_{S}M_{A}$——短期容许弯矩（N·m）；

$_{S}M_{D}$——短期弯矩设计（N·m）；

M_{L}——长期荷载时弯矩（N·m）；

M_{E}——水平荷载时弯矩（N·m）；

a_{t}——墙梁的主筋断面积（mm^2）；

f_{t}——主筋的容许拉应力强度（N/mm^2）；

j——墙梁的应力中心距离，$j=(7/8)\,d$（mm）；

d——墙梁的有效高度（mm）。

- 剪力的计算应按照下面的公式

$$_{L}Q_{A} \geqslant {}_{L}Q_{D}$$

$$_{S}Q_{A} \geqslant {}_{S}Q_{D}$$

$$_{L、S}Q_{A} = b \cdot j\,[\alpha \cdot f_{s} + 0.5\,{}_{w}f_{t}\,(p_{w} - 0.002)]$$

$$_{S}Q_{D} = Q_{L} + \min\,(n \cdot Q_{E},\ \Sigma M_{y}/l')$$

式中　$_{L}Q_{A}$——墙梁的长期容许剪力（N）；

$_{L}Q_{D}$——墙梁的长期剪力设计（N），为 Q_{L}；

$_{S}Q_{D}$——墙梁的短期剪力设计（N）；

b——墙梁的宽（mm）；

α——根据墙梁的剪切跨度比所得的放大系数，按照下面的公式计算

$$\alpha = 4/[M/(Qd) + 1] \quad 并且\ 1 \leqslant \alpha \leqslant 2$$

f_{s}——混凝土的长期或短期容许单位剪应力（N/mm^2）；

$_{w}f_{t}$——抗剪钢筋的抗剪加固长期或短期容许拉应力（N/mm^2）；

p_{w}——抗剪配筋率；

Q_{L}——墙梁长期荷载时的剪力（N）；

n——剪力放大系数（=2.0）；

Q_{E}——墙梁的水平荷载的剪力（N）；

ΣM_{y}——剪力最大的墙梁的两端屈服弯矩的绝对值之和，按照下式计算

$$\sum M_y = 0.9 \cdot \sum (a_t \cdot \sigma_y) \cdot d$$

a_t——墙梁加固弯筋的断面积（mm^2），不必考虑板内钢筋；

σ_y——墙梁加固弯筋的标准屈服强度（N/mm^2）；

l'——墙梁的净距（mm）。

（2）平衡配筋率的计算

因为容许弯矩的计算公式中出现了 $a_t \cdot f_t \cdot j$ 等，所以要确认平衡配筋率符合下面的要求。

断面　$b \times D =$ 200×550mm　　$d=495$mm

$f_t=345$N/mm　　$f_c=18N/mm^2$

$\gamma=1.0$　　$d_c=50$mm　　$n=$ 15

$$p_{tb}=1/2\times\frac{1}{[1+f_t/(n\cdot f_c)]\times[(f_t/f_c)\times(1+\gamma\cdot d_c/d)-n\cdot\gamma(1-d_c/d)]}$$

$$=1/2\times\frac{1}{[1+345/(15\cdot 18)]\times[(345/18)\times(1+50/495)-15(1-50/495)]}$$

$$=0.5\times 0.0576=0.0288$$

$a_t=$ 0.02882 × 200 × 495 = 2853 mm^2 ＞ 4－D29（2568）

断面　$b \times D=200\times 800$mm　$d=745$mm

$f_t=345$N/mm　　$f_c=18N/mm^2$

$\gamma=1.0$　$d_c=50$mm　$n=15$

$$p_{tb}=1/2\times\frac{1}{\left\{1+\frac{f_t}{(n\cdot f_c)}\right\}\times\left\{\left(\frac{f_t}{f_c}\right)\times\left(1+\gamma\cdot\frac{d_c}{d}\right)-n\cdot\gamma\left(1-\frac{d_c}{d}\right)\right\}}$$

$$=1/2\times\frac{1}{\left\{1+\frac{345}{(15\cdot 18)}\right\}\times\left\{\left(\frac{345}{18}\right)\times\left(1+\frac{50}{495}\right)-15\left(1-\frac{50}{495}\right)\right\}}$$

$$=0.5\times 0.0680=0.0340$$

$a_t=0.03398$ × 200 × 745= 5063mm^2 ＞ 6－D29（3852）

（3）断面计算

主筋 SD295A（D16 以下），SD345（D19 以上）　　$_sQ_{D1}=Q_L+n\cdot Q_E$

箍筋 SD295A　　$_sQ_{D2}=Q_L+\sum M_y/l'$

梁符号 $b\times D$ d（mm） l'（m）	层	F_c （N/mm^2）	M_L （kN·m） M_E （kN·m）	M_S （kN·m）	Q_L （kN） Q_E （kN）	Q_S （kN）	a_t （mm^2）	设计	$\sum a_t$ （mm^2）	$\sum M_y$ （kN·m）	$_sQ_{D1}$ （kN） $_sQ_{D2}$ （kN）	α（S） α（L）	$_sQ_A$ （kN） $_LQ_A$ （kN）	p_w （%）	箍筋
AG1 200×550 d=495 l'=1.80	R	27	7.3 22.1	29.4	21.3 20.7	42.0	197	2-D 19	574×2	194.1	62.7 129.1	1.66 2.00	176.5 140.8	0.285	2-D 10 @250
	5	27	8.3 42.6	50.9	24.0 43.2	67.2	340	2-D 19	574×2	194.1	110.4 131.8	1.58 2.00	169.0 140.8	0.285	2-D 10 @250
	4	27	8.3 64.9	73.2	24.0 64.1	88.1	490	2-D 19	574×2	194.1	152.2 131.8	1.49 2.00	160.3 140.8	0.285	2-D 10 @250
	3	27	8.3 81.5	89.8	24.0 80.6	104.5	601	2-D 22	774×2	261.7	185.1 169.4	1.46 2.00	172.8 151.4	0.407	2-D 10 @175
	2	27	8.3 80.9	89.2	24.0 83.3	107.3	597	2-D 22	774×2	261.7	190.6 169.4	1.49 2.00	175.9 151.4	0.407	2-D 10 @175

续表

梁符号 $b\times D$ d（mm） l'（m）	层	F_c （N/mm²）	M_L (kN·m) M_E (kN·m)	M_S (kN·m)	Q_L (kN) Q_E (kN)	Q_S (kN)	a_t (mm²)	设计	Σa_t （mm²）	ΣM_y (kN·m)	$_SQ_{D1}$ (kN) $_SQ_{D2}$ (kN)	α（S） α（L）	$_SQ_A$ (kN) $_LQ_A$ (kN)	p_w （%）	箍筋
AG2 200×550 d=495 l'=1.80	R	27	7.3 20.9	28.3	21.3 21.6	42.9	189	2-D 19	574×2	194.1	64.5 129.1	1.72 2.00	182.5 140.8	0.285	2-D 10 @250
	5	27	8.3 41.7	50.0	24.0 43.2	67.1	335	2-D 19	574×2	194.1	110.3 131.8	1.60 2.00	170.6 140.8	0.285	2-D 10 @250
	4	27	8.3 62.9	71.2	24.0 65.0	89.0	476	2-D 19	574×2	194.1	154.0 131.8	1.53 2.00	163.9 140.8	0.285	2-D 10 @250
	3	27	8.3 79.0	87.3	24.0 81.7	105.7	584	2-D 22	774×2	261.7	187.4 169.4	1.50 2.00	170.0 147.0	0.357	2-D 10 @200
	2	27	8.3 78.9	87.1	24.0 82.2	106.1	583	2-D 22	774×2	261.7	188.3 169.4	1.50 2.00	170.5 147.0	0.357	2-D 10 @200
AG3 200×550 d=495 l'=1.80	R	27	7.0 20.4	27.5	20.4 22.3	42.7	184	2-D 19	574×2	194.1	65.0 128.2	1.74 2.00	184.8 140.8	0.285	2-D 10 @250
	5	27	7.9 40.7	48.6	22.8 44.5	67.3	326	2-D 19	574×2	194.1	111.8 130.7	1.63 2.00	173.6 140.8	0.285	2-D 10 @250
	4	27	7.9 61.4	69.3	22.8 67.0	89.8	464	2-D 19	574×2	194.1	156.8 130.7	1.56 2.00	167.3 140.8	0.285	2-D 10 @250
	3	27	7.9 77.1	85.0	22.8 84.2	107.0	569	2-D 19	574×2	194.1	191.2 130.7	1.54 2.00	164.5 140.8	0.285	2-D 10 @250
	2	27	7.9 77.2	85.1	22.8 84.4	107.2	569	2-D 22	774×2	261.7	191.6 168.2	1.54 2.00	173.7 147.0	0.357	2-D 10 @200
AG4，AG5 200×550 d=495 l'=1.80	R	27	7.0 21.5	28.5	20.4 21.0	41.4	191	2-D 19	574×2	194.1	62.5 128.2	1.67 2.00	178.3 140.8	0.285	2-D 10 @250
	5	27	7.9 41.2	49.1	22.8 44.2	67.0	329	2-D 19	574×2	194.1	111.2 130.7	1.61 2.00	172.2 140.8	0.285	2-D 10 @250
	4	27	7.9 62.9	70.8	22.8 65.4	88.3	474	2-D 19	574×2	194.1	153.7 130.7	1.53 2.00	163.6 140.8	0.285	2-D 10 @250
	3	27	7.9 79.0	86.9	22.8 82.2	105.1	582	2-D 22	774×2	261.7	187.3 168.2	1.50 2.00	169.8 147.0	0.357	2-D 10 @200
	2	27	7.9 77.5	85.4	22.8 84.9	107.8	572	2-D 22	774×2	261.7	192.7 168.2	1.54 2.00	173.8 147.0	0.357	2-D 10 @200

主筋 SD295A（D16 以下），SD345（D19 以上）　　$_SQ_{D1}=Q_L+n\cdot Q_E$

箍筋 SD295A　　$_SQ_{D2}=Q_L+\Sigma M_y/l'$

梁符号 $b\times D$ d（mm） l'（m）	层	F_c （N/mm²）	M_L (kN·m) M_E (kN·m)	M_S (kN·m)	Q_L (kN) Q_E (kN)	Q_S (kN)	a_t (mm²)	设计	Σa_t （mm²）	ΣM_y (kN·m)	$_SQ_{D1}$ (kN) $_SQ_{D2}$ (kN)	α（S） α（L）	$_SQ_A$ (kN) $_LQ_A$ (kN)	p_w （%）	箍筋
BG1 200×550 d=495 l'=2.10	R	27	12.2 27.2	39.5	30.9 17.1	48.0	264	2-D 19	574×2	194.1	65.2 123.3	1.50 2.00	161.4 140.8	0.285	2-D 10 @250
	5	27	15.4 46.7	62.1	38.8 33.4	72.2	415	2-D 19	574×2	194.1	105.6 131.3	1.46 2.00	157.2 140.8	0.285	2-D 10 @250
	4	27	15.4 58.4	73.8	38.8 45.1	84.0	494	2-D 19	574×2	194.1	129.1 131.3	1.44 2.00	155.1 140.8	0.285	2-D 10 @250
	3	27	15.4 74.7	90.0	38.8 59.0	97.9	603	2-D 22	774×2	261.7	156.9 163.5	1.40 2.00	160.0 147.0	0.357	2-D 10 @200
	2	27	15.4 116.9	132.3	38.8 76.1	115.0	922	3-D 22	1161×2	376.7	191.1 218.2	1.17 2.00	191.5 181.8	0.847	2-D 13 @150

续表

梁符号 $b\times D$ d (mm) l' (m)	层	F_c (N/mm²)	M_L (kN·m) M_E (kN·m)	M_S (kN·m)	Q_L (kN) Q_E (kN)	Q_S (kN)	a_t (mm²)	设计	Σa_t (mm²)	ΣM_y (kN·m)	${}_sQ_{D1}$ (kN) ${}_sQ_{D2}$ (kN)	α (S) α (L)	${}_sQ_A$ (kN) ${}_LQ_A$ (kN)	p_w (%)	箍筋
BG2 200×550 d=495 l'=1.50	R	27	5.4 29.9	35.2	18.2 25.0	43.2	236	2-D 19	574×2	194.1	68.2 147.6	1.51 2.00	162.0 140.8	0.285	2-D 10 @250
	5	27	6.7 57.5	64.2	22.7 52.1	74.8	430	2-D 19	574×2	194.1	127.0 152.1	1.46 2.00	157.3 140.8	0.285	2-D 10 @250
	4	27	6.7 87.1	93.8	22.7 78.0	100.8	628	2-D 22	774×2	261.7	178.8 197.2	1.39 2.00	194.5 171.1	0.635	2-D 13 @200
	3	27	6.7 107.8	114.5	22.7 99.9	122.6	766	2-D 22	774×2	261.7	222.5 197.2	1.39 2.00	205.8 178.9	0.726	2-D 13 @175
	2	27	6.7 104.6	111.3	22.7 99.1	121.8	745	2-D 22	774×2	261.7	220.8 197.2	1.41 2.00	207.8 178.9	0.726	2-D 13 @175
BG3 200×550 d=495 l'=1.20	R	27	3.5 29.5	33.0	14.2 32.2	46.4	221	2-D 19	574×2	194.1	78.6 176.0	1.64 2.00	175.0 140.8	0.285	2-D 10 @250
	5	27	4.4 56.0	60.4	17.7 67.4	85.1	404	2-D 19	574×2	194.1	152.5 179.4	1.64 2.00	175.4 140.8	0.285	2-D 10 @250
	4	27	4.4 85.1	89.4	17.7 100.9	118.6	598	2-D 22	774×2	261.7	219.4 235.8	1.59 2.00	225.8 178.9	0.726	2-D 13 @175
	3	27	4.4 104.6	108.9	17.7 129.3	147.0	729	2-D 22	774×2	261.7	276.3 235.8	1.60 2.00	242.9 189.4	0.847	2-D 13 @150
	2	27	4.4 101.6	105.9	17.7 127.7	145.4	709	2-D 22	774×2	261.7	273.1 235.8	1.62 2.00	247.0 189.4	0.847	2-D 13 @150
BG4 200×550 d=495 l'=2.10	R	27	12.1 36.8	49.0	30.7 20.5	51.2	328	2-D 19	574×2	194.1	71.7 123.1	1.36 2.00	147.3 140.8	0.285	2-D 10 @250
	5	27	15.2 63.0	78.2	38.5 38.8	77.4	523	2-D 19	574×2	194.1	116.2 130.9	1.31 2.00	142.4 140.8	0.285	2-D 10 @250
	4	27	15.2 78.6	93.8	38.5 51.7	90.2	628	2-D 22	774×2	261.7	141.9 163.2	1.29 2.00	168.4 160.1	0.508	2-D 13 @250
	3	27	15.2 100.4	115.6	38.5 67.3	105.8	774	2-D 22	774×2	261.7	173.0 163.2	1.25 2.00	180.3 171.1	0.635	2-D 13 @200
	2	27	15.2 99.8	115.1	38.5 67.1	105.7	770	2-D 22	774×2	261.7	172.8 163.2	1.25 2.00	180.6 171.1	0.635	2-D 13 @200

主筋 SD295A（D16 以下），SD345（D19 以上）　　$_sQ_{D1}=Q_L+n\cdot Q_E$

箍筋 SD295A　　$_sQ_{D2}=Q_L+\Sigma M_y/l'$

梁符号 $b\times D$ d (mm) l' (m)	层	F_c (N/mm²)	M_L (kN·m) M_E (kN·m)	M_S (kN·m)	Q_L (kN) Q_E (kN)	Q_S (kN)	a_t (mm²)	设计	Σa_t (mm²)	ΣM_y (kN·m)	${}_sQ_{D1}$ (kN) ${}_sQ_{D2}$ (kN)	α (S) α (L)	${}_sQ_A$ (kN) ${}_LQ_A$ (kN)	p_w (%)	箍筋
CG1 200×550 d=495 l'=1.43	R	27	5.8 40.0	45.8	20.4 35.1	55.5	306	2-D 19	574×2	194.1	90.6 156.6	1.50 2.00	161.0 140.8	0.285	2-D 10 @250
	5	27	6.7 74.4	81.2	23.8 64.5	88.2	543	2-D 19	574×2	194.1	152.7 160.0	1.40 2.00	160.0 147.0	0.357	2-D 10 @200
	4	27	6.7 105.3	112.1	23.8 86.8	110.6	750	2-D 22	774×2	261.7	197.4 207.4	1.31 2.00	198.5 178.9	0.726	2-D 13 @175
	3	27	6.7 129.9	136.7	23.8 106.6	130.3	953	3-D 22	1161×2	376.7	236.9 288.1	1.25 2.00	242.1 211.0	1.198	2-D 13 @106
	2	27	6.7 119.7	126.5	23.8 87.6	111.4	882	3-D 22	1161×2	376.7	199.0 288.1	1.18 2.00	213.3 195.8	1.016	2-D 13 @125

续表

梁符号 $b\times D$ d (mm) l' (m)	层	F_c (N/mm²)	M_L (kN·m) M_E (kN·m)	M_S (kN·m)	Q_L (kN) Q_E (kN)	Q_S (kN)	a_t (mm²)	设计	Σa_t (mm²)	ΣM_y (kN·m)	${}_sQ_{D1}$ (kN) ${}_sQ_{D2}$ (kN)	α (S) α (L)	${}_sQ_A$ (kN) ${}_LQ_A$ (kN)	p_w (%)	箍筋
CG2 200×550 d=495 l'=1.40	R	27	5.3 41.0	46.3	18.9 35.8	54.7	310	2-D 19	574×2	194.1	90.5 157.5	1.48 2.00	158.6 140.8	0.285	2-D 10 @250
	5	27	6.1 86.4	92.5	21.9 71.1	92.9	619	2-D 22	774×2	261.7	164.0 208.8	1.33 2.00	188.6 171.1	0.635	2-D 13 @200
	4	27	6.1 108.3	114.4	21.9 88.8	110.7	766	2-D 22	774×2	261.7	199.5 208.8	1.30 2.00	212.2 189.4	0.847	2-D 13 @150
	3	27	6.1 117.5	123.6	21.9 100.5	122.4	827	3-D 22	1161×2	392.6	223.0 302.3	1.32 2.00	235.9 204.1	1.016	2-D 13 @125
	2	27	6.1 80.1	86.2	21.9 67.2	89.1	577	3-D 22	1161×2	392.6	156.3 302.3	1.35 2.00	218.1 189.4	0.847	2-D 13 @150
CG3 200×550 d=495 l'=1.40	R	27	5.3 45.7	50.9	18.9 35.4	54.3	341	2-D 19	574×2	194.1	89.7 157.5	1.38 2.00	149.1 140.8	0.285	2-D 10 @250
	5	27	6.1 95.5	101.6	21.9 70.7	92.5	680	2-D 22	774×2	261.7	163.2 208.8	1.24 2.00	163.7 160.1	0.508	2-D 13 @250
	4	27	6.1 118.4	124.5	21.9 89.6	111.5	868	3-D 22	1161×2	376.7	201.1 291.0	1.19 2.00	214.7 195.8	1.016	2-D 13 @125
	3	27	6.1 129.5	135.6	21.9 100.6	122.5	907	3-D 22	1161×2	392.6	223.2 302.3	1.24 2.00	228.0 204.1	1.016	2-D 13 @125
	2	27	6.1 89.4	95.5	21.9 66.1	88.0	639	3-D 22	1161×2	392.6	154.1 302.3	1.25 2.00	229.6 204.1	1.016	2-D 13 @125
CG4，CG5 200×550 d=495 l'=1.43	R	27	5.8 54.9	60.7	20.4 38.1	58.5	406	2-D 19	574×2	194.1	96.6 156.6	1.29 2.00	140.2 140.8	0.285	2-D 10 @250
	5	27	6.7 106.5	113.2	23.8 72.4	96.1	758	3-D 22	1161×2	392.6	168.5 299.3	1.18 2.00	174.0 171.1	0.635	2-D 13 @200
	4	27	6.7 159.6	166.3	23.8 106.9	130.7	1113	3-D 22	1161×2	392.6	237.6 299.3	1.12 2.00	239.6 219.9	1.198	2-D 13 @106
	3	27	6.7 155.2	161.9	23.8 108.0	131.7	1084	3-D 22	1161×2	392.6	239.7 299.3	1.15 2.00	242.4 219.9	1.198	2-D 13 @106
	2	27	6.7 163.9	170.6	23.8 104.2	127.9	1142	3-D 22	1161×2	392.6	232.1 299.3	1.08 2.00	235.9 219.9	1.198	2-D 13 @106

主筋 SD295A（D16 以下），SD345（D19 以上）　　$_sQ_{D1}=Q_L+n\cdot Q_E$

箍筋 SD295A　　$_sQ_{D2}=Q_L+\Sigma M_y/l'$

梁符号 $b\times D$ d (mm) l' (m)	层	F_c (N/mm²)	M_L (kN·m) M_E (kN·m)	M_S (kN·m)	Q_L (kN) Q_E (kN)	Q_S (kN)	a_t (mm²)	设计	Σa_t (mm²)	ΣM_y (kN·m)	${}_sQ_{D1}$ (kN) ${}_sQ_{D2}$ (kN)	α (S) α (L)	${}_sQ_A$ (kN) ${}_LQ_A$ (kN)	p_w (%)	箍筋
CG6 200×550 d=495 l'=1.40	R	27	5.3 47.3	52.5	18.9 36.4	55.2	352	2-D 19	574×2	194.1	91.6 157.5	1.37 2.00	147.9 140.8	0.285	2-D 10 @250
	5	27	6.1 91.1	97.2	21.9 68.2	90.0	651	2-D 22	774×2	261.7	158.2 208.8	1.26 2.00	165.1 160.1	0.508	2-D 13 @250
	4	27	6.1 112.9	119.1	21.9 86.5	108.4	797	3-D 22	1161×2	392.6	194.8 302.3	1.24 2.00	206.9 189.4	0.847	2-D 13 @150
	3	27	6.1 123.4	129.6	21.9 97.2	119.1	867	3-D 22	1161×2	392.6	216.3 302.3	1.25 2.00	229.4 204.1	1.016	2-D 13 @125
	2	27	6.1 86.1	92.2	21.9 64.2	86.1	617	3-D 22	1161×2	392.6	150.3 302.3	1.26 2.00	209.2 189.4	0.847	2-D 13 @150

续表

梁符号 $b\times D$ d（mm） l'（m）	层	F_c （N/ mm^2）	M_L (kN·m) M_E (kN·m)	M_S (kN·m)	Q_L （kN） Q_E （kN）	Q_S （kN）	a_t （mm^2）	设计	$\sum a_t$ （mm^2）	$\sum M_y$ (kN·m)	$_sQ_{D1}$ （kN） $_sQ_{D2}$ （kN）	α（S） α（L）	$_sQ_A$ （kN） $_LQ_A$ （kN）	p_w （%）	箍筋
CG2（腰） 200×800 d=745 l'=1.40	5	27	1.1 22.9	24.0	3.6 26.6	30.2	107	2-D 19	574×2	292.1	56.7 212.3	1.93 2.00	307.7 211.9	0.285	2-D 10 @250
	4	27	1.1 48.2	49.3	3.6 63.3	66.9	219	2-D 19	574×2	292.1	130.2 212.3	2.00 2.00	317.6 211.9	0.285	2-D 10 @250
	3	27	1.1 72.8	73.9	3.6 96.8	100.4	329	2-D 19	574×2	292.1	197.2 212.3	2.00 2.00	317.6 211.9	0.285	2-D 10 @250
	2	27	1.1 90.7	91.8	3.6 125.5	129.1	408	2-D 19	574×2	292.1	254.6 212.3	2.00 2.00	317.6 211.9	0.285	2-D 10 @250
	1	27	1.1 138.3	139.4	3.6 134.5	138.1	620	2-D 22	774×2	393.9	272.6 285.0	1.70 2.00	285.9 221.2	0.357	2-D 10 @200
CG3（腰） 200×800 d=745 l'=1.40	5	27	1.1 19.1	20.1	3.6 24.2	27.8	90	2-D 19	574×2	292.1	52.1 212.3	2.00 2.00	317.6 211.9	0.285	2-D 10 @250
	4	27	1.1 52.1	53.2	3.6 57.8	61.4	236	2-D 19	574×2	292.1	119.3 212.3	185 2.00	295.0 211.9	0.285	2-D 10 @250
	3	27	1.1 83.2	84.3	3.6 86.0	89.6	375	2-D 19	574×2	292.1	175.5 212.3	1.77 2.00	282.5 211.9	0.285	2-D 10 @250
	2	27	1.1 116.0	117.1	3.6 113.1	116.7	521	2-D 19	574×2	292.1	229.9 212.3	1.70 2.00	273.0 211.9	0.285	2-D 10 @250
	1	27	1.1 163.0	164.1	3.6 125.6	129.2	730	2-D 22	774×2	393.9	254.8 285.0	1.48 2.00	275.7 236.7	0.475	2-D 10 @150
CG6（腰） 200×800 d=745 l'=1.40	5	27	1.1 15.8	16.9	3.6 21.4	25.0	75	2-D 19	574×2	292.1	46.3 212.3	2.00 2.00	317.6 211.9	0.285	2-D 10 @250
	4	27	1.1 49.2	50.3	3.6 56.2	59.8	224	2-D 19	574×2	292.1	115.9 212.3	1.88 2.00	299.3 211.9	0.285	2-D 10 @250
	3	27	1.1 78.8	79.9	3.6 83.4	87.0	355	2-D 19	574×2	292.1	170.4 212.3	1.79 2.00	286.2 211.9	0.285	2-D 10 @250
	2	27	1.1 110.0	111.1	3.6 109.7	113.3	494	2-D 19	574×2	292.1	222.9 212.3	1.73 2.00	276.4 211.9	0.285	2-D 10 @250
	1	27	1.1 156.8	157.9	3.6 122.0	125.6	702	2-D 22	774×2	393.9	247.7 285.0	1.49 2.00	254.3 221.2	0.357	2-D 10 @200

（4）墙梁的弯曲加固钢筋量的检讨

（a）墙梁的弯曲加固钢筋量的推荐值

计算公式

$$\sum a_{to}=\left(\frac{100C_B\cdot\alpha\cdot w\cdot h}{L_w}-0.8a_{tc}\cdot{}_c\sigma_y-\frac{50w\cdot N\cdot l_0\cdot y}{100-L_w\cdot y}\cdot\frac{N_w-1}{N_w}\right)\times\frac{L_w\cdot y\cdot l_0}{\left(100-\dfrac{L_w\cdot y}{N_w}\right)0.9\cdot{}_G\sigma_y\cdot d}$$

$a_{tc}=287mm^2$　　$d=0.495m$　　$w=10.95kN/m^2$　　${}_c\sigma_y=0.380kN/mm^2$

$L_w=11.45cm/m^2$　$N=5$层　　$h=2.8m$　　${}_G\sigma_y=0.380kN/mm^2$

$y=$ (10.95+1.5/2+2.0/2)/3= 4.23m

$l_o=$ (1.80×12+2.10×6+1.50×2+1.20×4+1.425×6+1.40×6)/36=1.638m

$N_w=$ 39/3 = 13.0

α：$5A_i=$ 1.759　　1.759

$4A_i=$ 1.400　　2.800

$3A_i=$ 1.230　　3.691

$2A_i=$　1.105　　　4.421

$1A_i=$　1.000　　　5.000

　　　　　　计　17.671

$$\sum a_{to}=\left(\frac{100\times0.5\times17.671\times10.95\times2.80}{11.45}-0.8\times287\times0.380-\frac{50\times10.95\times5\times1.638\times4.23}{100-11.45\times4.23}\times\frac{12.0}{13.0}\right)\times\frac{11.45\times4.23\times1.638}{\left(100-\frac{11.45\times4.23}{13.0}\right)\times0.9\times0.380\times0.495}$$

$$=(2364.2-87.13-339.96)\times4.879$$

$$=9450.1\text{mm}^2$$

式中　a_{tc}——剪力墙1层墙壁底部的弯曲加固钢筋的断面积（mm^2）；

d——墙梁的有效长度（m）；

w——建筑物每1层的地震力计算用单位重量（kN/m^2）；

${}_c\sigma_y$——剪力墙1层墙壁底部的加固钢筋的材料强度（kN/mm^2）；

L_w——壁量（cm/m^2）；

N——建筑物的地上楼层数；

h——层高（m）；

${}_G\sigma_y$——墙梁主筋的材料强度（kN/mm^2）；

y——用于壁量计算时的短边方向建筑物的长度除以长边方向的结构平面数所得的值（m）；

l_0——墙梁的净跨的平均值（m）；

N_w——每1层的剪力墙的数量除以结构平面数所得的数值；

α——在 $C_0=1.0$ 条件下根据建筑物的倾覆力矩所得的系数，按照下式计算

$$\alpha=\frac{M_{ov}}{W\cdot h}$$

W——各层的地震力计算用重量（kN）。

板钢筋两侧　　$a_{st}=244\text{mm}^2$（$285\text{mm}^2\times295/345$　　以4-D10为例）

因此，作为各层的墙梁主筋量，最理想的断面积值为

$a_t=(\sum a_{to}-a_{st}\times N)/2N=823\text{mm}^2$。

（b）实际的配筋

层	AG1	AG2	AG3	AG4	AG5	BG1	BG2	BG3	BG4	BG5	BG6
R	2-D 19	2-D 19	2-D 19	2-D 19	2-D 19	2-D 19	2-D 19	2-D 19	2-D 19	2-D 19	2-D 19
5	2-D 19	2-D 19	2-D 19	2-D 19	2-D 19	2-D 19	2-D 19	2-D 19	2-D 19	2-D 19	2-D 19
4	2-D 19	2-D 19	2-D 19	2-D 19	2-D 19	2-D 19	2-D 22	2-D 22	2-D 22	2-D 22	2-D 22
3	2-D 22	2-D 22	2-D 22	2-D 22	2-D 22	2-D 22	2-D 22	2-D 22	2-D 22	2-D 22	2-D 22
2	2-D 22	2-D 22	2-D 22	2-D 22	2-D 22	2-D 22	2-D 22	2-D 22	2-D 22	2-D 22	2-D 22
合计 $\sum a_t$ (mm^2)	6-D 19 4-D 22	6-D 19 4-D 22	8-D 19 2-D 22	6-D 19 4-D 22	6-D 19 4-D 22	6-D 19 5-D 22	4-D 19 6-D 22	4-D 19 6-D 22	4-D 19 6-D 22	4-D 19 6-D 22	4-D 19 6-D 22
	3270×2	3270×2	3070×2	3270×2	3270×2	3657×2	3470×2	3470×2	3470×2	3470×2	3470×2

层	CG1	CG2	CG3	CG4	CG5	CG6	CG2 腰	CG3 腰	CG6 腰
R（5）	2-D 19	2-D 19	2-D 19	2-D 19	2-D 19	2-D 19	2-D 19	2-D 19	2-D 19
5（4）	2-D 19	2-D 22	2-D 22	3-D 22	3-D 22	2-D 22	2-D 19	2-D 19	2-D 19
4（3）	2-D 22	2-D 22	3-D 22	3-D 22	3-D 22	3-D 22	2-D 19	2-D 19	2-D 19

续表

层	CG1	CG2	CG3	CG4	CG5	CG6	CG2 腰	CG3 腰	CG6 腰
3（2）	3-D 22	3-D 22	3-D 22	3-D 22	3-D 22	3-D 22	2-D 19	2-D 19	2-D 19
2（1）	3-D 22	3-D 22	3-D 22	3-D 22	3-D 22	3-D 22	2-D 22	2-D 22	2-D 22
合计 $\sum a_t$ (mm^2)	4-D 19 8-D 22	2-D 19 10-D 22	2-D 19 11-D 22	2-D 19 12-D 22	2-D 19 12-D 22	2-D 19 11-D 22	8-D 19 2-D 22	8-D 19 2-D 22	8-D 19 2-D 22
	4244×2	4444×2	4831×2	5218×2	5218×2	4831×2	3070×2	3070×2	3070×2

主筋合计＝156846mm²

每个梁平均 a_t＝156846/(42×5）＝747mm²＜823mm²　　NG

以 $A_i \cdot W_i/\sum (A_i \cdot W_i)$ 的比率为标准追加或者变更不足部分的钢筋。

（c）变更・追加后的配筋

层	AG1	AG2	AG3	AG4	AG5	BG1	BG2	BG3	BG4	BG5	BG6
4		2-D 22	2-D 22	2-D 22	2-D 22	2-D 22					
3			2-D 22								
2	3-D 22	3-D 22	3-D 22	3-D 22	3-D 22		3-D 22	3-D 22	3-D 22	3-D 22	3-D 22
追加合计 $\sum a_t$ (mm^2)	1-D 22	－2-D19 3-D 22	－4-D19 5-D 22	－2-D19 3-D 22	－2-D19 3-D 22	－2-D19 2-D 22	1-D 22	1-D 22	1-D 22	1-D 22	1-D 22
	387×2	587×2	787×2	587×2	587×4	200×2	387×2	387×2	387×2	387×2	387×2

层	CG1	CG2	CG3	CG4	CG5	CG6	CG2 腰	CG3 腰	CG6 腰
5（4）	2-D 22						2-D 22	2-D 22	2-D 22
4（3）							2-D 22	2-D 22	2-D 22
3（2）							2-D 22	2-D 22	2-D 22
2（1）							2-D 22		
追加合计 $\sum a_t$ (mm^2)	－2-D 19 2-D 22						－6-D 19 6-D 22	－6-D 19 6-D 22	－6-D 19 6-D 22
	200×2	0×2	0×2	0×2	0×2	0×2	600×2	600×2	600×2

追加主筋合计＝15314mm²

每个梁平均 a_t＝172160/(42×5）＝820mm²≈823mm²　　OK

（5）对墙梁主筋变更后的剪力的验算

$d=D-55$（1 排钢筋）主筋 SD295A（D16 以下），SD345（D19 以上 $_sQ_{D1}=Q_L+n \cdot Q_E$）

$d=D-75$（2 排钢筋）箍筋 SD295A　　$_sQ_{D2}=Q_L+\sum M_y/l'$　　加粗字体为变更处

梁符号 $b \times D$ d (mm) l' (m)	层	F_c (N/mm^2)	M_L (kN·m) M_E (kN·m)	M_S (kN·m)	Q_L (kN) Q_E (kN)	Q_S (kN)	a_t (mm^2)	设计	$\sum a_t$ (mm^2)	$\sum M_y$ (kN·m)	$_sQ_{D1}$ (kN) $_sQ_{D2}$ (kN)	α (S) α (L)	$_sQ_A$ (kN) $_LQ_A$ (kN)	p_w (%)	箍筋
AG1 200×550 d=495 l'=1.80	2	27	8.3 80.9	89.2	24.0 83.3	107.3	597	3-D 22	1161×2	392.6	190.6 242.1	1.49 2.00	204.9 171.1	0.635	2-D 13 @200

续表

梁符号 $b\times D$ d (mm) l' (m)	层	F_c (N/mm²)	M_L (kN·m) M_E (kN·m)	M_S (kN·m)	Q_L (kN) Q_E (kN)	Q_S (kN)	a_t (mm²)	设计	Σa_t (mm²)	ΣM_y (kN·m)	$_sQ_{D1}$ (kN) $_sQ_{D2}$ (kN)	α (S) α (L)	$_sQ_A$ (kN) $_LQ_A$ (kN)	p_w (%)	箍筋
AG2 200×550 d=495 l'=1.80	4	27	8.3 62.9	71.2	24.0 65.0	89.0	476	2-D 22	774×2	261.7	154.0 169.4	1.53 2.00	163.9 140.8	0.285	2-D 10 @250
	2	27	8.3 78.9	87.1	24.0 82.2	106.1	583	3-D 22	1161×2	392.6	188.3 242.1	1.50 2.00	206.1 171.1	0.635	2-D 13 @200
AG3 200×550 d=495 l'=1.80	4	27	7.9 61.4	69.3	22.8 84.2	107.0	464	2-D 22	774×2	261.7	191.2 168.2	1.73 2.00	184.3 140.8	0.285	2-D 10 @250
	3	27	7.9 77.1	85.0	22.8 84.2	107.0	569	2-D 22	774×2	261.7	191.2 168.2	1.54 2.00	173.6 147.0	0.357	2-D 10 @200
	2	27	7.9 77.2	85.1	22.8 84.4	107.2	569	3-D 22	1161×2	392.6	191.6 240.9	1.54 2.00	209.3 171.1	0.635	2-D 13 @200
AG4 AG5 200×550 d=495 l'=1.80	4	27	7.9 62.9	70.8	22.8 65.4	88.3	474	2-D 22	774×2	261.7	153.7 168.2	1.53 2.00	163.6 140.8	0.285	2-D 10 @250
	2	27	7.9 77.5	85.4	22.8 84.9	107.8	572	3-D 22	1161×2	392.6	192.7 240.9	1.54 2.00	209.4 171.1	0.635	2-D 13 @200
BG1 200×550 d=495 l'=2.10	4	27	15.4 58.4	73.8	38.8 45.1	84.0	494	2-D 22	774×2	261.7	129.1 163.5	1.44 2.00	155.1 140.8	0.285	2-D 10 @250
BG2 200×550 d=495 l'=1.50	2	27	6.7 104.6	111.3	22.7 99.1	121.8	745	3-D 22	1161×2	392.6	220.8 284.4	1.41 2.00	223.3 189.4	0.847	2-D 13 @150
BG3 BG6 200×550 d=495 l'=1.20	2	27	4.4 101.6	105.9	17.7 127.7	145.4	709	3-D 22	1161×2	392.6	273.1 344.8	1.62 2.00	289.5 219.9	1.198	2-D 13 @106
BG4 BG5 200×550 d=495 l'=2.10	2	27	15.2 99.8	115.1	38.5 67.1	105.7	770	3-D 22	1161×2	392.6	172.8 225.5	1.25 2.00	180.6 171.1	0.635	2-D 13 @200
CG1 200×550 d=495 l'=1.43	5	27	6.7 74.4	81.2	23.8 64.5	88.2	543	2-D 22	774×2	261.7	152.7 207.4	1.40 2.00	160.0 147.0	0.357	2-D 10 @200
CG（腰） 200×800 d=745 l'=1.40	4 ～ 1	27	1.1 138.3	139.4	3.6 134.5	138.1	620	2-D 22	774×2	393.9	272.6 285.0	1.70 2.00	285.9 221.2	0.357	2-D 10 @200

（6）主筋的必要锚固长度的验算

（a）验算方针

·墙梁受拉钢筋的接头部内的锚固长度 l_a，应为按照下式所计算出的必要锚固长度 l_{ab}数值以上。

必要锚固长度 $l_{ab}=\dfrac{\sigma_t \cdot A_S}{f_b \cdot \phi}$

σ_t：钢筋的长期以及短期容许拉应力（N/mm²）；

A_s：该钢筋的断面积（mm²）；

f_b：容许粘结应力（N/mm²）；

ϕ：该钢筋的周长（mm）。

（b）分析

主筋	A_s（mm^2）	ϕ（mm）		σ_t（N/mm^2）	f_b（N/mm^2）	l_{ab}（mm）
D19	287	60	长期	215	1.62	635
			短期	345	2.43	679
D22	387	70	长期	215	1.62	734
			短期	345	2.43	785

・由上述可知，主筋的锚固长度应为 $36d_b$ 以上。

6.2 剪力墙

（1）断面计算方针

・因为长期弯矩较小，所以可以忽略。注意，连接墙梁的净距超过 2.0m 的外端剪力墙，需考虑其竖向荷载时的应力。

・断面计算用应力，1 层底部采用刚域边缘的应力，其他部位采用节点力矩的应力。

・在剪力墙边缘部与垂直相交壁连接的情况下，当因地震力产生的抗拉轴向力起作用时，在不超过竖向接合部的短期容许剪力的范围内，需要考虑垂直相交壁的轴向力（$N_{L2}/4$，N_{L2}：垂直相交壁的长期轴向力）产生的抵抗力矩 M_e。

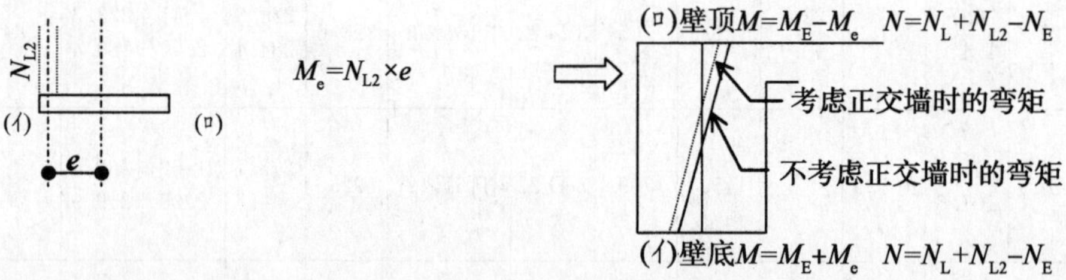

・因为剪力墙的主筋位置在墙壁底部为水平接合部或竖向接合钢筋位置，所以要考虑其位置来计算容许弯矩

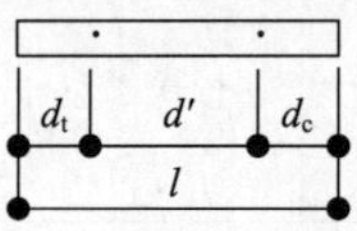

d' 为不足 $0.8l$ 时，按照下式来计算容许弯矩

$$M'=M\times\frac{d'}{0.8l}$$

式中　M'——容许弯矩；

M——计算图表的容许弯矩。

・剪力墙主筋包括有确保了壁板内锚固长度的围绕边缘的加固钢筋（只是剪力墙的顶部）以及竖向接合部内的纵向钢筋。

・记号

d'＝主筋间距离　　N_{L1}＝墙壁长期轴向力　　N_{L2}＝有效的垂直相交壁的长期轴向力

N_E＝地震时轴向力　M_E＝地震时力矩　　M_e＝垂直相交壁产生的力矩

・要确认剪力墙产生的单位剪应力满足下面的 a 式与 b 式。

$$\tau={}_{S}Q_D/(\gamma\cdot t\cdot j)\leqslant{}_{s}f_s \quad \text{a 式}$$

$$_{S}Q_D\leqslant\gamma\cdot t\cdot j\left[{}_{s}f_s+0.5{}_{w}f_t(p_w-0.002)\right] \quad \text{b 式}$$

式中　τ——由剪力设计值得出的单位剪应力（N/mm^2）；

$_{S}Q_D$——剪力设计值（N），取 $n\cdot Q_E$；

n——剪力放大系数（＝2.0）；

Q_E——剪力墙的水平荷载产生的剪力（N）；

γ——小开口的折减系数，按照下式计算：

$$\gamma = \min\left(1-1.25\sqrt{\frac{h_0 l_0}{hl}},\ 1-l_0/l\right)$$

h_0、l_0——小开口的净距高度（mm）和长度（mm）；

h、l——剪力墙的高度（mm）和长度（mm）；

t——剪力墙的壁厚（mm）；

j——剪力墙的应力中心距离（mm），为（7/8）·（0.9l）；

${}_sf_s$——混凝土的短期容许单位剪应力（N/mm²）；

${}_wf_t$——抗剪钢筋的抗剪加固用短期容许拉应力强度（N/mm²）；

p_w——抗剪配筋率。

· 抗剪钢筋的最低配筋，根据公告规定为下列数值。

层	抗剪配筋率	墙壁厚度 200	墙壁厚度 180	墙壁厚度 150
5	0.20%	2—D10@350	2—D10@375	1—D10@225
3、4	0.25%	2—D10@275	2—D10@275	1—D10@175
1、2	0.30%	2—D10@225	2—D10@225	1—D10@150

（2）弯曲及轴力的设计

SD295A：D16 以下

SD345：D19 以上

（kN·m）

墙符号	层	d' (mm) F_c (N/mm²)	0.8l d'	N_L N_{L2} N_E (kN)	M_e $M_{E上}$ $M_{E下}$ (kN·m)	$N_{S上}$ $N_{S下}$ (kN)	$M_{S上}$ ($M_{S'上}$) $M_{S下}$ ($M_{S'下}$)	$N_{S上}/tl$ $N_{S下}/tl$	$M_{S上}/tl^2$ $M_{S下}/tl^2$	$p_{t上}$% (a_t) mm² $p_{t下}$% (a_t) mm²	配筋 < >—SP ( )—VJ
AW1 外→内 200×915 (mm)	5	665	1.10	41.7 39.7	14.6 24.7	21.0	24.7 (27.2)	0.115	0.0162	0.04 (77)	<1-D19>
		27		20.7	13.3	60.6	0.0 (0.0)	0.331	0.0000	0.00 (0)	(1-D16)
	4	665	1.10	83.7 77.0	28.3 41.6	19.8	41.6 (45.8)	0.108	0.0274	0.08 (146)	<1-D19>
		27		63.9	27.8	96.7	0.0 (0.0)	0.529	0.0000	0.00 (0)	(1-D19)
	3	665	1.10	125.6 114.3	42.0 52.1	−2.4	52.1 (57.4)	−0.013	0.0343	0.12 (226)	<1-D19>
		27		128.0	42.7	111.9	0.7 (0.7)	0.611	0.0004	0.00 (0)	(1-D19)
	2	665	1.10	167.6 151.6	55.7 57.7	−41.0	57.7 (63.5)	−0.224	0.0379	0.17 (310)	弯曲 1-D13 <1-D19>
		27		208.6	57.7	110.6	2.0 (2.2)	0.605	0.0013	0.00 (0)	(1-D22)
	1	665	1.10	209.6 188.9	69.4 49.5	−82.3	49.5 (54.5)	−0.450	0.0325	0.30 (551)	<2-D19>
		27		291.9	109.7	106.6	40.2 (44.3)	0.583	0.0265	0.00 (0)	(1-D22)

续表

墙符号	层	d' (mm) F_c (N/mm²)	$0.8l$ d'	N_L N_{L2} N_E (kN)	M_e $M_{E上}$ $M_{E下}$ (kN·m)	$N_{S上}$ $N_{S下}$ (kN)	$M_{S上}$ ($M_{S'上}$) $M_{S下}$ ($M_{S'下}$)	$N_{S上}/tl$ $N_{S下}/tl$	$M_{S上}/tl^2$ $M_{S下}/tl^2$	$p_{t上}$% (a_t) mm² $p_{t下}$% (a_t) mm²	配筋 < >—SP ( )—VJ
AW1 内→外 200×915 (mm)	5	665	1.10	41.7 0.0	0.0 24.7	62.4	24.68 (27.17)	0.341	0.0162	0.01 (12)	(1-D16)
		27		20.7	13.3	62.4	13.29 (14.63)	0.341	0.0087	0.00 (0)	<1-D19>
	4	665	1.10	83.7 0.0	0.0 41.6	147.6	41.63 (45.83)	0.806	0.0274	0.00 (0)	(1-D16)
		27		63.9 0.0	27.8	147.6	27.75 (30.55)	0.806	0.0182	0.00 (0)	<1-D19>
	3	665	1.10	125.6 0.0	0.0 52.1	253.7	52.14 (57.40)	1.386	0.343	0.00 (0)	(1-D19)
		27		128.0 0.0	42.7	253.7	42.66 (46.96)	1.386	0.0280	0.00 (0)	<1-D19>
	2	665	1.10	167.6 0.0	0.0 57.7	376.2	57.72 (63.54)	2.056	0.379	0.00 (0)	(1-D19)
		27		208.6 0.0	57.7	376.2	57.72 (63.54)	2.056	0.0379	0.00 (0)	<1-D19>
	1	665	1.10	209.6 0.0	0.0 49.5	501.6	49.49 (54.48)	2.741	0.0325	0.00 (0)	(1-D22)
		27		291.9	109.7	501.6	109.68 (120.73)	2.741	0.0721	0.00 (0)	<1-D19>
AW2 200×1500 (mm)	5	1250	0.96	104.4	0.0 71.8	103.5	71.8 ( )	0.345	0.0160	0.00 (0)	<1-D19>
		27		0.9	30.8	103.5	30.8 ( )	0.345	0.0068	0.00 (0)	<1-D19>
	4	1250	0.96	223.2	0.0 112.5	222.3	112.5 ( )	0.741	0.0250	0.00 (0)	<1-D19>
		27		0.9	75.0	222.3	75.0 ( )	0.741	0.0167	0.00 (0)	<1-D19>
	3	1250	0.96	341.9	0.0 140.9	340.1	140.9 ( )	1.134	0.0313	0.00 (0)	<1-D19>
		27		1.8	115.3	340.1	115.3 ( )	1.134	0.0256	0.00 (0)	<1-D19>
	2	1250	0.96	460.7	0.0 156.0	457.7	156.0 ( )	1.526	0.0347	0.00 (0)	<1-D19>
		27		2.9	156.0	457.7	156.0 ( )	1.526	0.0347	0.00 (0)	<1-D19>
	1	1250	0.96	579.4	0.0 118.1	577.6	118.1 ( )	1.925	0.0262	0.00 (0)	<1-D19>
		27		1.8	281.8	577.6	281.8 ( )	1.925	0.0626	0.00 (0)	<1-D19>

续表

墙符号	层	d' (mm) F_c (N/mm²)	$0.8l$ d'	N_L N_{L2} N_E (kN)	M_e $M_{E上}$ $M_{E下}$ (kN·m)	$N_{S上}$ $N_{S下}$ (kN)	$M_{S上}$ ($M_{S'上}$) $M_{S下}$ ($M_{S'下}$)	$N_{S上}$/tl $N_{S下}$/tl	$M_{S上}$/tl^2 $M_{S下}$/tl^2	$p_{t上}$% (a_t) mm² $p_{t下}$% (a_t) mm²	配筋 < >—SP ( )—VJ
AW3 200×1500 (mm)	5	1250	0.96	72.5 	0.0 74.3	71.8	74.3 ( )	0.239	0.0165	0.02 (52)	<1-D19>
		27		0.7 	31.8 	71.8	31.8 ( )	0.239	0.0071	0.00 (0)	<1-D19>
	4	1250	0.96	150.2 	0.0 116.3	148.2	116.3 ( )	0.494	0.0259	0.01 (39)	<1-D19>
		27		2.0 	77.6 	148.2	77.6 ( )	0.494	0.0172	0.00 (0)	<1-D19>
	3	1250	0.96	227.9 	0.0 145.7	224.0	145.7 ( )	0.747	0.0324	0.00 (0)	<1-D19>
		27		3.9 	119.2 	224.0	119.2 ( )	0.747	0.0265	0.00 (0)	<1-D19>
	2	1250	0.96	305.6 	0.0 161.3	299.2	161.3 ( )	0.997	0.0358	0.00 (0)	<1-D19>
		27		6.4 	161.3 	299.2	161.3 ( )	0.997	0.0358	0.00 (0)	<1-D19>
	1	1250	0.96	383.3 	0.0 119.7	374.7	119.7 ( )	1.249	0.0266	0.00 (0)	<1-D19>
		27		8.6 	285.6 	374.7	285.6 ( )	1.249	0.0635	0.00 (0)	<1-D19>
AW4 200×1500 (mm)	5	1250	0.96	101.6 	0.0 73.7	102.9	73.7 ( )	0.343	0.0164	0.00 (10)	<1-D19>
		27		−1.2 	31.6 	102.9	31.6 ( )	0.343	0.0070	0.00 (0)	<1-D19>
	4	1250	0.96	216.8 	0.00 115.4	218.3	115.4 ( )	0.728	0.0256	0.00 (0)	<1-D19>
		27		−1.5 	76.9 	218.3	76.9 ( )	0.728	0.0171	0.00 (0)	<1-D19>
	3	1250	0.96	331.9 	0.0 144.5	335.0	144.5 ( )	1.117	0.0321	0.00 (0)	<1-D19>
		27		−3.1 	118.2 	335.0	118.2 ( )	1.117	0.0263	0.00 (0)	<1-D19>
	2	1250	0.96	447.1 	0.0 160.0	452.1	160.0 ( )	1.507	0.0355	0.00 (0)	<1-D19>
		27		−5.0 	160.0 	452.1	160.0 ( )	1.507	0.0355	0.00 (0)	<1-D19>
	1	1250	0.96	562.2 	0.0 119.3	566.8	119.3 ( )	1.889	0.0265	0.00 (0)	<1-D19>
		27		−4.5 	284.7 	566.8	284.7 ( )	1.889	0.0633	0.00 (0)	<1-D19>

续表

墙符号	层	d' (mm) F_c (N/mm²)	$0.8l$ d'	N_L N_{L2} N_E (kN)	M_e $M_{E上}$ $M_{E下}$ (kN·m)	$N_{S上}$ $N_{S下}$ (kN)	$M_{S上}$ ($M_{S'上}$) $M_{S下}$ ($M_{S'下}$)	$N_{S上}$/tl $N_{S下}$/tl	$M_{S上}$/tl^2 $M_{S下}$/tl^2	$p_{t上}$% (a_t) mm² $p_{t下}$% (a_t) mm²	配筋 ＜ ＞—SP ( )—VJ
AW5 200×1350 (mm)	5	1100	0.98	67.8	0.0 61.2	67.9	61.2 ( )	0.252	0.0168	0.03 (74)	＜1-D19＞
		27		−0.1	33.0	67.9	33.0 ( )	0.252	0.0090	0.00 (0)	＜1-D19＞
	4	1100	0.98	140.4	0.0 103.2	140.8	103.2 ( )	0.521	0.0283	0.03 (77)	＜1-D19＞
		27		−0.4	68.8	140.8	68.8 ( )	0.521	0.0189	0.00 (0)	＜1-D19＞
	3	1100	0.98	212.9	0.0 129.3	213.7	129.3 ( )	0.792	0.0355	0.02 (50)	＜1-D19＞
		27		−0.8	105.8	213.7	105.8 ( )	0.792	0.0290	0.00 (0)	＜1-D19＞
	2	1100	0.98	285.5	0.0 143.2	286.8	143.2 ( )	1.062	0.0393	0.00 (0)	＜1-D19＞
		27		−1.3	143.2	286.8	143.2 ( )	1.062	0.0393	0.00 (0)	＜1-D19＞
	1	1100	0.98	358.1	0.0 122.1	359.9	122.1 ( )	1.333	0.0335	0.00 (13)	＜1-D19＞
		27		−1.8	218.0	359.9	218.0 ( )	1.333	0.0598	0.02 (63)	＜1-D19＞
BW1 外→内 200×1440 (mm)	5	1190	0.97	62.8 19.9	12.5 39.5	45.7	39.5 ( )	0.159	0.0095	0.01 (19)	＜1-D19＞
		27		17.1	7.0	65.5	0.0 ( )	0.227	0.0000	0.00 (0)	(1-D16)
	4	1190	0.97	125.8 35.9	22.6 63.8	75.3	63.8 ( )	0.261	0.0154	0.01 (33)	＜1-D19＞
		27		50.5	21.3	111.1	0.0 ( )	0.386	0.0000	0.00 (0)	(1-D19)
	3	1190	0.97	188.8 51.9	32.7 69.7	93.1	69.7 ( )	0.323	0.0168	0.01 (21)	＜1-D19＞
		27		95.7	46.5	145.0	13.8 ( )	0.503	0.0033	0.00 (0)	(1-D19)
	2	1190	0.97	251.8 67.9	42.8 70.7	97.1	70.7 ( )	0.337	0.0170	0.01 (37)	＜1-D19＞
		27		154.7	70.7	164.9	27.9 ( )	0.573	0.0067	0.00 (0)	(1-D22)
	1	1190	0.97	314.7 83.9	52.8 101.0	83.9	101.0 ( )	0.291	0.0243	0.02 (44)	＜1-D19＞
		27		230.8	239.3	167.8	186.4 ( )	0.583	0.0450	0.00 (0)	(1-D22)

续表

墙符号	层	d' (mm) F_c (N/mm²)	$0.8l$ d'	N_L N_{L2} N_E (kN)	M_e $M_{E上}$ $M_{E下}$ (kN·m)	$N_{S上}$ $N_{S下}$ (kN)	$M_{S上}$ ($M_{S'上}$) $M_{S下}$ ($M_{S'下}$)	$N_{S上}$/tl $N_{S下}$/tl	$M_{S上}$/tl^2 $M_{S下}$/tl^2	$p_{t上}$% (a_t) mm² $p_{t下}$% (a_t) mm²	配筋 < >—SP ( )—VJ
BW1 内→外 200×1440 (mm)	5	1190	0.97	62.8 0.0	0.0 39.5	79.9	39.54 ( )	0.277	0.0095	0.00 (0)	(1-D16)
		27		17.1	7.0	79.9	6.98 ( )	0.277	0.0017	0.00 (0)	<1-D19>
	4	1190	0.97	125.8 0.0	0.0 63.8	176.3	63.75 ( )	0.612	0.0154	0.00 (0)	(1-D16)
		27		50.5 0.0	21.3	176.3	21.25 ( )	0.612	0.0051	0.00 (0)	<1-D19>
	3	1190	0.97	188.8 0.0	0.0 69.7	284.4	69.69 ( )	0.988	0.0168	0.00 (0)	(1-D19)
		27		95.7 0.0	46.5	284.4	46.46 ( )	0.988	0.0112	0.00 ( )	<1-D19>
	2	1190	0.97	251.8 0.0	0.0 70.7	406.4	70.71 ( )	1.411	0.0170	0.00 (0)	(1-D19)
		27		154.7 0.0	70.7	406.4	70.71 ( )	1.411	0.0170	0.00 (0)	<1-D19>
	1	1190	0.97	314.7 0.0	0.0 101.0	545.5	100.98 ( )	1.894	0.0243	0.00 (0)	(1-D22)
		27		230.8	239.3	545.5	239.26 ( )	1.894	0.0577	0.00 (0)	<1-D19>
BW2 200×900 (mm)	5	650	1.11	97.3	0.0 35.3	89.5	35.3 (39.1)	0.497	0.0241	0.01 (10)	<1-D19>
		27		7.9	23.5	89.5	23.5 (26.1)	0.497	0.0161	0.00 (0)	<1-D19>
	4	650	1.11	204.3	0.0 59.1	177.7	59.1 (65.5)	0.987	0.0404	0.00 (0)	<1-D19>
		27		26.6	48.4	177.7	48.4 (53.6)	0.987	0.0331	0.00 (0)	<1-D19>
	3	650	1.11	311.2	0.0 73.4	251.7	73.4 (81.3)	1.398	0.0502	0.00 (0)	<1-D19>
		27		59.5	73.4	251.7	73.4 (81.3)	1.398	0.0502	0.00 (0)	<1-D19>
	2	650	1.11	418.2	0.0 89.4	317.8	89.4 (99.0)	1.766	0.0611	0.00 (0)	<1-D19>
		27		100.4	89.4	317.8	89.4 (99.0)	1.766	0.0611	0.00 (0)	<1-D19>
	1	650	1.11	525.1	0.0 76.5	401.8	76.5 (84.7)	2.232	0.0523	0.00 (0)	<1-D19>
		27		123.3	99.0	401.8	99.0 (109.6)	2.232	0.0677	0.00 (0)	<1-D19>

续表

墙符号	层	d' (mm) F_c (N/mm²)	$0.8l$ d'	N_L N_{L2} N_E (kN)	M_e $M_{E上}$ $M_{E下}$ (kN·m)	$N_{S上}$ $N_{S下}$ (kN)	$M_{S上}$ ($M_{S'上}$) $M_{S下}$ ($M_{S'下}$)	$\frac{N_{S上}}{tl}$ $\frac{N_{S下}}{tl}$	$\frac{M_{S上}}{tl^2}$ $\frac{M_{S下}}{tl^2}$	$p_{t上}$% (a_t) mm² $p_{t下}$% (a_t) mm²	配筋 < >—SP ( )—VJ
BW3 200×1800 (mm)	5	1550	0.93	69.2 	0.0 110.9	62.0	110.9 ( )	0.172	0.0171	0.03 (103)	<1-D19>
		27		7.2 	47.5 	62.0	47.5 ( )	0.172	0.0073	0.00 (0)	<1-D19>
	4	1550	0.93	134.9 	0.0 173.6	112.4	173.6 ( )	0.312	0.0268	0.04 (149)	<1-D19>
		27		22.5 	115.7 	112.4	115.7 ( )	0.312	0.0179	0.01 (42)	<1-D19>
	3	1550	0.93	200.5 	0.0 217.5	155.2	217.5 ( )	0.431	0.0336	0.05 (171)	<1-D19>
		27		45.3 	177.9 	155.2	177.9 ( )	0.431	0.0275	0.03 (97)	<1-D19>
	2	1550	0.93	266.2 	0.0 240.7	191.5	240.7 ( )	0.532	0.0371	0.05 (164)	<1-D19>
		27		74.7 	240.7 	191.5	240.7 ( )	0.532	0.0371	0.05 (164)	<1-D19>
	1	1550	0.93	331.9 	0.0 169.5	228.5	169.5 ( )	0.635	0.0262	0.05 (176)	<1-D19>
		27		103.4 	419.4 	228.5	419.4 ( )	0.635	0.0647	0.07 (264)	<1-D19>
BW4 200×900 (mm)	5	650	1.11	90.1 	0.0 39.0	101.8	39.0 (43.2)	0.566	0.0267	0.02 (43)	<1-D19>
		27		−11.7 	26.0 	101.8	26.0 (28.8)	0.566	0.0178	0.00 (0)	<1-D19>
	4	650	1.11	188.7 	0.0 65.3	228.9	65.3 (72.3)	1.272	0.0447	0.03 (60)	<1-D19>
		27		−40.3 	53.4 	228.9	53.4 (59.2)	1.272	0.0365	0.00 (5)	<1-D19>
	3	650	1.11	287.2 	0.0 81.1	376.7	81.1 (89.9)	2.093	0.0555	0.03 (60)	<1-D19>
		27		−89.5 	81.1 	376.7	81.1 (89.9)	2.093	0.0555	0.03 (60)	<1-D19>
	2	650	1.11	385.8 	0.0 98.8	537.3	98.8 (109.4)	2.985	0.0675	0.05 (86)	<1-D19>
		27		−151.5 	98.8 	537.3	98.8 (109.4)	2.985	0.0675	0.05 (86)	<1-D19>
	1	650	1.11	484.3 	0.0 81.8	696.4	81.8 (96.6)	3.869	0.0559	0.00 (0)	<1-D19>
		27		−212.1 	105.9 	696.4	105.9 (117.3)	3.869	0.0724	0.00 (0)	<1-D19>

墙符号	层	d' (mm) F_c (N/mm²)	0.8l d'	N_L N_{L2} N_E (kN)	M_e $M_{E上}$ $M_{E下}$ (kN·m)	$N_{S上}$ $N_{S下}$ (kN)	$M_{S上}$ ($M_{S'上}$) $M_{S下}$ ($M_{S'下}$)	$N_{S上}$/tl $N_{S下}$/tl	$M_{S上}$/tl^2 $M_{S下}$/tl^2	$p_{t上}$% (a_t) mm² $p_{t下}$% (a_t) mm²	配筋 < >—SP ( )—VJ
BW5 200×2700 (mm)	5	2450	0.88	125.6 	0.0 129.0	125.6	129.0 ( )	0.233	0.0088	0.00 (0)	<1-D19>
		27		0.0 	22.8 	125.6	22.8 ( )	0.233	0.0016	0.00 (0)	<1-D19>
	4	2450	0.88	251.5 	0.0 208.0	251.5	208.0 ( )	0.466	0.0143	0.00 (0)	<1-D19>
		27		0.0 	69.3 	251.5	69.3 ( )	0.466	0.0048	0.00 (0)	<1-D19>
	3	2450	0.88	377.5 	0.0 227.4	377.5	227.4 ( )	0.699	0.0156	0.00 (0)	<1-D19>
		27		0.0 	151.6 	377.5	151.6 ( )	0.699	0.0104	0.00 (0)	<1-D19>
	2	2450	0.88	503.5 	0.0 230.7	503.5	230.7 ( )	0.932	0.0158	0.00 (0)	<1-D19>
		27		0.0 	230.7 	503.5	230.7 ( )	0.932	0.0158	0.00 (0)	1-D19
	1	2450	0.88	629.5 	0.0 150.2	629.5	150.2 ( )	1.166	0.0103	0.00 (0)	<1-D19>
		27		0.0 	785.3 	629.5	785.3 ( )	1.166	0.0539	0.00 (0)	<1-D19>
BW6 200×1800 (mm)	5	1550	0.93	65.4 	0.0 123.9	65.4	123.9 ( )	0.182	0.0191	0.03 (122)	<1-D19>
		27		0.0 	53.1 	65.4	53.1 ( )	0.182	0.0082	0.00 (0)	<1-D19>
	4	1550	0.93	127.1 	0.0 194.1	127.1	194.1 ( )	0.353	0.0299	0.05 (167)	<1-D19>
		27		0.0 	129.4 	127.1	129.4 ( )	0.353	0.0200	0.01 (47)	<1-D19>
	3	1550	0.93	188.7 	0.0 243.0	188.7	243.0 ( )	0.524	0.0375	0.05 (173)	<1-D19>
		27		0.0 	198.9 	188.7	198.9 ( )	0.524	0.0307	0.03 (91)	<1-D19>
	2	1550	0.93	250.4 	0.0 269.0	250.4	269.0 ( )	0.696	0.0415	0.04 (138)	<1-D19>
		27		0.0 	269.0 	250.4	269.0 ( )	0.696	0.0415	0.04 (138)	<1-D19>
	1	1550	0.93	312.0 	0.0 229.7	312.0	229.7 ( )	0.867	0.0355	0.02 (63)	<1-D19>
		27		0.0 	568.5 	312.0	568.5 ( )	0.867	0.0877	0.04 (153)	<1-D19>

续表

墙符号	层	d' (mm) F_c (N/mm²)	0.8l d'	N_L N_{L2} N_E (kN)	M_e $M_{E上}$ $M_{E下}$ (kN·m)	$N_{S上}$ $N_{S下}$ (kN)	$M_{S上}$ ($M_{S'上}$) $M_{S下}$ ($M_{S'下}$)	$N_{S上}$/tl $N_{S下}$/tl	$M_{S上}$/tl^2 $M_{S下}$/tl^2	$p_{t上}$% (a_t) mm² $p_{t下}$% (a_t) mm²	配筋 < >—SP ( )—VJ
CW1 外→内 200×1965 (mm)	5	1715	0.92	88.6 8.6	7.7 74.5	53.5	74.5 ( )	0.136	0.0097	0.01 (52)	<1-D19>
		27		35.1	18.6	62.1	10.9 ( )	0.158	0.0014	0.00 (0)	(1-D16)
	4	1715	0.92	197.5 16.3	14.6 119.2	97.9	119.2 ( )	0.249	0.0154	0.02 (76)	<1-D19>
		27		99.6	51.1	114.2	36.5 ( )	0.291	0.0047	0.00 (0)	(1-D19)
	3	1715	0.92	306.4 24.0	21.4 139.6	120.0	139.6 ( )	0.305	0.0181	0.02 (63)	<1-D19>
		27		186.4	93.0	144.0	71.6 ( )	0.366	0.0093	0.00 (0)	(1-D19)
	2	1715	0.92	415.3 31.7	28.3 141.6	122.3	141.6 ( )	0.311	0.0183	0.02 (97)	<1-D19>
		27		293.0	141.6	154.0	113.3 ( )	0.392	0.0147	0.00 (0)	(1-D22)
	1	1715	0.92	524.2 39.4	35.1 64.2	143.6	64.2 ( )	0.365	0.0083	0.00 (13)	<1-D19>
		27		380.6	501.2	183.0	466.1 ( )	0.466	0.0604	0.06 (248)	(1-D22)
CW1 内→外 200×1965 (mm)	5	1715	0.92	88.6 0.0	0.0 74.5	123.8	74.53 ( )	0.315	0.0097	0.00 (0)	(1-D16)
		27		35.1	18.6	123.8	18.63 ( )	0.315	0.0024	0.00 (0)	<1-D19>
	4	1715	0.92	197.5 0.0	0.0 119.2	297.2	119.16 ( )	0.756	0.0154	0.00 (0)	(1-D16)
		27		99.6 0.0	51.1	297.2	51.07 ( )	0.756	0.0066	0.00 (0)	<1-D19>
	3	1715	0.92	306.4 0.0	0.0 139.6	492.9	139.55 ( )	1.254	0.0181	0.00 (0)	(1-D19)
		27		186.4 0.0	93.0	492.9	93.03 ( )	1.254	0.0120	0.00 (0)	<1-D19>
	2	1715	0.92	415.3 0.0	0.0 141.6	708.3	141.60 ( )	1.802	0.0183	0.00 (0)	(1-D19)
		27		293.0 0.0	141.6	708.3	141.60 ( )	1.802	0.0183	0.00 (0)	(1-D19)
	1	1715	0.92	524.2 0.0	0.0 64.2	904.9	64.21 ( )	2.302	0.0083	0.00 (0)	(1-D22)
		27		380.6	501.2	904.9	501.23 ( )	2.302	0.0649	0.00 (0)	<1-D19>

续表

墙符号	层	d' (mm) F_c (N/mm²)	0.8l d'	N_L N_{L2} N_E (kN)	M_e $M_{E上}$ $M_{E下}$ (kN·m)	$N_{S上}$ $N_{S下}$ (kN)	$M_{S上}$ ($M_{S'上}$) $M_{S下}$ ($M_{S'下}$)	$N_{S上}$/tl $N_{S下}$/tl	$M_{S上}$/tl^2 $M_{S下}$/tl^2	$p_{t上}$% (a_t) mm² $p_{t下}$% (a_t) mm²	配筋 < >—SP ( )—VJ
CW2 200×975 (mm)	5	725	1.08	82.6 	0.0 53.8	82.0	53.8 (57.8)	0.420	0.0304	0.04 (79)	<1-D19>
		27		0.7 	35.8 	82.0	35.8 (38.6)	0.420	0.0203	0.00 (9)	<1-D19>
	4	725	1.08	183.6 	0.0 96.6	149.8	96.6 (104.0)	0.768	0.0547	0.07 (146)	<1-D19>
		27		33.8 	79.1 	149.8	79.1 (85.1)	0.768	0.0447	0.04 (74)	<1-D19>
	3	725	1.08	284.6 	0.0 120.0	185.5	120.0 (129.1)	0.951	0.0679	0.10 (193)	<1-D19>
		27		99.1 	120.0 	185.5	120.0 (129.1)	0.951	0.0679	0.10 (193)	<1-D19>
	2	725	1.08	385.6 	0.0 146.2	195.7	146.2 (157.3)	1.004	0.0827	0.14 (276)	<1-D19>
		27		189.9 	146.2 	195.7	146.2 (157.3)	1.004	0.0827	0.14 (276)	<1-D19>
	1	725	1.08	486.6 	0.0 94.6	191.6	94.6 (101.7)	0.983	0.0535	0.00 (0)	<1-D19>
		27		295.0 	75.3 	191.6	75.3 (81.0)	0.983	0.0426	0.00 (0)	<1-D19>
CW3 200×2150 (mm)	5	1900	0.91	98.3 	0.0 163.3	97.9	163.3 ( )	0.228	0.0177	0.02 (95)	<1-D16>
		27		0.4 	87.9 	97.9	87.9 ( )	0.228	0.0095	0.00 (0)	<1-D19>
	4	1900	0.91	219.1 	0.0 334.1	216.0	334.1 ( )	0.502	0.0361	0.05 (196)	<1-D19>
		27		3.1 	222.8 	216.0	222.8 ( )	0.502	0.0241	0.01 (25)	<1-D19>
	3	1900	0.91	339.8 	0.0 418.5	332.0	418.5 ( )	0.772	0.0453	0.04 (173)	<1-D19>
		27		7.8 	342.4 	332.0	342.4 ( )	0.772	0.0370	0.01 (54)	<1-D19>
	2	1900	0.91	460.6 	0.0 463.3	442.0	463.3 ( )	1.028	0.0501	0.02 (99)	<1-D19>
		27		18.6 	463.3 	442.0	463.3 ( )	1.028	0.0501	0.02 (99)	<1-D19>
	1	1900	0.91	581.3 	0.0 312.8	549.3	312.8 ( )	1.277	0.0338	0.00 (0)	<1-D19>
		27		32.0 	486.3 	549.3	486.3 ( )	1.277	0.0526	0.00 (0)	<1-D19>

续表

墙符号	层	d' (mm) F_c (N/mm^2)	$0.8l$ d'	N_L N_{L2} N_E (kN)	M_e $M_{E上}$ $M_{E下}$ (kN·m)	$N_{S上}$ $N_{S下}$ (kN)	$M_{S上}$ ($M_{S'上}$) $M_{S下}$ ($M_{S'下}$)	$N_{S上}$ tl $N_{S下}$ tl	$M_{S上}$ tl^2 $M_{S下}$ tl^2	$p_{t上}$ % (a_t) mm^2 $p_{t下}$ % (a_t) mm^2	配筋 < >—SP ( )—VJ
CW4 200×675 (mm)	5	425	1.27	72.2	0.0 28.2	69.5	28.2 (35.8)	0.515	0.0393	0.07 (88)	<1-D19>
		27		2.7	23.0	69.5	23.0 (29.3)	0.515	0.0321	0.04 (51)	<1-D19>
	4	425	1.27	160.3	0.0 48.4	140.5	48.4 (61.5)	1.040	0.0675	0.08 (113)	<1-D19>
		27		19.8	48.4	140.5	48.4 (61.5)	1.040	0.0675	0.08 (113)	<1-D19>
	3	425	1.27	248.4	0.0 66.1	188.1	66.1 (84.0)	1.393	0.0922	0.13 (179)	<1-D19>
		27		60.3	66.1	188.1	66.1 (84.0)	1.393	0.0922	0.13 (179)	<1-D19>
	2	425	1.27	336.5	0.0 80.5	197.6	80.5 (102.3)	1.463	0.1123	0.18 (244)	<1-D19>
		27		139.0	80.5	197.6	80.5 (102.3)	1.463	0.1123	0.18 (244)	<1-D19>
	1	425	1.27	424.7	0.0 45.2	210.6	45.2 (57.4)	1.560	0.0630	0.00 (0)	<1-D19>
		27		214.0	33.8	210.6	33.8 (42.9)	1.560	0.0471	0.00 (0)	<1-D19>
CW5* 200×3750 (mm)	5	3500	0.86	168.6	0.0 315.8	168.6	315.8 ( )	0.225	0.0112	0.01 (44)	<1-D19>
		27		0.0	105.3	168.6	105.3 ( )	0.225	0.0037	0.00 (0)	<1-D19>
	4	3500	0.86	368.2	0.0 500.2	368.2	500.2 ( )	0.491	0.0178	0.00 (0)	<1-D19>
		27		0.0	269.3	368.2	269.3 ( )	0.491	0.0096	0.00 (0)	<1-D19>
	3	3500	0.86	567.7	0.0 630.8	567.7	630.8 ( )	0.757	0.0224	0.00 (0)	<1-D19>
		27		0.0	420.5	567.7	420.5 ( )	0.757	0.0150	0.00 (0)	<1-D19>
	2	3500	0.86	767.3	0.0 473.7	767.3	473.7 ( )	1.023	0.0168	0.00 (0)	<1-D19>
		27		0.0	806.5	767.3	806.5 ( )	1.023	0.0287	0.00 (0)	<1-D19>
	1	3500	0.86	966.8	0.0 91.6	966.8	91.6 ( )	1.289	0.0033	0.00 (0)	<1-D19>
		27		0.0	1739.6	966.8	1739.6 ( )	1.289	0.0619	0.08 (573)	<2-D19>

续表

墙符号	层	d' (mm) F_c (N/mm^2)	$0.8l$ d'	N_L N_{L2} N_E (kN)	M_e $M_{E上}$ $M_{E下}$ (kN·m)	$N_{S上}$ $N_{S下}$ (kN)	$M_{S上}$ ($M_{S'上}$) $M_{S下}$ ($M_{S'下}$)	$N_{S上}/tl$ $N_{S下}/tl$	$M_{S上}/tl^2$ $M_{S下}/tl^2$	$p_{t上}$% (a_t) mm^2 $p_{t下}$% (a_t) mm^2	配筋 < >—SP ( )—VJ
CW6 200×2150 (mm)	5	1900	0.91	98.3 	0.0 172.7	98.3	172.7 ( )	0.229	0.0187	0.03 (109)	<1-D19>
		27		0.0 	74.0 	98.3	74.0 ( )	0.229	0.0080	0.00 (0)	<1-D19>
	4	1900	0.91	219.1 	0.0 328.8	219.1	328.8 ( )	0.509	0.0356	0.04 (184)	<1-D19>
		27		0.0 	219.2 	219.1	219.2 ( )	0.0509	0.0237	0.00 (16)	<1-D19>
	3	1900	0.91	339.8 	0.0 411.8	339.8	411.8 ( )	0.790	0.0445	0.04 (152)	<1-D19>
		27		0.0 	336.9 	339.8	336.9 ( )	0.790	0.0364	0.01 (36)	<1-D19>
	2	1900	0.91	460.6 	0.0 455.8	460.6	455.8 ( )	1.071	0.0493	0.01 (64)	<1-D19>
		27		0.0 	455.8 	460.6	455.8 ( )	1.071	0.0493	0.01 (64)	<1-D19>
	1	1900	0.91	581.3 	0.0 310.2	581.3	310.2 ( )	1.352	0.0336	0.00 (0)	<1-D19>
		27		0.0 	482.2 	581.3	482.2 ( )	1.352	0.0522	0.00 (0)	<1-D19>
1W* 7W* 180×11150 (mm)	5	10900	0.82	272.5 	0.0 0.0	272.5	0.0 ( )	0.136	0.0000	0.00 (0)	(1-D16)
		27		0.0 	987.1 	272.5	987.1 ( )	0.136	0.0044	0.00 (0)	(1-D16)
	4	10900	0.82	516.6 	0.0 987.1	516.6	987.1 ( )	0.257	0.0044	0.00 (0)	(1-D16)
		27		0.0 	2532.9 	516.6	2532.9 ( )	0.257	0.0113	0.00 (0)	(1-D19)
	3	10900	0.82	760.6 	0.0 2532.9	760.6	2532.9 ( )	0.379	0.0113	0.00 (0)	(1-D19)
		27		0.0 	4480.3 	760.6	4480.3 ( )	0.379	0.0200	0.01 (195)	(1-D19)
	2	10900	0.82	1004.6 	0.0 4480.3	1004.6	4480.3 ( )	0.501	0.0200	0.00 (0)	(1-D19)
		27		0.0 	6682.4 	1004.6	6682.4 ( )	0.501	0.0299	0.02 (496)	<1-D19> (1-D22)
	1	10900	0.82	1248.7 	0.0 6682.4	1248.7	6682.4 ( )	0.622	0.0299	0.01 (188)	(1-D22)
		27		0.0 	9533.9 	1248.7	9533.9 ( )	0.622	0.0426	0.05 (995)	<2-D19>+ 1-D13 (1-D22)

*CW5、1W、7W 墙厚方向的细长比超过 1/15，所以计算时采用弯矩的 1.25 倍。

墙符号	层	d' (mm) F_c (N/mm²)	$0.8l$ d'	N_L N_{L2} N_E (kN)	M_e $M_{E上}$ $M_{E下}$ (kN·m)	$N_{S上}$ $N_{S下}$ (kN)	$M_{S上}$ ($M_{S'上}$) $M_{S下}$ ($M_{S'下}$)	$N_{S上}$ tl $N_{S下}$ tl	$M_{S上}$ tl^2 $M_{S下}$ tl^2	$p_{t上}$% (a_t) mm² $p_{t下}$% (a_t) mm²	配筋 < >—SP ( )—VJ
2W-6W*1 150×11150 (mm)	5	10900	0.82	347.4	0.0 0.0	347.4	0.0 ( )	0.208	0.0000	0.00 (0)	(1-D16)
		27		0.0	666.2	347.4	666.2 ( )	0.208	0.0036	0.00 (0)	(1-D16)
	4	10900	0.82	719.9	0.0 666.2	719.9	666.2 ( )	0.430	0.0036	0.00 (0)	(1-D16)
		27		0.0	2110.1	719.9	2110.1 ( )	0.430	0.0113	0.00 (0)	(1-D19)
	3	10900	0.82	1092.5	0.0 2110.1	1092.5	2110.1 ( )	0.653	0.0113	0.00 (0)	(1-D19)
		27		0.0	4171.0	1092.5	4171.0 ( )	0.653	0.0224	0.00 (0)	(1-D19)
	2	10900	0.82	1465.0	0.0 4171.0	1465.0	4171.0 ( )	0.876	0.0224	0.00 (0)	(1-D19)
		27		0.0	6765.1	1465.0	6765.1 ( )	0.876	0.0363	0.00 ( )	(1-D22)
	1	10900	0.82	1837.6	0.0 6765.1	1837.6	6765.1 ( )	1.099	0.0363	0.00 (0)	(1-D22)
		27		0.0	10492.4	1837.6	10492.4 ( )	1.099	0.0563	0.03 (580)	<1-D19> (1-D22)
BW1*2 外→内 200×1440 (mm) 因为墙梁产生的长期应力会与地震时的应力相抵消，所以可以不考虑长期应力	5	1190	0.97	62.8 19.9	12.5 39.5	45.7	39.5 ( )	0.159	0.0095	0.01 (19)	<1-D19>
		27		17.1	7.0	65.5	0.0 ( )	0.227	0.0000	0.00 (0)	(1-D16)
	4	1190	0.97	125.8 35.9	22.6 63.8	75.3	63.8 ( )	0.261	0.0154	0.01 (33)	<1-D19>
		27		50.5	21.3	111.1	0.0 ( )	0.386	0.0000	0.00 (0)	(1-019)
	3	1190	0.97	188.8 51.9	32.7 69.7	93.1	69.7 ( )	0.323	0.0168	0.01 (21)	<1-D19>
		27		95.7	46.5	145.0	13.8 ( )	0.503	0.0033	0.00 (0)	(1-D19)
	2	1190	0.97	251.8 67.9	42.8 70.7	97.1	70.7 ( )	0.337	0.0170	0.01 (37)	<1-D19>
		27		154.7	70.7	164.9	27.9 ( )	0.573	0.0067	0.00 (0)	(1-D22)
	1	1190	0.97	314.7 83.9	52.8 101.0	83.9	101.0 ( )	0.291	0.0243	0.02 (44)	<1-D19>
		27		230.8	239.3	167.8	186.4 ( )	0.583	0.0450	0.00 (0)	(1-D22)

墙符号	层	d' (mm) F_c (N/mm^2)	0.8l d'	N_L N_{L2} N_E (kN)	M_e $M_{E上}$ $M_{E下}$ (kN·m)	$N_{S上}$ $N_{S下}$ (kN)	$M_{S上}$ ($M_{S'上}$) $M_{S下}$ ($M_{S'下}$)	$N_{S上}$/tl $N_{S下}$/tl	$M_{S上}$/tl^2 $M_{S下}$/tl^2	$p_{t上}$% (a_t) mm^2 $p_{t下}$% (a_t) mm^2	配筋 < >…SP ( )…VJ
BW1*2内→外 200×1440 (mm) 长期M (kN·m) 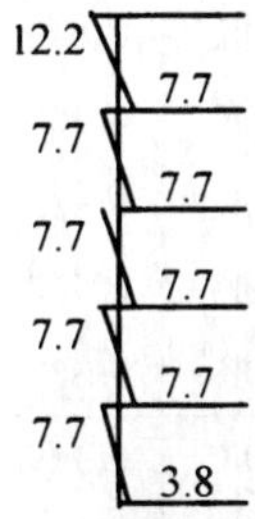 1/2分割 1轴线	5	1190	0.97	62.8 0.0	0.0 39.5	79.9	51.8 ( )	0.277	0.0125	0.00 (0)	(1-D16)
		27		17.1 	7.0 	79.9	14.7 ( )	0.277	0.0035	0.00 (0)	<1-D19>
	4	1190	0.97	125.8 0.0	0.0 63.8	176.3	71.4 ( )	0.612	0.0172	0.00 (0)	(1-D16)
		27		50.5 0.0	21.3 	176.3	28.9 ( )	0.612	0.0070	0.00 (0)	<1-D19>
	3	1190	0.97	188.8 0.0	0.0 69.7	284.4	77.4 ( )	0.988	0.0187	0.00 (0)	(1-D19)
		27		95.7 0.0	46.5 	284.4	54.1 ( )	0.988	0.0131	0.00 (0)	<1-D19>
	2	1190	0.97	251.8 0.0	0.0 70.7	406.4	78.4 ( )	1.411	0.0189	0.00 (0)	(1-D19)
		27		154.7 0.0	70.7 	406.4	78.4 ( )	1.411	0.0189	0.00 (0)	<1-D19>
	1	1190	0.97	314.7 0.0	0.0 101.0	545.5	108.7 ( )	1.894	0.0262	0.00 (0)	(1-D22)
		27		230.8 	239.3 	545.5	243.1 ( )	1.894	0.0586	0.00 (0)	<1-D19>

*1. 2W—6W 墙厚方向的细长比超过 1/15，所以计算时采用弯矩的 1.25 倍。

*2. 考虑了连层壁梁的长期应力。

（3）剪切设计

墙符号	层	F_c (N/mm^2)	t (mm)	l (mm)	d (mm)	$_sQ_D$ (kN)	τ (N/mm^2)	f_s (N/mm^2)	抗剪钢筋	p_w (%)	$_sQ_A$ (kN)	判定	τ_h (N/mm^2)
AW1	5	27	200	915	823.5	27.1	0.188	1.140	2-D 10 @250	0.285	182.4	OK	0.148
	4	27	200	915	823.5	49.6	0.344	1.140	2-D 10 @250	0.285	182.4	OK	0.271
	3	27	200	915	823.5	67.7	0.470	1.140	2-D 10 @250	0.285	182.4	OK	0.370
	2	27	200	915	823.5	82.5	0.572	1.140	2-D 10 @225	0.317	189.1	OK	0.451
	1	27	200	915	823.5	115.6	0.802	1.140	2-D 10 @225	0.317	189.1	OK	0.632
AW2	5	27	200	1500	1350	73.3	0.310	1.140	2-D 10 @250	0.285	299.0	OK	0.244
	4	27	200	1500	1350	134.0	0.567	1.140	2-D 10 @250	0.285	299.0	OK	0.447
	3	27	200	1500	1350	183.0	0.775	1.140	2-D 10 @250	0.285	299.0	OK	0.610
	2	27	200	1500	1350	222.9	0.943	1.140	2-D 10 @225	0.317	310.1	OK	0.743
	1	27	200	1500	1350	275.8	1.167	1.140	2-D 10 @225	0.317	310.1	OK	0.919

续表

墙符号	层	F_c (N/mm²)	t (mm)	l (mm)	d (mm)	$_sQ_D$ (kN)	τ (N/mm²)	f_s (N/mm²)	抗剪钢筋	p_w %	$_sQ_A$ (kN)	判定	τ_h (N/mm²)
AW3	5	27	200	1500	1350	75.8	0.321	1.140	2-D 10 @250	0.285	299.0	OK	0.253
	4	27	200	1500	1350	138.5	0.586	1.140	2-D 10 @250	0.285	299.0	OK	0.462
	3	27	200	1500	1350	189.3	0.801	1.140	2-D 10 @250	0.285	299.0	OK	0.631
	2	27	200	1500	1350	230.4	0.975	1.140	2-D 10 @225	0.317	310.1	OK	0.768
	1	27	200	1500	1350	279.5	1.183	1.140	2-D 10 @225	0.317	310.1	OK	0.932
AW4	5	27	200	1500	1350	75.2	0.318	1.140	2-D 10 @250	0.285	299.0	OK	0.251
	4	27	200	1500	1350	137.4	0.581	1.140	2-D 10 @250	0.285	299.0	OK	0.458
	3	27	200	1500	1350	187.7	0.794	1.140	2-D 10 @250	0.285	299.0	OK	0.626
	2	27	200	1500	1350	228.5	0.967	1.140	2-D 10 @225	0.317	310.1	OK	0.762
	1	27	200	1500	1350	278.6	1.179	1.140	2-D 10 @225	0.317	310.1	OK	0.929
AW5	5	27	200	1350	1215	67.3	0.316	1.140	2-D 10 @250	0.285	269.1	OK	0.249
	4	27	200	1350	1215	122.9	0.578	1.140	2-D 10 @250	0.285	269.1	OK	0.455
	3	27	200	1350	1215	167.9	0.790	1.140	2-D 10 @250	0.285	269.1	OK	0.622
	2	27	200	1350	1215	204.5	0.962	1.140	2-D 10 @225	0.317	279.1	OK	0.757
	1	27	200	1350	1215	237.6	1.117	1.140	2-D 10 @225	0.317	279.1	OK	0.880
BW1	5	27	200	1440	1296	33.2	0.147	1.140	2-D 10 @250	0.285	287.1	OK	0.115
	4	27	200	1440	1296	60.7	0.268	1.140	2-D 10 @250	0.285	287.1	OK	0.211
	3	27	200	1440	1296	83.0	0.366	1.140	2-D 10 @250	0.285	287.1	OK	0.288
	2	27	200	1440	1296	101.0	0.445	1.140	2-D 10 @225	0.317	297.7	OK	0.351
	1	27	200	1440	1296	235.9	1.040	1.140	2-D 10 @225	0.317	297.7	OK	0.819
BW2	5	27	200	900	810	42.0	0.296	1.140	2-D 10 @250	0.285	179.4	OK	0.233
	4	27	200	900	810	76.8	0.541	1.140	2-D 10 @250	0.285	179.4	OK	0.426
	3	27	200	900	810	104.9	0.740	1.140	2-D 10 @250	0.285	179.4	OK	0.583
	2	27	200	900	810	127.7	0.901	1.140	2-D 10 @225	0.317	186.0	OK	0.709
	1	27	200	900	810	127.6	0.900	1.140	2-D 10 @225	0.317	186.0	OK	0.709
BW3	5	27	200	1800	1620	113.1	0.399	1.140	2-D 10 @250	0.285	358.8	OK	0.314
	4	27	200	1800	1620	206.7	0.729	1.140	2-D 10 @250	0.285	358.8	OK	0.574
	3	27	200	1800	1620	282.4	0.996	1.140	2-D 10 @250	0.285	358.8	OK	0.784
	2	27	200	1800	1620	343.9	1.213	1.140	2-D 10 @225	0.317	372.1	OK	0.955
	1	27	200	1800	1620	395.9	1.396	1.140	2-D 10 @175	0.407	409.9	OK	1.100
BW4	5	27	200	900	810	46.4	0.327	1.140	2-D 10 @250	0.285	179.4	OK	0.258
	4	27	200	900	810	84.8	0.598	1.140	2-D 10 @250	0.285	179.4	OK	0.471
	3	27	200	900	810	115.9	0.818	1.140	2-D 10 @250	0.285	179.4	OK	0.644
	2	27	200	900	810	141.1	0.996	1.140	2-D 10 @225	0.317	186.0	OK	0.784
	1	27	200	900	810	136.5	0.963	1.140	2-D 10 @225	0.317	186.0	OK	0.758
BW5	5	27	200	2700	2430	108.4	0.255	1.140	2-D 10 @250	0.285	538.2	OK	0.201
	4	27	200	2700	2430	198.1	0.466	1.140	2-D 10 @250	0.285	538.2	OK	0.367
	3	27	200	2700	2430	270.7	0.637	1.140	2-D 10 @250	0.285	538.2	OK	0.501
	2	27	200	2700	2430	329.6	0.775	1.140	2-D 10 @225	0.317	558.1	OK	0.610
	1	27	200	2700	2430	584.7	1.375	1.140	2-D 10 @175	0.407	614.9	OK	1.083

续表

墙符号	层	F_c (N/mm²)	t (mm)	l (mm)	d (mm)	sQ_D (kN)	τ (N/mm²)	f_s (N/mm²)	抗剪钢筋	p_w (%)	sQ_A (kN)	判定	τ_h (N/mm²)
BW6	5	27	200	1800	1620	126.4	0.446	1.140	2-D 10 @250	0.285	358.8	OK	0.351
	4	27	200	1800	1620	231.0	0.815	1.140	2-D 10 @250	0.285	358.8	OK	0.642
	3	27	200	1800	1620	315.6	1.113	1.140	2-D 10 @250	0.285	358.8	OK	0.877
	2	27	200	1800	1620	384.3	1.356	1.140	2-D 10 @200	0.357	388.6	OK	1.068
	1	27	200	1800	1620	536.6	1.893	1.140	2-D 13 @175	0.726	543.0	OK	1.491
CW1	5	27	200	1965	1768.5	66.5	0.215	1.140	2-D 10 @250	0.285	391.7	OK	0.169
	4	27	200	1965	1768.5	121.6	0.393	1.140	2-D 10 @250	0.285	391.7	OK	0.309
	3	27	200	1965	1768.5	166.1	0.537	1.140	2-D 10 @250	0.285	391.7	OK	0.423
	2	27	200	1965	1768.5	202.3	0.654	1.140	2-D 10 @225	0.317	406.2	OK	0.515
	1	27	200	1965	1768.5	374.9	1.211	1.140	2-D 10 @200	0.357	424.3	OK	0.954
CW2	5	27	200	975	877.5	64.0	0.417	1.140	2-D 10 @250	0.285	194.4	OK	0.328
	4	27	200	975	877.5	125.5	0.817	1.140	2-D 10 @250	0.285	194.4	OK	0.644
	3	27	200	975	877.5	171.5	1.117	1.140	2-D 10 @250	0.285	194.4	OK	0.879
	2	27	200	975	877.5	208.8	1.360	1.140	2-D 10 @200	0.357	210.5	OK	1.071
	1	27	200	975	877.5	122.7	0.799	1.140	2-D 10 @200	0.357	210.5	OK	0.629
CW3	5	27	200	2150	1935	179.4	0.530	1.140	2-D 10 @250	0.285	428.6	OK	0.417
	4	27	200	2150	1935	397.8	1.175	1.140	2-D 10 @250	0.285	428.6	OK	0.925
	3	27	200	2150	1935	543.5	1.605	1.140	2-D 13 @200	0.635	603.3	OK	1.264
	2	27	200	2150	1935	661.8	1.954	1.140	2-D 13 @150	0.847	709.0	OK	1.539
	1	27	200	2150	1935	521.9	1.541	1.140	2-D 13 @150	0.847	709.0	OK	1.214
CW4	5	27	200	675	607.5	36.6	0.344	1.140	2-D 10 @250	0.285	134.6	OK	0.271
	4	27	200	675	607.5	69.1	0.650	1.140	2-D 10 @250	0.285	134.6	OK	0.512
	3	27	200	675	607.5	94.5	0.889	1.140	2-D 10 @250	0.285	134.6	OK	0.700
	2	27	200	675	607.5	115.0	1.082	1.140	2-D 10 @225	0.317	139.5	OK	0.852
	1	27	200	675	607.5	58.6	0.552	1.140	2-D 10 @225	0.317	139.5	OK	0.434
CW5	5	27	200	3750	3375	240.6	0.407	1.140	2-D 10 @250	0.285	747.5	OK	0.321
	4	27	200	3750	3375	439.7	0.744	1.140	2-D 10 @250	0.285	747.5	OK	0.586
	3	27	200	3750	3375	600.8	1.017	1.140	2-D 10 @250	0.285	747.5	OK	0.801
	2	27	200	3750	3375	731.5	1.239	1.140	2-D 10 @225	0.317	775.1	OK	0.975
	1	27	200	3750	3375	855.4	1.448	1.140	2-D 13 @225	0.564	990.8	OK	1.141
CW6	5	27	200	2150	1935	176.2	0.520	1.140	2-D 10 @250	0.285	428.6	OK	0.410
	4	27	200	2150	1935	391.4	1.156	1.140	2-D 10 @250	0.285	428.6	OK	0.910
	3	27	200	2150	1935	534.8	1.579	1.140	2-D 13 @250	0.508	539.9	OK	1.244
	2	27	200	2150	1935	651.2	1.923	1.140	2-D 13 @150	0.847	709.0	OK	1.514
	1	27	200	2150	1935	517.5	1.528	1.140	2-D 13 @150	0.847	709.0	OK	1.203
1W* 7W*	5	27	180	11150	10035	564.1	0.609	1.140	2-D 10 @250	0.317	1215.9	OK	0.281
	4	27	180	11150	10035	883.3	0.953	1.140	2-D 10 @250	0.317	1215.9	OK	0.440
	3	27	180	11150	10035	1112.8	1.201	1.140	2-D 10 @250	0.317	1215.9	OK	0.554
	2	27	180	11150	10035	1258.3	1.358	1.140	2-D 10 @200	0.396	1324.2	OK	0.627
	1	27	180	11150	10035	1332.1	1.347	1.140	2-D 10 @200	0.396	1413.8	OK	0.664

续表

墙符号	层	F_c (N/mm²)	t (mm)	l (mm)	d (mm)	$_SQ_D$ (kN)	τ (N/mm²)	sf_s (N/mm²)	抗剪钢筋	p_w (%)	$_SQ_A$ (kN)	判定	τ_h (N/mm²)
2-6W	5	27	150	11150	10035	380.7	0.289	1.140	1-D 10 @225	0.211	1523.4	OK	0.228
	4	27	150	11150	10035	825.1	0.626	1.140	1-D 10 @175	0.272	1640.6	OK	0.493
	3	27	150	11150	10035	1177.7	0.894	1.140	1-D 10 @175	0.272	1640.6	OK	0.704
	2	27	150	11150	10035	1482.3	1.125	1.140	1-D 10 @150	0.317	1728.6	OK	0.886
	1	27	150	11150	10035	1741.2	1.322	1.140	1-D 10 @125	0.380	1851.7	OK	1.041

＊1W，7W 的 τ、$_SQ_A$为乘以小开口折减系数之后的数值。

6.3 剪力墙的开口补强

因为开口设置于山墙上，所以 A~B、B~C 之间各有一处。

加固钢筋的短期剪力设计值计算：

附加斜向拉力：$T_d=[(h_o+l_o)/(2\sqrt{2}\times l)]\times Q_D$

竖向边缘张力：$T_v=\{h_o/[2(l-l_o)]\}\times Q_D$

水平边缘张力：$T_h=\{l_o\times h/[2(h-h_o)l]\}\times Q_D$

＊没有斜向加固钢筋（以 $0.7T_d$ 为纵向、水平钢筋配筋）

类型	层	h (m)×l (m) h_o (m)×l_o (m)	t (mm)	Q_D (kN)	位置	T (kN)	α_t (mm²)	配筋	备注
1，7	5	2.800×10.950 1.200×1.400	180	564.1	垂直 水平 斜向	35.4 63.1 47.0	211 297 0	2 - D13 (254) 2 - D13 (254) ＊	
	4	2.800×10.950 1.200×1.400	180	883.3	垂直 水平 斜向	55.5 98.8 74.1	331 464 0	2 - D13 (254) 2 - D13 (254) ＊	
	3	2.800×10.950 1.200×1.400	180	1112.8	垂直 水平 斜向	69.9 124.5 93.4	417 585 0	2 - D13 (254) 2 - D16 (398) ＊	
	2	2.800×10.950 1.200×1.400	180	1258.3	垂直 水平 斜向	79.1 140.8 105.6	471 662 0	2 - D13 (254) 2 - D16 (398) ＊	
	1	3.425×10.950 1.200×1.400	180	1332.1	垂直 水平 斜向	83.7 131.1 118.8	499 645 0	2 - D13 (254) 2 - D16 (398) ＊	

7 屋面板·楼板的设计

7.1 混凝土板的符号与分割

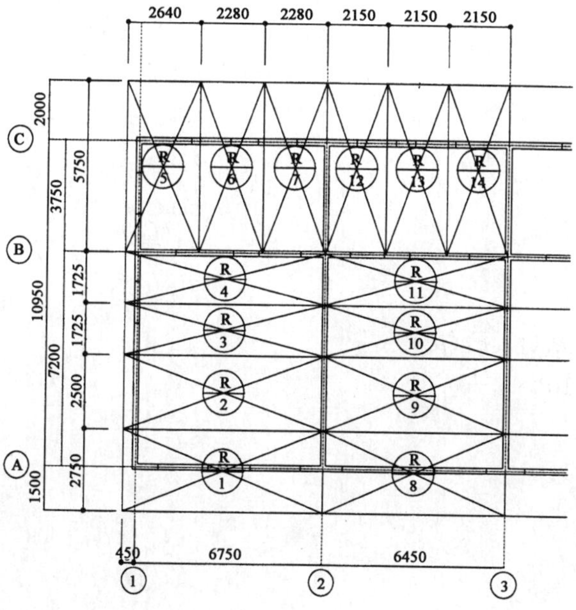
屋面板

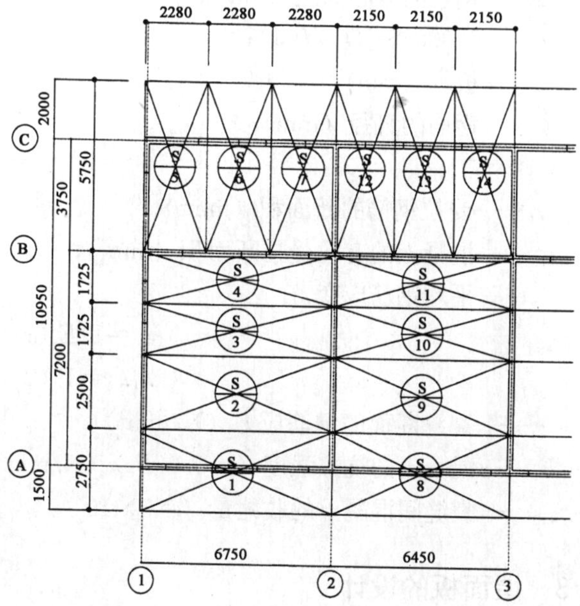
楼板

7.2 设计方针

·屋面板、楼板均为全预制板。

·屋面板、楼板为2边、3边支撑，在设计时应作为简支考虑。

·为了防止屋面板、楼板的长期变形，最大裂缝宽度在室内应为0.3mm以下，其他部分为0.2mm以下。

·混凝土板厚度要符合下面所述内容。

一般部分

净跨 $l_x=6585\text{mm}$

$l_x/30=219.5\text{mm} < 220\text{mm}$（使用的板厚）

注：屋面板厚度为200mm。

悬臂部分

阳台 $l_x=1400\text{mm}$

$l_x/10=140\text{mm} < 180\text{mm}$（使用的板厚）

走廊 $l_x=1900\text{mm}$

$l_x/10=190\text{mm} < 220\text{mm}$（使用的板厚）

·弯曲裂缝力矩的计算采用下式：

$$M_{cr}=0.56 \cdot \sqrt{F_c} \cdot Z_t$$

F_c——混凝土设计基准强度；

Z_t——断面系数。

・裂缝宽度的计算应该根据《预应力钢筋混凝土（Ⅲ种 PC）结构设计・施工指南・及解说 1986》（日本建筑学会）中所列的公式计算

$$\omega=1.5\left[2\left(c+s/10\right)+k\phi/p_e\right]\times(\varepsilon_t+\varepsilon_{sh})$$

ω——最大裂缝宽度（mm）；

c——计算位置受拉钢筋的保护层厚度（mm）；

s——钢筋的中心间距（mm）；

k——$0.00025t$（$k\leqslant 0.1$）；

t——板厚（mm）；

ϕ——钢筋的直径（mm）；

$$p_e=a_t/A_{ce}$$

a_t——受拉钢筋的断面积（mm^2）；

A_{ce}——混凝土的有效受拉断面积（mm^2）；

ε_t——平均钢筋应变

$$\varepsilon_t=1/E_s(\sigma_t-k_1k_2\cdot F_t/p_e)$$

$$k_1k_2=1/(2\times 10^3\times\varepsilon_t+0.8)$$

σ_t——裂缝断面的钢筋应力（N/mm^2）；

F_t——混凝土的抗拉强度（$=0.07F_c$）（N/mm^2）；

ε_{sh}——裂缝间混凝土的收缩量（$=3\times 10^{-4}$）。

7.3 屋面板的设计

（1）房顶房檐（走廊一侧）

$$F_c=27N/mm^2$$

以 1.6 倍的应力来设计。

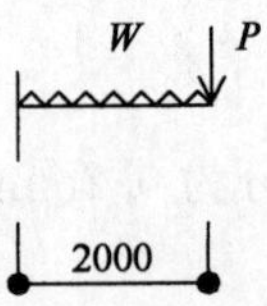

$P=$ 0.0kN

$W=$ 5.9kN/m

$M=Pl+Wl^2/2 \quad =0.00\times 2.00+5.90\times 2.00^2/2$

$=11.8kN\cdot m$

$t=200mm \qquad d=160mm$

$a_t=M\times 1.6/(f_t\cdot j)\ =11.80\times 10^6\times 1.6/(195\times 160\times 0.875)$

$=691.6mm^2$

D13 @183 → @150

弯曲裂缝的验算

$$\sigma_c=M/Z_t=11800000/6666667=1.77<0.56\sqrt{F_c}=2.91N/mm^2 \quad \text{OK}$$

裂缝宽度的验算

$$\omega=1.5\left[2\left(c+s/10\right)+k\phi/p_e\right]\times(\varepsilon_t+\varepsilon_{sh})=0.108mm<0.2mm \quad \text{OK}$$

（2）房顶房檐（阳台一侧）

$$F_c=27N/mm^2$$

以 1.6 倍的应力来设计。

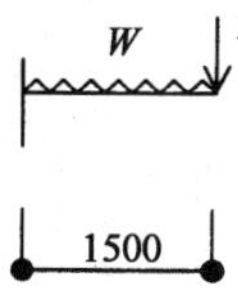

$P=$ 0.0kN

$W=$ 5.9kN/m

$M=Pl+Wl^2/2 \quad =0.00\times1.50+5.90\times1.50^2/2$

$=6.6\text{kN}\cdot\text{m}$

$t=200\text{mm} \qquad d=160\text{mm}$

$a_t=M\times1.6/(f_t\cdot j) \quad =6.64\times10^6\times1.6/(195\times160\times0.875)$

$=389.0\text{mm}^2$

D10. D13 @254 → @150

弯曲裂缝的验算

$\sigma_c=M/Z_t=6637500/6666667=1.00<0.56\sqrt{F_c}=2.91\text{N/mm}^2$ OK

裂缝宽度的验算

$\omega=1.5\ [2\ (c+s/10)\ +k\phi/p_e]\times(\varepsilon_t+\varepsilon_{sh})\ =0.107\text{mm}<0.2\text{mm}$ OK

(3) 2 边支撑板

(a) 走廊一侧 R－6，R－13

$F_c=27\text{N/mm}^2$

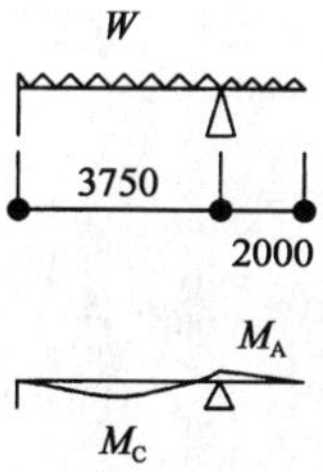

$W=$ 6.1kN/m

$M_A=$ 11.8kN/m

$M_C=W\cdot l^2/8-M_A/2=$ 4.8kN/m

$t=200\text{mm} \qquad d=160\text{mm}$

$a_t=M/(f_t\cdot j) \quad =176.7\text{mm}^2$ D10 @404→150

弯曲裂缝的验算

$\sigma_c=M/Z_t=4822656/6666667=0.72<0.56\sqrt{F_c}=2.91\text{N/mm}^2$ OK

裂缝宽度的验算

$\omega=1.5\ [2\ (c+s/10)\ +k\phi/p_e]\times(\varepsilon_t+\varepsilon_{sh})\ =0.096\text{mm}<0.3\text{mm}$ OK

(b) 阳台一侧（1－2、6－7 间） R－2，R－3

$F_c=27\text{N/mm}^2$

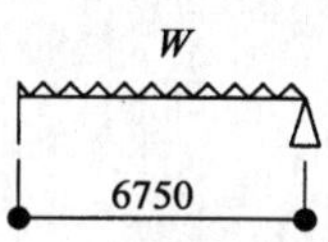

$W=$ 6.1kN/m

$M=W\cdot l^2/8=$ 34.7kN/m

$t=200\text{mm} \qquad d=160\text{mm}$

$a_t=M/(f_t\cdot j) \quad =1272.6\text{mm}^2$ D13 @100→75

弯曲裂缝的验算

$\sigma_c=M/Z_t=34741406/6666667=5.21<0.56\sqrt{F_c}=2.91\text{N/mm}^2$

裂缝宽度的验算

$\omega=1.5\ [2\ (c+s/10)\ +k\phi/p_e]\times(\varepsilon_t+\varepsilon_{sh})\ =0.102\text{mm}<0.3\text{mm}$ OK

(c) 阳台一侧（2－6 间） R－9，R－10

$F_c=27\ (\text{N/mm}^2)$

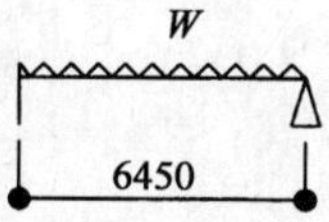

$W=$ 6.1kN/m

$M=W\cdot l^2/8=$ 31.7kN/m

$t=200\text{mm} \qquad d=160\text{mm}$

$a_t=M/(f_t\cdot j) \quad =1162.0\text{mm}^2$ D13 @109→100

弯曲裂缝的验算

$$\sigma_c = M/Z_t = 31721906/6666667 = 4.76 > 0.56\sqrt{F_c} = 2.91\text{N/mm}^2 \quad \text{OK}$$

裂缝宽度的验算

$$\omega = 1.5\left[2\ (c+s/10)\ +k\phi/p_e\right]\times(\varepsilon_t+\varepsilon_{sh})\ = 0.135\text{mm} < 0.3\text{mm} \quad \text{OK}$$

7.4 楼板的设计

(1) 走廊

$$F_c = 27\text{N/mm}^2$$

以 1.6 倍的应力来设计。

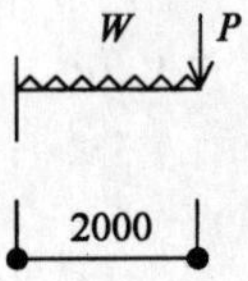

$P =$ 3.9kN (扶手)

$W =$ 6.4kN/m

$M = Pl + Wl^2/2 = 3.90\times2.00 + 6.40\times2.00^2/2$

$= 20.6\text{kN}\cdot\text{m}$

$t = 220\text{mm} \quad d = 180\text{mm}$

$a_t = M\times1.6/(f_t\cdot j) = 20.60\times10^6\times1.6/(195\times180\times0.875)$

$= 1073.2\text{mm}^2$

D13 @118 → @100

弯曲裂缝的验算

$$\sigma_c = M/Z_t = 20600000/8066667 = 2.55 < 0.56\sqrt{F_c} = 2.91\text{N/mm}^2 \quad \text{OK}$$

裂缝宽度的验算

$$\omega = 1.5\left[2\ (c+s/10)\ +k\phi/p_e\right]\times(\varepsilon_t+\varepsilon_{sh})\ = 0.091\text{mm} < 0.2\text{mm} \quad \text{OK}$$

(2) 阳台

$$F_c = 27\text{N/mm}^2$$

以 1.6 倍的应力来设计。

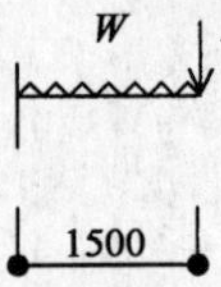

$P =$ 0.4kN

$W =$ 5.8kN/m

$M = Pl + Wl^2/2 = 0.40\times1.50 + 5.80\times1.50^2/2$

$= 7.1\text{kN}\cdot\text{m}$

$t = 180\text{mm} \quad d = 140\text{mm}$

$a_t = M\times1.6/(f_t\cdot j) = 7.13\times10^6\times1.6/(195\times140\times0.875)$

$= 477.2\text{mm}^2$

D13 @266 → @150

弯曲裂缝的检讨

$$\sigma_c = M/Z_t = 7125000/5400000 = 1.32 < 0.56\sqrt{F_c} = 2.91\text{N/mm}^2 \quad \text{OK}$$

裂缝宽度的检讨

$$\omega = 1.5\left[2\ (c+s/10)\ +k\phi/p_e\right]\times(\varepsilon_t+\varepsilon_{sh})\ = 0.091\text{mm} < 0.2\text{mm} \quad \text{OK}$$

(3) 2 边支撑板

(a) 走廊一侧 S−6，S−13

$$F_c = 27\text{N/mm}^2$$

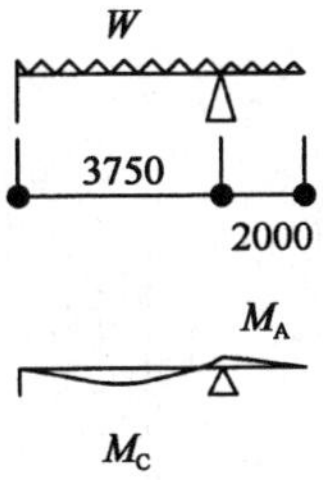

$W=$ 7.7kN/m

$M_A=$ 20.6kN·m

$M_C=W \cdot l^2/8-M_A/2=$ 3.2kN/m

$t=220$mm $d=180$mm

$a_t=M/(f_t \cdot j)=105.3\text{mm}^2$ D10 @677→150

弯曲裂缝的验算

$\sigma_c=M/Z_t=3235156/8066667=0.40<0.56\sqrt{F_c}=2.91\text{N/mm}^2$ OK

裂缝宽度的验算

$\omega=1.5\,[2\,(c+s/10)+k\phi/p_e]\times(\varepsilon_t+\varepsilon_{sh})=0.084\text{mm}<0.3\text{mm}$ OK

(b) 阳台一侧（1—2、6—7 间） S—2，S—3

$F_c=27\text{N/mm}^2$

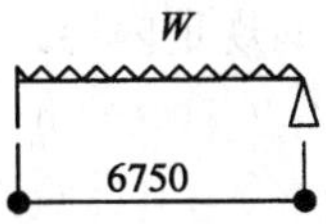

$W=$ 7.7kN/m

$M=W \cdot l^2/8=$ 43.9kN/m

$t=200$mm $d=180$mm

$a_t=M/(f_t \cdot j)=1427.9\text{mm}^2$ D13 @89 → 75

弯曲裂缝的验算

$\sigma_c=M/Z_t=43853906/8066667=5.44<0.56\sqrt{F_c}=2.91\text{N/mm}^2$

裂缝宽度的验算

$\omega=1.5\,[2\,(c+s/10)+k\phi/p_e]\times(\varepsilon_t+\varepsilon_{sh})=0.116\text{mm}<0.3\text{mm}$ OK

(c) 阳台一侧（2—6 间） S—9，S—10

$F_c=27\text{N/mm}^2$

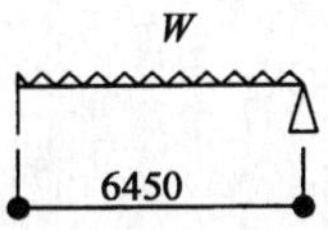

$W=$ 7.7kN/m

$M=W \cdot l^2/8=$ 40.0kN/m

$t=220$mm $d=180$mm

$a_t=M/(f_t \cdot j)=1303.8\text{mm}^2$ D13 @97 → 75

弯曲裂缝的验算

$\sigma_c=M/Z_t=40042406/8066667=4.96>0.56\sqrt{F_c}=2.91\text{N/mm}^2$

裂缝宽度的验算

$\omega=1.5\,[2\,(c+s/10)+k\phi/p_e]\times(\varepsilon_t+\varepsilon_{sh})=0.105\text{mm}<0.3\text{mm}$

8 基础的设计

8.1 桩

（1）设计方针

· PHC 桩采用水泥灌浆的嵌入桩。

· 承载地基为 GL－20.0m 以上深度的砂砾层。

· 对地震时水平力的分析根据《应对地震力的建筑物基础的设计指南》（日本建筑中心）的规定内容。

· 对桩的下沉与伴随下沉产生的附加应力的分析，这里省略。

（2）地基条件和桩长

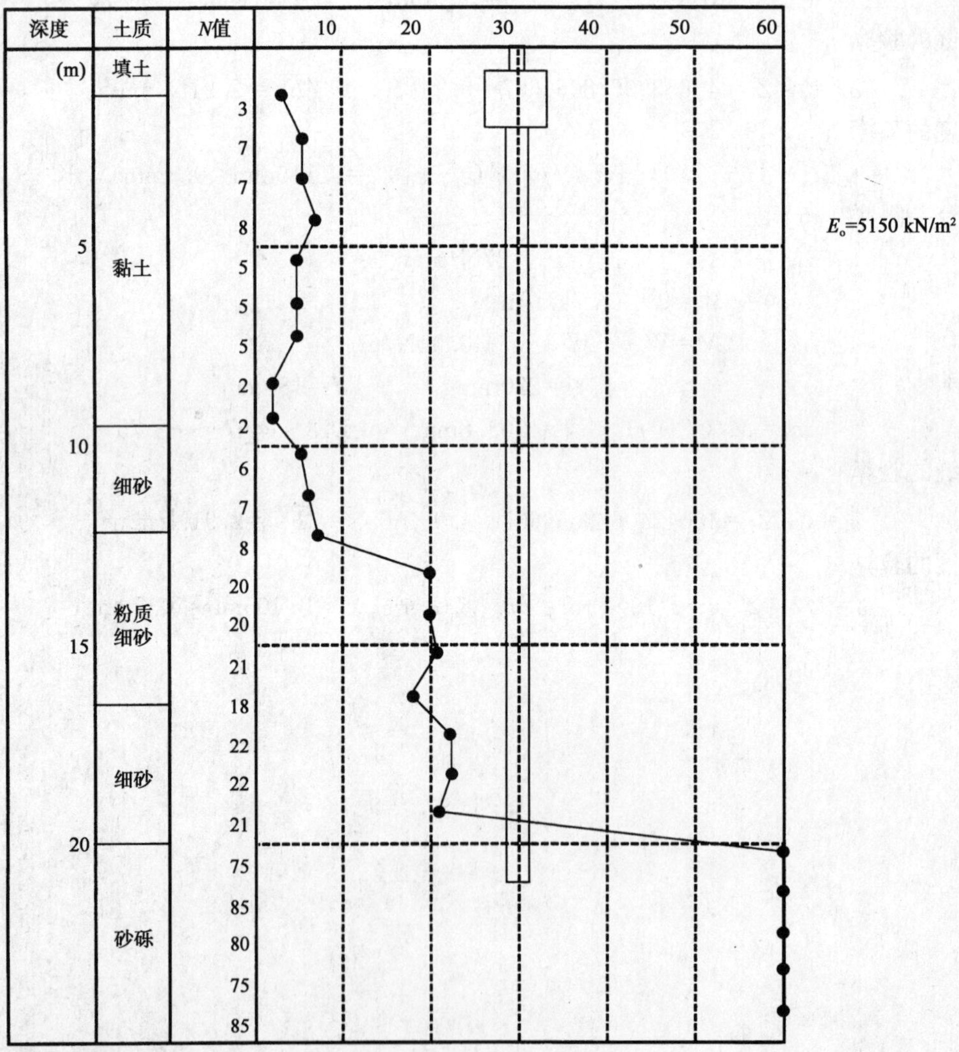

（3）桩支持力的计算

（a）地基所决定的支持力（长期、短期为长期×2）

$$R_{al}=\frac{1}{3}\{\alpha\cdot\overline{N}\cdot A_p+(\beta\cdot N_s\cdot L_s+\gamma\cdot q_u\cdot L_c)\phi\}$$

- $\alpha=200$
- $\beta=10/3$
- $N=60$
- 桩周摩擦力要考虑 GL－12.2m 以上的深度范围。

深度（m）	土质	L_s（m）	N_s	设计用 N_s	R_f/ϕ
12.2～16.8	砂质土	4.6	17.4	17.4	266.8
16.8～20.0	砂质土	3.2	21.7	21.7	231.1
20.0～21.0	砂质土	1.0	75.0	30.0	100.0
				Σ	597.9

柱直径（mm）	α	N	A_p（mm^2）	$\alpha\cdot N\cdot A_p$（kN）	ϕ（mm）	R_f（kN）	R_{al}（kN）
600	200	60	282743	3393	1885	1127	1507

（b）桩材决定的承载力

$R_{a2}=(f_c-\sigma_e)\times A\times(1-\alpha_1-\alpha_2)$

- α_1＝长度与直径比的折减率　　$\alpha_1=(L/D-85)/100$
- α_2＝接头的折减率　　（焊接接头 1 处 5%）

柱直径（mm）	$f_c-\sigma_e$（N/mm^2）	A（mm^2）	α_1	α_2	R_{a2}
600	1500	144200	0	0.05	$2740>R_{a1}$

（4）桩帽自重（每一根桩）

柱直径（mm）	宽度（mm）	埋深（mm）	γ（N/mm^3）	N_f（kN）
600	1500	2100	0.00002	95

（5）房屋横向地震时轴向力的计算

- 桩群的二次矩

轴线	根数	距离	一次矩	二次矩
A	1	0	0.0	36.6
B	1	7.2	7.2	1.3
C	1	10.95	11.0	24.0
合计	3		$S=18.2$	$I=61.9$

桩重心＝6.05m

$Z_A=61.9/6.05=10.2$

$Z_B=61.9/1.15=53.9$

$Z_C=61.9/4.90=12.6$

- 地震时轴向力

1、7 轴线　　A 轴线　$N_{ey}=7627.1/10.2=745kN$

　　　　　　B 轴线　$N_{ey}=7627.1/53.9=142kN$

C 轴线　$N_{ey}=7627.1/12.6=603\text{kN}$

2～6 轴线　A 轴线　$N_{ey}=8393.9/10.2=820\text{kN}$

B 轴线　$N_{ey}=8393.9/53.9=156\text{kN}$

C 轴线　$N_{ey}=8393.9/12.6=664\text{kN}$

（6）基础计算用轴向力・桩根数

位置	N'_x (kN)	N'_y (kN)	横向上部 (kN)	N' (kN)	N_f (kN)	N_L (kN)	N_{EX} (kN)	N_{EY} (kN)	N_{SX} (kN)	N_{SY} (kN)	桩根数、直径
A－1	500	87	451	1038	95	1132	404	745	1536	1877	1－ϕ600
A－2	1357	124	679	2160	189	2349	10	820	2359	3169	2－ϕ600
A－3	1110	124	677	1912	189	2101	5	820	2105	2921	2－ϕ600
A－4	1175	124	677	1977	189	2166	0	820	2166	2986	2－ϕ600
B－1	522	208	624	1354	95	1449	401	142	1850	1590	1－ϕ600
B－2	1394	294	920	2608	189	2797	71	156	2868	2952	2－ϕ600
B－3	1119	293	919	2331	189	2520	10	156	2530	2676	2－ϕ600
B－4	1277	293	919	2489	189	2678	0	156	2678	2834	2－ϕ600
C－1	697	7	174	878	95	972	729	603	1702	1576	1－ϕ600
C－2	1637	2	242	1880	189	2069	7	664	2076	2733	2－ϕ600
C－3	1478	2	242	1721	189	1910	9	664	1919	2574	2－ϕ600
C－4	1421	2	242	1664	189	1853	0	664	1853	2518	2－ϕ600
										共计	36 根

注：N'_x——X 方向剪力墙以及基础梁的长期轴向力；

N'_y——Y 方向 1 层楼板以及基础梁的长期轴向力；

横向上部——Y 方向承重墙的长期轴向力（到 1 层楼板顶端）；

N'——不包括桩帽重量的长期轴向力；

N_f——桩帽重量；

N_L——长期轴向力（包括桩帽重量）；

N_{EX}——X 方向水平荷载的轴向力；

N_{EY}——Y 方向水平荷载的轴向力；

N_{SX}——X 方向水平荷载时轴向力（N_L+N_{EX}）；

N_{SY}——Y 方向水平荷载时轴向力（N_L+N_{EY}）。

（7）地震时水平力的验算

（a）桩承载的水平力的计算

地震时正上层的剪力　$Q'=5685.1\text{kN}$

偏向 1 层层高中间的地基

地震力计算用重量　$W_1=4826.1\text{kN}$

基础自重

基础梁（纵向）	15.1×39.3×3＝	1782.6
基础梁（横向）	15.1×10.95×7＝	1158.9
其他基础梁	15.1×(6.5×4＋3.25×2＋7.5) ＝	598.8
桩帽	37.8×9＝	340.2
桩帽	172.8×(36＋3－9) ＝	5184.0
		9064.5kN

基础部的地震用重量 $W_f=4826.1+9064.5 \quad =13890.6\text{kN}$

基础部的地震层剪力 $Q_f=5685.1+13890.6\times0.1= \quad 7074.2\text{kN}$

桩承载的水平力 $Q=7074.2\text{kN}$

1 根桩所承载的水平力 $Q_i=7074.2/36 \quad =196.5\text{kN}$/根

(b) 承受水平力的桩的设计

桩承载的总水平力 $Q=196.51\text{kN}$

桩长 $L=18.90\text{m}$

桩的弹性模量 $E=40000\text{N/mm}^2$

地基的变形系数 $E_0=5150\text{kN/m}^2$

i) 水平力的分担、桩头变位、弯矩等

M_0——桩头的弯矩 $Q/2\beta$

M_m——地中部的最大弯矩 $0.104Q/\beta$

y_o——桩头的水平变位 $Q\beta/k_h\cdot B$

L_m——M_m 的发生点深度 $1.571/\beta$

β——按照右式计算得出的系数 $(k_h\cdot B/4E\cdot I)(1/4)$

桩种类	I (cm^4)	k_h	β	$\beta L>3$	$I\beta^3$	n (根)	$nI\beta^3$	Q (kN)	Q_i (kN)	y_0 (mm)	M_0 (kN·m)	M_m (kN·m)	L_m (m)
600C	520000	191.1	0.00343	6.48	0.021	1	0.021	196.5	196.5	5.99	286.8	59.6	4.59

ii) 桩体应力的验算

$$\left.\begin{aligned}\sigma_c=\sigma_{ce}+N_{max}/A_i+M/Z_i\leqslant\sigma_{ca}\ (\text{最外层受压纤维})\\ \sigma_t=\sigma_{ce}+N_{min}/A_i+M/Z_i\leqslant\sigma_{ta}\ (\text{最外层受压纤维})\end{aligned}\right\}\text{对轴向力和弯矩的验算}$$

$$\tau_{max}=QS_0/(2tI)\leqslant0.5\sqrt{(\sigma_g+2\sigma_d)^2-\sigma_g{}^2}\ \text{对剪力的分析}$$

σ_c——最外层受压纤维应力

σ_t——最外层受拉纤维应力

σ_{ce}——有效预应力

A_i——换算断面积

Z_i——换算断面系数

N_{max}——最大轴向力

N_{min}——最小轴向力

M——发生弯矩

σ_{ca}——短期容许压应力

σ_{ta}——短期容许弯曲拉应力

τ_{max}——最大剪应力

S_0——桩的断面面积矩

t——桩的厚度

σ_g——轴向应力

σ_d——短期容许斜向拉应力

桩种类	N_{max} (kN)	N_{min} (kN)	σ_{ce} (N/mm^2)	A_i (mm^2)	Z_i (mm^3)	σ_c (N/mm^2)	σ_{ca} (N/mm^2)	判定	σ_t (N/mm^2)	σ_{ta} (N/mm^2)	判定
600C	1877.5	242.8	10	155000	17330000	38.66	42.5	OK	−4.98	−5.0	OK
	S_0 (cm^3)	t (mm)	σ_g (N/mm^2)	σ_d (N/mm^2)	τ_{max} (N/mm^2)	$0.5\sqrt{(\sigma_g+2\sigma_d)^2-\sigma_g}$ (N/mm^2)		判定			
	11800	90	11.57	1.8	2.48	4.91		OK			

(8) 桩、基础平面图

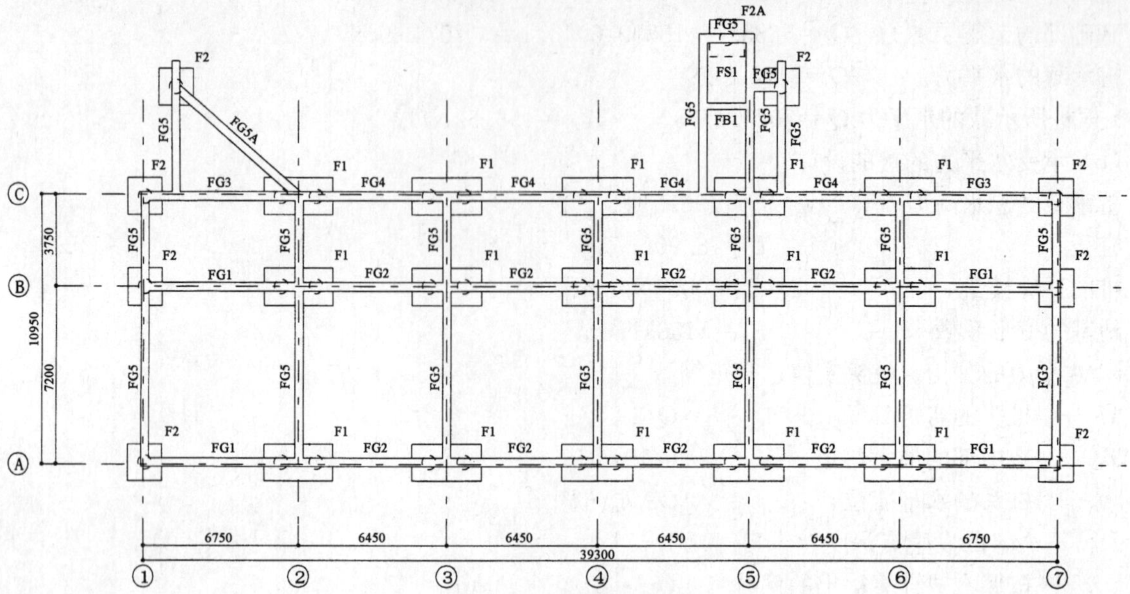

桩、基础平面图

8.2 桩帽

（1）设计方针

·对桩的水平力及桩头的弯矩进行检讨（考虑偏心为 100mm 的情况）。

·混凝土　$F_c=24N/mm^2$　钢筋　底部钢筋 SD345 非底部钢筋　SD295A

（2）设计

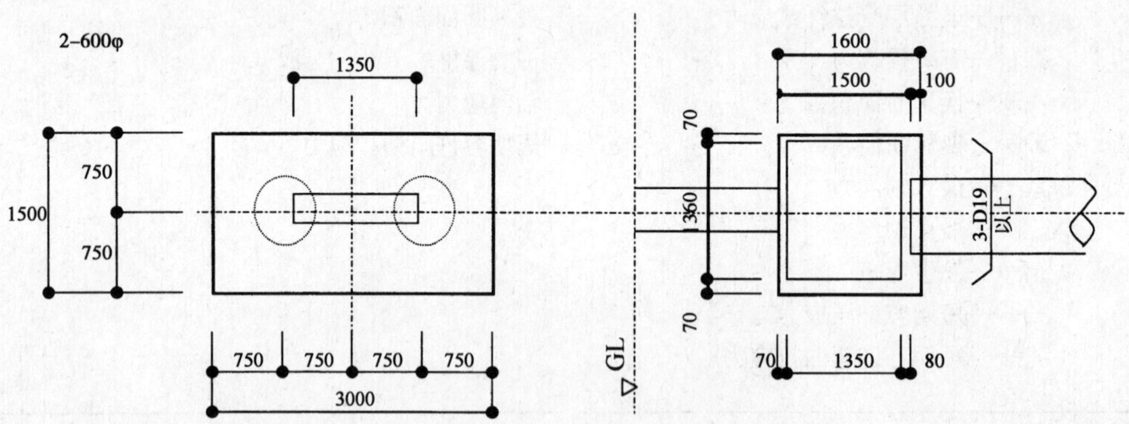

（a）基础钢筋（对竖向力）

$Q_L=N'/2=$　　　　　　　　　2608/2=1304kN　（长期）

$Q_S=$［$N'+\max$（N_{EX}、N_{EY}）］$/2=$　2980/2=1490kN　（短期）

$D=1600mm$　　　　　$d=1420mm$

长期 $\tau=1304\times10^3/(1500\times1420\times0.875)=0.70N/mm^2<0.74N/mm^2$　OK

长期 $M=1304\times(0.075+0.1)=228.2kN\cdot m$

$a_t=228\times10^6/(215\times1420\times0.875)=854mm^2$　3-D19（861）

（b）对桩的水平力的面外弯曲、剪切

$Q=196.5\text{kN}$

$M=196.5\times(0.75+0.1)=167.0\text{kN}\cdot\text{m}$

$D=1500\text{mm}$　　$d=1430\text{mm}$

$a_t=167.0\times10^6/(295\times1430\times0.875)=453\text{mm}^2$　　4-D13　D13@337

$\Psi=197\times10^3/(1.2\times1430\times0.875)=131\text{mm}^2$　　4-D13→@300

$\tau=197\times10^3/(1500\times1430\times0.875)=0.10\text{N/mm}^2<1.11\text{N/mm}^2$　OK

（c）对桩头力矩与偏心力矩产生的扭转

$N_{\text{Smax}}=1490\text{kN}$

扭转 $M_t=286.8+1490\times0.1=435.8\text{kN}\cdot\text{m}$

$$a_t=\frac{M_t\cdot\phi}{2\cdot f_t\cdot A_o}=\frac{436\times10^6\times5420}{2\times295\times1836000}=2180\text{mm}^2$$（必要全轴钢筋断面积）

$$a_{tl}=\frac{M_t\cdot\phi}{2\cdot f_t\cdot A_o}=\frac{436\times10^6\times300}{2\times295\times2380000}=121\text{mm}^2\quad 1-\text{D13}$$

角隅 $a=453/3+121=272\text{mm}^2$　1-D19

箍筋

$$x=\frac{2f_t\cdot A_o\cdot a_1}{M_t}=\frac{2\times295\times1836000\times127}{435.8\times10^6}=316\text{mm}$$

D13@300

8.3 基础梁

（1）设计方针

· 设计应力为下面所列的合成应力。但是，房屋横向要考虑 1 层楼板荷载、基础梁自重以及桩头力矩的弯曲恢复应力等情况。

① 竖向荷载时的应力

② 水平荷载时的应力

③ 桩头力矩的弯曲恢复应力

· 桩头力矩的弯曲恢复应力，在基础梁中心进行修正。

· 以桩头力矩的弯曲恢复应力的中间为刚度比分割点。

· 对基础梁的短期荷载时剪力按照下列要求进行设计。

$$_sQ_A\geqslant {}_sQ_D$$

$$_sQ_A=b\cdot j\,[\alpha\cdot f_s+0.5\,{}_wf_t\,(p_w-0.002)]$$

$$_sQ_D=Q_L+\min\,(n\cdot Q_E,\ \Sigma M_y/l')$$

式中　b——基础梁的宽度（mm）；

j——基础梁的应力中心距离（mm），为（7/8）d；

α——按照下式计算

$$\alpha=4/[(M/Q)+1]\qquad 并且，1\leqslant\alpha\leqslant2$$

f_s——混凝土的短期容许剪应力（N/mm²）；

$_wf_t$——抗剪钢筋的抗剪加固短期容许拉应力（N/mm²）；

p_w——抗剪配筋率（超过 1.2%的情况，取 1.2%）；

Q_L——长期荷载时剪力（N）；

n——剪力放大系数（=2.0）；

Q_E——$C_0=0.2$ 时的剪力（N）；

$\sum M_y$——剪力最大时的基础梁的两端屈服弯矩的绝对值之和（N·mm），按照下式计算

$$\sum M_y = 0.9 \cdot \sum (a_t \cdot \sigma_y) \cdot d$$

a_t——基础梁弯曲加固筋的断面积（mm^2），不考虑板内钢筋；

σ_y——基础梁弯曲加固筋的标准屈服强度（N/mm^2）；

l'——基础梁的净距（mm）。

（2）竖向荷载时的应力

·在中心交点处配置桩，需将墙板竖向力与基础梁自重产生的长期应力考虑在内。

·对应力的分析要用平面框架应力分析程序（矩阵法）来进行。

·X方向的剪力墙的荷载，包括1层的荷载。

（a）A轴线

i）荷载状态

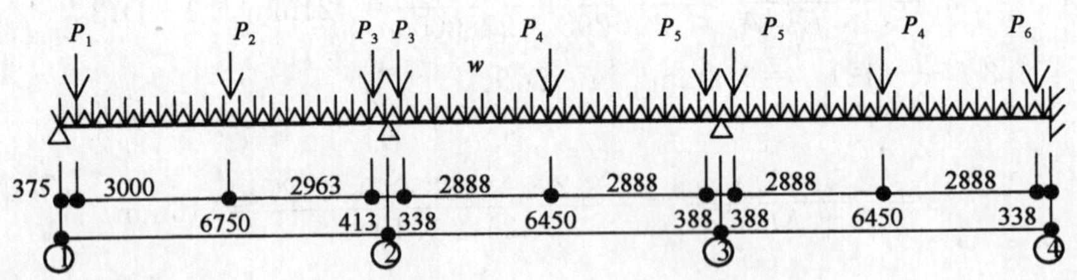

$P_1 = 235.4kN$ （AW1 产生的荷载）

$P_2 = 667.8kN$ （AW2 产生的荷载）

$P_3 = 430.7 \times 825/1500 = 236.9kN$ （AW3 产生的荷载）

$P_4 = 430.7 \times 675/1500 = 193.8kN$ （AW3 产生的荷载）

$P_5 = 647.0kN$ （AW4 产生的荷载）

$P_6 = 402.4 \times 1/2 = 201.2kN$ （AW5 产生的荷载）

$w = 350 \times 1800 \times 24/1000000 = 15.1kN/m$ （自重）

ii）应力图

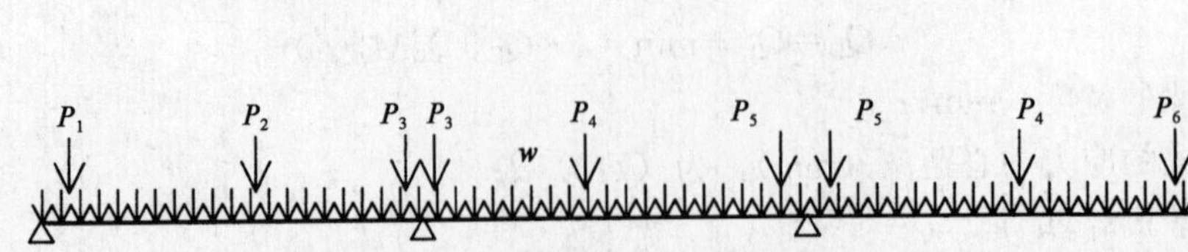

（ ）内的数值表示剪力。

（b）B轴线

i）荷载状态

$P_1 = 355.3kN$ （BW1 产生的荷载）

$P_2 = 613.1kN$ （BW2 产生的荷载）

$P_3 = 367.9 \times 1/2 =$ 183.9kN （BW3 产生的荷载）

$P_4 = 564.4kN$ （BW4 产生的荷载）

P_5＝710.7×1/2＝　　355.3　　　　（BW5 产生的荷载）

P_6＝344.6×1/2＝　　172.3kN　　　（BW6 产生的荷载）

w＝350×1800×24/1000000＝　15.1kN/m（自重）

ii）应力图

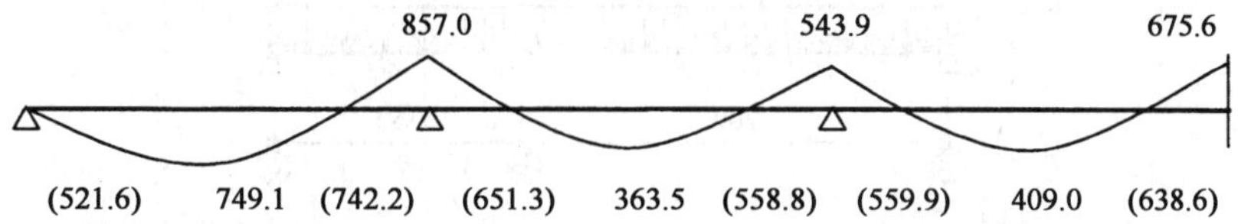

（c）C 轴线

i）荷载状态

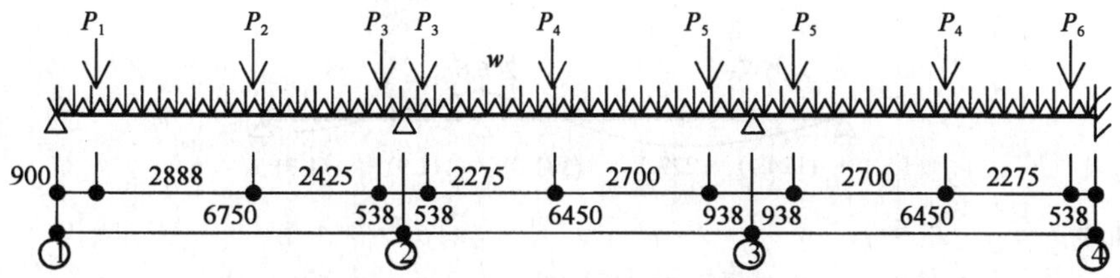

P_1＝594.6kN　　　　　　　　　　（CW1 产生的荷载）

P_2＝556.3kN　　　　　　　　　　（CW2 产生的荷载）

P_3＝659.8×1/2＝　　329.9kN　　　（CW3 产生的荷载）

P_4＝485.6kN　　　　　　　　　　（CW4 产生的荷载）

P_5＝1087.2×1/2＝　　543.6　　　（CW5 产生的荷载）

P_6＝659.8×1/2＝　　329.9kN　　　（CW6 产生的荷载）

w＝350×1800×24/1000000＝　15.1kN/m（自重）

ii）应力图

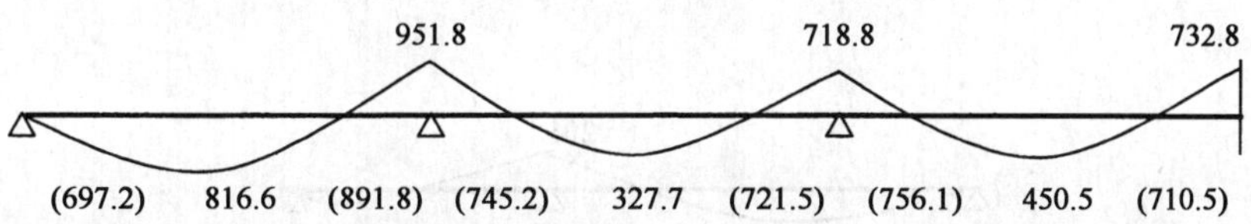

（d）1、7 轴线

i）荷载状态

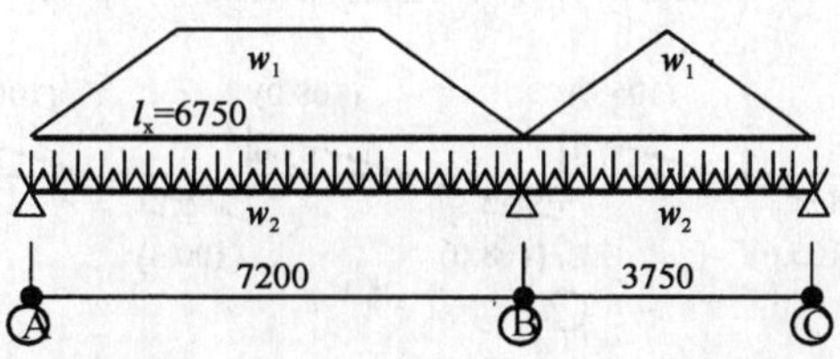

w_1＝7.2kN/m^2　　　　　　　　　　（1 层楼板荷载）

w_2＝350×1800×24/1000000＝15.1kN/m　　（自重）

ii）应力图

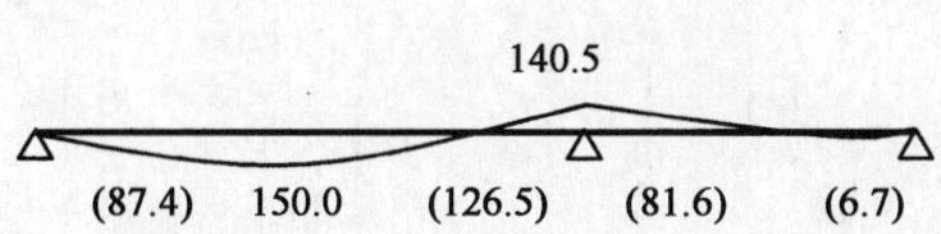

(e) 2、6 轴线

i) 荷载状态

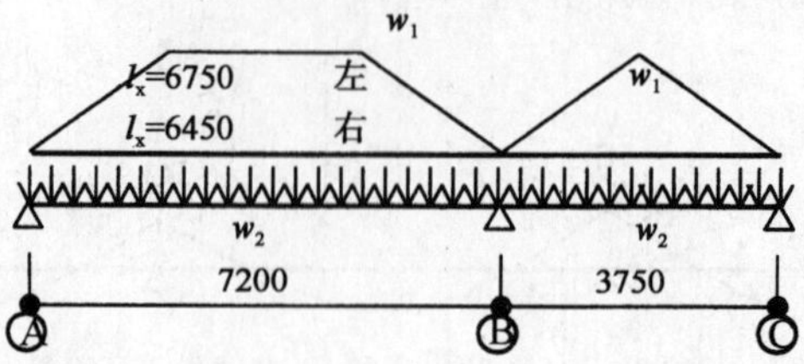

$w_1=7.2kN/m^2$ （1 层楼板荷载）

$w_2=350\times1800\times24/1000000=15.1kN/m$ （自重）

ii) 应力图

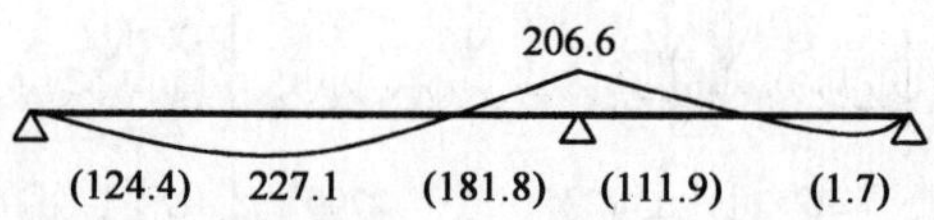

(f) 3～5 轴线

i) 荷载状态

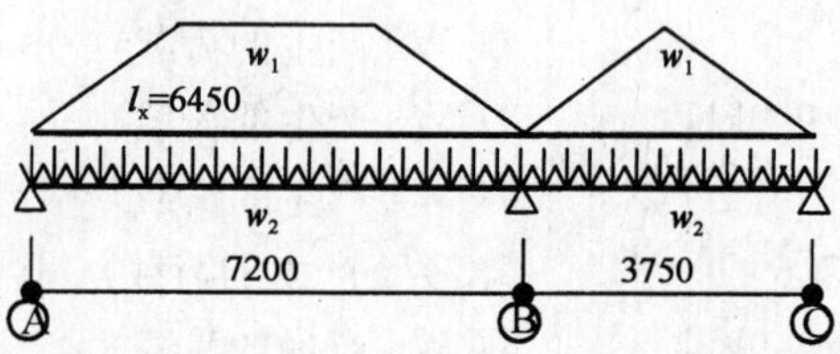

$w_1=7.2kN/m^2$ （1 层楼板荷载）

$w_2=350\times1800\times24/1000000=15.1kN/m$ （自重）

ii) 应力图

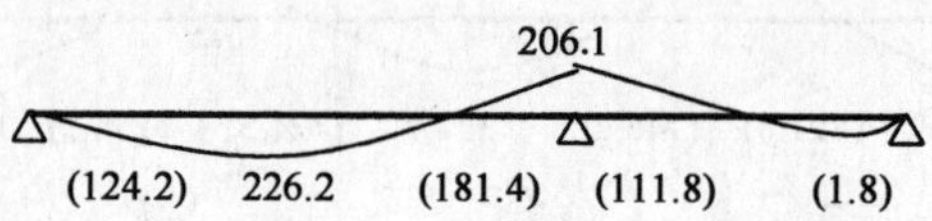

(3) 水平荷载时的应力

·水平荷载时应力，按照第 5 章规定的内容，这里仅给出 A 轴线。

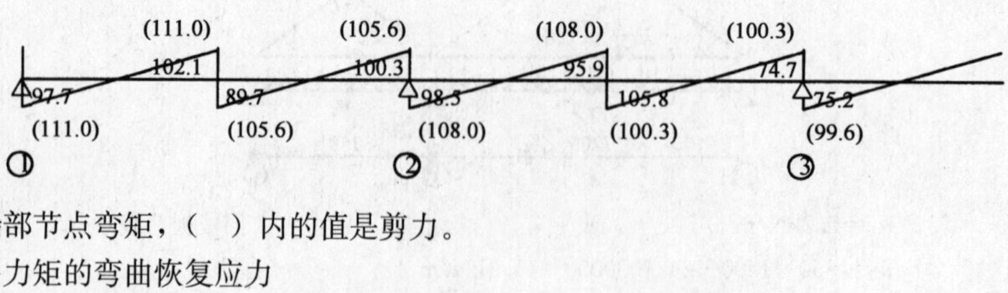

弯矩为端部节点弯矩，(　) 内的值是剪力。

(4) 桩头力矩的弯曲恢复应力

节点力矩的总和

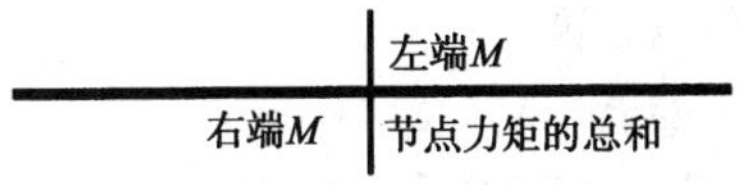

（a）A轴线

①　②　③　④ 轴线

N_p　-144 kN　-10　2　0

Q_g　(376)　144 kN　(400)　155　(390)　153

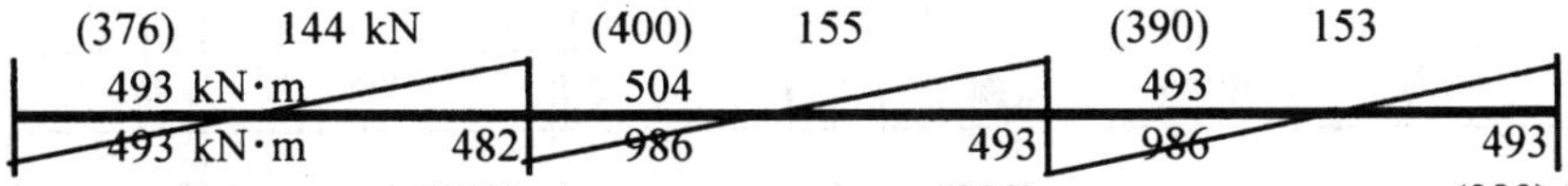

桩头M_p　287 kN·m　574　574　574

Q_p　197 kN　393　393　393

跨度　6.75 m　6.45　6.45

桩头和基础梁中心的距离h

1.05 m　1.05　1.05　1.05

（b）B轴线

N_p　-144 kN　-10　2　0

Q_g　(298)　144 kN　(365)　155　(287)　153

桩头M_p　287 kN·m　574　574　574

Q_p　197 kN　393　393　393

跨度　6.75 m　6.45　6.45

h　1.05 m　1.05　1.05　1.05

（c）C轴线

N_p　-144 kN　-10　2　0

Q_g　(222)　144 kN　(338)　155　(206)　153

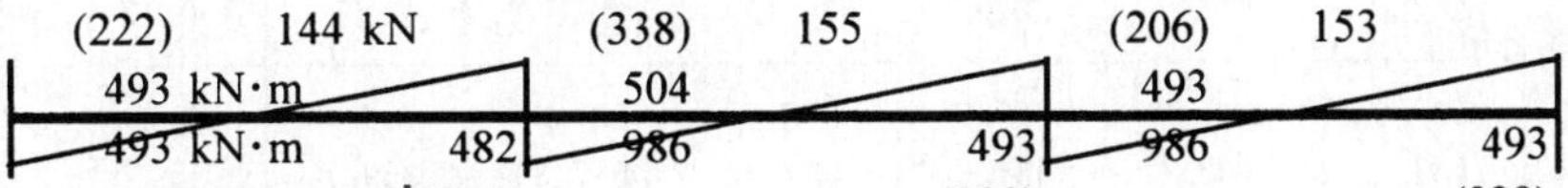

桩头M_p　287 kN·m　574　574　574

Q_p　197 kN　393　393　393

跨度　6.75 m　6.45　6.45

h　1.05 m　1.05　1.05　1.05

（d）1、7轴线

Ⓐ　Ⓑ　Ⓒ

N_p　-92 kN　-126　218

Q_g　92 kN　218

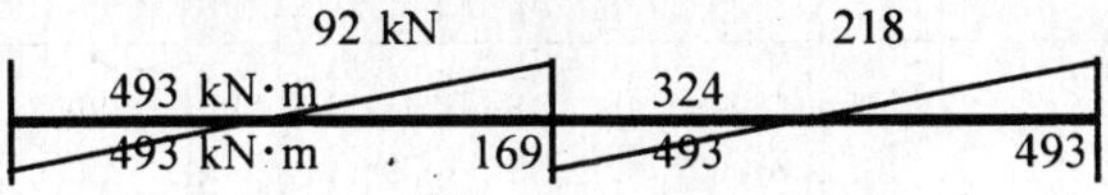

桩头M_p　287 kN·m　287　287

Q_p　197 kN　197　197

跨度　7.20 m　3.75

h　1.05 m　1.05　1.05

（e）2、6轴线

N_p　-184 kN　-252　436

Q_g　184 kN　436

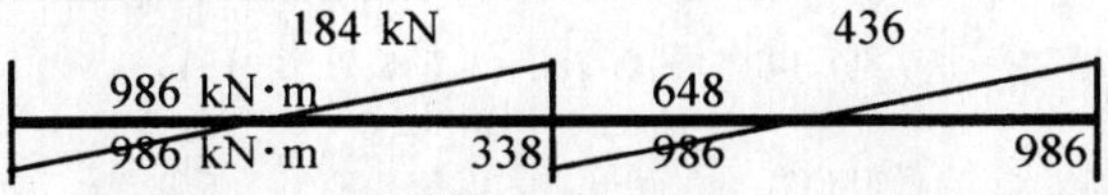

桩头M_p　574 kN·m　574　574

Q_p　393 kN　393　393

跨度　7.20 m　3.75

h　1.05 m　1.05　1.05

（5）断面计算

混凝土　F_c=24N/mm²

主筋　SD345　　主筋直径 D25

抗剪补强钢筋　SD295

轴线			A			A			A		
位置			1端	中央	2端	2端	中央	3端	3端	中央	4端
长期	M（kN·m）	上	0.0	0.0	837.1	837.1	0.0	600.6	600.6	0.0	661.0
		下	0.0	895.1	0.0	0.0	477.2	0.0	0.0	566.5	0.0
	Q（kN）		500.0		749.3	608.0		541.3	569.0		587.7
水平	M（kN·m）		97.7		100.3	98.5		74.7	75.2		75.2
	Q（kN）		111.0		111.0	108.0		108.0	99.6		99.6
桩	M（kN·m）		376.1		362.7	399.9		388.7	389.9		389.9
	Q（kN）		144.4		144.4	154.6		154.6	152.9		152.9
短期	M（kN·m）	上	473.8		1300.1	1335.5		1064.0	1065.6		1126.0
		下	473.8		0.0	0.0		0.0	0.0		0.0
	$Q_L+2.0Q_E$		1010.9		1260.2	1133.2		1066.5	1074.1		1092.8
断面	$b×D$（mm）			350×1800			350×1800			350×1800	
	d，j（mm）			1720，1505			1720，1505			172，1505	
γ			1.00	0.50	0.60	0.60	1.00	0.50	0.50	0.75	0.60
p_t（%）		上	0.25	0.25	0.42	0.42	0.25	0.34	0.34	0.25	0.42
		下	0.25	0.51	0.25	0.25	0.25	0.17	0.17	0.34	0.25
长期	M_A（kN·m）	上	537.3	533.9	879.9	879.9	537.3	706.4	706.4	535.7	879.9
		下	537.3	1048.1	534.6	534.6	537.3	359.7	359.7	709.7	534.6
短期	M_A（kN·m）	上	854.8	849.4	1399.8	1399.8	854.8	1123.8	1123.8	852.3	1399.8
		下	854.8	1667.4	850.6	850.6	854.8	572.2	572.2	1129.1	850.6
配筋		上	3-D25	3-D25	5-D25	5-D25	3-D25	4-D25	4-D25	3-D25	5-D25
		下	3-D25	6-D25	3-D25	3-D25	3-D25	2-D25	2-D25	4-D25	3-D25
判定		上	OK	OK	OK	OK	OK	OK	OK	OK	OK
		下	OK	OK	OK	OK	OK	OK	OK	OK	OK
1. $f_s·b·j$（kN）			L：389.8		S：584.7	L：389.8		S：584.7	L：389.8		S：584.7
2. α			L：2.000		S：1.591	L：2.000		S：1.598	L：2.000		S：1.611
1×2（kN）			L：779.6		S：930.4	L：779.6		S：934.2	L：779.6		S：942.1
p_w（%）			L：0.200		S：0.624	L：0.200		S：0.456	L：0.200		S：0.394
箍筋			2-D13		@116→@100	2-D13		@159→@150	2-D13		@184→@150
轴线			B			B			B		
位置			1端	中央	2端	2端	中央	3端	3端	中央	4端
长期	M（kN·m）	上	0.0	0.0	857.0	857.0	0.0	543.9	543.9	0.0	675.6
		下	0.0	749.1	0.0	0.0	363.5	0.0	0.0	409.0	0.0
	Q（kN）		521.6		742.2	651.3		558.8	559.9		638.6
水平	M（kN·m）		221.7		140.3	141.2		257.4	257.4		190.6
	Q（kN）		112.9		112.9	141.3		141.3	171.2		171.2

续表

轴线		B			B			B		
位置		1 端	中央	2 端	2 端	中央	3 端	3 端	中央	4 端
桩	M（kN·m）	298.1		351.9	365.1		284.3	286.7		355.5
	Q（kN）	144.4		144.4	154.6		154.6	152.9		152.9
短期	M（kN·m） 上	519.8		1349.2	1363.4		1085.7	1088.0		1221.6
	下	519.8		0.0	0.0		0.0	0.2		0.0
	$Q_L+2.0Q_E$	1036.2		1256.8	1243.1		1150.6	1208.0		1286.7
断面	$b \times D$（mm）		350×1800			350×1800			350×1800	
	d，j（mm）		1720，1505			1720，1505			1720，1505	
γ		1.00	0.60	0.60	0.60	1.00	0.50	0.50	1.00	0.40
p_t（%）	上	0.25	0.25	0.42	0.42	0.25	0.34	0.34	0.25	0.42
	下	0.25	0.42	0.25	0.25	0.25	0.17	0.17	0.25	0.17
长期	M_A（kN·m） 上	537.3	534.6	879.9	879.9	537.3	706.4	706.4	537.3	875.3
	下	537.3	879.9	534.6	534.6	537.3	359.7	359.7	537.3	359.4
短期	M_A（kN·m） 上	854.8	850.6	1399.8	1399.8	854.8	1123.8	1123.8	854.8	1392.5
	下	854.8	1399.8	850.6	850.6	854.8	572.2	572.2	854.8	571.7
配筋	上	3-D25	3-D25	5-D25	5-D25	3-D25	4-D25	4-D25	3-D25	5-D25
	下	3-D25	5-D25	3-D25	3-D25	3-D25	2-D25	2-D25	3-D25	2-D25
判定	上	OK	OK	OK	OK	OK	OK	OK	OK	OK
	下	OK	OK	OK	OK	OK	OK	OK	OK	OK
1. $f_s \cdot b \cdot j$（kN）		L：389.8		S：584.7	L：389.8		S：584.7	L：389.8		S：584.7
2. α		L：2.000		S：1.655	L：2.000		S：1.686	L：2.000		S：1.701
1×2（kN）		L：779.6		S：967.9	L：779.6		S：985.7	L：779.6		S：994.5
p_w（%）		L：0.200		S：0.572	L：0.200		S：0.531	L：0.200		S：0.576
箍筋		2-D13		@ 216→@ 125	2-D13		@ 136→@ 125	2-D13		@ 125→@ 100

轴线		C			C			C		
位置		1 端	中央	2 端	2 端	中央	3 端	3 端	中央	4 端
长期	M（kN·m） 上	0.0	0.0	951.8	951.8	0.0	718.8	718.8	0.0	732.8
	下	0.0	816.6	0.0	0.0	327.7	0.0	0.0	450.5	0.0
	Q（kN）	697.2		891.8	745.2		721.5	756.1		710.5
水平	M（kN·m）	381.7		0.0	0.0		337.2	337.2		0.0
	Q（kN）	199.6		199.6	191.3		191.3	191.3		191.3
桩	M（kN·m）	222.3		326.6	338.1		203.2	206.4		328.7
	Q（kN）	144.4		144.4	154.6		154.6	152.9		152.9
短期	M（kN·m） 上	604.0		1278.4	1289.9		1259.1	1262.4		1061.5
	下	604.0		0.0	0.0		0.0	0.0		0.0
	$Q_L+2.0Q_E$	1385.3		1579.9	1437.1		1413.4	1444.5		1398.9
断面	$b \times D$（mm）		350×1800			350×1800			350×1800	
	d，j（mm）		1720，1505			1720，1505			1720，1505	
γ		1.00	0.60	0.50	0.50	1.00	0.60	0.60	1.00	0.60
p_t（%）	上	0.25	0.25	0.51	0.51	0.25	0.42	0.42	0.25	0.42
	下	0.25	0.42	0.25	0.25	0.25	0.25	0.25	0.25	0.25

续表

轴线			C			C			C		
位置			1端	中央	2端	2端	中央	3端	3端	中央	4端
长期	M_A（kN·m）	上	537.3	534.6	1048.1	1048.1	537.3	879.9	879.9	537.3	879.9
		下	537.3	879.9	533.9	533.9	537.3	534.6	534.6	537.3	534.6
短期	M_A（kN·m）	上	854.8	850.6	1667.4	1667.4	854.8	1399.8	1399.8	854.8	1399.8
		下	854.8	1399.8	849.4	849.4	854.8	850.6	850.6	854.8	850.6
配筋		上	3-D25	3-D25	6-D25	6-D25	3-D25	5-D25	5-D25	3-D25	5-D25
		下	3-D25	5-D25	3-D25	3-D25	3-D25	3-D25	3-D25	3-D25	3-D25
判定		上	OK	OK	OK	OK	OK	OK	OK	OK	OK
		下	OK	OK	OK	OK	OK	OK	OK	OK	OK
1. $f_s \cdot b \cdot j$（kN）			L：389.8		S：584.7	L：389.8		S：584.7	L：389.8		S：584.7
2. α			L：2.000		S：1.728	L：2.000		S：1.761	L：2.000		S：1.778
1×2（kN）			L：779.6		S：1010.4	L：779.6		S：1029.8	L：779.6		S：1039.5
p_w（%）			L：0.413		S：0.933	L：0.200		S：0.724	L：0.200		S：0.721
箍筋			3-D13		@116→@100	3-D13		@150→@125	3-D13		@150→@125

轴线			1.7			1.7			2.6		
位置			A端	中央	B端	B端	中央	C端	A端	中央	B端
长期	M（kN·m）	上	0.0	0.0	140.5	140.5	0.0	0.0	0.0	0.0	206.1
		下	0.0	150.0	0.0	0.0	0.0	0.0	0.0	226.2	0.0
	Q（kN）		87.4		126.5	81.6		6.7	124.2		181.4
水平	M（kN·m）		0.0		0.0	0.0		0.0	0.0		0.0
	Q（kN）		0.0		0.0	0.0		0.0	0.0		0.0
桩	M（kN·m）		493.1		168.9	324.2		493.1	986.2		337.7
	Q（kN）		91.9		91.9	218.0		218.0	183.9		183.9
短期	M（kN·m）	上	493.1		309.4	464.7		493.1	986.2		543.8
		下	493.1		28.4	183.7		493.1	986.2		131.6
	$Q_L+2.0Q_E$		271.3		310.4	517.5		442.6	492.0		549.2
断面	$b \times D$（mm）			350×1800			350×1800			350×1800	
	d，j（mm）			1720，1505			1720，1505			1720，1505	
γ			1.00	1.00	1.00	1.00	1.00	1.00	1.00	1.00	1.00
p_t（%）		上	0.17	0.17	0.17	0.17	0.17	0.17	0.34	0.17	0.17
		下	0.17	0.17	0.17	0.17	0.17	0.17	0.34	0.17	0.17
长期	M_A（kN·m）	上	361.0	361.0	361.0	361.0	361.0	361.0	712.6	361.0	361.0
		下	361.0	361.0	361.0	361.0	361.0	361.0	712.6	361.0	361.0
短期	M_A（kN·m）	上	574.4	574.4	574.4	574.4	574.4	574.4	1133.7	574.4	574.4
		下	574.4	574.4	574.4	574.4	574.4	574.4	1133.7	574.4	574.4
配筋		上	2-D25	2-D25	2-D25	2-D25	2-D25	2-D25	4-D25	2-D25	2-D25
		下	2-D25	2-D25	2-D25	2-D25	2-D25	2-D25	4-D25	2-D25	2-D25
判定		上	OK	OK	OK	OK	OK	OK	OK	OK	OK
		下	OK	OK	OK	OK	OK	OK	OK	OK	OK
1. $f_s \cdot b \cdot j$（kN）			L：389.8		S：584.7	L：389.8		S：584.7	L：389.8		S：584.7
2. α			L：2.000		S：1.000	L：1.999		S：1.728	L：2.000		S：1.000
1×2（kN）			L：779.6		S：584.7	L：779.2		S：1010.1	L：779.6		S：584.7

续表

轴线		1.7			1.7			2.6		
位置		A端	中央	B端	B端	中央	C端	A端	中央	B端
p_w（%）		L：0.200		S：0.200	L：0.200		S：0.200	L：0.200		S：0.200
箍筋		2-D10		@203→@200	2-D10		@203→@200	2-D10		@203→@200
轴线		2.6			3-5			3-5		
符号		FG			FG			FG		
位置		B端	中央	C端	A端	中央	B端	B端	中央	C端
长期	M（kN·m）上	206.6	0.0	0.0	0.0	0.0	206.1	206.1	0.0	0.0
	M（kN·m）下	0.0	0.0	0.0	0.0	226.2	0.0	0.0	0.0	0.0
	Q（kN）	111.9		1.7	124.2		181.4	111.8		1.8
水平	M（kN·m）	0.0		0.0	0.0		0.0	0.0		0.0
	Q（kN）	0.0		0.0	0.0		0.0	0.0		0.0
桩	M（kN·m）	648.4		986.2	986.2		337.7	648.4		986.2
	Q（kN）	435.9		435.9	183.9		183.9	435.9		435.9
短期	M（kN·m）上	855.0		986.2	986.2		543.8	854.5		986.2
	M（kN·m）下	441.8		986.2	986.2		131.6	442.3		986.2
	$Q_L+2.0Q_E$	983.7		873.5	492.0		549.2	983.6		873.6
断面	$b\times D$（mm）	350×1800			350×1800			350×1800		
	d，j（mm）	1720，1505			1720，1505			1720，1505		
γ		0.50	1.00	1.00	1.00	1.00	1.00	0.75	1.00	1.00
p_t（%）	上	0.34	0.17	0.34	0.34	0.17	0.17	0.34	0.17	0.34
	下	0.17	0.17	0.34	0.34	0.17	0.17	0.25	0.17	0.34
长期	M_A（kN·m）上	706.4	361.0	712.6	712.6	361.0	361.0	709.7	361.0	712.6
	M_A（kN·m）下	359.7	361.0	712.6	712.6	361.0	361.0	535.7	361.0	712.6
短期	M_A（kN·m）上	1123.8	574.4	1133.7	1133.7	574.4	574.4	1129.1	574.4	1133.7
	M_A（kN·m）下	572.2	574.4	1133.7	1133.7	574.4	574.4	852.3	574.4	1133.7
配筋	上	4-D25	2-D25	4-D25	4-D25	2-D25	2-D25	4-D25	2-D25	4-D25
	下	2-D25	2-D25	4-D25	4-D25	2-D25	2-D25	3-D25	2-D25	4-D25
判定	上	OK	OK	OK	OK	OK	OK	OK	OK	OK
	下	OK	OK	OK	OK	OK	OK	OK	OK	OK
1. $f_s\cdot b\cdot j$（kN）		L：389.8		S：584.7	L：389.8		S：584.7	L：389.8		S：584.7
2. α		L：1.929		S：1.728	L：2.000		S：1.000	L：1.931		S：1.728
1×2（kN）		L：752.0		S：1010.1	L：779.6		S：584.7	L：752.6		S：1010.1
p_w（%）		L：0.200		S：0.200	L：0.200		S：0.200	L：0.200		S：0.200
箍筋		2-D10		@203→@200	2-D10		@203→@200	2-D10		@203→@200

（6）基础梁的弯曲加固筋用量的推荐值

$$a_{tb}=\left[0.8a_{tc}\cdot\sigma_y+\left(\frac{0.5L_w\cdot y}{100-L_w\cdot y}\times\frac{N_w-1}{N_w}\times l_o+0.28d_b\right)\frac{100w\cdot N}{L_w}\right]\times\frac{L_w\cdot y}{100-\dfrac{L_w\cdot y}{N_w}}$$

$$\times\frac{N_w-1}{N_w}\times l_o\times\frac{1}{0.9\sigma_{yd}\cdot d_b\cdot\eta}$$

$$=\left[0.8\times287\times0.385+\left(\frac{0.5\times11.45\times4.23}{100-11.45\times4.23}\times\frac{12}{13}\times1.638+0.28\times1.72\right)\times\frac{100\times10.95\times5}{11.45}\right]$$

$$\times\frac{11.45\times4.23}{100-11.45\times4.23/13}\times\frac{12}{13}\times1.638\times\frac{1}{0.9\times0.385\times1.72\times2.0}$$

$=421\text{mm}^2$（$\eta=2.0$）

式中 a_{tb}——基础梁的弯曲加固筋的断面积（mm^2）；

a_{tc}——剪力墙 1 层墙壁底部的弯曲加固筋的断面积（mm^2）；

σ_y——剪力墙 1 层墙壁底部的弯曲加固筋的材料强度（kN/mm^2）；

L_w——壁量（cm/mm^2）；

y——每一结构面的建筑物的壁量计算时的短边方向长度（m）；

N_w——每层的剪力墙的数量除以结构面的数量所得的数值；

l_o——墙梁的净距的平均值；

d_b——基础梁的有效长度（m）；

w——建筑物每 1 层的地震力计算用单位重量（kN/m^2）；

N——建筑物的地上层数；

σ_{yb}——基础梁的主筋的材料强度（kN/m^2）；

η——剪力墙上的基础梁的数量（内侧剪力墙是为 2，外侧剪力墙时为 1）；

根据以上计算可知，弯曲加固筋的最小值为 2－D25（$=1014mm^2$），所以满足推荐值（$=421mm^2$）。

9 接合部的设计

9.1 剪力墙的竖向接合部

(1) 设计方针

· 要确认接合部的容许剪切承载力及受剪承载力超过设计剪力。

确认

$$_{A}Q_{SV} \geqslant {}_{D}Q_{SV}$$

$$Q_{UV} \geqslant {}_{D}Q_{UV}$$

$$_{D}Q_{SV} = \kappa \cdot \tau_{h} \cdot A_{V}$$

$$_{D}Q_{UV} = 2.5\tau_{av} \cdot A_{V}$$

$$_{A}Q_{SV} = \min\left[2.0_{S}f_{ss} \cdot \sum A_{sk},\ 1.2_{S}f_{cs} \cdot \sum A_{pc},{}_{S}f_{sw} \cdot A_{ve}\right]$$

$$Q_{UV} = \min\left[0.1F_{c} \cdot \sum A_{sk} + \sum(a_{s} \cdot \sigma_{y}),\ 1.2F_{c} \cdot \sum A_{pc},{}_{S}f_{sw} \cdot A_{ve} + 1.4\sum(a_{s} \cdot \sigma_{y})\right]$$

式中 $_{A}Q_{SV}$——竖向接合部的短期容许剪力(N);

$_{D}Q_{SV}$——竖向接合部的短期剪力设计(N);

Q_{UV}——竖向接合部的受剪承载力(N);

$_{D}Q_{UV}$——竖向接合部的强度极限时剪力设计值(N);

κ——形状系数,取1.2。注意,在建筑物的角落部的竖向接合部取1.0;

τ_{h}——标准剪力系数$C_{0}=0.2$的地震时,产生于剪力墙的剪应力(N/mm^2),按照下式计算

$$\tau_{h} = Q_{E}/A_{H}$$

Q_{E}——标准剪力系数Co=0.2的地震时,产生于剪力墙的剪力(N);

A_{H}——有竖向接合部的剪力墙的水平断面积(mm^2),按照下式计算

$$A_{H} = t \cdot l$$

t——剪力墙的厚度(mm);

l——剪力墙的长度(mm);

A_{V}——剪力墙的竖向断面积(mm^2),按照下式计算

$$A_{V} = t \cdot h$$

h——剪力墙的竖向接合部的高度(mm);

τ_{av}——标准剪力系数$C_{0}=0.2$的地震时,产生于剪力墙的平均剪应力(N/mm^2),按照下式计算

$$\tau_{av} = \sum Q_{E}/\sum A_{H}$$

$\sum Q_{E}$——因标准剪力系数$C_{0}=0.2$的地震力产生的各层各方向的地震层剪力(N);

$\sum A_{H}$——在地震力研究方向的剪力墙的水平断面积(mm^2)的总和,按照下式计算

$$\sum A_{H} = \sum(t \cdot l)$$

$_{S}f_{ss}$——抗剪键的边界面的短期容许剪应力(N/mm^2),在剪力墙的混凝土或者填充混凝土的短期容许剪应力值中,取较小值;

$\sum A_{sk}$——抗剪键的全剪切面积(mm^2),按照下式计算

$$\sum A_{sk} = n \cdot h_{s} \cdot b_{s}$$

n——在抗剪键的该接合部中的总个数;

h_{s}——在抗剪键的边界面的高度(mm);

b_{s}——在抗剪键的边界面的宽度(mm);

${}_{s}f_{cs}$——抗剪键的局部受压的短期容许压应力（N/mm^2），在剪力墙的混凝土或者填充混凝土的短期容许压应力值中，取较小值；

$\sum A_{pc}$——抗剪键的全水平断面积（mm^2），按照下式计算

$$\sum A_{pc}=n\cdot d_s\cdot(b_s+b_{sl})/2$$

d_s——抗剪键的深度（mm）；

b_{sl}——抗剪键的最小的宽度（mm）；

${}_{s}f_{sw}$——填充混凝土的短期容许剪应力（N/mm^2）；

A_{ve}——填充混凝土的有效剪切面积（mm^2），按照下式计算

$$A_{ve}=t_e\cdot h$$

t_e——填充混凝土的有效厚度（mm）；

F_c——剪力墙的混凝土或者填充混凝土的设计标准强度（N/mm^2）中，取较小值；

a_s——抗剪销筋的断面积（mm^2）；

σ_y——抗剪销筋的标准屈服强度（N/mm^2）。

（2）容许应力（短期）

抗剪键的剪切　　$2.0f_{ss}=2.0\times1.14=2.28\text{N/mm}^2$

抗剪键的承压力　$1.2f_{cs}=1.2\times18.0=21.6\text{N/mm}^2$

填充混凝土的剪切　$f_{sw}=$　　　　　1.14N/mm^2

（3）抗剪销的配置与形状

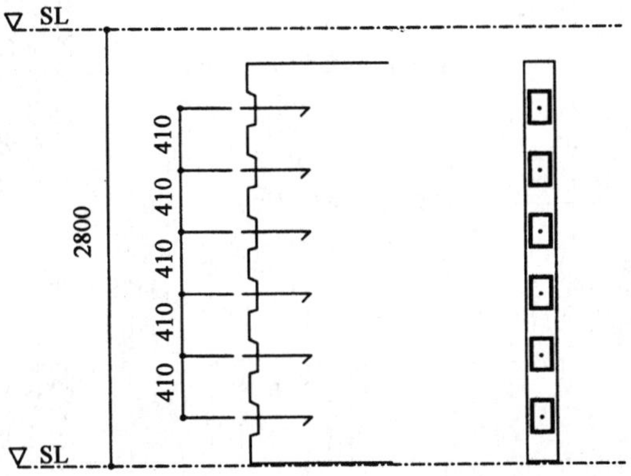

抗剪销的配置

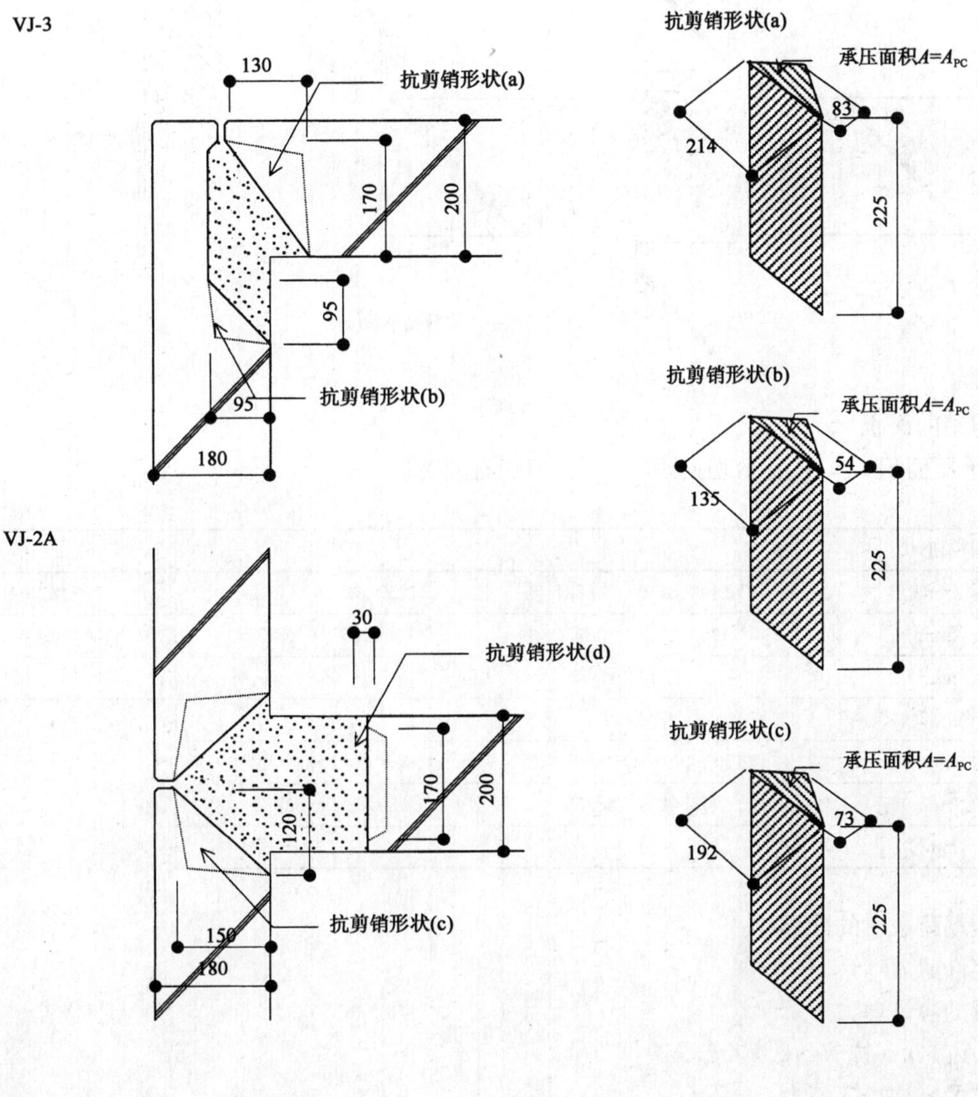

VJ-2

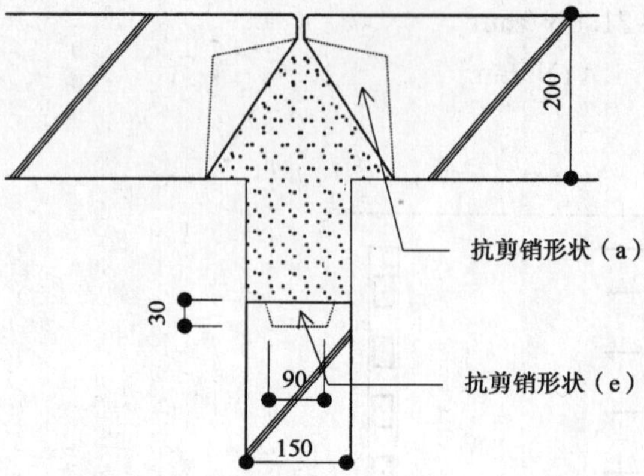

抗剪销形状（d）

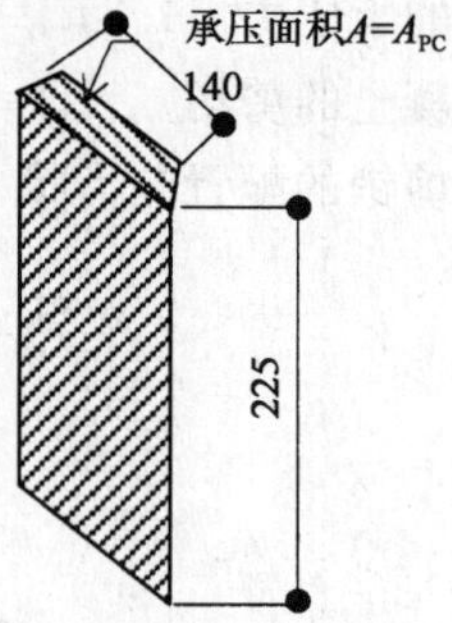

抗剪销形状(e)

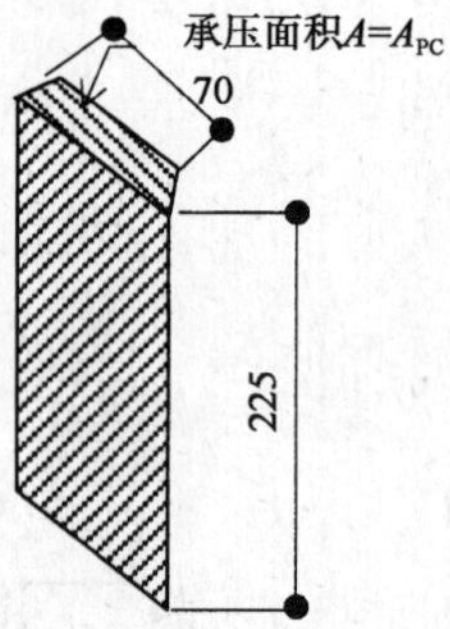

VJ-4

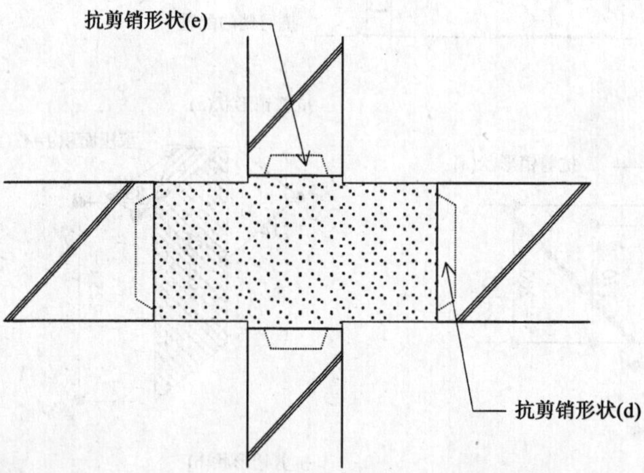

·抗剪销的面积

A_{pc}：承压面积　　A_{sk}：剪切面积　　t_e：剪切有效宽度

抗剪销形状	(a)	(b)	(c)
A_{pc}（mm^2）	214×83/2=　8881	135×54/2=　3645	192×73/2=　7008
A_{sk}（mm^2）	170×225=　38250	95×225=　21375	150×225=　33750
t_e（mm^2）	170	95	150
抗剪销形状	(d)	(e)	
A_{pc}（mm^2）	(170+140)/2×30=4650	(90+70)/2×30=2400	
A_{sk}（mm^2）	170×225=38250	150×225=33750	
t_e（mm^2）	200	150	

（4）短期荷载时的计算

（a）容许剪力

抗剪键的容许剪力

$Q_{ev1}=A_{sk}\times n$（抗剪销数）$\times f_{ss}$

抗剪键的容许局部压力

$Q_{ev2}=A_{pc}\times n$（抗剪销数）$\times f_{cs}$

填充混凝土的容许剪力

$Q_{ev3}=t_e \times h \times f_{sw}$

方向	形状	接缝类型	Q_{EV}的计算公式	Q_{EV}（kN）
纵向	(a)	VJ－2，VJ－3	Q_{ev1} ＝ 38250 × 6 × 2.28×10^{-3} ＝523 Q_{ev2} ＝ 8881 × 6 × 21.60×10^{-3} ＝1151 Q_{ev3} ＝ 170 × 2800 × 1.14×10^{-3} ＝543	523
	(d)	VJ－2A，VJ－4	Q_{ev1} ＝ 38250 × 6 × 2.28×10^{-3} ＝523 Q_{ev2} ＝ 4650 × 6 × 21.60×10^{-3} ＝603 Q_{ev3} ＝ 200 × 2800 × 1.14×10^{-3} ＝638	523
横向	(b)	VJ－3	Q_{ev1} ＝ 21375 × 6 × 2.28×10^{-3} ＝292 Q_{ev2} ＝ 3645 × 6 × 21.60×10^{-3} ＝472 Q_{ev3} ＝ 95 × 2800 × 1.14×10^{-3} ＝303	292
	(c)	VJ－2A	Q_{ev1} ＝ 33750 × 6 × 2.28×10^{-3} ＝462 Q_{ev2} ＝ 7008 × 6 × 21.60×10^{-3} ＝908 Q_{ev3} ＝ 150 × 2800 × 1.14×10^{-3} ＝479	462
	(e)	VJ－2，VJ－4	Q_{ev1} ＝ 33750 × 6 × 2.28×10^{-3} ＝462 Q_{ev2} ＝ 7008 × 6 × 21.60×10^{-3} ＝908 Q_{ev3} ＝ 150 × 2800 × 1.14×10^{-3} ＝479	462

（b）设计剪力和确认

墙符号	层	t (mm)	l (mm)	Q_E (kN)	τ_h (N/mm^2)	h (mm)	A_V (mm^2)	接缝类型	κ	$_sQ_{DV}$ (kN)	$_sQ_{AV}$ (kN)	判定
AW1	5	200	915	13.6	0.074	2800	560000	VJ-3	1.0	42	523	OK
	4	200	915	24.8	0.135	2800	560000		1.0	76	523	OK
	3	200	915	33.9	0.185	2800	56000		1.0	104	523	OK
	2	200	915	41.2	0.225	2800	560000		1.0	126	523	OK
	1	200	915	57.8	0.316	2800	560000		1.0	177	523	OK
AW3	5	200	1500	37.9	0.126	2800	560000	VJ-2	1.2	85	523	OK
	4	200	1500	69.3	0.231	2800	560000		1.2	155	523	OK
	3	200	1500	94.6	0.315	2800	560000		1.2	212	523	OK
	2	200	1500	115.2	0.384	2800	560000		1.2	258	523	OK
	1	200	1500	139.8	0.466	2800	560000		1.2	313	523	OK
AW5	5	200	1350	33.6	0.125	2800	560000	VJ-2	1.2	84	523	OK
	4	200	1350	61.5	0.228	2800	560000		1.2	153	523	OK
	3	200	1350	84.0	0.311	2800	560000		1.2	209	523	OK
	2	200	1350	102.3	0.379	2800	560000		1.2	254	523	OK
	1	200	1350	118.8	0.440	2800	560000		1.2	296	523	OK
AW5 4 轴线	5	200	1350	33.6	0.125	2800	560000	VJ-2	1.2	84	523	OK
	4	200	1350	61.5	0.228	2800	560000		1.2	153	523	OK
	3	200	1350	84.0	0.311	2800	560000		1.2	209	523	OK
	2	200	1350	102.3	0.379	2800	560000		1.2	255	523	OK
	1	200	1350	118.8	0.440	2800	560000		1.2	296	523	OK

续表

墙符号	层	t (mm)	l (mm)	Q_E (kN)	τ_h (N/mm^2)	h (mm)	A_V (mm^2)	接缝类型	κ	$_sQ_{DV}$ (kN)	$_sQ_{AV}$ (kN)	判定
BW1	5	200	1440	16.6	0.058	2800	560000	VJ-2A	1.2	39	523	OK
	4	200	1440	30.4	0.105	2800	560000		1.2	71	523	OK
	3	200	1440	41.5	0.144	2800	560000		1.2	97	523	OK
	2	200	1440	50.5	0.175	2800	560000		1.2	118	523	OK
	1	200	1440	117.9	0.410	2800	560000		1.2	175	523	OK
BW3	5	200	1800	56.6	0.157	2800	560000	VJ-4	1.2	106	523	OK
	4	200	1800	103.3	0.287	2800	560000		1.2	193	523	OK
	3	200	1800	141.2	0.392	2800	560000		1.2	264	523	OK
	2	200	1800	171.9	0.478	2800	560000		1.2	321	523	OK
	1	200	1800	198.0	0.550	2800	560000		1.2	370	523	OK
BW5	5	200	2700	54.2	0.100	2800	560000	VJ-4	1.2	67	523	OK
	4	200	2700	99.1	0.183	2800	560000		1.2	123	523	OK
	3	200	2700	135.4	0.251	2800	560000		1.2	168	523	OK
	2	200	2700	164.8	0.305	2800	560000		1.2	205	523	OK
	1	200	2700	292.3	0.541	2800	560000		1.2	364	523	OK
BW6	5	200	1800	63.2	0.176	2800	560000	VJ-4	1.2	118	523	OK
	4	200	1800	115.5	0.321	2800	560000		1.2	216	523	OK
	3	200	1800	157.8	0.438	2800	560000		1.2	295	523	OK
	2	200	1800	192.2	0.534	2800	560000		1.2	359	523	OK
	1	200	1800	268.3	0.745	2800	560000		1.2	501	523	OK
CW1	5	200	1965	33.3	0.085	2800	560000	VJ-3	1.0	47	523	OK
	4	200	1965	60.8	0.155	2800	560000		1.0	87	523	OK
	3	200	1965	83.2	0.211	2800	560000		1.0	118	523	OK
	2	200	1965	101.1	0.257	2800	560000		1.0	144	523	OK
	1	200	1965	187.5	0.477	2800	560000		1.0	267	523	OK
CW3	5	200	2150	89.7	0.209	2800	560000	VJ-2	1.2	140	523	OK
	4	200	2150	198.9	0.463	2800	560000		1.2	311	523	OK
	3	200	2150	271.8	0.632	2800	560000		1.2	425	523	OK
	2	200	2150	330.9	0.770	2800	560000		1.2	517	523	OK
	1	200	2150	260.9	0.607	2800	560000		1.2	408	523	OK
CW5	5	200	3750	120.3	0.160	2800	560000	VJ-2	1.2	108	523	OK
	4	200	3750	219.8	0.293	2800	560000		1.2	197	523	OK
	3	200	3750	300.4	0.401	2800	560000		1.2	269	523	OK
	2	200	3750	365.8	0.488	2800	560000		1.2	328	523	OK
	1	200	3750	427.7	0.570	2800	560000		1.2	383	523	OK
CW6	5	200	2150	88.1	0.205	2800	560000	VJ-2	1.2	138	523	OK
	4	200	2150	195.7	0.455	2800	560000		1.2	306	523	OK
	3	200	2150	267.4	0.622	2800	560000		1.2	418	523	OK
	2	200	2150	325.6	0.757	2800	560000		1.2	509	523	OK
	1	200	2150	258.7	0.602	2800	560000		1.2	404	523	OK

续表

墙符号	层	t (mm)	l (mm)	Q_E (kN)	τ_h (N/mm²)	h (mm)	A_V (mm²)	接缝类型	κ	${}_sQ_{DV}$ (kN)	${}_sQ_{AV}$ (kN)	判定
1W 7W	5	180	8350	282.0	0.188	2800	504000	VJ-3	1.0	95	292	OK
	4	180	8350	441.6	0.294	2800	504000		1.0	148	292	OK
	3	180	8350	556.4	0.370	2800	504000		1.0	187	292	OK
	2	180	8350	629.2	0.419	2800	504000		1.0	211	292	OK
	1	180	8350	666.1	0.443	2800	504000		1.0	223	292	OK
1W 7W	5	180	8350	282.0	0.188	2800	504000	VJ-2A	1.2	113	462	OK
	4	180	8350	441.6	0.294	2800	504000		1.2	178	462	OK
	3	180	8350	556.4	0.370	2800	504000		1.2	224	462	OK
	2	180	8350	629.2	0.419	2800	504000		1.2	253	462	OK
	1	180	8350	666.1	0.443	2800	504000		1.2	268	462	OK
2-6W	5	150	11150	190.3	0.114	2800	42000	VJ-2	1.2	57	462	OK
	4	150	11150	412.5	0.247	2800	42000		1.2	124	462	OK
	3	150	11150	588.8	0.352	2800	42000		1.2	177	462	OK
	2	150	11150	741.2	0.443	2800	42000		1.2	223	462	OK
	1	150	11150	870.6	0.521	2800	42000		1.2	262	462	OK
2-6W	5	150	11150	190.3	0.114	2800	420000	VJ-4	1.2	57	462	OK
	4	150	11150	412.5	0.247	2800	420000		1.2	124	462	OK
	3	150	11150	588.8	0.352	2800	420000		1.2	177	462	OK
	2	150	11150	741.2	0.443	2800	420000		1.2	223	462	OK
	1	150	11150	870.6	0.521	2800	420000		1.2	262	462	OK

(5) 承载力极限时的计算

(a) 平均剪应力

方向	层	ΣQ_E (kN)	Σa_h (mm²)	τ_{av} (N/mm²)
纵向	5	1515.7	11898000	0.127
	4	2946.0	11898000	0.248
	3	4057.0	11898000	0.341
	2	4964.1	11898000	0.417
	1	5685.1	11898000	0.478
横向	5	1515.7	11368500	0.133
	4	2946.0	11368500	0.259
	3	4057.0	11368500	0.357
	2	4964.1	11368500	0.437
	1	5685.1	11368500	0.500

(b) 承载力极限剪力设计值和受剪承载力的确认

$Q_{uv1}=0.1F_c\cdot\Sigma A_{sk}+\Sigma(a_s\cdot\sigma_y)$

$Q_{uv2}=1.2F_c\cdot\Sigma A_{pc}$

$Q_{uv3}={}_Sf_{sw}\cdot A_{ve}+1.4\Sigma(a_s\cdot\sigma_y)$

方向	层	TYPE	接缝类型	$2.5\tau_{av}$ (N/mm²)	t (mm)	A_y (mm²)	$_UQ_{DV}$ (kN)	抗剪销筋	Q_{uv1} (kN)	Q_{uv2} (kN)	Q_{uv3} (kN)	Q_{uv} (kN)	$\frac{Q_{uv}}{_UQ_{DV}}$	判定
纵向	5	(a)	VJ-2，VJ-3	0.318	200	560000	178	6-D10	746	1726	719	719	4.03	OK
		(d)	VJ-2A，VJ-4					6-D10	746	904	815	746	4.18	OK
	4	(a)	VJ-2，VJ-3	0.619	200	560000	347	6-D10	746	1726	719	719	2.08	OK
		(d)	VJ-2A，VJ-4					6-D10	746	904	815	746	2.15	OK
	3	(a)	VJ-2，VJ-3	0.852	200	560000	477	6-D10	746	1726	719	719	1.51	OK
		(d)	VJ-2A，VJ-4					6-D10	746	904	815	746	1.56	OK
	2	(a)	VJ-2，VJ-3	1.043	200	560000	584	12-D10	872	1726	896	872	1.49	OK
		(d)	VJ-2A，VJ-4					12-D10	872	904	992	872	1.49	OK
	1	(a)	VJ-2，VJ-3	1.195	200	560000	669	12-D10	872	1726	896	872	1.30	OK
		(d)	VJ-2A，VJ-4					12-D10	872	904	992	872	1.30	OK
横向	5	(b)	VJ-3	0.333	180	504000	168	6-D10	472	709	480	472	2.81	OK
		(c)	VJ-2A		180	504000	168	6-D10	673	1362	655	655	3.90	OK
		(e)	VJ-2，VJ-4		150	420000	140	6-D10	673	1362	655	655	4.68	OK
	4	(b)	VJ-3	0.648	180	504000	327	6-D10	472	709	480	472	1.45	OK
		(c)	VJ-2A		180	504000	327	6-D10	673	1362	655	655	2.01	OK
		(e)	VJ-2，VJ-4		150	420000	272	6-D10	673	1362	655	655	2.41	OK
	3	(b)	VJ-3	0.892	180	504000	450	6-D10	472	709	480	472	1.05	OK
		(c)	VJ-2A		180	504000	450	6-D10	673	1362	655	655	1.46	OK
		(e)	VJ-2，VJ-4		150	420000	375	6-D10	673	1362	655	655	1.75	OK
	2	(b)	VJ-3	1.092	180	504000	550	12-D10	599	709	657	599	1.09	OK
		(c)	VJ-2A		180	504000	550	12-D10	799	1362	832	799	1.45	OK
		(e)	VJ-2，VJ-4		150	420000	458	12-D10	799	1362	832	799	1.74	OK
	1	(b)	VJ-3	1.250	180	504000	630	12-D13	796	709	933	709	1.12	OK
		(c)	VJ-2A		180	504000	630	12-D10	799	1362	832	799	1.27	OK
		(e)	VJ-2，VJ-4		150	420000	525	12-D10	799	1362	832	799	1.52	OK

9.2 剪力墙的水平接合部

(1) 设计方针

• 要将水平接合部的竖向接合钢筋作为轴向钢筋，根据《剪力墙的断面计算》来检讨轴向力和弯矩。

• 要确认剪力满足下列表达式

$$Q_{UH} \geqslant {}_UQ_{DH}$$

$${}_UQ_{DH} = 2.5\tau_{av} \cdot A_H$$

$$Q_{UH} = \mu\ (\sum a_s \cdot \sigma_y + N_u)$$

式中 $_UQ_{DH}$——极限时产生于水平接合部的剪力（N）；

τ_{av}——标准剪力系数 C_0＝0.2 的地震时，产生于剪力墙的平均剪应力（N/mm²），按照下面的公式计算

$$\tau_{av} = \sum Q_E / \sum A_H$$

$\sum Q_E$——因标准剪力系数 C_0＝0.2 的地震力产生的各层各方向的地震层剪力（N）；

ΣA_H——在地震力研究方向的剪力墙的水平断面积（mm^2）的总和，按照下式计算

$$\Sigma A_H = \Sigma (t \cdot l)$$

t——剪力墙的厚度（mm）；

l——剪力墙的长度（mm）；

A_H——剪力墙的水平接合部的断面积（mm^2），按照下式计算

$$A_H = t \cdot l$$

Q_{UH}——水平接合部的受剪承载力（N）；

μ——接合面的摩擦系数（=0.7）；

a_s——把竖向接合钢筋作为受拉钢筋时的断面积（mm^2）；

σ_y——同上钢筋的标准屈服强度（N/mm^2）；

N_u——极限时轴向力（N），按照下式计算，当轴向力为负时，取值为0

$$N_u = N_L \pm N_E$$

N_L——长期荷载时轴向力（N）；

N_E——因标准剪力系数 C_0=0.2 的地震力而产生于剪力墙的轴向力（N）。

（2）建筑物整体的剪力墙的平均剪应力

方向	层数	ΣQ_E（kN）	$\Sigma \alpha_h$（mm^2）	τ_{av}（N/mm^2）
X	5	1515.7	11898000	0.127
	4	2946.0	11898000	0.248
	3	4057.0	11898000	0.341
	2	4964.1	11898000	0.417
	1	5685.1	11898000	0.478
Y	5	1515.7	11368500	0.133
	4	2946.0	11368500	0.259
	3	4057.0	11368500	0.357
	2	4964.1	11368500	0.437
	1	5685.1	11368500	0.500

（3）水平接合部的确认

SP——水平接合钢筋，VJ——竖向接合部纵向钢筋

墙符号 $t \times l$（mm）	层	● SP ○ VJ	a_s（mm^2）	a_y（N/mm^2）	$a_s \cdot a_y$（kN）	$\Sigma a_x \cdot a_y$（kN）	N_L N_E（kN）	N_u（kN）	Q_{UH}（kN）	$_UQ_{DH}$（kN）	Q_{UH} / $_UQ_{DH}$	判定
AW1 200× 915	5	● 1-D 19	287	345	99.0	157.7	42.7					
		○ 1-D 16	199	295	58.7		20.7	21.0	136.1	58.3	2.34	OK
	4	● 1-D 19	287	345	99.0	198.0	83.7					
		○ 1-D 19	287	345	99.0		63.9	19.8	166.3	113.3	1.47	OK
	3	● 2-D 19	574	345	198.0	297.0	125.6					
		○ 1-D 19	287	345	99.0		128.0	0.0	228.7	156.0	1.47	OK
	2	● 2-D 19	574	345	198.0	331.5	167.6					
		○ 1-D 22	387	345	133.5		208.6	0.0	255.3	190.9	1.34	OK
	1	● 2-D 19	574	345	198.0	331.5	209.6					
		○ 1-D 22	387	345	133.5		291.9	0.0	255.3	218.6	1.17	OK

墙符号 $t\times l$ (mm)	层	● SP ○ VJ	a_s (mm^2)	a_y (N/mm^2)	$a_s\cdot a_y$ (kN)	$\sum a_x\cdot a_y$ (kN)	N_L N_E (kN)	N_u (kN)	Q_{UH} (kN)	${}_UQ_{DH}$ (kN)	$\frac{Q_{UH}}{{}_UQ_{DH}}$	判定
AW2・AW4 200× 1500	5	● 2-D 19 ○ 0-D 16	574 0	345 295	198.0 0.0	198.0	101.6 1.2	100.4	222.7	95.5	2.33	OK
	4	● 2-D 19 ○ 0-D 19	574 0	345 345	198.0 0.0	198.0	216.8 1.5	215.2	303.1	185.7	1.63	OK
	3	● 2-D 19 ○ 0-D 19	574 0	345 345	198.0 0.0	198.0	331.9 3.1	328.8	382.7	255.7	1.50	OK
	2	● 2-D 19 ○ 0-D 22	574 0	345 345	198.0 0.0	198.0	447.1 5.0	442.0	461.9	312.9	1.48	OK
	1	● 2-D 19 ○ 0-D 22	574 0	345 345	198.0 0.0	198.0	562.2 4.5	557.7	542.9	358.4	1.51	OK
AW3 200× 1500	5	● 2-D 19 ○ 1-D 16	574 199	345 295	198.0 58.7	256.7	72.5 0.7	71.8	248.0	95.5	2.60	OK
	4	● 2-D 19 ○ 1-D 19	574 287	345 345	198.0 99.0	297.0	150.2 2.0	148.2	332.5	185.7	1.79	OK
	3	● 2-D 19 ○ 1-D 19	574 287	345 345	198.0 99.0	297.0	227.9 3.9	224.0	385.5	255.7	1.51	OK
	2	● 2-D 19 ○ 1-D 22	574 387	345 345	198.0 133.5	331.5	305.6 6.4	299.2	464.8	312.8	1.49	OK
	1	● 2-D 19 ○ 1-D 22	574 387	345 345	198.0 133.5	331.5	383.3 8.6	374.7	517.6	358.4	1.44	OK
AW5 200× 1350	5	● 2-D 19 ○ 1-D 16	574 199	345 295	198.0 58.7	256.7	67.8 0.1	67.7	245.0	86.0	2.85	OK
	4	● 2-D 19 ○ 1-D 19	574 287	345 345	198.0 99.0	297.0	140.4 0.4	140.0	326.7	167.1	1.95	OK
	3	● 2-D 19 ○ 1-D 19	574 287	345 345	198.0 99.0	297.0	212.9 0.8	212.2	377.2	230.2	1.64	OK
	2	● 2-D 19 ○ 1-D 22	574 387	345 345	198.0 133.5	331.5	285.5 1.3	284.2	454.3	281.6	1.61	OK
	1	● 2-D 19 ○ 1-D 22	574 387	345 345	198.0 133.5	331.5	358.1 1.8	356.3	504.7	322.5	1.56	OK
BW1 200× 1440	5	● 2-D 19 ○ 1-D 16	574 199	345 295	198.0 58.7	256.7	62.8 17.1	45.7	229.7	91.7	2.50	OK
	4	● 2-D 19 ○ 1-D 19	574 287	345 345	198.0 99.0	297.0	125.8 50.5	75.3	281.4	178.3	1.58	OK
	3	● 2-D 19 ○ 1-D 19	574 287	345 345	198.0 99.0	297.0	188.8 95.7	93.1	293.9	245.5	1.20	OK
	2	● 3-D 19 ○ 1-D 22	861 387	345 345	297.0 133.5	430.6	251.8 154.7	97.1	399.5	300.4	1.33	OK
	1	● 3-D 19 ○ 1-D 22	861 387	345 345	297.0 133.5	430.6	314.7 230.8	83.9	390.3	344.0	1.13	OK

续表

墙符号 $t\times l$ (mm)	层	● SP ○ VJ	a_s (mm^2)	a_y (N/mm^2)	$a_s\cdot a_y$ (kN)	$\sum a_x\cdot a_y$ (kN)	N_L N_E (kN)	N_u (kN)	Q_{UH} (kN)	$_UQ_{DH}$ (kN)	$\frac{Q_{UH}}{_UQ_{DH}}$	判定
BW2 200× 900	5	● 2-D 19	574	345	198.0	198.0	97.3					
		○ 0-D 16	0	295	0.0		7.9	89.5	215.1	57.3	3.75	OK
	4	● 2-D 19	574	345	198.0	198.0	204.3					
		○ 0-D 19	0	345	0.0		26.6	177.7	276.8	111.4	2.48	OK
	3	● 2-D 19	574	345	198.0	198.0	311.2					
		○ 0-D 19	0	345	0.0		59.5	251.7	328.7	153.4	2.14	OK
	2	● 2-D 19	574	345	198.0	198.0	418.2					
		○ 0-D 22	0	345	0.0		100.4	317.8	374.9	187.8	2.00	OK
	1	● 2-D 19	574	345	198.0	198.0	525.1					
		○ 0-D 22	0	345	0.0		123.3	401.8	433.7	215.0	2.02	OK
BW3 200× 1800	5	● 2-D 19	574	345	198.0	256.7	69.2					
		○ 1-D 16	199	295	58.7		7.2	62.0	241.1	114.7	2.10	OK
	4	● 2-D 19	574	345	198.0	297.0	134.9					
		○ 1-D 19	287	345	99.0		22.5	112.4	307.4	222.8	1.38	OK
	3	● 2-D 19	574	345	198.0	297.0	200.5					
		○ 1-D 19	287	345	99.0		45.3	155.2	337.4	306.9	1.10	OK
	2	● 3-D 19	861	345	297.0	430.6	266.2					
		○ 1-D 22	387	345	133.5		74.7	191.5	465.6	375.5	1.24	OK
	1	● 3-D 19	861	345	297.0	430.6	331.9					
		○ 1-D 22	387	345	133.5		103.4	228.5	491.5	430.0	1.14	OK
BW4 200× 900	5	● 2-D 19	574	345	198.0	198.0	90.1					
		○ 0-D 16	0	295	0.0		11.7	78.4	207.4	57.3	3.62	OK
	4	● 2-D 19	574	345	198.0	198.0	188.7					
		○ 0-D 19	0	345	0.0		40.3	148.4	256.4	111.4	2.30	OK
	3	● 2-D 19	574	345	198.0	198.0	287.2					
		○ 0-D 19	0	345	0.0		89.5	197.8	290.9	153.4	1.90	OK
	2	● 2-D 19	574	345	198.0	198.0	385.8					
		○ 0-D 22	0	345	0.0		151.5	234.2	316.5	187.8	1.69	OK
	1	● 3-D 19	861	345	297.0	297.0	484.3					
		○ 0-D 22	0	345	0.0		212.1	272.2	419.3	215.0	1.95	OK
BW5 200× 2700	5	● 2-D 19	574	345	198.0	256.7	125.6					
		○ 1-D 16	199	295	58.7		0.0	125.6	285.6	172.0	1.66	OK
	4	● 2-D 19	574	345	198.0	297.0	251.5					
		○ 1-D 19	287	345	99.0		0.0	251.5	404.8	334.3	1.21	OK
	3	● 2-D 19	574	345	198.0	297.0	377.5					
		○ 1-D 19	287	345	99.0		0.0	377.5	493.0	460.3	1.07	OK
	2	● 2-D 19	574	345	198.0	331.5	503.5					
		○ 1-D 22	387	345	133.5		0.0	503.5	607.7	563.3	1.08	OK
	1	● 2-D 19	574	345	198.0	331.5	629.5					
		○ 1-D 22	387	345	133.5		0.0	629.5	695.9	645.1	1.08	OK

续表

墙符号 $t \times l$ (mm)	层	● SP ○ VJ	a_s (mm^2)	a_y (N/mm^2)	$a_s \cdot a_y$ (kN)	$\sum a_x \cdot a_y$ (kN)	N_L N_E (kN)	N_u (kN)	Q_{UH} (kN)	${}_UQ_{DH}$ (kN)	$\frac{Q_{UH}}{{}_UQ_{DH}}$	判定
BW6 200× 1800	5	● 2-D 19 ○ 1-D 16	574 199	345 295	198.0 58.7	256.7	65.4 0.0	65.4	243.5	114.7	2.12	OK
	4	● 2-D 19 ○ 1-D 19	574 287	345 345	198.0 99.0	297.0	127.1 0.0	127.1	317.7	222.8	1.43	OK
	3	● 2-D 19 ○ 1-D 19	574 287	345 345	198.0 99.0	297.0	188.7 0.0	188.7	360.8	306.9	1.18	OK
	2	● 2-D 19 ○ 1-D 22	574 387	345 345	198.0 133.5	331.5	250.4 0.0	250.4	430.6	375.5	1.15	OK
	1	● 2-D 19 ○ 1-D 22	574 387	345 345	198.0 133.5	331.5	312.0 0.0	312.0	473.7	430.0	1.10	OK
CW1 200× 1965	5	● 2-D 19 ○ 1-D 16	574 199	345 295	198.0 58.7	256.7	88.6 35.1	53.5	235.1	125.2	1.88	OK
	4	● 2-D 19 ○ 1-D 19	574 287	345 345	198.0 99.0	297.0	197.5 99.6	97.9	297.3	243.3	1.22	OK
	3	● 3-D 19 ○ 1-D 19	861 287	345 345	297.0 99.0	396.1	306.4 186.4	120.0	389.0	335.0	1.16	OK
	2	● 4-D 19 ○ 1-D 22	1148 387	345 345	396.1 133.5	529.6	415.3 293.0	122.3	493.4	409.9	1.20	OK
	1	● 5-D 19 ○ 1-D 22	1435 387	345 345	495.1 133.5	628.6	524.2 380.6	143.6	584.5	469.5	1.25	OK
CW2 200× 975	5	● 2-D 19 ○ 0-D 16	574 0	345 295	198.0 0.0	198.0	82.6 0.7	82.0	209.9	62.1	3.38	OK
	4	● 2-D 19 ○ 0-D 19	574 0	345 345	198.0 0.0	198.0	183.6 33.8	149.8	257.4	120.7	2.13	OK
	3	● 2-D 19 ○ 0-D 19	574 0	345 345	198.0 0.0	198.0	284.6 99.1	185.5	282.3	166.2	1.70	OK
	2	● 3-D 19 ○ 0-D 22	861 0	345 345	297.0 0.0	297.0	385.6 189.9	195.7	365.7	203.4	1.80	OK
	1	● 3-D 19 ○ 0-D 22	861 0	345 345	297.0 0.0	297.0	486.6 295.0	191.6	362.9	232.9	1.56	OK
CW3，CW6 200× 2150	5	● 2-D 19 ○ 1-D 16	574 199	345 295	198.0 58.7	256.7	98.3 0.4	97.9	266.2	136.9	1.94	OK
	4	● 2-D 19 ○ 1-D 19	574 287	345 345	198.0 99.0	297.0	219.1 3.1	216.0	379.9	266.2	1.43	OK
	3	● 2-D 19 ○ 1-D 19	574 287	345 345	198.0 99.0	297.0	339.8 7.8	332.0	461.1	366.6	1.26	OK
	2	● 2-D 19 ○ 1-D 22	574 387	345 345	198.0 133.5	331.5	460.6 18.6	442.0	564.7	448.5	1.26	OK
	1	● 2-D 19 ○ 1-D 22	574 387	345 345	198.0 133.5	331.5	581.3 32.0	549.3	639.8	513.7	1.25	OK

续表

墙符号 $t \times l$ (mm)	层	● SP ○ VJ	a_s (mm^2)	a_y (N/mm^2)	$a_s \cdot a_y$ (kN)	$\sum a_x \cdot a_y$ (kN)	N_L N_E (kN)	N_u (kN)	Q_{UH} (kN)	$_uQ_{DH}$ (kN)	$\frac{Q_{UH}}{_uQ_{DH}}$	判定
CW4 200× 675	5	● 2-D 19 ○ 0-D 16	574 0	345 295	198.0 0.0	198.0	72.2 1.8	70.4	201.8	43.0	4.69	OK
	4	● 2-D 19 ○ 0-D 19	574 0	345 345	198.0 0.0	198.0	160.3 15.4	144.9	253.9	83.6	3.04	OK
	3	● 2-D 19 ○ 0-D 19	574 0	345 345	198.0 0.0	198.0	248.4 51.1	197.3	290.6	115.1	2.53	OK
	2	● 2-D 19 ○ 0-D 22	574 0	345 345	198.0 0.0	198.0	336.5 123.7	212.8	301.5	140.8	2.14	OK
	1	● 2-D 19 ○ 0-D 22	574 0	345 345	198.0 0.0	198.0	424.7 193.4	231.3	314.4	161.3	1.95	OK
CW5 200× 3750	5	● 2-D 19 ○ 1-D 16	574 199	345 295	198.0 58.7	256.7	168.6 0.0	168.6	315.7	238.9	1.32	OK
	4	● 2-D 19 ○ 1-D 19	574 287	345 345	198.0 99.0	297.0	368.2 0.0	368.2	486.5	464.3	1.05	OK
	3	● 3-D 19 ○ 1-D 19	861 287	345 345	297.0 99.0	396.1	567.7 0.0	567.7	702.4	639.3	1.10	OK
	2	● 3-D 19 ○ 1-D 22	861 387	345 345	297.0 133.5	430.6	767.3 0.0	767.3	868.6	782.3	1.11	OK
	1	● 3-D 19 ○ 1-D 22	861 387	345 345	297.0 133.5	430.6	966.8 0.0	966.8	1008.3	895.9	1.13	OK
1W 180× 11150	5	● 5-D 19 ○ 3-D 16	1435 597	345 295	495.1 176.1	671.2	272.5 0.0	272.5	707.6	669.0	1.06	OK
	4	● 10-D 19 ○ 3-D 19	2870 861	345 345	990.2 297.0	1287.2	516.6 0.0	516.6	1352.7	1300.2	1.04	OK
	3	● 14-D 19 ○ 3-D 19	4018 861	345 345	1386.2 297.0	1683.3	760.6 0.0	760.6	1828.5	1790.6	1.02	OK
	2	● 16-D 19 ○ 3-D 22	4592 1161	345 345	1584.2 400.5	1984.8	1004.6 0.0	1004.6	2231.5	2190.9	1.02	OK
	1	● 18-D 19 ○ 3-D 22	5166 1161	345 345	1782.3 400.5	2182.8	1248.7 0.0	1248.7	2554.8	2509.1	1.02	OK
3W (2W) 150× 11150	5	● 3-D 19 ○ 3-D 16	861 597	345 295	297.0 176.1	473.2	347.4 0.0	347.4	607.5	557.5	1.09	OK
	4	● 5-D 19 ○ 3-D 19	1435 861	345 345	495.1 297.0	792.1	719.9 0.0	719.9	1113.9	1083.5	1.03	OK
	3	● 7-D 19 ○ 3-D 19	2009 861	345 345	693.1 297.0	990.2	1092.5 0.0	1092.5	1527.2	1492.1	1.02	OK
	2	● 7-D 19 ○ 3-D 22	2009 1161	345 345	693.1 400.5	1093.7	1465.0 0.0	1465.0	1867.6	1825.8	1.02	OK
	1	● 7-D 19 ○ 3-D 22	2009 1161	345 345	693.1 400.5	1093.7	1837.6 0.0	1837.6	2128.4	2091.0	1.02	OK

9.3 楼板接合部

（1）设计方针

（a）须确认容许剪力与受剪承载力超过接合部的剪力设计值。

确认 $_{A}Q_{SH} \geqslant {}_{D}Q_{SH}$

$Q_{UH} \geqslant {}_{D}Q_{UH}$。

式中 $_{A}Q_{SH}$——楼板接合部的短期容许剪力（N）；

$_{D}Q_{SH}$——楼板接合部的短期剪力设计值（N）；

Q_{UH}——楼板接合部的受剪承载力（N）；

$_{D}Q_{UH}$——楼板接合部的强度极限时剪力设计值（N）。

（b）要确认容许剪力超过剪力设计值。

确认 $_{A}Q_{L} \geqslant {}_{D}Q_{L}$

式中 $_{A}Q_{L}$——长期容许剪力（N）；

$_{D}Q_{L}$——长期荷载作用时的剪力（N）。

（2）接合部的配置

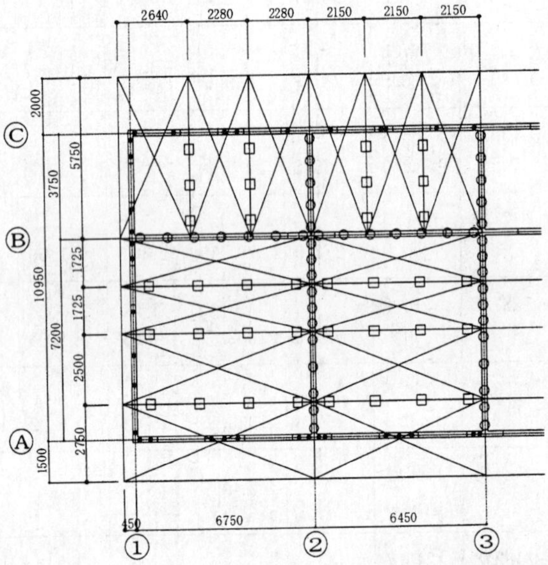

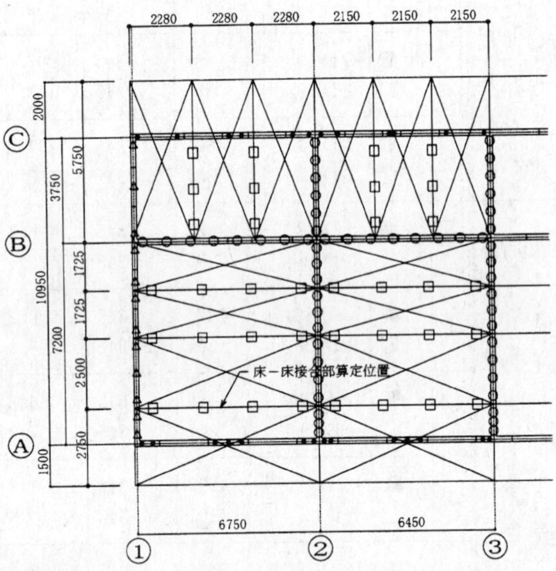

凡例 ○ —— HJ-1
△ —— HJ-2
□ —— HJ-3
• —— 直接键钢筋

楼面板　　　　楼板

（3）屋顶—墙壁接合部

（a）剪力设计值

$$_{D}Q_{SH} = C_i \cdot W/S_n$$
$$_{D}Q_{UH} = k \cdot W/S_n$$

式中 C_i——$C_0=0.2$ 时的该层的地震层剪切模量，为 0.352，参照第 5.1 节（3）；

W——楼板的恒荷载加上地震力计算用活荷载所得的重量（N）；

S_n——接合部的数量；

k——水平地震系数，为 1.0；

i）X 方向（以 1～2 轴线之间的一个住户来计算）

· A 轴线

W：屋顶　　5.40×7.20/2×(6.75+0.45) ＝　　140.0kN

阳台屋顶5.20×1.50×(6.75+0.45) ＝　　56.2kN

196.1kN

$_DQ_{SH}$：$_DQ_{SH}=C_i\cdot W$＝0.352×196.1＝　69.0kN

$_DQ_{UH}$：$_DQ_{UH}=k\cdot W$＝1.0×196.1＝　196.1kN

· B 轴线

W：屋顶　　5.40×10.95/2×(6.75+0.45) ＝　　212.9kN

$_DQ_{SH}$：$_DQ_{SH}=C_i\cdot W$＝0.280×212.9＝　74.9kN

$_DQ_{UH}$：$_DQ_{UH}=k\cdot W$＝1.0×212.9＝　212.9kN

· C 轴线

W：屋顶　　5.40×3.75/2×(6.75+0.45) ＝　　72.9kN

走廊屋顶　　5.20×2.00×(6.75+0.45) ＝　　74.9kN

147.8kN

$_DQ_{SH}$：$_DQ_{SH}=C_i\cdot W$＝0.352×147.8＝　52.0kN

$_DQ_{UH}$：$_DQ_{UH}=k\cdot W$＝1.0×147.8＝　147.8kN

ii) Y 方向

· 1 轴线

W：屋顶　　5.40×10.95×(6.75/2+0.45) ＝　　226.17

走廊屋顶　　5.20×2.00×(6.75/2+0.45) ＝　　39.8

阳台屋顶　　5.20×1.50×(6.75/2+0.45) ＝　　29.8

295.8kN

$_DQ_{SH}$：$_DQ_{SH}=C_i\cdot W$＝0.352×295.8＝104.1kN

$_DQ_{UH}$：$_DQ_{UH}=k\cdot W$＝1.0×295.8＝　295.8kN

· 2 轴线

W：屋顶　　5.40×10.95×(6.75+6.45)/2＝　　390.26

走廊屋顶　　5.20×2.00×(6.75+6.45)/2＝　　68.6

阳台屋顶　　5.20×1.50×(6.75+6.45)/2＝　　51.5

510.4kN

$_DQ_{SH}$：$_DQ_{SH}=C_i\cdot W$＝0.352×510.4＝179.7kN

$_DQ_{UH}$：$_DQ_{UH}=k\cdot W$＝1.0×510.4＝　510.4kN

(b) 容许剪力与剪切强度的确认

· 接合部的短期容许剪力与受剪承载力根据 (7) 的内容分析。

i) 容许剪力的确认

			每一处的容许剪力	数量	$_AQ_{SH}$		$_DQ_{SH}$
X 方向	A 轴线	对接钢筋	32.4×	7＝	226.9kN	>	69.0kN
	B 轴线	HJ－1	32.4×	7＝	226.9kN	>	74.9kN
	C 轴线	对接钢筋	32.4×	5＝	162.0kN	>	52.0kN
Y 方向	1 轴线	对接钢筋	32.4×	10＝	324.1kN	>	104.1kN
	2 轴线	HJ－1	32.4×	16＝	518.5kN	>	179.7kN

ii) 受剪承载力的确认

			每一处的容许剪力	数量	Q_{UH}		$_DQ_{UH}$
X 方向	A 轴线	对接钢筋	45.7×	7＝	319.9kN	>	196.1kN
	B 轴线	HJ－1	45.7×	7＝	319.9kN	>	212.9kN
	C 轴线	对接钢筋	45.7×	5＝	228.5kN	>	147.8kN

Y 方向　1 轴线　对接钢筋　45.7×　　10＝　　457.0kN　＞　295.8kN

　　　　2 轴线　HJ－1　　45.7×　　16＝　　731.2kN　＞　510.4kN

(4) 楼板－墙壁接合部

(a) 剪力设计值

$$ {}_{D}Q_{SH}=C_i \cdot W/S_n $$

$$ {}_{D}Q_{UH}=k \cdot W/S_n $$

式中　C_i——C_0＝0.2 时的该层的地震层剪切系数，为 0.280，参照第 5.1 节（3）的内容；

　　W——楼板的恒荷载加上地震力计算用活荷载所得的重量（N）；

　　S_n——接合部的数量；

　　k——水平震度，为 1.0。

i) X 方向（以 1～2 轴线之间的一个住户来计算）

· A 轴线

W：楼板		6.50×7.20/2×6.45＝	158.0kN
	阳台	4.60×1.50×6.75＝	46.6kN
	阳台扶手	0.40×(6.75＋1.50) ＝	3.3kN
			207.8kN

${}_{D}Q_{SH}$：${}_{D}Q_{SH}=C_i \cdot W=0.280\times207.8=58.2$kN

${}_{D}Q_{UH}$：${}_{D}Q_{UH}=k \cdot W=1.0\times207.8=$　207.8kN

· B 轴线

W：楼板　　6.50×10.95/2×6.75＝　　240.2kN

${}_{D}Q_{SH}$：${}_{D}Q_{SH}=C_i \cdot W=0.280\times240.2=67.3$kN

${}_{D}Q_{UH}$：${}_{D}Q_{UH}=k \cdot W=1.0\times240.2=$　240.2kN

· C 轴线

W：楼板		6.50×3.75/2×6.45＝	82.3kN
	走廊	5.20×2.00×6.75＝	70.2kN
	走廊扶手	3.90×(6.75＋2.00) ＝	34.1kN
			186.6kN

${}_{D}Q_{SH}$：${}_{D}Q_{SH}=C_i \cdot W=0.280\times186.6=52.2$kN

${}_{D}Q_{UH}$：${}_{D}Q_{UH}=k \cdot W=1.0\times186.6=$　186.6kN

ii) Y 方向

· 1 轴线

W：楼板		6.50×10.95×6.75/2＝	240.22
	走廊	5.20×2.00×6.75/2＝	35.1
	阳台	4.60×1.50×6.75/2＝	23.3
	走廊扶手	3.90×(6.75/2＋2.00) ＝	21.0
	阳台扶手	0.40×(6.75/2＋1.50) ＝	2.0
			321.5kN

${}_{D}Q_{SH}$：${}_{D}Q_{SH}=C_i \cdot W=0.280\times321.5=90.0$kN

${}_{D}Q_{UH}$：${}_{D}Q_{UH}=k \cdot W=1.0\times321.5=$　321.5kN

· 2 轴线

W：楼板		6.50×10.95×(6.75＋6.45)/2＝	469.76
	走廊	5.20×2.00×(6.75＋6.45)/2＝	68.6
	阳台	4.60×1.50×(6.75＋6.45)/2＝	45.5

走廊扶手	3.90×(6.75+6.45)/2=	25.7
阳台扶手	0.40×(6.75+6.45)/2=	2.6
		612.3kN

$DQSH$：${}_{D}Q_{SH}=C_i\cdot W=0.280\times612.3=171.4$kN

${}_{D}Q_{UH}$：${}_{D}Q_{UH}=k\cdot W=1.0\times612.3=612.3$kN

(b) 容许剪力及受剪承载力的确认

i) 容许剪力的确认

			每一处的容许剪力	数量	${}_{A}Q_{SH}$		${}_{D}Q_{SH}$
X方向	A轴线	直接缝钢筋	32.4×	7=	226.9kN	>	58.2kN
	B轴线	HJ-1	32.4×	8=	259.3kN	>	67.3kN
	C轴线	直接缝钢筋	32.4×	6=	194.5kN	>	52.2kN
Y方向	1轴线	HJ-2	41.3×	8=	330.3kN	>	90.0kN
	2轴线	HJ-1	32.4×	19=	615.8kN	>	171.4kN

ii) 受剪承载力的确认

			每一处的容许剪力	数量	Q_{UH}		${}_{D}Q_{UH}$
X方向	A轴线	直接缝钢筋	45.7×	7=	319.9kN	>	207.8kN
	B轴线	HJ-1	45.7×	8=	365.6kN	>	240.2kN
	C轴线	直接缝钢筋	45.7×	6=	274.2kN	>	186.6kN
Y方向	1轴线	HJ-2	41.3×	8=	330.3kN	>	321.5kN
	2轴线	HJ-1	45.7×	19=	868.4kN	>	612.3kN

(5) 楼板-楼板接合部（屋顶-屋顶）

(a) 剪力设计值

${}_{D}Q_{SH}=C_i\cdot W/S_n$　　以 $C_i\cdot W$ 值较大的屋顶来确认

${}_{D}Q_{UH}=k\cdot W/S_n$　　以 $k\cdot W$ 值较大的楼板来确认

式中 C_i——$C_0=0.2$ 时该层的地震层剪切模量，为0.352，参照第5.1节（3）的内容；

W——楼板的恒荷载加上地震力计算用活荷载所得的重量（N）；

S_n——接合部的数量；

k——水平地震系数，为1.0。

W——屋顶　5.40×6.75×(7.20/2-1.25) =85.7kN

楼板　6.50×6.75×(7.20/2-1.25) =103.1kN

(6) 搭接处的设计

(a) 剪力设计值

$${}_{D}Q_{L}=w\cdot A$$

式中 w——作用于楼板的每单位面积的恒荷载和楼板用的活荷载的和（N/m^2）；

A——作用于搭接处的楼板的面积（m^2）；

在作用于搭接处的剪切力最大的1-2轴线之间的一半楼层（2轴线一侧）进行计算

$w\cdot A=7.70\times1.0\times3.375=$　　26.0kN

(b) 容许剪力的确认　　DQL

$${}_{A}Q_{L}=f_s\cdot a\cdot b=0.76\times40\times1000/1000=30.4\text{kN}>26.0\text{kN}$$

把搭接处的长度 a 取值为40mm来进行计算。

(7) 楼板接合部的容许剪力与剪切强度

(a) 楼板-墙壁

· HJ-1

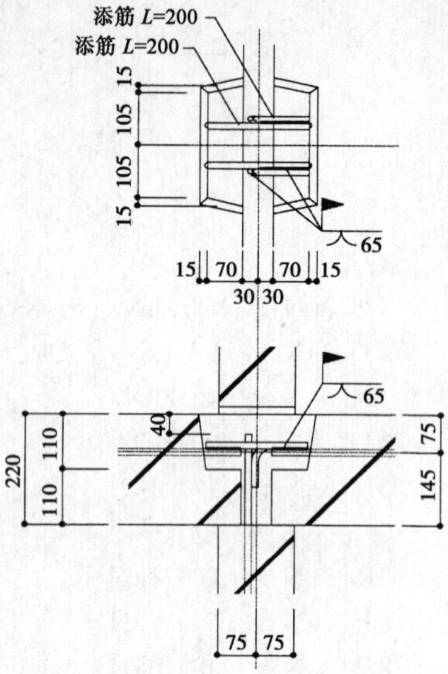

接合钢筋　　D19

短期容许剪力（每一处）

$_{A}Q_{SH}=1.17a_s\sqrt{F_c\cdot f_t}$

$=1.17\times287\times\sqrt{27\times345}\times10^{-3}$

$=32.4$kN/个

受剪承载力（每一处）

$Q_{UH}=1.65a_s\sqrt{F_c\cdot\sigma_y}$

$=1.65\times287\times\sqrt{27\times345}\times10^{-3}$

$=45.7$kN/个

· HJ-2

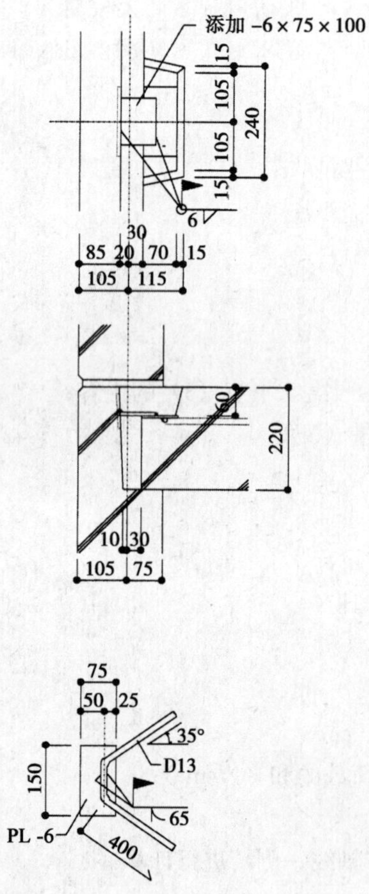

短期容许剪力（每一处）

角焊的容许剪力

焊接长 $l=100-2\times6=$　　88mm

焊缝厚度 $a=0.7\times6=$　　4.2mm

短期容许剪应力

$f_s=235/\sqrt{3}=$　　136N/mm^2

$_{A}Q_{SH}=f_s\cdot a\cdot l$

$=136\times4.2\times88/1000$

$=50.1$kN

锚固钢筋全熔透焊接部的容许剪力

焊接长 $l=65\times2+13=$　　143mm

焊缝厚度 $a=0.25\times13=$　　3.25mm

短期容许剪应力

$f_s=295/\sqrt{3}=$　　170N/mm^2

$_{A}Q_{SH}=f_s\cdot a\cdot l$

$=170\times3.25\times143/1000$

$=79.2$kN

锚固钢筋的容许黏附力

$_{A}Q_{SH}=f_a\cdot\phi\cdot l\cdot\cos35°$

$=1.575\times40\times2\times400\times\cos35°/1000$

41.3kN

$_{A}Q_{SH}=41.3$kN/个

受剪承载力（每一处）

$Q_{UH}=41.3$kN/个

·直接缝钢筋

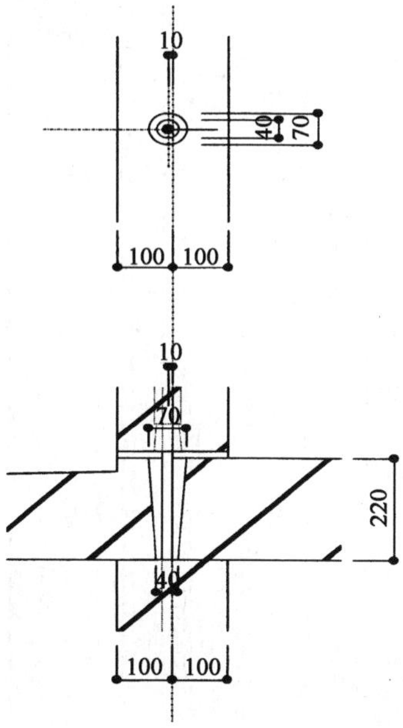

接合钢筋　　　D19

${}_{A}Q_{SH}=1.17a_s\sqrt{F_c\cdot f_t}$

$=1.17\times287\times\sqrt{27\times345}\times10^{-3}$

$=32.4$kN/个

受剪承载力（每一处）

$Q_{UH}=1.65a_s\sqrt{F_c\cdot\sigma_y}$

$=1.65\times287\times\sqrt{27\times345}\times10^{-3}$

$=45.7$kN/个

（b）楼板—楼板

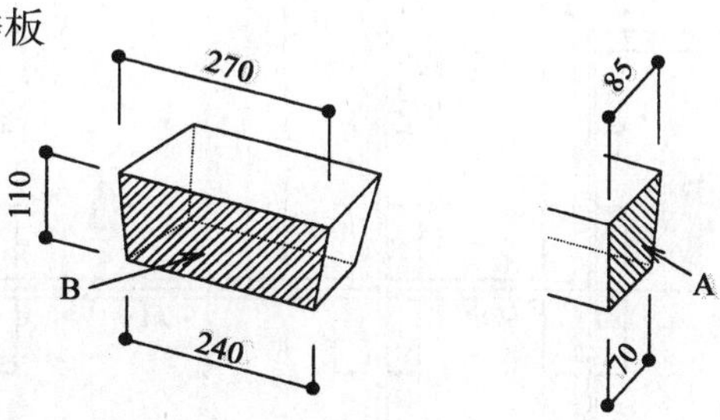

·HJ-3

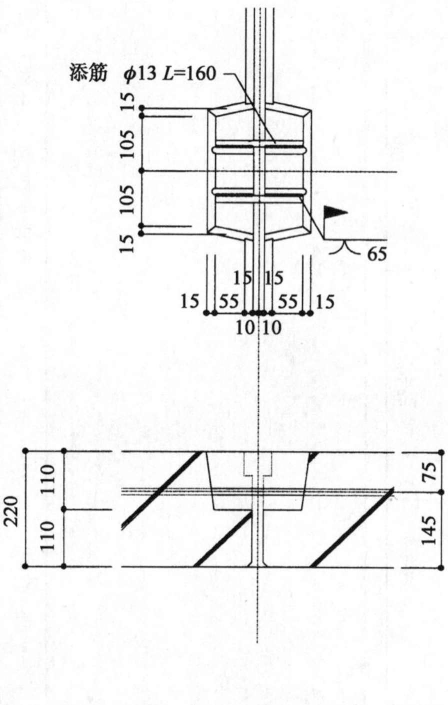

短期容许剪力（每一处）

$A=1/2\times(85+70)\times110$

$=8525\text{mm}^2$　A_{PC}

$B=1/2\times(270+240)\times110$

$=28050\text{mm}^2$　A_{SK}

$2.0{}_{S}f_{ss}\cdot A_{SK}=2.0\times0.895\times28050/1000$

$=50.2$kN

$1.2{}_{S}f_{cs}\cdot A_{PC}=1.2\times18\times8525/1000$

$=184.1$kN

${}_{S}f_{sw}\cdot A_{VE}=0.895\times110\times1250/1000$

$=123.1$kN

${}_{A}Q_{SH}=50.2$kN/个

受剪承载力（每一处）

$Q_{UH}=0.1F_c\cdot\sum A_{sk}+\sum(a_s\cdot\sigma_y)$

$=(0.1\times27\times28050+133\times2\times235)10^{-3}$

$=138.2$kN/个

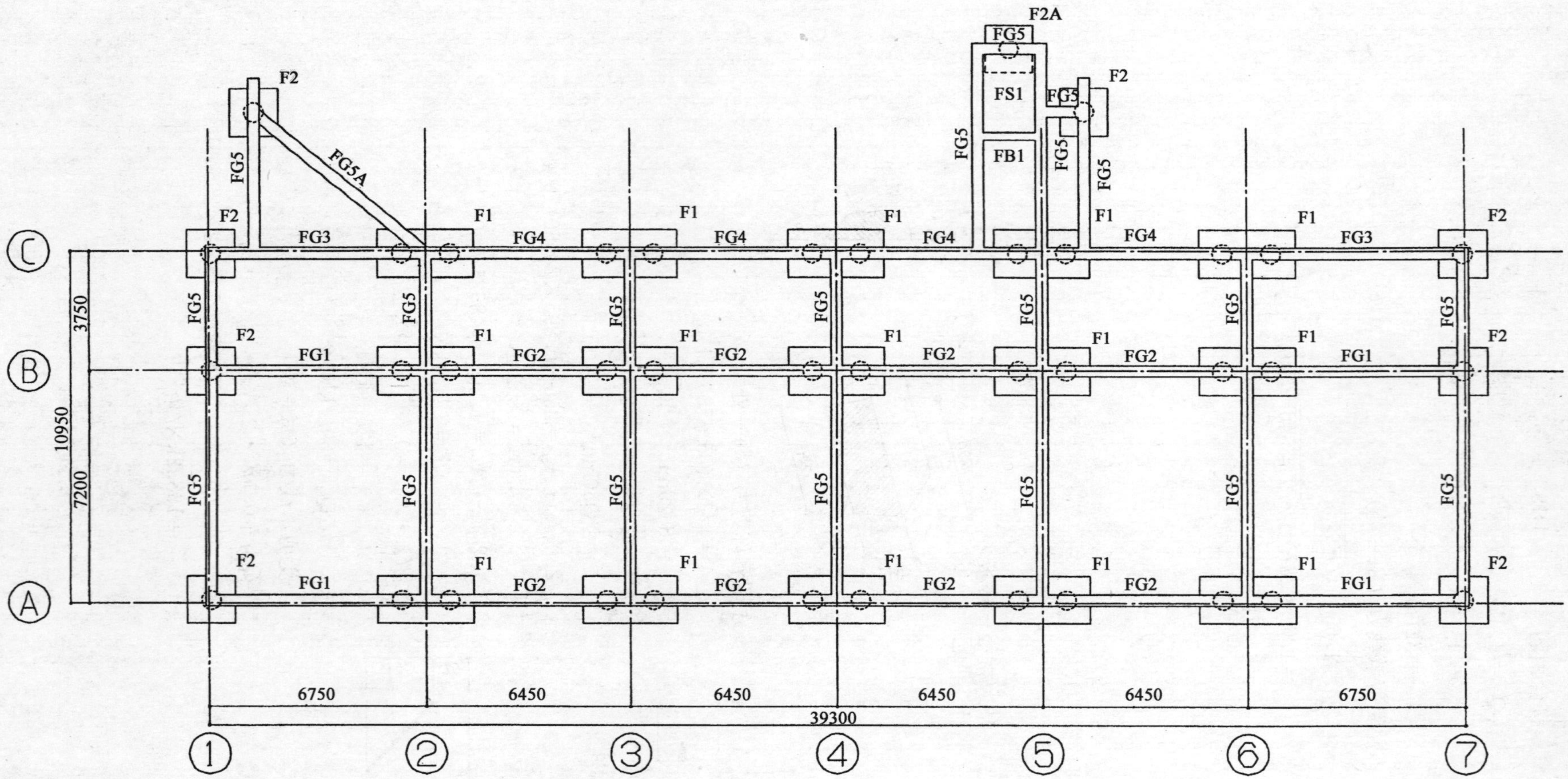

桩・基础平面图

关于桩的说明

・施工方法　埋入式桩(混凝土浇筑法)

・桩前端　GL－21.0m

・承载层　砂砾

・桩种类　数量

上桩	下桩	设计承载能力(长期)	数量
PHC 桩 C 种 $\Phi600L=8000$	PHC 桩 A 种 $\Phi600$	1507kN/根	39

基础详图

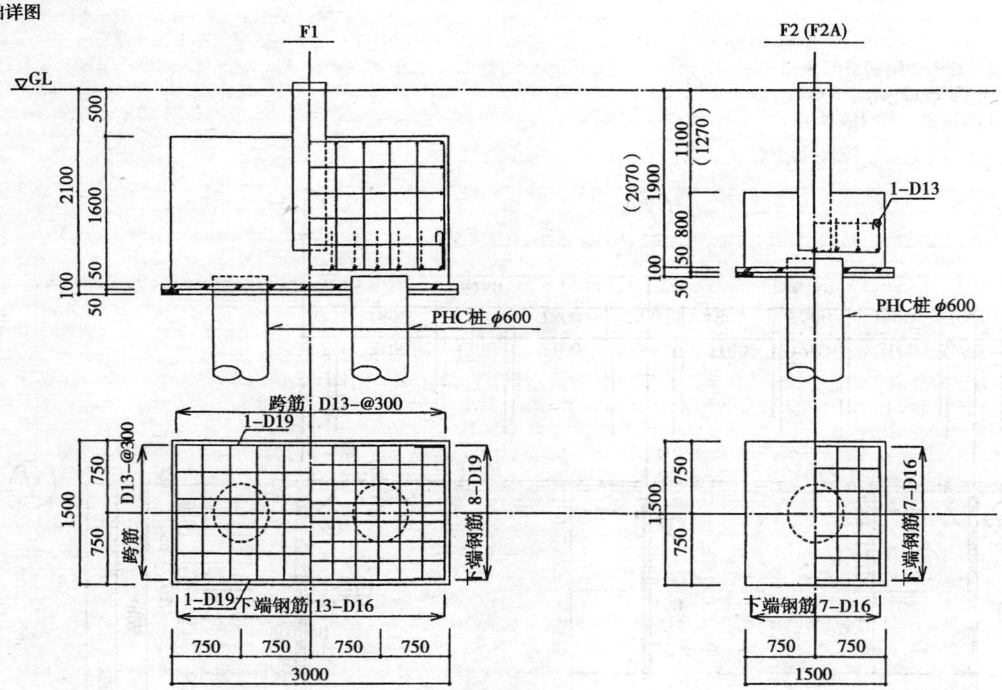

基础梁断面列表

如无特别标注说明如下
定位筋 D10-@1,000以内

符号	FG1			FG2		FG3			FG4		FG5	FG5A	FB1
位置	外端部	中央部	内端部	端部	中央部	外端部	中央部	内端部	端部	中央部	全断面	全断面	全断面
断面	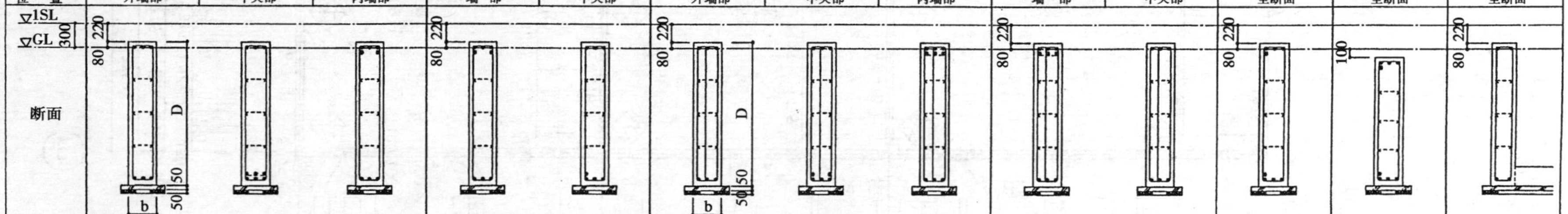												
b×D	350×1,800			350×1,800		350×1,800			350×1,800		350×1,800	350×1620	300×1600
上端钢筋	3-D25	3-D25	5-D25	5-D25	3-D25	3-D25	3-D25	6-D25	6-D25	3-D25	4-D25	4-D25	2-D25
下端钢筋	3-D25	6-D25	3-D25	3-D25	4-D25	3-D25	5-D25	3-D25	3-D25	3-D25	4-D25	4-D25	2-D25
箍筋	□-13-@100			□-13-@100		□-D13-@100			□-D13-@125		□-D13-@200	□-D13-@200	□-D10-@200
腹筋	6-D13			6-D13		6-D13			6-D13		6-D13	6-D13	6-D13

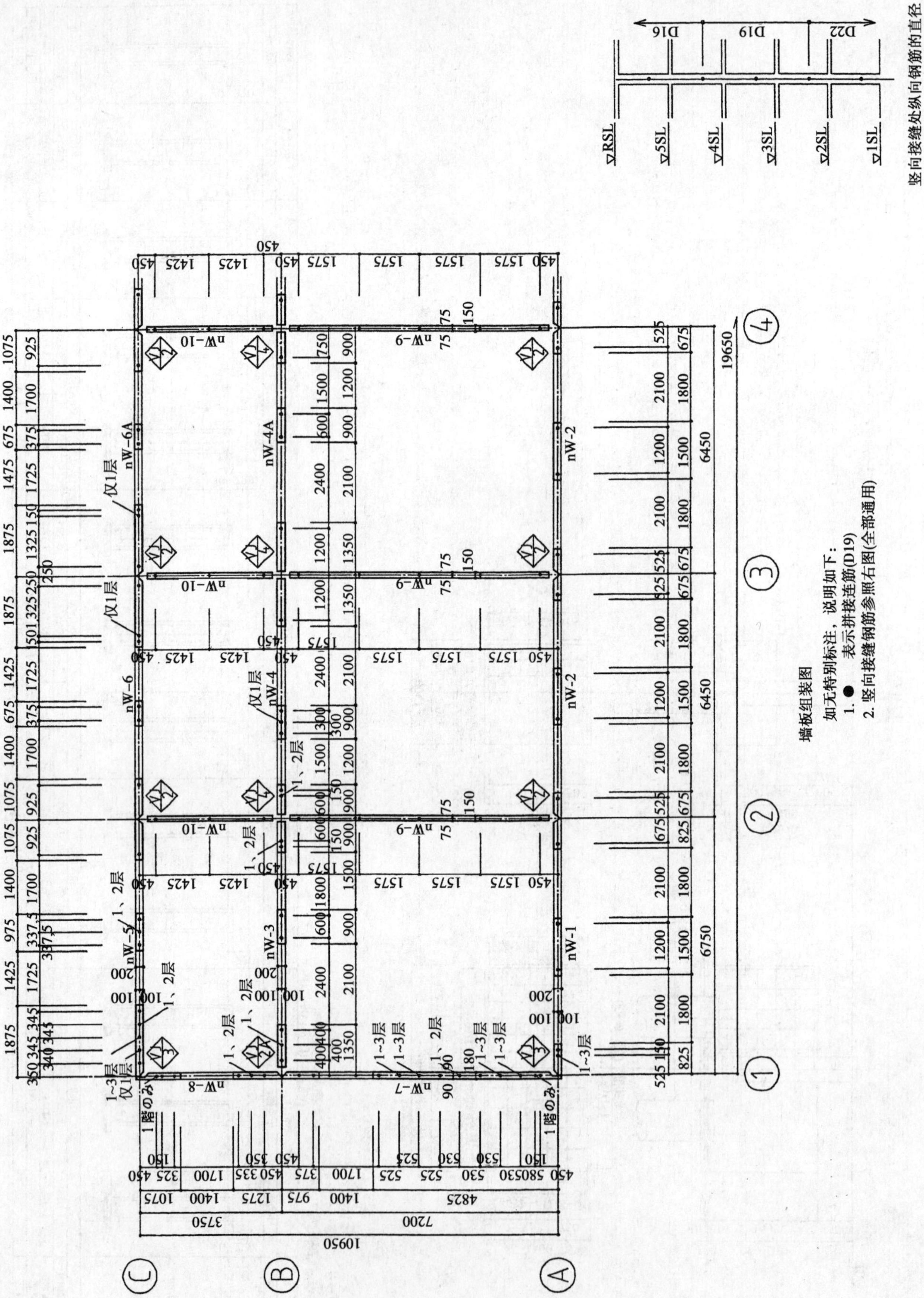

墙板组装图

如无特别标注，说明如下：

1. ● 表示拼接连筋(D19)

2. 竖向接缝钢筋参照右图(全部通用)

竖向接缝处纵向钢筋的直径

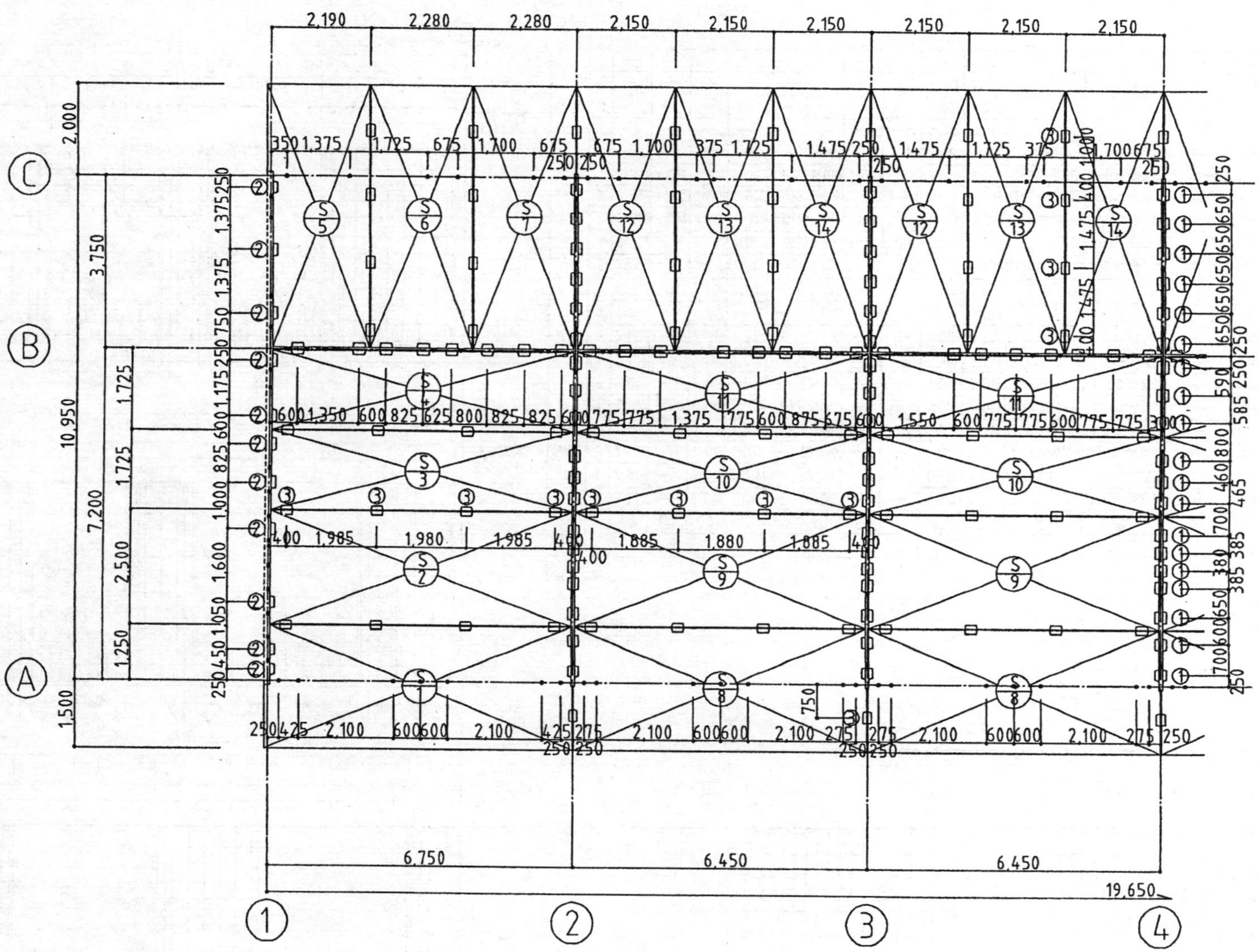

楼板组装图

特别注意以下：

1. ·表示为拼接连接钢筋；2. ①表示为 HJ－1；3. ②表示为 HJ－2；4. ③表示为 HJ－3。

墙板配筋图

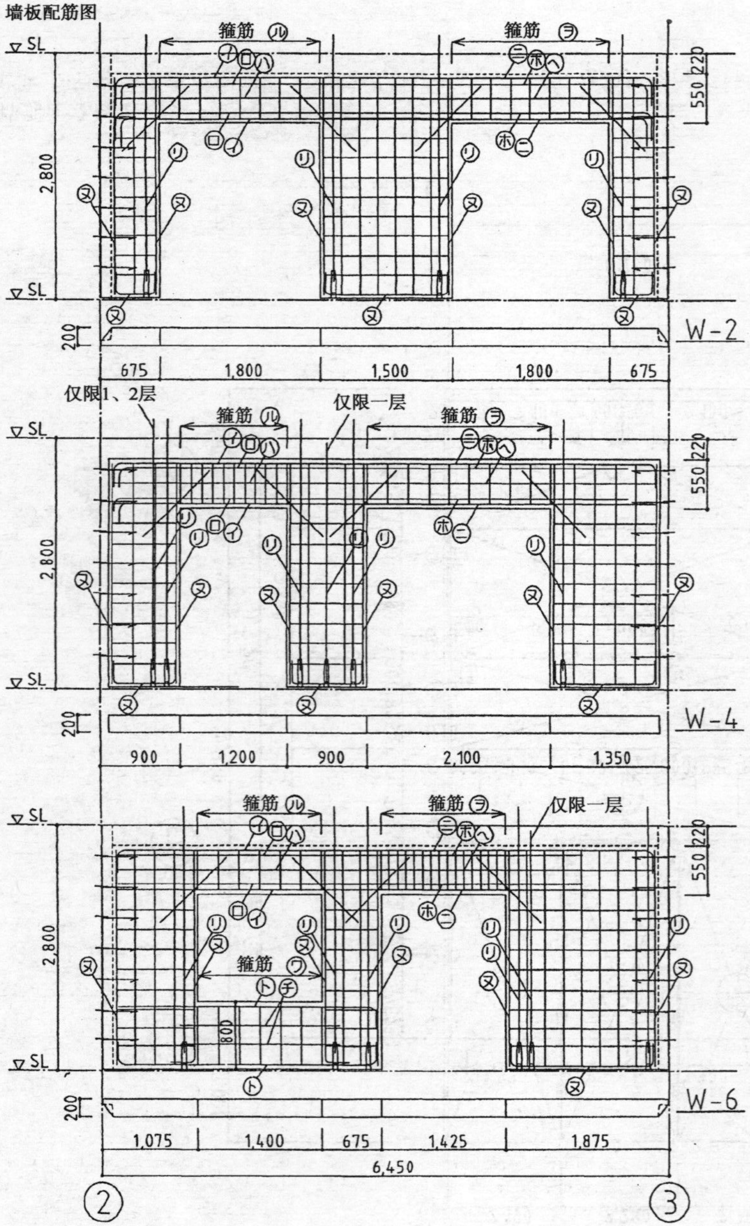

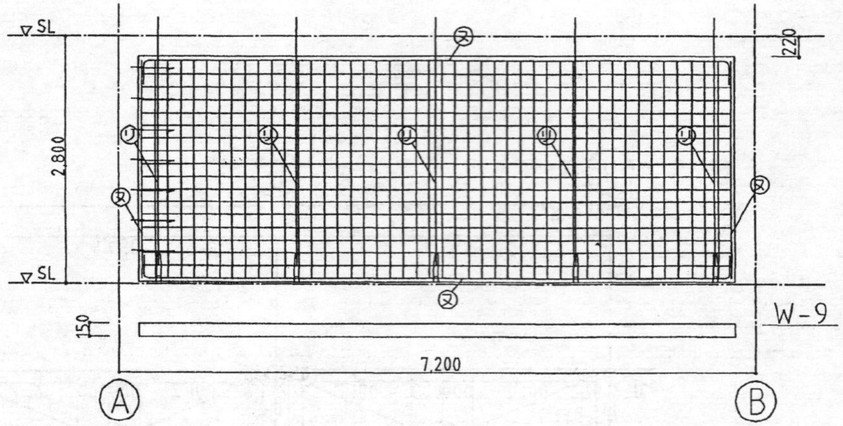

配　筋　表

墙符号	层	梁筋 ㋑	㋺	㋩	㋥	㋭	㋬	㋣	㋠	直接键 ㋷	加固钢筋 ㋦	箍筋 ㋸	㋾	㋻	壁筋 纵向钢筋	横向钢筋
W-2	5	2-D19	—	2-D10	2-D19	—	2-D10	—	—	1-D19	2-D13	□-D10-@250	□-D10-@250	—	D10-@250(ダブル)	D10-@250(ダブル)
	4	2-D19	—	2-D10	2-D19	—	2-D10	—	—	1-D19	2-D13	□-D10-@250	□-D10-@250	—	D10-@250(ダブル)	D10-@250(ダブル)
	3	2-D22	—	2-D10	2-D22	—	2-D10	—	—	1-D19	2-D13	□-D10-@250	□-D10-@250	—	D10-@250(ダブル)	D10-@250(ダブル)
	2	2-D22	—	2-D10	2-D22	—	2-D10	—	—	1-D19	2-D13	□-D10-@200	□-D10-@200	—	D10-@225(ダブル)	D10-@225(ダブル)
	1	2-D22	1-D22	2-D10	2-D22	1-D22	2-D10	—	—	1-D19	2-D13	□-D13-@200	□-D13-@200	—	D10-@225(ダブル)	D10-@225(ダブル)
W-4	5	2-D19	—	2-D10	2-D19	—	2-D10	—	—	1-D19	2-D13	□-D10-@250	□-D10-@250	—	D10-@250(ダブル)	D10-@250(ダブル)
	4	2-D19	—	2-D10	2-D19	—	2-D10	—	—	1-D19	2-D13	□-D10-@250	□-D10-@250	—	D10-@250(ダブル)	D10-@250(ダブル)
	3	2-D22	—	2-D10	2-D22	—	2-D10	—	—	1-D19	2-D13	□-D13-@175	□-D13-@250	—	D10-@250(ダブル)	D10-@250(ダブル)
	2	2-D22	—	2-D10	2-D22	—	2-D10	—	—	1-D19	2-D13	□-D13-@150	□-D13-@200	—	D10-@225(ダブル)	D10-@225(ダブル)
	1	2-D22	1-D22	2-D10	2-D22	1-D22	2-D10	—	—	1-D19	2-D13	□-D13-@100	□-D13-@200	—	D10-@175(ダブル)	D10-@175(ダブル)
W-6	5	2-D19	—	2-D10	2-D19	—	2-D10	2-D19	2-D10	1-D19	2-D13	□-D10-@250	□-D10-@250	□-D10-@250	D10-@250(ダブル)	D10-@250(ダブル)
	4	2-D22	—	2-D10	2-D22	1-D22	2-D10	2-D22	2-D10	1-D19	2-D13	□-D13-@250	□-D13-@200	□-D10-@250	D10-@250(ダブル)	D10-@250(ダブル)
	3	2-D22	1-D22	2-D10	2-D22	1-D22	2-D10	2-D22	2-D10	1-D19	2-D13	□-D13-@125	□-D13-@100	□-D10-@250	D13-@200(ダブル)	D13-@200(ダブル)
	2	2-D22	1-D22	2-D10	2-D22	1-D22	2-D10	2-D22	2-D10	1-D19	2-D13	□-D13-@125	□-D13-@100	□-D10-@250	D13-@150(ダブル)	D13-@150(ダブル)
	1	2-D22	1-D22	2-D10	2-D22	1-D22	2-D10	2-D22	2-D10	1-D19	2-D13	□-D13-@125	□-D13-@100	□-D10-@150	D13-@150(ダブル)	D13-@150(ダブル)
W-9	5	—	—	—	—	—	—	—	—	1-D19	1-D13	—	—	—	D10-@225(シングル)	D10-@225(シングル)
	4	—	—	—	—	—	—	—	—	1-D19	1-D13	—	—	—	D10-@175(シングル)	D10-@175(シングル)
	3	—	—	—	—	—	—	—	—	1-D19	1-D13	—	—	—	D10-@175(シングル)	D10-@175(シングル)
	2	—	—	—	—	—	—	—	—	1-D19	1-D13	—	—	—	D10-@150(シングル)	D10-@150(シングル)
	1	—	—	—	—	—	—	—	—	1-D19	1-D13	—	—	—	D10-@125(シングル)	D10-@125(シングル)

壁式预制钢筋混凝土结构

（W-PC）

设计实例 Ⅱ

3层公共住宅的极限水平承载力设计

目录

1　一般事项

1.1　建筑物概况

（1）本建筑是一幢壁式预制钢筋混凝土结构的公共住宅，每层有 4 户，共 12 户。另外，本建筑室外配置有两处突出于建筑主体的室外楼梯。

（2）建筑物的各部分结构与装饰概况

（a）剪力墙　　PC 楼板　厚度　纵向　　250mm

横向　隔户　150mm

山墙　150mm

（b）房顶　　现浇混凝土　厚度　200mm

（与墙梁合为一体的混凝土板）

（c）1－3 层楼板　　现浇混凝土　厚度　200mm

（d）基础梁（基础）　　现浇混凝土

（e）基础　　直接基础（筏板基础）

（f）装饰

- 房顶　　外部隔热沥青防水
- 住户楼板　　木质板材、榻榻米
- 天花板　　聚乙烯贴面
- 外墙　　贴瓷砖等
- 内墙　　聚乙烯贴面

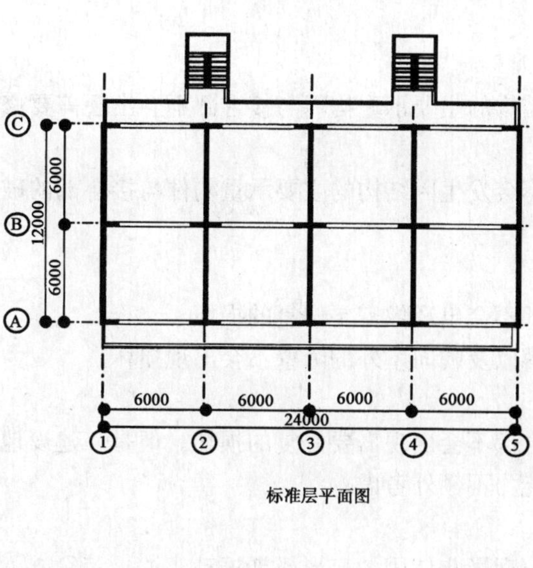

标准层平面图

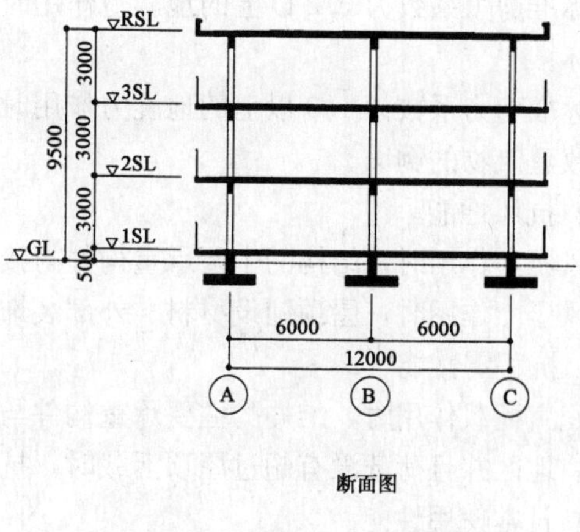

断面图

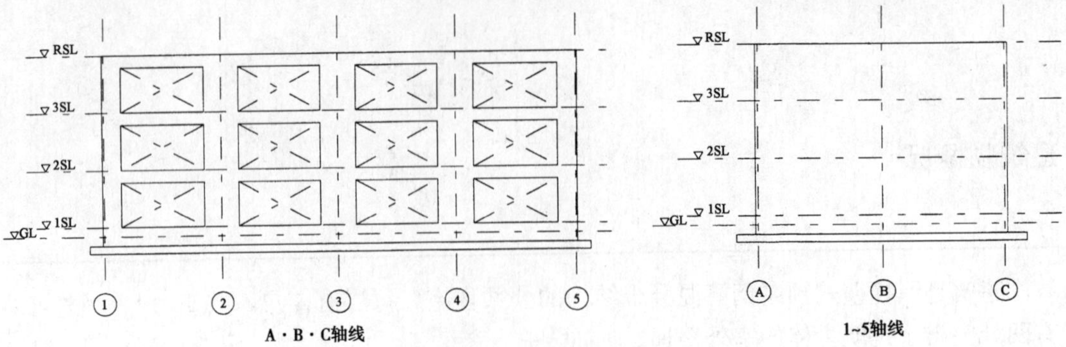

简略轴线图

1.2 应遵循的法规标准

- 建筑基准法及施行令以及相关公告
- 剪力墙钢筋混凝土结构设计施工指南　2003　（日本建筑中心）
- 预制结构技术丛书第 2 编 W-PC 的设计　2003　（预制建筑协会）
- 地震条件下建筑物基础的设计指南　1995　（日本建筑中心）
- 钢筋混凝土结构计算准则・及解说　1991、1999　（日本建筑学会）
- 建筑基础结构设计指南　2001　（日本建筑学会）

1.3 结构设计方针及假定事项

（1）目标与构造性能

（a）抗震性能

- 标准剪力系数为 0.2 以上的地震力作用时，结构的主要承重构件与接合部不会出现需要修复的损坏。
- 标准剪力系数为 1.0 以上的地震力作用时，不会发生因结构的主要承重构件与接合部的破坏而导致建筑物的倒塌。

（b）抗风性能

- 风压力作用时，结构的主要承重构件与接合部不会出现像需要修复的损坏。
- 风压力作用时，屋顶铺设材料、外部装饰材料以及朝向屋外的障壁不会出现损坏。

（c）抗积雪性能

- 积雪荷载作用时，结构的主要承重构件与接合部不会出现需要修复的损坏。但是，建设地不在多雪地区并且荷载没有超过屋顶活载时，抗雪能力不额外考虑。

（d）日常使用性能

- 固定荷载作用时，结构的主要承重构件不会出现影响使用的变形或者振动。

（2）结构设计方针

- 要在国土交通省第 1026 号公告（平成 13 年 6 月 12 日）中关于层高等的规定范围内进行设计，为保证 X 方向的壁量不低于规定的必要壁量，应确保建筑物的层间位移角在 1/20000 以下，还应对其必要水平承载力进行确认。

· 要确认各构件的竖向荷载的应力在长期容许应力度以下，为了使建筑物不会因楼板的振动变形而毁损，须对楼板进行厚度进行分析。

· 考虑到剪力墙的偏移等问题，须确认其偏心率在 0.15 以下。此外，还须确认在 C_0＝0.20 的地震力影响下，剪力墙的偏心的应力应在各构件的短期容许应力度以下。

· 在竖向荷载情况下、要确认水平荷载所产生的应力在各接合部的容许承载力以下。另外，还用对剪力墙的竖向接合部以及水平接合部的剪力进行分析。对于 X 方向形成机构时应力，在 Y 方向为强度结构体时，剪力墙接合部的应力应为水平荷载下的应力的 2.5 倍。

（3）假定事项

（a）竖向荷载作用时

· 楼板的边缘部分依靠剪力墙部分简支支撑。

· 墙梁作为符合两端的接合状况的单独构件来计算。

· 在轴向力计算中，楼板荷载呈龟纹分布，由剪力墙以及墙梁承载。此外，墙梁承载的竖向力以跨距中央为分割线由左右的剪力墙承载。

（b）水平荷载作用时

· 应力分析应采用考虑弯曲、剪切、刚域、扭转等内容的 D 值法。

· 壁梁和板成一体，对弯曲刚性的影响为 2.0，直交壁对剪力墙弯曲刚性的影响可以忽略不计。

· 相邻的预制壁构件，通过竖向接合部（混凝土湿接缝）接合。

· 反弯点高度比 y，应根据上下梁的平均刚度比与墙壁刚度比的比 k 来计算。

· 室外楼梯在地震时产生的水平力，通过与各层走廊的接合部传递给建筑物主体结构。

1.4 使用材料与容许应力

（1）使用材料的区分

（a）混凝土

墙板、楼板的预制构件　F_c＝27N/mm^2

基础、基础梁　F_c＝24N/mm^2

接合部的填充混凝土　F_c＝27N/mm^2

（b）钢筋

D10－D16　SD295A

D19－D25　SD345

9ϕ－13ϕ　SR235

（2）容许应力

（a）混凝土　（N/mm^2）

强度（N/mm^2）	长期		短期	
	抗压	剪切	抗压	剪切
24	8	0.73	取长期值的 2 倍	取长期值的 1.5 倍
27	9	0.76		

(b) 钢筋 (N/mm²)

材料种类	长期		短期		材料强度
	抗拉与抗压	剪切	抗拉与抗压	剪切	抗拉与抗压
SD295	195	195	295	295	295×1.1
SD345	215	195	345	345	345×1.1
SD235	155	155	235	235	235×1.1

(c) 钢筋对混凝土的黏结 (N/mm²)

钢筋	混凝土	长期		短期	
		上端钢筋	其他钢筋	上端钢筋	其他钢筋
SD295	$F_c=24$	1.54	2.31	取长期值的1.5倍	
SD345	$F_c=27$	1.62	2.43		

2 荷载

2.1 楼板单位荷载

(kN/m²)

		恒载
房顶	隔热沥青防水	0.15
	斜面混凝土	0.92
	板（ア）200（平均）	4.80
	天花板	0.05
		5.92→6.00
住户	装饰	0.30
	板（ア）220	4.80
	隔断（墙）	0.20
	天花板	0.05
		5.35→5.40
阳台	板混凝土（ア）180（平均）	4.32
		4.32→4.40
走廊	板混凝土（ア）180（平均）	4.32
		4.32→4.40
阳台・走廊房顶（房檐）	隔热沥青防水	0.15
	斜面混凝土（ア）20　（平均）	0.48
	板混凝土（ア）180	4.32
		4.95→5.00
楼梯（相对于水平面）	板混凝土（平均厚度为234）0.23×24×1.221＝	6.84
		6.84→6.90
楼梯平台	板混凝土（ア）180	4.32
		4.32→4.40

楼板单位荷载表（kN/m²）

名称	恒荷载	活荷载			恒荷载＋活荷载		
		楼板・小梁用	构架用	地震用	楼板・小梁用	构架用	地震用
房顶	6.00	1.00	0.50	0.30	7.00	6.50	6.30
住户	5.40	1.80	1.30	0.60	7.20	6.70	6.00
阳台	4.40	1.80	1.30	0.60	6.20	5.70	5.00
走廊	4.40	1.80	1.30	0.60	6.20	5.70	5.00
阳台・走廊房顶	5.00	1.00	0.50	0.30	6.00	5.50	5.30
楼梯	6.90	1.80	1.30	0.60	8.70	8.20	7.50
楼梯平台	4.40	1.80	1.30	0.60	6.20	5.70	5.00

2.2 墙壁单位荷载

(kN/m²)

			混凝土	装饰		固定荷载
剪力墙	X 方向外墙	(ア) 250	6.00	+0.10	=6.10	→6.10
	X 方向外墙	(ア) 250	6.00	+0.05	=6.05	→6.10
	Y 方向外墙	(ア) 150	3.60	+0.10	=3.70	→3.70
	Y 方向外墙	(ア) 150	3.60	+0.05	=3.65	→3.70
室外楼梯	束墙	(ア) 250	6.00	+0.10	=6.10	→6.10

2.3 其他固定荷载

混凝土　　　　装饰・防水层

・女儿墙　0.15×(0.50+0.10)×24+(0.1+0.1)×0.50　=2.26　→2.30kN/m

・扶手　阳台・走廊・楼梯（钢制或面板）　0.40kN/m

・窗　0.40kN/m

2.4 地震力

按照建筑基准法施行令执行。

・地域系数　$Z=1.0$

・地基类别　第 2 类

2.5 风压力

按照建筑基准法施行令执行。

风压力$=q\times Cf$

・速度压 $q=0.6\times E\times V_O^2$

・地表粗糙度＝Ⅲ

・$V_O=34$ (m/s)

2.6 积雪荷载

按照建筑基准法施行令执行。

・垂直积雪量的计算

区域编号	l_s	r_s	α	β	γ	R	d（mm）
24	10	0.2	0.0005	－0.06	0.28	40	273

（1～40）

・积雪荷载的计算

单位积雪重量（$N/m^2/mm$）	积雪荷载（kN/m^2）
2	0.546

积雪荷载＝单位积雪量×d

根据以上可知，屋面板的设计用短期荷载为 7.00＋0.546＝7.546（kN/m^2），因为该数值小于长期荷载的 1.5 倍（即 10.5kN/m^2），所以可以省略设计。

3 剪力墙的检讨

3.1 剪力墙的符号与配置

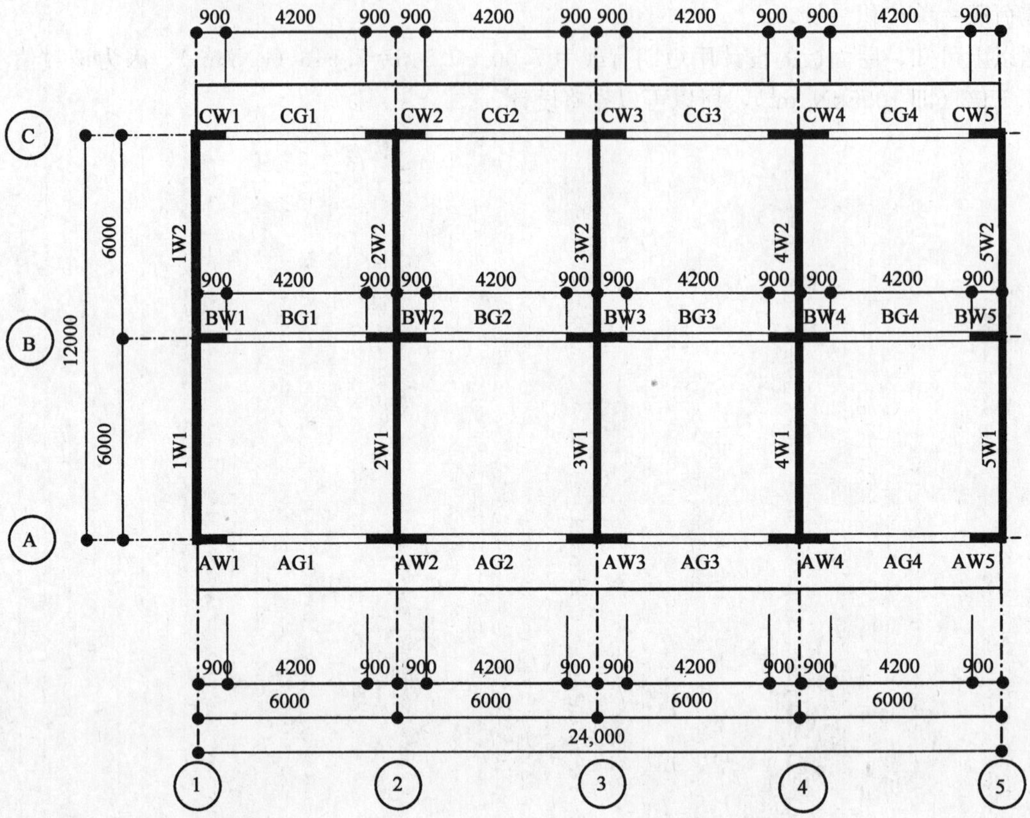

注：·上图中的墙的尺寸标注于端部。

·所有剪力墙的中心＝轴线中心。

3.2 必要厚度

一般楼层

$h/22=3000/22=136 < 150$ （采用剪力墙的最小厚度）

3.3 壁量

（1）楼板面积（应将走廊、阳台、楼梯的实际面积的二分之一加到楼板面积之中）

1～3层	住户	24.0×12.0	＝288.00
	阳台	24.0×1.5×1/2	＝ 18.00
	走廊	24.0×2.0×1/2	＝ 18.00

楼梯　　2.5×4.0×2×1/2　　= 20.25

A=334.00m²

（2）墙长

（a）X 方向

1～3 层	A 轴线	975+1800+1800+1800+975	=7350
	B 轴线	975+1800+1800+1800+975	=7350
	C 轴线	975+1800+1800+1800+975	=7350
			$\sum l_x$=22050mm

（b）Y 方向

1～3 层	1、5 轴线	12250×2	=24500
	2～4 轴线	12250×3	=36750
			$\sum l_x$=61250mm

（3）壁量

· 必要壁量的折减（折减值的上限为 50mm/m²）

依据下式计算必要壁量的折减量

$$L_{wn}=L_{wo}\cdot\alpha\cdot\beta\cdot Z$$

式中 L_{wn}——必要的壁量（mm/m²）；

L_{wo}——规定的壁量（mm/m²）；

α——根据壁厚得出的折减系数（$=\sum(t_0\cdot l_w)/\sum(t\cdot l_w)$）

t_0——规定壁厚（mm）；

l_w——各剪力墙的长度（mm）；

t——各剪力墙的壁厚（mm）；

β——根据混凝土设计标准强度得到的折减系数

$$\beta=\sqrt{18/F_c}，并且大于\sqrt{1/2}$$

F_c——混凝土设计标准强度（N/mm²）；

Z——《令》第 88 条第一项所规定的 Z 值。

X 方向

α=(150×22050)/(250×22050)　　=0.600

$\beta=\sqrt{18/27}$　　= 0.816

$L_{wn}=L_{wo}\cdot\alpha\cdot\beta\cdot Z$=58.788→70mm/m²

Y 方向

α=(150×61250)/(150×61250)　　=1.000

$\beta=\sqrt{18/27}$　　=0.816

$L_{wn}=L_{wo}\cdot\alpha\cdot\beta\cdot Z$　　=97.78mm/m²

· 壁量

X 方向　1～3 层　　必要壁量

L_{wx}=22050/ 334.00=66.0mm/m²　<70mm/m²

Y 方向　1～3 层　　必要壁量

L_{wy}=61250/ 334.00=183.4mm/m²　>97.98mm/m²

为了确保 X 方向壁量小于必要壁量，在初次设计时，应该确认层间位移角低于 1/2000，并且极限水平承载力大于必要极限水平承载力。

4 竖向荷载作用时的应力

4.1 平面图

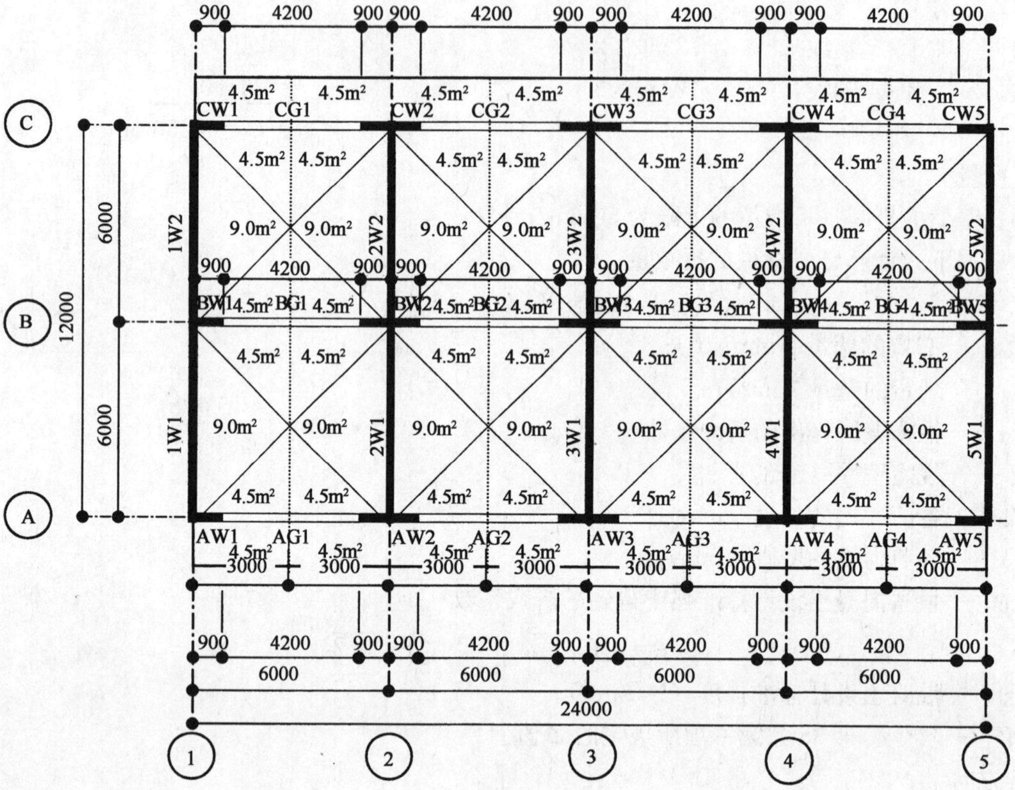

4.2 楼板承担的面积和墙板面积

开口面积（m²） 4.20×2.25×1/2=4.73

墙壁符号	计算			墙壁（窗框）（m²）	楼板（阳台·走廊）（m²）	房顶（房檐）（m²）
AW1·5 CW1·5	楼板 走廊 墙壁 窗框	 3.00×2.80−4.73 2.10×2.25	4.50 4.50 3.68 4.73	 3.68 (4.73)	4.50 (4.50)	4.50 (4.50)
AW2·4 CW2·4	楼板 走廊 墙壁 窗框	4.50+4.50 4.50+4.50 6.00×2.80−9.45 2.10×2.25×2	9.00 9.00 7.35 9.45	 7.35 (9.45)	9.00 (9.00)	9.00 (9.00)

续表

墙壁符号	计算			墙壁（窗框）（m²）	楼板（阳台・走廊）（m²）	房顶（房檐）（m²）
BW1・5	楼板 墙壁 开口	4.50+4.50 3.00×2.80−5.04 2.10×2.40	9.00 2.70 5.04	2.70	9.00	9.00
BW2・4	楼板 墙壁 开口	4.50×4 6.00×2.80−10.08 2.10×2.40×2	18.00 5.40 10.08	5.40	18.00	18.00
1・5W1 1・5W2	楼板 墙壁	 6.00×2.90	9.00 17.40	17.40	9.00	9.00
2・4W1 2・4W2	楼板 墙壁	9.00×2 6.00×2.80	18.00 16.80	16.80	18.00	18.00

4.3 轴力计算

墙符号	层	部位	单位重量	计算式		N（kN）	ΣN（kN）
AW1・5 CW1・5	3	房顶	6.5	4.50	29.3		
		房檐	5.5	4.50	24.8		
		女儿墙	2.3	3.00+1.50	10.4		
		墙	6.1	3.68	22.4		
		窗框	0.4	4.73	1.9	88.7	88.7
	2	楼板	6.7	4.50	30.2		
		阳台	5.7	4.50	25.7		
		墙	6.1	3.68	22.4		
		窗框	0.4	4.73	1.9		
		扶手	0.4	3.00+1.50	1.8	81.9	170.6
	1			同上		81.9	252.5
	F	楼板	6.7	4.50	30.2		
		阳台	5.7	4.50	25.7		
		扶手	0.4	3.00+1.50	1.8	57.6	310.1
AW2-4 CW2-4	3	房顶	6.5	9.00	58.5		
		房檐	5.5	9.00	49.5		
		女儿墙	2.3	6.00	13.8		
		墙	6.1	7.35	44.8		
		窗框	0.4	9.45	3.8	170.4	170.4
	2	楼板	6.7	9.00	60.3		
		阳台墙	5.7	9.00	51.3		
		窗框	6.1	7.35	44.8		
		扶手	0.4	9.45	3.8		
			0.4	6.00	2.4	162.6	333.0
	1			同上		162.6	495.6
	F	楼板	6.7	9.00	60.3		
		阳台	5.7	9.00	51.3		
		扶手	0.4	6.00	2.4	114.0	609.6

续表

墙符号	层	部位	单位重量	计算式		N（kN）	∑N（kN）
BW1	3	房顶	6.5	9.00	58.5		
		墙	6.1	2.70	16.5	75.0	75.0
	2	楼板	6.7	9.00	60.3		
		墙	6.1	2.70	16.5	76.8	151.7
	1			同上		76.8	228.5
	F	楼板	6.7	9.00	60.3	60.3	228.8
BW2	3	房顶	6.5	18.00	117.0		
		墙	6.1	5.40	32.9	149.9	149.9
	2	楼板	6.7	18.00	120.6		
		墙	6.1	5.40	32.9	153.5	303.5
	1			同上		153.5	457.0
	F	楼板	6.7	18.00	120.6	120.6	577.6
墙符号	层	部位	单位重量	计算式		N（kN）	∑N（kN）
1W1·2 5W1·2	3	房顶	6.5	9.00	58.5		
		女儿墙	2.3	6.00	13.8		
		墙	3.7	17.40	64.4	136.7	136.7
	2	楼板	6.7	9.00	60.3		
		墙	3.7	17.40	64.4	124.7	261.4
	1			同上		124.7	386.0
	F	楼板	6.7	9.00	60.3	60.3	446.3
2-4W1 2-4W2	3	房顶	6.5	18.00	117.0		
		墙	3.7	16.80	62.2	179.2	179.2
	2	楼板	6.7	18.00	120.6		
		墙	3.7	16.80	62.2	182.8	361.9
	1			同上		182.8	544.7
	F	楼板	6.7	18.00	120.6	120.6	665.3
建筑物外部楼梯 （每一处）	2	楼梯	8.2	2.25×2.00	36.9		
		楼梯平台	5.7	2.50×2.00	28.5		
		墙	6.1	2.10×3.00	38.4		
		扶手	0.4	2.50+4.00×2	4.2	108.0	108.0
	1			同上		108.0	216.1

4.4 压应力

压应力在轴力（*N*）最大时对1层的剪力墙进行检讨。

墙符号	N（kN）	墙的断面面积		σ（N/mm²）
AW1·5，CW1·5	252.5	250×975	243750	1.04
AW2-4，CW2-4	495.6	250×1800	450000	1.10
BW1·5	228.5	250×975	243750	0.94
BW2-4	457.0	250×1800	450000	1.02
1W1·2，5W1·2	386.0	150×6000	900000	0.43
2-4W1，2-4W2	544.7	150×6000	900000	0.61

因为所有的容许压应力都在9.0N/mm² 以下，所以以上各项都满足要求。

4.5 建筑物重心的计算

横向是对称布置的，所以只需计算纵向的重心。

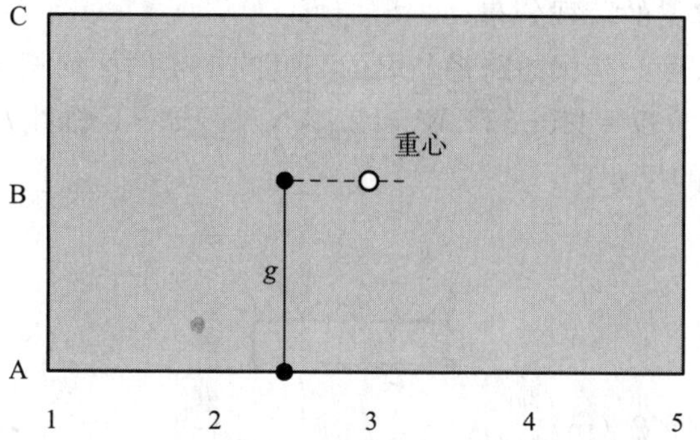

依据以下内容计算重心。

$$g=\sum(N \cdot L)/\sum N$$

式中　g——重心（$=A$ 开始的距离）(mm)

N——作用于各剪力墙的长期轴力（kN）

L——各剪力墙的平面重心距 A 的距离（mm）

轴线	距离 L (m)	3层		2层		1层	
		轴力 (kN)	$N \cdot L$ (kN·m)	轴力 (kN)	$N \cdot L$ (kN·m)	轴力 (kN)	$N \cdot L$ (kN·m)
A	0.00	88.7	0.00	170.6	0.00	252.5	0.00
	0.00	170.4	0.00	333.0	0.00	495.6	0.00
	0.00	170.4	0.00	333.0	0.00	495.6	0.00
	0.00	170.4	0.00	333.0	0.00	495.6	0.00
	0.00	88.7	0.00	170.6	0.00	252.5	0.00
B	6.00	75.0	449.82	151.7	910.44	228.5	1371.06
	6.00	149.9	899.64	303.5	1820.88	457.0	2742.12
	6.00	149.9	899.64	303.5	1820.88	457.0	2742.12
	6.00	149.9	899.64	303.5	1820.88	457.0	2742.12
	6.00	75.0	449.82	151.7	910.44	228.5	1371.06
C	12.00	88.7	1063.89	170.6	2046.78	252.5	3029.67
	12.00	170.4	2044.98	333.0	3996.36	495.6	5947.74
	12.00	170.4	2044.98	333.0	3996.36	495.6	5947.74
	12.00	170.4	2044.98	333.0	3996.36	495.6	5947.74
	12.00	88.7	1063.89	170.6	2046.78	252.5	3029.67
1	3.00	136.7	410.04	261.4	784.08	386.0	1158.12
	9.00	136.7	1230.12	261.4	2352.24	386.0	3474.36
2	3.00	179.2	537.48	361.9	1085.76	544.7	1634.04
	9.00	179.2	1612.44	361.9	3257.28	544.7	4902.12
3	3.00	179.2	537.48	361.9	1085.76	544.7	1634.04
	9.00	179.2	1612.44	361.9	3257.28	544.7	4902.12
4	3.00	179.2	537.48	361.9	1085.76	544.7	1634.04
	9.00	179.2	1612.44	361.9	3257.28	544.7	4902.12
5	3.00	136.7	410.04	261.4	784.08	386.0	1158.12
	9.00	136.7	1230.12	261.4	2352.24	386.0	3474.36
室外楼梯	14.50	0.0	0.00	108.0	1566.44	216.1	3132.87
Σ		3598.6	21591.36	7219.4	44234.36	10840.1	66877.35
重心 g (m)			6.000		6.127		6.169

4.6　墙梁的长期应力

（1）计算方针

・应采用等分布方式计算梁的荷载分布。

・计算应力所采用的梁长度，是梁净跨径与梁的高度的 1/4 的 2 倍相加得到的值。

・梁的自重　$B=200\text{mm}$　$D=400\text{mm}$　$W_g=2.4\text{kN/m}$（A－C 轴线）。

（板的尺寸）

（2）长期应力

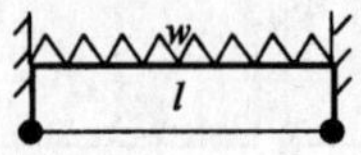

梁的计算长度 $l=l_0+D/4\times2$（m）

符号	l_0（m）	l（m）	层	W 的计算式	W（kN）	W（kN/m）	C（kN/m）	Q（kN）
AG1-4	4.20	4.50	3	6.5×(6.00×3.00/2－0.75×0.75/2×2)＋5.5×4.50×1.50＋2.3×4.50＝89.9		22.4	37.8	505.5
CG1-4			1、2	6.7×(6.00×3.00/2－0.75×0.75/2×2)＋5.7×4.50×1.50＋0.4×4.50＝84.0		21.1	35.6	47.5
BG1-4	4.20	4.50	3	6.5×(6.00×3.00－0.75×0.75/2×4)＝115.2		28.0	47.3	63.1
			1、2	6.7×(6.00×3.00－0.75×0.75/2×4)＝113.1		27.6	46.5	62.0

5 水平荷载作用时的应力计算

5.1 地震力计算

(1) 建筑物各部分的面积、长度 (m)

每一层的面积和长度 (m^2)

部位	计算式	墙壁	楼板	房顶（房檐）	其他
房顶	24.0×12.0			288.00	
阳台房顶	24.0×1.50			(36.00)	
走廊房顶	24.0×1.50			(36.00)	
住户楼板	24.0×1.20		288.00		
阳台楼板	24.0×1.50		(36.00)		
走廊楼板	24.0×1.50		(36.00)		
楼梯	(2.5−0.25)×2.0×2		(9.00)		
楼梯平台	2.5×2.0×2		(10.00)		
轴线 A 窗框	4.20×2.25×4	(37.80)			
轴线 A 墙	24.0×(3.0−0.2)−37.80	29.40			
轴线 B 墙	(24.0−4.2×4)×(3.0−0.2)	20.16			
轴线 C 窗框	4.20×2.25×4	(37.80)			
轴线 C 墙	24.0×(3.0−0.2)−37.80	29.40			
轴线 1～5 墙	12.0×(3.0−0.2)	33.60			
楼梯束墙	2.1×3.0×2	12.60			
女儿墙	(24.0+12.0)×2+1.5×4				78.00
阳台扶手	24.0+1.5×2				27.00
走廊扶手	24.0+1.5×2				27.00
楼梯扶手	(2.5+3.2×2)×2				17.80

(2) 计算地震力用的重量

层	部位	单位重量	算式	W (kN)	W_i (kN)
3	房顶	6.3	288.00	1814.4	
	阳台房顶	5.3	36.00	190.8	
	走廊的房顶	5.3	36.00	190.8	
	轴线 A 窗框	0.4	37.80 /2	7.6	
	轴线 A 墙	6.1	29.40 /2	89.7	
	轴线 B 墙	6.1	20.16 /2	61.5	
	轴线 C 窗框	0.4	37.80 /2	7.6	
	轴线 C 墙	6.1	29.40 /2	89.7	
	轴线 1、5 的墙	3.7	33.60 /2 ×2	124.3	
	轴线 2～4 的墙	3.7	33.60 /2 ×3	186.5	
	女儿墙	2.3	78.00	179.4	2942.1
2	住户楼板	6.0	288.00	1728.0	
	阳台楼板	5.0	36.00	180.0	

续表

层	部位	单位重量	算式	W (kN)	W_i (kN)
2	走廊楼板	5.0	36.00	180.0	
	楼梯	7.5	9.00 /2	33.8	
	楼梯平台	5.0	10.00 /2	25.0	
	轴线A窗框	0.4	37.80	15.1	
	轴线A墙	6.1	29.40	179.3	
	轴线B墙	6.1	20.16	123.0	
	轴线C窗框	0.4	37.80	15.1	
	轴线C墙	6.1	29.40	179.3	
	轴线1、5的墙	3.7	33.60×2	248.6	
	轴线2～4的墙	3.7	33.60×3	373.0	
	楼梯束墙	6.1	12.60/2	38.4	
	阳台扶手	0.4	27.00	10.8	
	走廊扶手	0.4	27.00	10.8	
	楼梯扶手	0.4	17.80/2	3.6	3343.8
1	住户楼板	6.0	288.0	1728.0	
	阳台楼板	5.0	36.00	180.0	
	走廊楼板	5.0	36.00	180.0	
	楼梯	7.5	9.00	67.5	
	楼梯平台	5.0	10.00	50.0	
	轴线A窗框	0.4	37.80	15.1	
	轴线A墙	6.1	29.40	179.3	
	轴线B墙	6.1	20.16	123.0	
	轴线C窗框	0.4	37.80	15.1	
	轴线C墙	6.1	29.40	179.3	
	轴线1、5墙	3.7	33.60×2	248.6	
	轴线2～4墙	3.7	33.60×3	373.0	
	楼梯束墙	6.1	12.60	76.9	
	阳台扶手	0.4	27.00	10.8	
	走廊扶手	0.4	27.00	10.8	
	楼梯扶手	0.4	17.80	7.1	3444.6
F	住户楼板	6.0	288.0	1728.0	
	阳台楼板	5.0	36.00	180.0	
	走廊楼板	5.0	36.00	180.0	
	楼梯	7.5	9.00 /2	33.8	
	楼梯平台	5.0	10.00 /2	25.0	
	轴线A窗框	0.4	37.80 /2	7.6	
	轴线A墙	6.1	29.40 /2	89.7	
	轴线B墙	6.1	20.16 /2	61.5	
	轴线C窗框	0.4	37.80 /2	7.6	
	轴线C墙	6.1	29.40 /2	89.7	
	轴线1、5墙	3.7	33.60 /2×2	124.3	
	轴线2～4墙	3.7	33.60 /2×3	186.5	
	楼梯束墙	6.1	12.60 /2	38.4	
	阳台扶手	0.4	27.00	10.8	
	走廊扶手	0.4	27.00	10.8	
	楼梯扶手	0.4	17.80	3.6	2777.1

（3）地震力

·地域系数　　$Z=1.000$

·建筑物的高度　　$h=9.500\text{m}$

【钢结构的高度】　　$h_s=0.000\text{m}$

·建筑物的一次固有周期　　$T=0.190\text{s}$

·地基周期　　$T_c=0.600\text{s}$

·震动特性系数　　$R_t=1.000$

·一次设计用标准剪力系数　　$C_{01}=0.200$

极限水平承载力计算用标准剪力系数　　$C_{02}=1.000$

层	W_i（kN）	$\sum W_i$（kN）	α_i	A_i	C_{i1}	Q_{i1}（kN）	C_{i2}	Q_{i2}（kN）	A（m^2）	W_i/A（kN/m^2）
3	2942.1	2942.1	0.302	1.367	0.273	804.4	1.367	4021.9	334.00	8.81
2	3343.8	6286.0	0.646	1.145	0.229	1439.2	1.145	7196.1	334.00	10.01
1	3444.6	9730.6	1.000	1.000	0.200	1946.1	1.000	9730.6	334.00	10.31
F	2777.1	12507.6								

5.2 风压力计算

速度与风力系数的计算

将纵向与横向进行比较，计算受压面积较大的横向的受力。

地表面的粗糙度区分	Z_b	ZG	α	Gf（$H\leqslant 10$）	Gf（$40\leqslant H$）
Ⅰ（1）	5	250	0.1	2	1.8
Ⅱ（2）	5	350	0.15	2.2	2
Ⅲ（3）	5	450	0.2	2.5	2.1
Ⅳ（4）	10	550	0.27	3.1	2.3
Ⅲ	5	450	0.2	2.5	2.1

Cpe（上风）/kz	Cpe（下风）	Cpi
0.8	−0.4	−0.2

V_0（m/s）	风压折减系数 ω	Gf	Er	E	Q（N/m^2）	$q\times\omega$（N/m^2）
34.0	1.00	2.5000	0.7859	1.5440	1070.9	1070.9

从建筑物的外侧向内侧为正，从建筑物的内侧向外侧为负。

层	层高（m）	Z（m）	kz	Cpe（上风）	Cpe（下风）	Cf（上风）	Cf（下风）	风压力（上风）（N/m^2）	风压力（下风）（N/m^2）
3	3.0	9.5	0.9322	0.7458	−0.4000	0.946	−0.200	1012.86	−214.18
2	3.0	6.5	0.7955	0.6364	−0.4000	0.836	−0.200	895.73	−214.18
1	3.0	3.5	0.7736	0.6189	−0.4000	0.819	−0.200	876.92	−214.18
GL－1层楼板高度	0.5								
总计	9.5								

横向的风压力

受压面积 24.0×3.00=72m²/层

层	各层风压力（kN）	风压力合计（kN）	地震力 Q_i(kN)
3	44.2	44.2	804.4
2	84.1	128.3	1439.2
1	79.2	207.5	1946.1

根据以上内容中地震力计算水平力。

5.3 纵向 D 值与反弯点高度比的计算

（1）计算假定

- 依据考虑弯曲、剪切、刚域、回转的角变位移法的缩略法（D 值法）计算。
- 混凝土楼板刚度计入梁的刚度之中，取值 $\phi=2.0$。
- 带有竖向接合部的墙可以当做一体墙。
- 剪力墙底部没有安装减震弹簧等。
- 忽略垂直相交方向的墙的刚度。
- 剪切弹性模量 $G_c=E_c/2.3$、形变系数 $\kappa=1.5$ 时的剪切变形。
- 刚域长度设定为构件高度的 1/4。
- 局部区域的变形可以忽略不计。
- 剪力墙以中心轴为配筋中心，但墙梁的配筋中心要向楼板位移。
- 反弯点高度比 y 值依据上下梁的平均刚度比和墙的刚度比之间的比例计算。

（2）计算

轴线 A・B・C 的 D 值计算时，单位为 cm，$K_0=1000cm^3$。

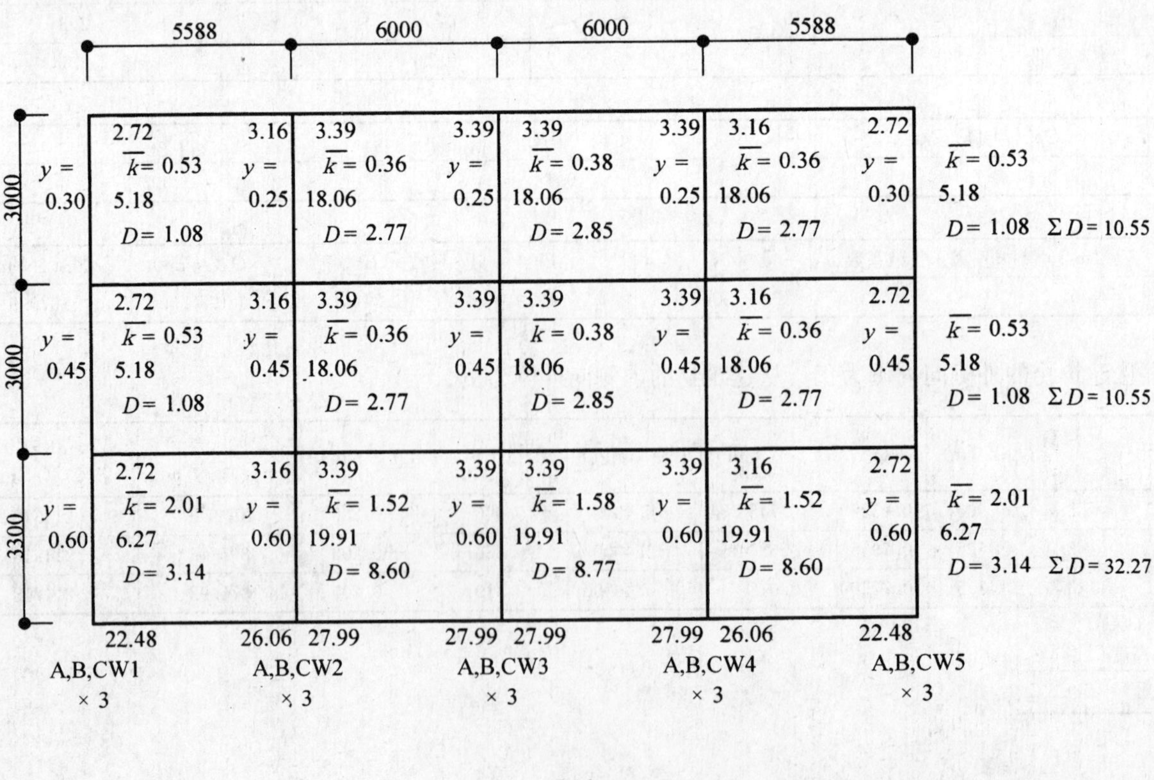

全部	$\sum D$
3 层	31.66
2 层	31.66
1 层	96.80

凡例

	梁刚度比	梁刚度比
		k=上、下梁的平均刚度比与墙刚度比的比值
	y=反弯点高度比	墙刚度比
		D=D 值
	梁刚度比	梁刚度比

(3) 纵向的 D 值与层间位移角。

$$\delta=(Q/\sum D)\times[h^2/(12EK_0)]\quad E=23.6\text{kN/mm}^2\quad K_0=1000000\text{mm}^3$$

层	$\sum D$	Q (kN)	h (mm)	δ (mm)	层间位移角	刚度率
3	31.66	804.4	3000	0.808	1/3712	1.108
2	31.66	1439.2	3000	1.446	1/2075	0.619
1	96.80	1946.1	3300	0.774	1/4264	1.273

各层的层间位移角都在 1/2000 以下，符合规定的要求。

5.4 横向 D 值与应力的计算

(1) 计算假定

·依据下列算式计算弯曲、剪切变形（此处无需考虑基础下沉的影响）

$$\delta_n=\delta_S+\delta_B$$

$$\delta_S=\frac{\kappa Qh}{\beta GA_w}\text{（剪切变形）}$$

$$\delta_b=\sum_{i=1}^{n-1}\frac{M_i h_i}{EI_i}\times h_n\times\frac{M_n h_n}{EI_n}\times x_n\text{（弯曲变形）}$$

κ——剪切变形系数

β——剪切刚度下降率

Q——剪力

h——层高

G——剪切弹性模量

A_w——墙的有效面积

M——弯矩

E——弹性系数

I——断面惯性矩

n——n 层

x_n——依据下图确定

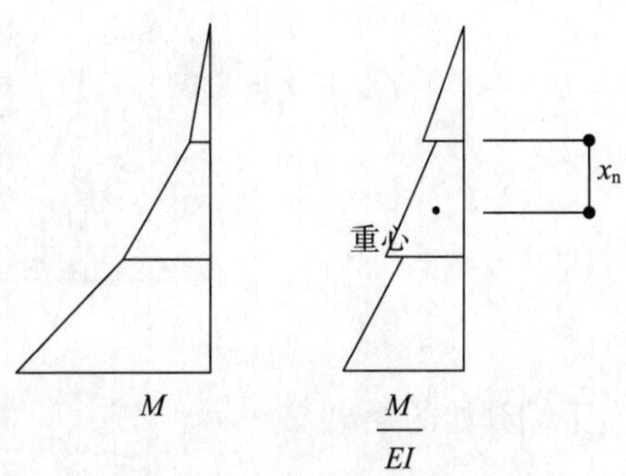

（2）D 值与层间位移角

・依据下式计算 D 值

$$D = (Q_i/\delta_i) \times [h^2/(12 \cdot E \cdot K_0)]$$

层	Y 方向（宽度方向）					
	Q_i（kN）	h（mm）	层间位移	层间位移角	轴线 1～5D	ΣD
3	160.9	3000	0.095	1/31484	53.7	268.5
2	287.8	3000	0.112	1/26841	81.9	409.6
1	389.2	3000	0.105	1/28569	117.9	589.5

各层的层间位移角都在 1/2000 以下。

（3）应力图

为了避免在横向进行扭转修正，应该按照上记的 Q_i 值进行应力计算。

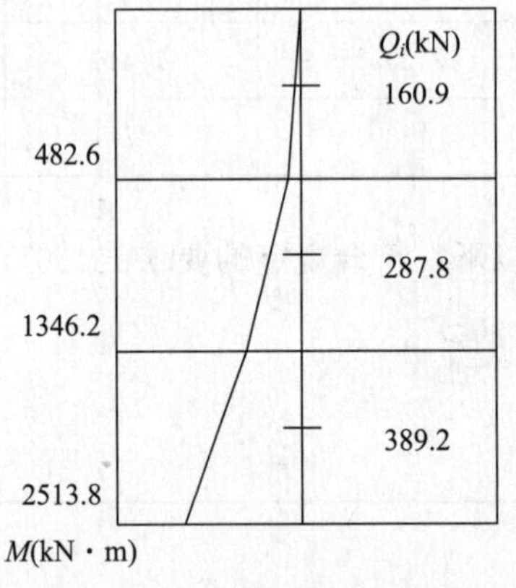

5.5　建筑物刚心及扭转修正系数

（1）建筑物的刚心

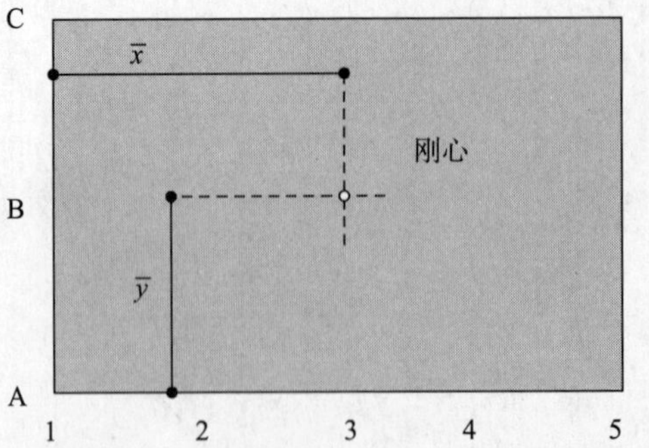

L：从左下端开始的距离

$$y = L - \bar{y} \qquad x = L - \bar{x}$$

1	2	3	4	5 $y=L-\bar{y}$		$x=L-\bar{x}$
层	轴线	D_x	距离 L（m）	$D_x \times L$	$D_x \times y^2$	
3	A	31.66	0.00	0.00	1139.74	
	B	31.66	6.00	189.96	0.00	
	C	31.66	12.00	379.91	1139.74	
	Σ	94.98		569.87	2279.48	$\bar{y}$=6.000m
2	A	31.66	0.00	0.00	1139.74	
	B	31.66	6.00	189.96	0.00	
	C	31.66	12.00	379.91	1139.74	
	Σ	94.98		569.87	2279.48	$\bar{y}$=6.000m
1	A	96.80	0.00	0.00	3484.81	
	B	96.80	6.00	580.80	0.00	
	C	96.80	12.00	1161.60	3484.81	
	Σ	290.40		1742.41	6969.62	$\bar{y}$=6.000m
层	轴线	D_y	距离 L（m）	$D_y \times L$	$D_y \times x^2$	
3	1	53.71	0.00	0.00	7733.92	
	2	53.71	6.00	322.25	1933.48	
	3	53.71	12.00	644.49	0.00	
	4	53.71	18.00	966.74	1933.48	
	5	53.71	24.00	1288.99	7733.92	
	Σ	268.54		3222.46	19334.79	$\bar{x}$=12.00m
2	1	81.92	0.00	0.00	11797.14	
	2	81.92	6.00	491.55	2949.28	
	3	81.92	12.00	983.09	0.00	
	4	81.92	18.00	1474.64	2949.28	
	5	81.92	24.00	1966.19	11797.14	
	Σ	409.62		4915.47	29492.85	$\bar{x}$=12.000m
1	1	117.91	0.00	0.00	16978.98	
	2	117.91	6.00	707.46	4244.75	
	3	117.91	12.00	1414.92	0.00	
	4	117.91	18.00	2122.37	4244.75	
	5	117.91	24.00	2829.83	16978.98	
	Σ	589.55		7074.58	42447.46	$\bar{x}$=12.000m

（2）偏心率

$$I_x = \sum (D_x \cdot y^2)$$
$$I_y = \sum (D_y \cdot x^2)$$

层	方向	抗震要素 (ΣD)	刚度 (I)	扭转刚度 ($K_R=I_x+I_y$)	偏心距离 m (e)	弹力半径 ($r_e=\sqrt{K_R/\sum D}$)	偏心率 ($R_e=e/r_e$)
3	X	94.98	2279.48	21614.27	0.000	15.09	0.000
	Y	268.54	19334.79		0.000	8.97	0.000
2	X	94.98	2279.48	31772.33	0.127	18.29	0.007
	Y	409.62	29492.85		0.000	8.81	0.000
1	X	290.40	6969.62	49417.09	0.169	13.04	0.013
	Y	589.55	42447.46		0.000	9.16	0.000

（3）扭转修正系数

$$\alpha=1+\sum D\cdot e/K_R\times L$$

3 层　X　$\alpha=1+94.98\times0.000/21614.27\times6.000=1.000$

　　　Y　$\alpha=1+268.54\times0.000/21614.27\times12.000=1.000$

2 层　X　$\alpha=1+94.98\times0.127/31772.33\times6.000=1.012$

　　　Y　$\alpha=1+409.62\times0.00031772.33\times12.000=1.000$

1 层　X　$\alpha=1+290.40\times0.169/49417.09\times6.000=1.006$

　　　Y　$\alpha=1+589.55\times0.000/49417.09\times12.000=1.000$

5.6　纵向的应力计算

轴线	墙符号	层	h（m）	$\sum Q_1$（kN）	$\sum D$	D	Q（kN）	α	αQ（kN）	y	M（kN·m）	
											上	下
A	AW1	3	3.00	804.4	31.66	1.08	27.4	1.000	27.4	0.30	57.5	24.6
B	BW1	2	3.00	1439.2	31.66	1.08	49.0	1.002	49.1	0.45	81.0	66.3
C	CW1	1	3.30	1946.1	96.80	3.14	63.2	1.006	63.6	0.60	83.9	125.8
	AW2	3	3.00	804.4	31.66	2.77	70.4	1.000	70.4	0.25	158.5	52.8
	BW2	2	3.00	1439.2	31.66	2.77	126.0	1.002	126.3	0.45	208.4	170.5
	CW2	1	3.30	1946.1	96.80	8.60	173.0	1.006	174.0	0.60	229.7	344.5
	AW3	3	3.00	804.4	31.66	2.85	72.5	1.000	72.5	0.25	163.2	54.4
	BW3	2	3.00	1439.2	31.66	2.85	129.8	1.002	130.0	0.45	214.6	175.6
	CW3	1	3.30	1946.1	96.80	8.77	176.4	1.006	177.5	0.60	234.3	351.4
	AW4	3	3.00	804.4	31.66	2.77	70.4	1.000	70.4	0.25	158.5	52.8
	BW4	2	3.00	1439.2	31.66	2.77	126.0	1.002	126.3	0.45	208.4	170.5
	CW4	1	3.30	1946.1	96.80	8.60	173.0	1.006	174.0	0.60	229.7	344.5
	AW5	3	3.00	804.4	31.66	1.08	27.4	1.000	27.4	0.30	57.5	24.6
	BW5	2	3.00	1439.2	31.66	1.08	49.0	1.002	49.1	0.45	81.0	66.3
	CW5	1	3.30	1946.1	96.80	3.14	63.2	1.006	63.6	0.60	83.9	125.8

纵向的应力图

轴线 A（轴线 B、C）

（剪力墙）

依据下列内容确定（　）内数值，剪力墙—刚域边缘弯矩—墙梁—表面弯矩。

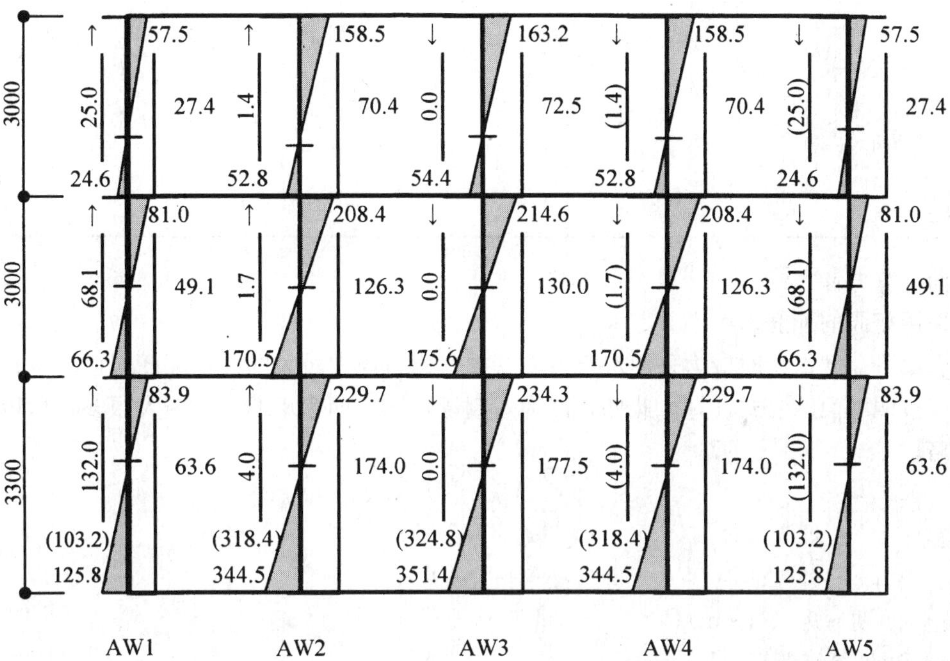
3000
3000
3300
57.5
158.5
163.2
158.5
57.5
25.0
27.4
1.4
70.4
0.0
72.5
(1.4)
70.4
(25.0)
27.4
24.6
52.8
54.4
52.8
24.6
81.0
208.4
214.6
208.4
81.0
68.1
49.1
1.7
126.3
0.0
130.0
(1.7)
126.3
(68.1)
49.1
66.3
170.5
175.6
170.5
66.3
83.9
229.7
234.3
229.7
83.9
132.0
63.6
4.0
174.0
0.0
177.5
(4.0)
174.0
(132.0)
63.6
(103.2)
(318.4)
(324.8)
(318.4)
(103.2)
125.8
344.5
351.4
344.5
125.8
AW1
AW2
AW3
AW4
AW5

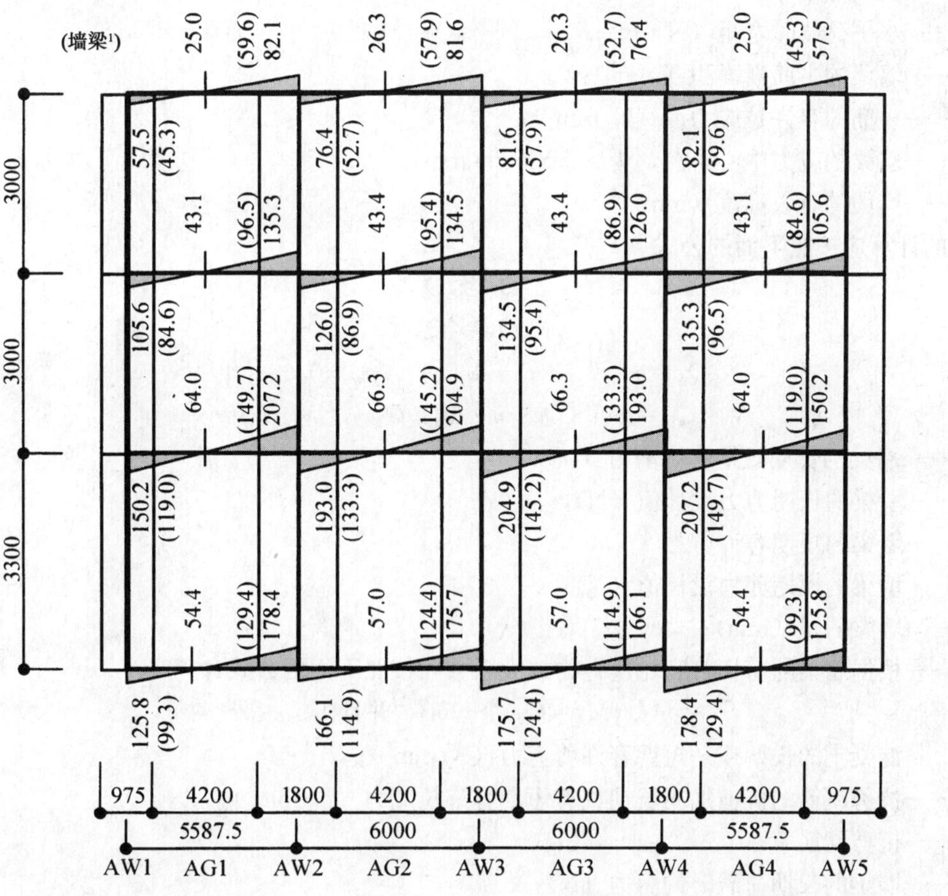
(墙梁[1])
25.0
(59.6)
82.1
26.3
(57.9)
81.6
26.3
(52.7)
76.4
25.0
(45.3)
57.5
3000
3000
3300
57.5
(45.3)
43.1
(96.5)
135.3
76.4
(52.7)
43.4
(95.4)
134.5
81.6
(57.9)
43.4
(86.9)
126.0
82.1
(59.6)
43.1
(84.6)
105.6
105.6
(84.6)
64.0
(149.7)
207.2
126.0
(86.9)
66.3
(145.2)
204.9
134.5
(95.4)
66.3
(133.3)
193.0
135.3
(96.5)
64.0
(119.0)
150.2
150.2
(119.0)
54.4
(129.4)
178.4
193.0
(133.3)
57.0
(124.4)
175.7
204.9
(145.2)
57.0
(114.9)
166.1
207.2
(149.7)
54.4
(99.3)
125.8
125.8
(99.3)
166.1
(114.9)
175.7
(124.4)
178.4
(129.4)
975
4200
1800
4200
1800
4200
1800
4200
975
5587.5
6000
6000
5587.5
AW1
AG1
AW2
AG2
AW3
AG3
AW4
AG4
AW5

6 断面计算

6.1 墙梁

(1) 断面计算方针

·上下采用相同的配筋。

·原则上水平荷载作用时应力采用左端或右端的表面力矩中最大的值，配筋应该左右相同。

·弯矩应按照下面的公式计算。此外，因为短期弯矩比长期弯矩的1.5倍大很多，所以长期应力的计算可以省略。

$$_{S}M_{A} \geqslant {}_{S}M_{D}$$

$$_{S}M_{D}=M_{L}+M_{E}$$

$$_{S}M_{A}=a_{t} \cdot f_{t} \cdot j$$

式中 $_{S}M_{D}$——短期弯矩（N·m）；

$_{S}M_{A}$——短期容许弯矩（N·m）；

M_{L}——长期弯矩（N·m）；

M_{E}——水平荷载时弯矩（N·m）；

a_{t}——墙梁的主筋断面积（mm^2）；

f_{t}——主筋的容许拉应力度（N/mm^2）；

j——墙梁的应力中心距离，为（7/8）d（mm）；

d——墙梁的有效高度（mm）。

·剪力的计算应按照下面的公式

$$_{L}Q_{A} \geqslant {}_{L}Q_{D}$$

$$_{S}Q_{A} \geqslant {}_{S}Q_{D}$$

$$_{S}Q_{A}=b \cdot j[\alpha \cdot f_{s}+0.5\,{}_{w}f_{t}\,(p_{w}-0.002)]$$

$$_{S}Q_{D}=\min\,(Q_{L}+n \cdot Q_{E},\ Q_{L}+\sum M_{y}/l')$$

式中 $_{L}Q_{A}$——墙梁的长期短期容许剪力（N）；

$_{L}Q_{D}$——墙梁的长期剪力设计值（N），为 Q_{L}；

$_{S}Q_{A}$——墙梁的短期容许剪力（N）；

$_{S}Q_{D}$——墙梁的短期剪力设计值（N）；

b——墙梁的宽（mm）；

α——根据墙梁的剪切跨度比所得的放大系数，按照下面的公式计算

$$\alpha=4/\,(M/\,(Q_{d})\,+1) \quad 并且\ 1 \leqslant \alpha \leqslant 2$$

f_{s}——混凝土的长期或是短期容许剪应力（N/mm^2）；

$_{w}f_{t}$——抗剪钢筋的抗剪加固长期或者短期容许拉应力（N/mm^2）；

p_{w}——抗剪配筋率；

Q_{L}——墙梁的长期荷载时的剪力（N）；

n——剪力放大系数（=2.0）；

Q_{E}——墙梁的水平荷载的剪力（N）；

$\sum M_{y}$——剪力最大的墙梁的两端屈服弯矩的绝对值的和，按照下式计算

$$\sum M_y = 0.9 \cdot \sum (a_t \cdot \sigma_y) \cdot d$$

σ_y——墙梁弯曲加固筋的标准屈服强度（N/mm²）；

l'——墙梁的净距（mm）。

（2）平衡配筋率的计算

因为容许弯矩的计算公式中出现了 $a_t \cdot f_t \cdot j$ 等，所以平衡配筋率须满足下面的要求。

断面　$b \times D = 250\text{mm} \times 600\text{mm}$　$d = 545\text{mm}$

$f_t = 345\text{N/mm}$　　$f_c = 18\text{N/mm}^2$

$\gamma = 1.0$　$d_c = 55\text{mm}$　$n = 15$

$$p_{tb} = 1/2 \times \frac{1}{\left[1+\frac{f_t}{(n \cdot f_c)}\right] \times \left[\left(\frac{f_t}{f_c}\right) \times \left(1+\gamma \cdot \frac{d_c}{d}\right) - n \cdot \gamma\left(1-\frac{d_c}{d}\right)\right]}$$

$$= 1/2 \times \frac{1}{\left[1+\frac{345}{(15 \times 18)}\right] \times \left[\left(\frac{345}{18}\right) \times \left(1+\frac{55}{545}\right) - 15 \times \left(1-\frac{55}{545}\right)\right]}$$

$$= 0.5 \times 0.0577 = 0.0288$$

$$a_t = 0.0288 \times 250 \times 545 = 3928\text{mm}^2 > 6\text{-D29 (3852)}$$

（3）计算

$d = D - 55$（1 段钢筋）主筋 SD295A（D16 以下），SD345（D19 以上）$_S Q_{D1} = Q_L + n \cdot Q_E$

$d =$ D75（2 段钢筋）箍筋 SD295A　　$_S Q_{D2} = Q_L + \sum M_y / l'$

墙梁符号 $b \times Dd$(mm) l'(m)	层	F_c	M_L (kN·m) ME (kN·m)	M_S (kN·m)	Q_L (kN) Q_E (kN)	Q_S (kN)	a_t (mm²)	设计	$\sum a_t$ (mm²)	$\sum M_y$ (kN·m)	$_S Q_{D1}$ (kN) $_S Q_{D2}$ (kN)	α (短期)β (长期)	$_S Q_A$ (kN) $_L Q_A$ (kN)	p_w(%)	箍筋
AG1，4 250×600 d=545 l'=4.20	R	27	37.8 59.6	97.4	50.5 25.0	75.4	592	2-D22	774×2	288.2	100.4 119.1	1.19 1.68	217.6 190.3	0.508	2-D13@200
	3	27	35.6 96.5	132.1	47.5 43.1	90.6	803	2-D25	1014×2	377.5	133.7 137.4	1.09 1.68	233.8 210.0	0.677	2-D13@150
	2	27	35.6 149.7	185.3	47.5 64.0	111.4	1126	2-D29	1284×2	478.0	175.4 161.3	1.00 1.68	221.6 210.0	0.677	2-D13@150
AG2，3 250×600 d=545 l'=4.20	R	27	37.8 57.9	95.7	50.5 26.3	76.8	582	2-D22	774×2	288.2	103.1 119.1	1.22 1.68	221.7 190.3	0.508	2-D13@200
	3	27	35.6 95.4	131.0	47.5 43.4	90.9	796	2-D25	1014×2	377.5	134.3 137.4	1.10 1.68	235.0 210.0	0.677	2-D13@150
	2	27	35.6 145.2	180.8	47.5 66.3	113.8	1099	2-D29	1284×2	478.0	180.1 161.3	1.02 1.68	224.6 210.0	0.677	2-D13@150
BG1，4 250×600 d=545 l'=4.20	R	27	47.3 59.6	106.9	63.1 25.0	88.0	650	2-D22	774×2	288.2	113.0 131.7	1.24 1.68	224.8 190.3	0.508	2-D13@200
	3	27	46.5 96.5	143.0	62.0 43.1	105.1	869	2-D25	1014×2	377.5	148.2 151.9	1.14 1.68	241.5 210.0	0.677	2-D13@150
	2	27	46.5 149.7	196.2	62.0 64.0	126.0	1192	2-D29	1284×2	478.0	189.9 175.8	1.04 1.68	226.7 210.0	0.677	2-D13@150
BG2，3 250×600 d=545 l'=4.20	R	27	47.3 57.9	105.2	63.1 26.3	89.4	639	2-D22	774×2	288.2	115.7 131.7	1.27 1.68	228.5 190.3	0.508	2-D13@200
	3	27	46.5 95.4	141.9	62.0 43.4	105.4	863	2-D25	1014×2	377.5	148.8 151.9	1.15 1.68	242.7 210.0	0.677	2-D13@150
	2	27	46.5 145.2	191.7	62.0 66.3	128.3	1165	2-D29	1284×2	478.0	194.7 175.8	1.07 1.68	231.2 210.0	0.677	2-D13@150

(4) 主筋的必要锚固长度检讨

(a) 方针

· 墙梁受拉钢筋的接头部内的锚固长度 l_a，应大于按照下式计算的必要锚固长度 l_{ab}

必要锚固长度 $l_{ab}=\dfrac{\sigma_t \cdot A_s}{f_b \cdot \phi}$

σ_t：黏结检定断面位置处长期、短期荷载作用时钢筋的应力（N/mm²）；

A_s：该钢筋的断面积（mm²）；

ϕ：该钢筋的周长（mm）；

f_b：容许黏结应力（N/mm²）。

(b) 检讨　　　　　　　　σ_t 值应取各个钢筋直径中最大的值。

主筋	A_s（mm²）	ϕ（mm）		σ_t（N/mm²）	f_b（N/mm²）	l_{ab}（mm）
D22	387	70	长期	128	1.62	437
			短期	290	2.43	659
D25	507	80	长期	96	1.62	376
			短期	296	2.43	771
D29	642	90	长期	76	1.62	335
			短期	320	2.43	941

· 根据上面检讨可知，因为主筋锚固长度应为 1 段钢筋的 $36d_b$ 以上。

6.2 剪力墙

(1) 断面计算方针

· 因为长期弯矩较小，所以可以忽略。注意，当连接墙梁的净距超过 2.0m 时，外端剪力墙需考虑其竖向荷载作用时的应力。

· 断面计算用应力，1 层底部采用刚域边缘的应力，其他位置采用节点力矩进行计算。

· 剪力墙的抗弯钢筋是指水平接合部（连续的钢筋）和竖向接合部内的纵筋。

· 要确认剪力墙产生的剪应力满足下面的 a 式。

$$\tau={}_{S}Q_D/(t \cdot j) \leqslant {}_{S}f_s \qquad \text{a 式}$$

τ——剪应力（N/mm²）；

${}_{S}Q_D$——剪力设计值（N）；

$t \cdot j$——剪力墙的厚度及其应力中心距离（mm）；

${}_{S}f_s$——混凝土的短期容许剪应力（N/mm²）。

· 抗剪钢筋的最低配筋，公告规定如下表。

层	抗剪配筋率	墙壁厚度 250 的情况	墙壁厚度 150 的情况
3	0.20%	2 - D10@275	1 - D10@225
1，2	0.25%	2 - D10@225	1 - D10@175

（2）剪力墙的弯曲及轴向力的设计

		(kN·m)	(kN)	上段：左荷载 下段：右荷载				○I-D19 水平接合钢筋 ●I-D19 竖向接合部纵筋	
剪力墙符号	层	M_L M_E	N_L N_E	M_S	N_S	p_t	a_t	配筋[*5] 左主筋	配筋 右主筋
A，CW1 t l_w 250×975 d_t d_c 175 175	3 顶	37.8	88.7	19.6	63.7	0.000	0	●1-D19	○1-D19
		57.5	25.0	95.3	113.6	0.077	187		
	3 脚	17.8	88.7	6.8	63.7	0.000	0	●1-D19	○1-D19
		24.6	25.0	42.4	113.6	0.000	0		
	2 顶	17.8	170.6	63.2	102.5	0.030	74	●1-D19	○1-D19
		81.0	68.1	98.8	238.6	0.000	0		
	2 脚	17.8	170.6	48.5	102.5	0.006	15	●1-D19	○1-D19
		66.3	68.1	84.1	238.6	0.000	0		
	1 顶	17.8	252.5	66.1	120.4	0.023	56	●1-D19	○1-D19
		83.9	132.0	101.7	384.5	0.000	0		
	1 脚	8.9	252.5	94.3	120.4	0.070	172	●1-D19	○1-D19
		103.2	132.0	112.1	384.5	0.000	0		
A，CW2 t l_w 250×1800 d_t d_c 175 175	3	0.0	170.4	158.5	171.8	0.009	39	○1-D19	○1-D19
		158.5	1.4	158.5	169.1	0.010	43		
	2	0.0	333.0	208.4	334.7	0.000	0	○1-D19	○1-D19
		208.4	1.7	208.4	331.4	0.000	0		
	1	0.0	495.6	318.4	499.7	0.000	0	○1-D19	○1-D19
		318.4	4.0	318.4	491.6	0.000	0		
A，CW3 t l_w 250×1800 d_t d_c 175 175	3	0	170.4	163.2	170.4	0.011	50	○1-D19	○1-D19
		163.2	0.0	163.2	170.4				
	2	0.0	333.0	214.6	333.0	0.000	0	○1-D19	○1-D19
		214.6	0.0	214.6	333.0				
	1	0.0	495.6	324.8	495.6	0.000	0	○1-D19	○1-D19
		324.8	0.0	324.8	495.6				
BW1 t l_w 250×975 d_t d_c 175 175	3 顶	47.3	75.0	10.2	50.0	0.000	0	●1-D19	○1-D19
		57.5	25.0	104.8	99.9	0.102	248		
	3 脚	23.3	75.0	1.4	50.0	0.000	0	●1-D19	○1-D19
		24.6	25.0	47.9	99.9	0.007	17		
	2 顶	23.3	151.7	57.7	83.7	0.034	83	●1-D19	○1-D19
		81.0	68.1	104.2	219.8	0.022	53		
	2 脚	23.3	151.7	43.0	83.7	0.000	0	●1-D19	○1-D19
		66.3	68.1	89.5	219.8	0.000	0		
	1 顶	23.3	228.5	60.6	96.5	0.030	73	●1-D19	○1-D19
		83.9	132.0	107.2	360.6	0.000	0		
	1 脚	11.6	228.5	91.6	96.5	0.046	111	●1-D19	○1-D19
		103.2	132.0	114.8	360.6	0.000	0		
BW2 t l_w 250×1800 d_t d_c 175 175	3	0.0	149.9	158.5	151.3	0.015	70	○1-D19	○1-D19
		158.5	1.4	158.5	148.6	0.016	74		
	2	0.0	303.5	208.4	305.1	0.000	0	○1-D19	○1-D19
		208.4	1.7	208.4	301.8	0.000	0		
	1	0.0	386.0	318.4	390.1	0.009	41	○1-D19	○1-D19
		318.4	4.0	318.4	382.0	0.012	52		
BW3 t l_w 250×1800 d_t d_c 175 175	3	0.0	149.9	163.2	149.9	0.018	81	○1-D19	○1-D19
		163.2	0.0	163.2	149.9				
	2	0.0	303.5	214.6	303.5	0.000	0	○1-D19	○1-D19
		214.6	0.0	214.6	303.5				
	1	0.0	386.0	324.8	386.0	0.013	59	○1-D19	○1-D19
		324.8	0.0	324.8	386.0				

（3）剪切设计

墙符号	层	F_c（kN/mm²）	t（mm）	l_w（mm）	d（mm）	$_sQ_D$（kN）	τ（kN/mm²）	$_sf_S$（kN/mm²）	判定
AW1	3	27	250	975	725	27.4	0.173	1.155	OK
BW1	2	27	250	975	725	49.1	0.309	1.155	OK
CW1	1	27	250	975	725	63.6	0.401	1.155	OK
AW2	3	27	250	1800	1550	70.4	0.208	1.155	OK
BW2	2	27	250	1800	1550	126.3	0.373	1.155	OK
CW2	1	27	250	1800	1550	174.0	0.513	1.155	OK
AW3	3	27	250	1800	1550	72.5	0.214	1.155	OK
BW3	2	27	250	1800	1550	130.0	0.384	1.155	OK
CW3	1	27	250	1800	1550	177.5	0.523	1.155	OK
AW4	3	27	250	1800	1550	70.4	0.208	1.155	OK
BW4	2	27	250	1800	1550	126.3	0.373	1.155	OK
CW4	1	27	250	1800	1550	174.0	0.513	1.155	OK
AW5	3	27	250	975	725	27.4	0.173	1.155	OK
BW5	2	27	250	975	725	49.1	0.309	1.155	OK
CW5	1	27	250	975	725	63.6	0.401	1.155	OK
1-5W	3	27	150	12250	12000	160.9	0.102	1.155	OK
	2	27	150	12250	12000	287.8	0.183	1.155	OK
	1	27	150	12250	12000	389.2	0.247	1.155	OK

7 屋面板、楼板的设计

7.1 板符号

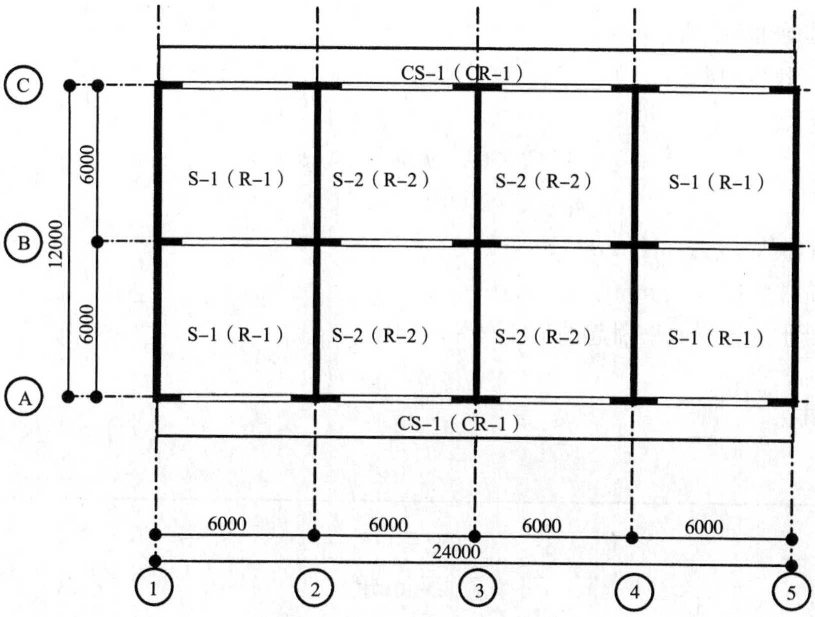

（）内表示楼面板的符号。

7.2 设计方针

・楼面板、楼板采用现浇的钢筋混凝土构件。

・楼面板、楼板四边固定，但是山墙端部采用简支支撑。

・板厚度要符合下述要求。

一般部分

净跨　　l_x=5750mm

l_x/30=191.6667mm<220mm（采用的板厚）

悬臂部分

走廊・阳台　　l_x=1375mm

l_x/10=137.5mm<220mm（使用板的厚度）

・弯曲裂缝力矩的计算要按照下面的公式

$$M_{cr}=0.56\cdot\sqrt{F_c}\cdot Z_t$$

式中　F_c——混凝土的设计标准强度（N/mm^2）；

Z_t——断面系数（mm^3）。

・裂缝宽度的计算应根据《预应力钢筋混凝土（Ⅲ种PC）结构设计・施工指南・及解说1986》（日

本建筑学会）中所列的下面的公式计算

$$\omega=1.5\ [2\ (c+s/10)\ +k\phi/p_e]\times(\varepsilon_t+\varepsilon_{sh})$$

ω——最大裂缝宽度（mm）；

c——计算位置的受拉钢筋的保护层厚度（mm）；

s——钢筋的中心间隔（mm）；

k——$0.00025t$（$k\leqslant0.1$）；

t——板厚（mm）；

ϕ——钢筋的直径（mm）

$$p_e=a_t/A_{ce}$$

a_t——受拉钢筋的断面积（mm^2）；

A_{ce}——混凝土的有效拉力断面积（mm^2）；

ε_t——平均钢筋应变

$$\varepsilon_t=1/E_s\times(\sigma_t-k_1k_2\cdot F_t/p_e)$$

$$k_1k_2=1/(2\times10^3\times\varepsilon_t+0.8)$$

σ_t——裂缝断面的钢筋应力（N/mm^2）；

F_t——混凝土的抗拉强度（N/mm^2）（$=0.07F_c$）；

ε_{sh}——裂缝间混凝土的干燥收缩引起的形变（$=3\times10^{-4}$）。

7.3 屋面板的设计

（1）房顶房檐　　CR－1

$F_c=27$（N/mm^2）

（a）断面计算

以1.6倍的应力来设计。

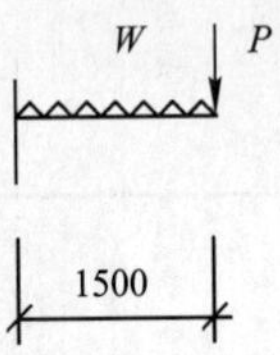

$P=$　2.3kN　（女儿墙）

$w=$　6.0kN/m

$M=Pl+wl_2/2$　$=2.30\times1.50+6.00\times1.500^2/2$

$=10.2kN\cdot m$

$D=200mm$　$d=160mm$

$a_t=M\times1.6/(f_t\cdot j)$　$=10.20\times10^6\times1.6/(200\times160\times0.875)$

$=582.9mm^2$

D13　@217　→　@200

（b）弯曲裂缝的验算

$\sigma_c=M/Z_t=10200000/6666667=$　1.53　$<$　$0.56\sqrt{F_c}=$　$2.91N/mm^2$　OK

（c）裂缝宽度的验算

$\omega=1.5\ [2\ (c+s/10)\ +k\phi/p_e]\times(\varepsilon_t+\varepsilon_{sh})$　$=$　0.153　mm　$<$　0.2mm　OK

（2）3边固定1边简支的板　R－1

（a）断面计算　$D=$　200mm　$d=$　160mm

$l_x=5750mm$　（1边简支）

$l_y=5850mm$　　$\lambda=1.0174$

$F_c=27N/mm^2$　　$w=7.0kN/mm^2$

$M_{x1}=0.064w\cdot l_x^2$　$=$　14.8kN/m　$a_t=542.6mm^2$　D13@234　—200

$M_{x2}=0.023w\cdot l_x^2$ = 5.3kN/m $a_t=195.0\text{mm}^2$ D13@615 —200

$M_{y1}=0.057w\cdot l_x^2$ = 13.2kN/m $a_t=483.2\text{mm}^2$ D13@263 —200

$M_{y2}=0.017w\cdot l_x^2$ = 3.9kN/m $a_t=144.1\text{mm}^2$ D13@881 —200

（b）弯曲裂缝的验算

σc=M/Zt=14812000/6666667= 2.2218 < $0.56\sqrt{F_c}$ = 2.91N/mm2 OK

（c）裂缝宽度的验算

$\omega=1.5\ [2\ (c+s/10)\ +k\phi/p_e]\times(\varepsilon_t+\varepsilon_{sh})$ =0.163 mm < 0.2mm OK

（3）4 边固定的板 R－2

（a）断面计算 $D=200$mm $d=$ 160mm

$l_x=5750$mm

$l_y=5850$mm $\lambda=1.0174$

$F_c=$ 27N/mm^2 $w=$ 7.0 kN/mm^2

$M_{x1}=0.053w\cdot l_x^2$ = 12.3kN/m $a_t=449.3\text{mm}^2$ D13@283 —200

$M_{x2}=0.029w\cdot l_x^2$ = 6.7kN/m $a_t=245.8\text{mm}^2$ D13@517 —200

$M_{y1}=0.053w\cdot l_x^2$ = 12.3kN/m $a_t=449.3\text{mm}^2$ D13@283 —200

$M_{y2}=0.028w\cdot l_x^2$ = 6.5kN/m $a_t=237.4\text{mm}^2$ D13@535 —200

（b）弯曲裂缝的验算

$\sigma_c=M/Z_t=12266188/6666667=$ 1.8399 < $0.56\sqrt{F_c}=$ 2.91N/mm^2 OK

（c）裂缝宽度的验算

$\omega=1.5\ [2\ (c+s/10)\ +k\phi/p_e]\times(\varepsilon_t+\varepsilon_{sh})$ = 0.149mm < 0.2mm OK

7.4 楼板的设计

（1）阳台・走廊 CS－1

$F_c=27$ （N/mm^2）

（a）断面计算

以 1.6 倍的应力来设计。 $7.58\times10^6\times1.6/(200\times160\times0.875)$

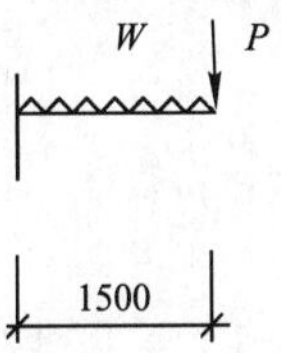

$P=$ 0.4kN （扶手）

$W=$ 6.2kN/m

$M=Pl+wl^2/2$ $=0.40\times1.50+6.20\times1.5^2/2$

$=7.6\text{kN}\cdot\text{m}$

$D=200$mm $d=160$mm

$a_t=M\times1.6/(f_t\cdot j)\ =7.58\times10^6\times1.6/(200\times160\times0.875)$

$=432.9\text{mm}^2$

D13 @293 → @160

（b）弯曲裂缝的验算

$\sigma_c=M/Z_t=75750000/6666667$ =1.14 < $0.56\sqrt{F_c}$ =2.91N/mm^2 OK

（c）裂缝宽度的验算

$\omega=1.5\ [2\ (c+s/10)\ +k\phi/p_e]\times(\varepsilon_t+\varepsilon_{sh})$ = 0.122 mm < 0.2mm OK

（2）3 边固定 1 边简支的板 S－1

（a）断面计算 $D=$ 200mm $d=$ 160mm

l_x= 5750mm （一边简支）

l_y=5850mm λ=1.0174

F_c=27N/mm^2 w=7.2kN/mm^2

$M_{x1}=0.064w \cdot l_x^2$ = 15.2kN/m a_t=558.1mm^2 D13 @ 228 —200

$M_{x2}=0.023w \cdot l_x^2$ = 5.5kN/m a_t=200.6mm^2 D13 @ 633 —200

$M_{y1}=0.057w \cdot l_x^2$ = 13.6kN/m a_t=497.0mm^2 D13 @ 256 —250

$M_{y2}=0.017w \cdot l_x^2$ = 4.0kN/m a_t=148.2mm^2 D13 @ 857 —250

（b）弯曲裂缝的验算

$\sigma_c=M/Z_t$=15235200/6666667= 2.2853 < $0.56\sqrt{F_c}$= 2.91N/mm^2 OK

（c）裂缝宽度的验算

$\omega=1.5\ [2\ (c+s/10)\ +k\phi/p_e]\times(\varepsilon_t+\varepsilon_{sh})$ = 0.166 mm < 0.2mm OK

（3）4 边固定的板 S－2

（a）断面计算 D= 200mm d= 160mm

l_x=5750mm

l_y=5850mm λ=1.0174

F_c= 27N/mm^2 w=7.2kN/mm^2

$M_{x1}=0.053w \cdot l_x^2$ =12.6kN/m a_t=462.1mm^2 D13 @ 275 —200

$M_{x2}=0.029w \cdot l_x^2$ =6.9kN/m a_t=252.9mm^2 D13 @ 502 —200

$M_{y1}=0.053w \cdot l_x^2$ =12.6kN/m a_t=462.1mm^2 D13 @ 275 —250

$M_{y2}=0.028w \cdot l_x^2$ =6.7kN/m a_t=244.2mm^2 D13 @ 520 —250

（b）弯曲裂缝的验算

$\sigma_c=M/Z_t$=12616650/6666667= 1.8925 < $0.56\sqrt{F_c}$= 2.91N/mm^2 OK

（c）裂缝宽度的验算

$\omega=1.5\ [2\ (c+s/10)\ +k\phi/p_e]\times(\varepsilon_t+\varepsilon_{sh})$ = 0.151 mm < 0.2mm OK

8 基础的设计

8.1 直接基础的设计

（1）基础的重量

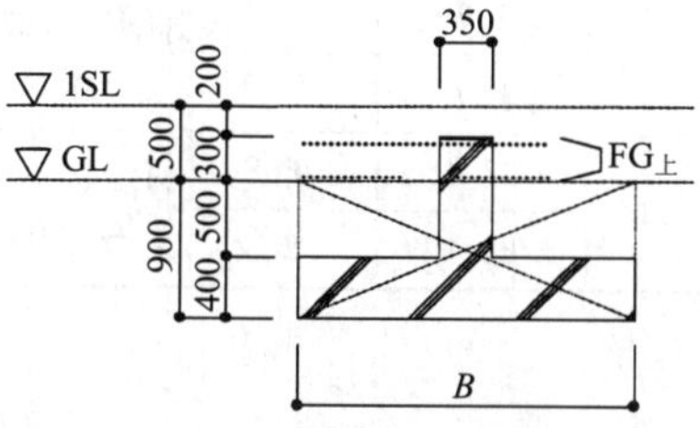

地基的长期容许应力　　　70.0kN/m^2

F_G 上　　　W_G=0.35×0.30×1.0×24=2.5kN/m

GL 以下　　W_F=1.00×0.70×20=14.0kN/m^2

除去基础重量后的地基的长期容许应力

f_e=70.0−14.0=　　　56.0kN/m^2

（2）基础底部（建筑物基础的扩展部分，作用是承受地基的反作用力和水压等）的设定。

（a）基础的轴力计算

ΣW 是上层建筑结构传递给各种周线的荷载的总和。

轴线	ΣW 的算式（kN）	ΣW（kN）
A	310.1×2+609.6×3	2449.1
B	288.1×2+577.6×3	2310.5
C	310.1×2+609.6×3	2449.1
1，5	446.3+446.3	892.7
2，3，4	665.3+665.3	1330.6
合计（1、5 轴线ΣW取 2 倍的值，2・3・4 轴线ΣW取 3 倍的值）		12985.7

（b）基础宽度与基础底脚的计算

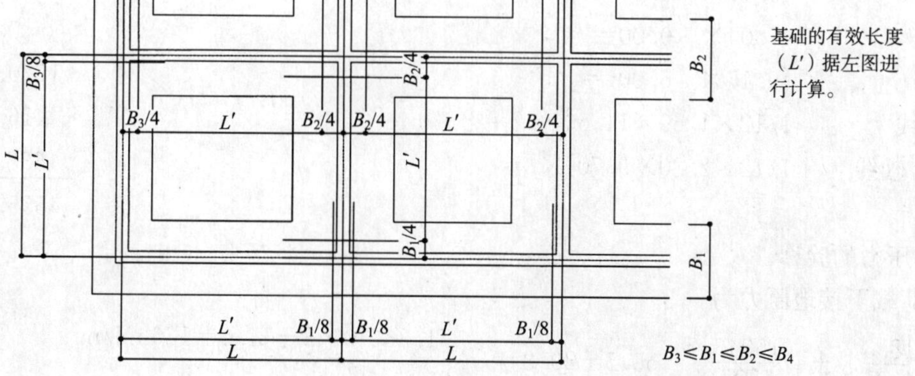

$D=400\text{mm}$　　　　　　$d=300\text{mm}$

轴线	ΣW (kN)	L (m) L' (m)	$P=\Sigma W/L'$ (kN/m)	$P'=P+W_G$ (kN/m)	$B=P'/fe$ (m)	设计 B (m)	P'/B (kN/m²)	M (kN·m) Q (kN)	a_t (mm²) τ (N/mm²)	配筋
A	2449.1	24.00 22.35	109.6	112.1	2.01	2.20	51.0	21.8 47.1	389 0.17	D13@326 →@250
B	2310.5	24.00 19.60	117.9	120.4	2.16	2.40	50.2	26.4 51.4	471 0.18	D13@270 →@250
C	2449.1	24.00 22.35	109.6	112.1	2.01	2.20	51.0	21.8 47.1	389 0.17	D13@326 →@250
1，5	892.7	12.00 11.60	77.0	79.5	1.42	1.60	49.7	9.7 31.0	173 0.11	D13@733 →@250
2，3，4	1330.6	12.00 9.70	137.2	139.7	2.50	2.80	49.9	37.4 61.1	668 0.22	D13@190 →@150

(c) 在地震水平力影响下基础的验算

i) 建筑物的总重

上部构造的重量（以 1 层楼板下端为界）　　　　　　12985.7

基础梁的重量（到 GL 为止）　　$2.5\times(24.0\times3+12.0\times5)=$　　332.6

总重 13318.3

ii) 完全倒塌时的力矩。

$M_T=(804.4+1439.2+1496.1)\times3.00+12507.6\times0.2\times1.35=15946.2\text{kN}\cdot\text{m}$

iii) 基础总面积

A 轴线	设计 $B\times L=$	2.20×22.35	49.17
B 轴线	设计 $B\times L=$	2.40×19.60	47.04
C 轴线	设计 $B\times L=$	2.20×22.35	49.17
1、5 轴线	设计 $B\times L=$	$1.60\times11.60\times2$	37.12
2、3、4 轴线	设计 $B\times L=$	$2.80\times9.70\times3$	81.48
			263.98m²

iv) 基础的重心位置

因为对称性，所以基础的重心即为 B 轴线的重心。

基础断面的惯性矩

A 轴线	$49.17\times6.00^2=$	1770.1
B 轴线	$47.04\times0.00=$	0.0
C 轴线	$49.17\times6.00^2=$	1770.1
1、5 轴线	$1/12\times1.60\times11.60^3\times2=$	416.2
2、3、4 轴线	$1/12\times2.80\times9.70^3\times3=$	638.9
		4595.4m²

v) 接地压力的验算

在水平荷载下接地压力为

$$\sigma_e=\frac{13318.3}{264.0}\pm\frac{15946.2}{\frac{4595.4}{6.00}}=50.5\pm20.8=\begin{cases}71.3<70\times2-14.0=126\text{kN/m}^2\\29.6\end{cases}$$

根据以上计算可知，在水平荷载下的最大接地压力小于短期容许承载力，而且不会发生基础上浮的情况。

vi）基础底脚的验算

在水平荷载下 A、C 轴线的短期接地压力/长期接地压力＝71.3/51.0＝1.40（＜1.50）。此时的基础底脚断面由长期荷载决定。

（3）基础平面图

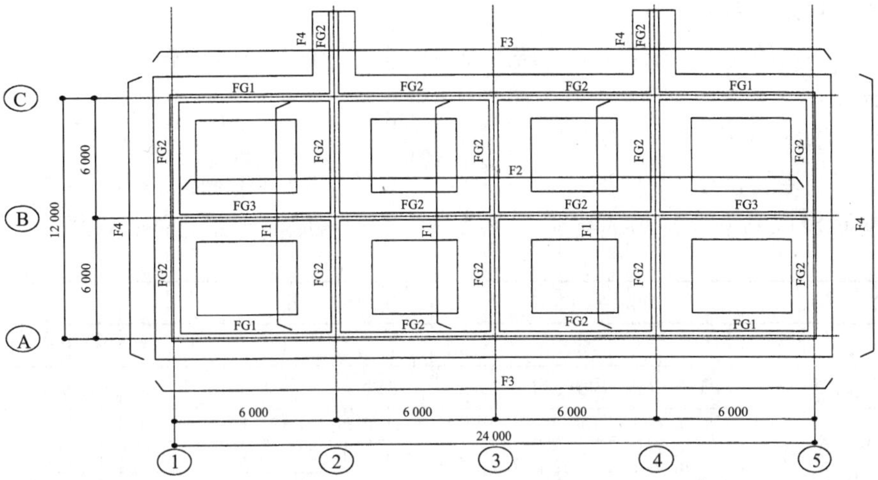

8.2 基础梁的设计

（1）地面反作用力产生的应力

・梁的两端固定。但是，当梁的外端以 1 层墙的中心为支点时，可以简支。

・在计算应力时采用的梁的长度应采用除去梁的外端部分之后的净长与其高度的 1/2 倍相加得到的值。

（一般部分）

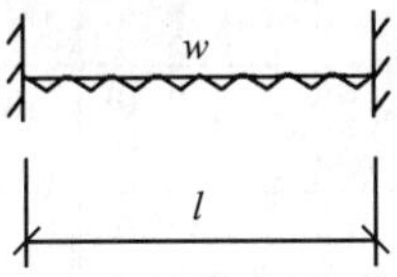

计算用梁的长度 $l=l_0+D/4\times2$（m）

（外端部分）

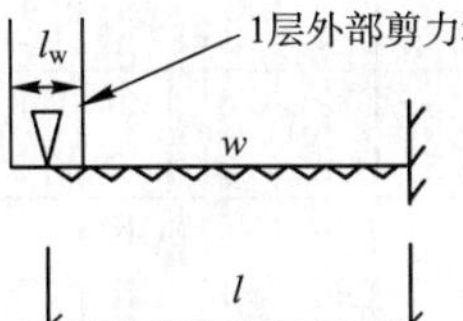

计算用梁的长度 $l=l_0+D/4+l_w/2$（m）

（a）长期荷载作用时的应力

符号	l_0 (m)	l (m)	w (kN/m)	左 M (kN・m)	中 M (kN・m)	右 M (kN・m)	左 Q (kN)	右 Q (kN)	备注
AG1・CG1	4.20	4.99	112.1	0.0	196.1	348.6	209.7	349.4	外端部梁
AG2・CG2	4.20	4.80	112.1	215.2	107.6	215.2	269.0	269.0	
BG1	4.20	4.99	120.4	0.0	210.6	374.4	225.2	375.3	外端部梁
BG2	4.20	4.80	120.4	231.2	115.6	231.2	289.0	289.0	

（b）在房屋横向由地震水平力产生的应力（短期）

符号	l_0 (m)	l (m)	w (kN/m)	左 M (kN·m)	中 M (kN·m)	右 M (kN·m)	左 Q (kN)	右 Q (kN)	备注
AG1·CG1	4.20	4.99	156.8	0.0	274.2	487.6	293.3	488.8	外端部梁
AG2·CG2	4.20	4.80	156.8	301.1	150.5	301.1	376.3	376.3	

（2）在地震时房屋纵向的应力。

在地震时房屋纵向的应力，依据《5.6 房屋纵向的应力计算》进行计算。

（3）断面计算

混凝土　$F_c=24\text{N/mm}^2$

主筋　SD 345　主筋直径　D　29

剪切加固钢筋 SD 295 根据应力的类别，“短期 Y”表示房屋横向在地震水平力下产生的应力。

	轴线		A，C			A，C			B	
	符号		F_G			F_G			F_G	
	位置		1端	中央	2端	2端	中央	3端	1端	中央	2端
长期	M (kN·m)	上	0.0	196.1	0.0	0.0	107.6	0.0	0.0	210.6	0.0
		下	0.0	0.0	348.6	215.2	0.0	215.2	0.0	0.0	374.4
	Q (kN)		209.7		349.4	269.0		269.0	225.2		375.3
水平	M (kN·m)		99.3		129.4	114.9		124.4	99.3		129.4
	Q (kN)		54.4		54.4	57.0		57.0	54.4		54.4
短期 Y	M (kN·m)		0.0	274.2	487.6	301.1	150.5	301.1	0.0	0.0	0.0
	Q (kN)		293.3		488.8	376.3		376.3	0.0		0.0
短期	M (kN·m)	上	99.3		0.0	0.0		0.0	99.3		129.4
		下	99.3		477.9	330.1		339.6	99.3		129.4
	Q_L+2Q_E		318.6		458.3	383.0		383.0	334.1		484.2
断面	$b\times D$ (mm)			350×1200			350×120			350×1200	
	d，j (mm)			1120，980			1120，980			1120，980	
	γ		1.00	1.00	1.00	1.00	1.00	1.00	1.00	1.00	1.00
p_t (%)		上	0.49	0.49	0.49	0.49	0.49	0.49	0.49	0.49	0.49
		下	0.49	0.49	0.49	0.49	0.49	0.49	0.49	0.49	0.49
长期	M_A (kN·m)	上	394.2	394.2	394.2	394.2	394.2	394.2	394.2	394.2	394.2
		下	394.2	394.2	394.2	394.2	394.2	394.2	394.2	394.2	394.2
短期	M_A (kN·m)	上	689.9	689.9	689.9	689.9	689.9	689.9	689.9	689.9	689.9
		下	689.9	689.9	689.9	689.9	689.9	689.9	689.9	689.9	689.9
	配筋	上	3-D29	3-D29	3-D29	3-D29	3-D29	3-D29	3-D29	3-D29	3-D29
		下	3-D29	3-D29	3-D29	3-D29	3-D29	3-D29	3-D29	3-D29	3-D29
	判定	上	OK	OK	OK	OK	OK	OK	OK	OK	OK
		下	OK	OK	OK	OK	OK	OK	OK	OK	OK
1. $f_s\cdot b\cdot j$ (kN)			L：253.8	S：380.7		L：253.8	S：380.7		L：253.8	S：380.7	
2. α			L：2.000	S：2.000		L：2.000	S：2.000		L：2.000	S：2.000	
1×2 (kN)			L：507.6	S：761.5		L：507.6	S：761.5		L：507.6	S：761.5	
p_w (%)			L：0.200	S：0.200		L：0.200	S：0.200		L：0.200	S：0.200	
	箍筋		2-D10	@203	→@200	2-D10	@203	→@200	2-D13	@362	→@200

	轴线			B	
	符号			F_G	
	位置		2端	中央	3端
长期	M (kN·m)	上	0.0	115.6	0.0
		下	231.2	0.0	231.2
	Q (kN)		289.0		289.0
水平	M (kN·m)		114.9		124.4
	Q (kN)		57.0		57.0

续表

轴线		A，C		
符号		F_G		
位置		1端	中央	2端
短期Y	M（kN·m）	0.0	0.0	0.0
	Q（kN）	0.0		0.0
短期	M（kN·m） 上	0.0		0.0
	下	346.0		355.6
	Q_L+2Q_E	402.9		402.9
断面	$b\times D$（mm）	350×1200		
	d，j（mm）	1120.980		
γ		1.00	1.00	1.00
p_t（%）	上	0.49	0.49	0.49
	下	0.49	0.49	0.49
长期	M_A（kN·m） 上	394.2	394.2	394.2
	下	394.2	394.2	394.2
短期	M_A（kN·m） 上	689.9	689.9	689.9
	下	689.9	689.9	689.9
配筋	上	3-D29	3-D29	3-D29
	下	3-D29	3-D29	3-D29
判定	上	OK	OK	OK
	下	OK	OK	OK
1. $f_s\cdot b\cdot j$（kN）		L：253.8		S：380.7
2. α		L：2.000		S：2.000
1×2（kN）		L：507.6		S：761.5
p_w（%）		L：0.200		S：0.200
箍筋		2-D10	@203	→@200

9 极限水平承载力的验算

9.1 验算方针

·极限水平承载力是根据假想施工法计算的。以各层的墙梁两端弯曲屈服，1层剪力墙脚部和基础梁端部的弯曲屈服情况下的全部倒塌为假定倒塌形式。

·构件的屈服位置为垂直相交构件的表面位置，节点位置的力矩要根据其屈服位置的力矩值按其比例求出。

（竖向荷载产生的力矩的对墙梁的影响可以忽略不计）

·在节点位置比较各个墙梁和各个剪力墙的力矩，将力矩较小的构件作为屈服铰。但是，在假定1层剪力墙底部和基础梁周围产生屈服铰时应该满足以下要求。

① 制作在反弯点便于脱离墙梁和基础梁的各个剪力墙的部分框架。

② 假定部分框架为变形1的情况，由虚功法求出部分框架的1层剪力 Q_1。外力分布为 A_iW_i 分布。

③ 由剪力墙底部的极限力矩 M_{uc} 和1层剪力 Q_1 求的基础梁轴线上的节点力矩 M_c，M_c 分配在基础梁中（通过基础梁的弹性刚度比分割中壁）。

④ 根据上面情况，如果基础梁的表面力矩超过极限力矩，那么假定该位置为屈服铰，由此得到的节点力矩 M_c。

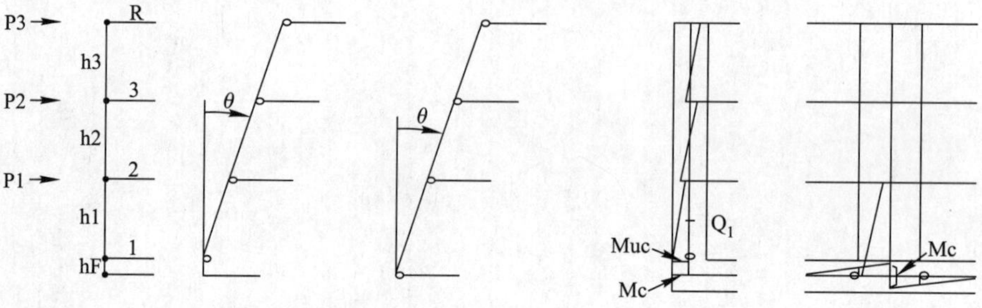

·在假定变形1的情况下部分框架的假定做功

外力功 $W_E=\sum_{i=1}^{3}(Q_i \cdot h_i)\theta, Q_i=\sum_{m=1}^{3}P \cdot m$

内力功 $W_I=-\sum M_u\theta, \sum M_u$：由节点力矩和 M_{uc} 的和 $W_E+W_I=0$ 求得的 Q_1。

·基础梁轴线上的节点力矩 M_c

$$M_c=M_{uc}+Q_1\times h_F$$

·在假定变形2的情况下求出建筑物的极限承载力。此时，外力分布为 A_iW_i 分布。

外力功 $W_E=\sum(Q_i \cdot h_i)\theta+Q_1 \cdot h \cdot \theta$

$$Q_i=\sum p \cdot m \qquad p \cdot m\text{：建筑物全部各层外力}$$

内力功 $W_I=-\sum M_u\theta, \sum M_u$：由全节点力矩的和

$W_E+W_I=0$ 求得的 Q_1。

·竖向接合部和水平接合部作为一个整体考虑。

9.2 构件极限承载力的计算式

(1) 墙梁与基础梁的弯曲承载力

$$_{b}M_{u}=0.9\sum(a_{t}\cdot\sigma_{y}\cdot d)\quad(\mathrm{N\cdot mm})$$

式中 a_t—— 梁的主筋及有效范围内的板筋的断面积(mm^2)；

σ_y—— 主筋、板筋的材料强度(N/mm^2)；

d—— 梁的有效高度(mm)。

(2) 剪力墙的弯曲承载力

$$_{W}M_{u}=(a_{t}\cdot\sigma_{y}+0.5a_{w}\cdot\sigma_{xy}+0.5N)\cdot l'+M_{e}\quad(\mathrm{N\cdot mm})$$

式中 a_t—— 在受拉钢筋的断面积内(mm^2)弯矩有效范围内的垂直相交墙壁内的纵向钢筋，包括具有必要固定长度的纵向钢筋。在这里，取值为每个单独垂直相交墙壁的厚度的 6 倍或者与之相邻的剪力墙内的跨度的 1/4 或者到开口部分端部的长度之中的最小值；

σ_y—— 上述钢筋的材料强度(N/mm^2)；

a_w—— 剪力墙的中间部分的纵向钢筋的断面积之和(mm^2)，在垂直相交墙壁与中间部分相连接时，有效范围内的垂直相交墙壁内的纵向钢筋包括具有必要固定长度的纵向钢筋；

σ_{xy}—— 上述钢筋的材料强度(N/mm^2)；

N—— 作用于剪力墙的轴线方向的力(N)(受拉时为负，但是不超过轴方向的受拉承载力)，依据下式计算

$$N=N_{L}+N_{H}$$

式中 N_L—— 剪力墙的长期轴方向力(N)；

N_H—— 在极限水平承载力下的剪力墙的轴方向力(N)；

l'—— 在剪力墙的有效高度内，在两端垂直相交墙壁为连续的情况下，其中间的距离为剪力墙长度l(mm) 的 0.9 倍；

M_e—— 依据下式计算由垂直相交墙壁的轴向力产生的偏心力矩(N·mm)。注意，1 层以外的部分可以忽略

$$M_{e}=N_{WT}\cdot e$$

式中 N_{WT}—— 垂直相交墙壁的轴向力中与剪力墙弯矩有关的轴向力(N) 取值为连续垂直相交墙的长期轴向力的 1/4；

e—— 剪力墙的中心与垂直相交墙的中心的距离：在垂直相交墙与剪力墙的受拉侧相连接时取正值；在垂直相交墙与剪力墙的受压侧相连接时取值为负；在垂直相交墙与剪力墙的中央相连接时取值为 0。

(3) 梁与剪力墙的剪切承载力

$$Q_{su}=\left[\frac{0.053p_{t}^{0.23}(F_{c}+18)}{M/(Q\cdot d)+0.12}+0.85\sqrt{P_{wh}\cdot\sigma_{wh}}+0.10\sigma_{0}\right]b\cdot j(\mathrm{N})$$

式中 p_t—— 梁与剪力墙的抗弯配筋率(%)；

F_c—— 混凝土的设计标准强度(N/mm^2)；

σ_{wh}—— 抗剪钢筋的标准屈服强度(N/mm^2)；

σ_0—— 梁在受力时的平均压应力值(N/mm^2)，取值为 0；

$M/(Q\cdot d)$——M、Q 为相关构件各自计算断面位置上的弯矩(N·m) 和剪力(N)。在构件的有效高度内，梁值 d，剪力墙取 l'；

P_{wh}—— 抗剪配筋率，小于 0.012；

σ_{wh}—— 抗剪钢筋的标准屈服强度(N/mm^2)；

σ_0——梁在受力时的平均压应力值(N/mm²)，取 0；

b——梁的宽度及剪力墙的厚度(mm)；

j——距应力中心的距离，梁宜取(7/8)d，剪力墙宜取 0.8l。

9.3 外力功

A～C 轴线极限水平承载力条件下，其外力为 A_iW_i 分布。

层	W_i (kN)	$\sum w_i$ (kN)	A_i	A_iW_i (kN)	(kN)	分布形式 P	$\sum P$	h_i (m)	外力工作 $\sum(\sum P\cdot h_i)\theta$
3	2942.1	2942.1	1.367	4021.9	4021.9	1.59p	1.59P	3.00	
2	3343.8	6286.0	1.145	7196.1	3174.2	1.25p	2.84P	3.00	13.28$P\theta$
1	3444.6	9730.6	1.000	9730.6	2534.5	1.00p	3.84P	2.70	23.64$P\theta$
F		9730.6	1.000	9730.6	2534.5	1.00p	3.84P	0.60	25.95$P\theta$

9.4 构件承载力

(1) 梁（左加力）仅限板钢筋上端为 8－D10。

梁 σ_y＝379.5 板 σ_y＝324.5 M_u'：中心力矩

符号	层	F_c / b (N/mm²) (mm)	D / d (mm) (mm)	位置	梁钢筋	a_t (mm²)	$_bM_U$ (KN·m)	l_O (m)	Q_L / Q_M (kN) (kN)	Q_D (kN)	箍筋 P_w (%)	Q_{su} 判定 (kN)	Q_{su}/Q_D	$l'/2$ (m)	M_U' (KN·m)
AG1 CG1	R	27	600	左	2－D 22	774	144.1	4.20	50.5	140.7	2－D 10@200	174.6	1.24	0.488	188.1
		250	545	右	2－D 22	774	234.9		90.2		0.285	B		0.900	316.1
	3	27	600	左	2－D 25	1014	188.8	4.20	47.5	159.0	2－D 10@200	179.7	1.13	0.488	243.1
		250	545	右	2－D 25	1014	279.5		111.5		0.285	B		0.900	379.9
	2	27	600	左	2－D 29	1284	239.0	4.20	47.5	182.9	2－D 13@200	216.1	1.18	0.488	305.0
		250	545	右	2－D 29	1284	329.8		135.4		0.508	B		0.900	451.7
	F	24	1200	左	3－D 29	1926	736.8	4.20	349.4	744.7	2－D 13@200	835.4	1.12	0.488	929.5
		350	1120	右	3－D 29	1926	923.3		395.3		0.363	B		0.900	1279.1
AG2 CG2 AG3 CG3	R	27	600	左	2－D 22	774	144.1	4.20	50.5	140.7	2－D 10@200	174.6	1.24	0.900	225.3
		250	545	右	2－D 22	774	234.9		90.2		0.285	B		0.900	316.1
	3	27	600	左	2－D 25	1014	188.8	4.20	47.5	159.0	2－D 10@200	179.7	1.13	0.900	289.1
		250	545	右	2－D 25	1014	279.5		111.5		0.285	B		0.900	379.9
	2	27	600	左	2－D 29	1284	239.0	4.20	47.5	182.9	2－D 13@200	216.1	1.18	0.900	360.9
		250	545	右	2－D 29	1284	329.8		135.4		0.508	B		0.900	451.7
	F	24	1200	左	3－D 29	1926	736.8	4.20	269.0	664.3	2－D 13@200	783.4	1.18	0.900	1092.5
		350	1120	右	3－D 29	1926	923.3		395.3		0.363	B		0.900	1279.1

续表

符号	层	F_c (N/mm²) / b (mm)	D (mm) / d (mm)	位置	梁钢筋	a_t (mm²)	${}_bM_U$ (KN·m)	l_O (m)	Q_L (kN) / Q_M (kN)	Q_D (kN)	箍筋 / P_w (%)	Q_{su} (kN) / 判定	Q_{su}/Q_D	$l'/2$ (m)	M_U' (KN·m)
AG4 CG4	R	27	600	左	2-D 22	774	144.1	4.20	50.5	140.7	2-D 10@200	174.6	1.24	0.900	225.3
		250	545	右	2-D 22	774	234.9		90.2		0.285	B		0.488	278.8
	3	27	600	左	2-D 25	1014	188.8	4.20	47.5	159.0	2-D 10@200	179.7	1.13	0.900	289.1
		250	545	右	2-D 25	1014	279.5		111.5		0.285	B		0.488	333.9
	2	27	600	左	2-D 29	1284	239.0	4.20	47.5	182.9	2-D 13@200	216.1	1.18	0.900	360.9
		250	545	右	2-D 29	1284	329.8		135.4		0.508	B		0.488	395.8
	F	24	1200	左	3-D 29	1926	736.8	4.20	349.4	744.7	2-D 13@200	835.4	1.12	0.900	1092.5
		350	1120	右	3-D 29	1926	923.3		395.3		0.363	B		0.488	1116.0
BG1	R	27	600	左	2-D 22	774	144.1	4.20	63.1	153.3	2-D 10@200	179.8	1.17	0.488	188.1
		250	545	右	2-D 22	774	234.9		90.2		0.285	B		0.900	316.1
	3	27	600	左	2-D 25	1014	188.8	4.20	62.0	173.5	2-D 13@200	212.6	1.23	0.488	243.1
		250	545	右	2-D 25	1014	279.5		111.5		0.508	B		0.900	379.9
	2	27	600	左	2-D 29	1284	239.0	4.20	62.0	197.5	2-D 13@175	224.9	1.14	0.488	305.0
		250	545	右	2-D 29	1284	329.8		135.4		0.581	B		0.900	451.7
	F	24	1200	左	3-D 29	1926	736.8	4.20	375.3	770.6	2-D 13@200	851.9	1.11	0.488	929.5
		350	1120	右	3-D 29	1926	923.3		395.3		0.363	B		0.900	1279.1
BG2	R	27	600	左	2-D 22	774	144.1	4.20	63.1	153.3	2-D 10@200	179.8	1.17	0.900	225.3
BG3		250	545	右	2-D 22	774	234.9		90.2		0.285	B		0.900	316.1
	3	27	600	左	2-D 25	1014	188.8	4.20	62.0	173.5	2-D 10@200	200.0	1.15	0.900	289.1
		250	545	右	2-D 25	1014	279.5		111.5		0.285	B		0.900	379.9
	2	27	600	左	2-D 29	1284	239.0	4.20	62.0	197.5	2-D 13@175	224.9	1.14	0.900	360.9
		250	545	右	2-D 29	1284	329.8		135.4		0.581	B		0.900	451.7
	F	24	1200	左	3-D 29	1926	736.8	4.20	289.0	684.2	2-D 13@200	796.4	1.16	0.900	1092.5
		350	1120	右	3-D 29	1926	923.3		395.3		0.363	B		0.900	1279.1
BG4	R	27	600	左	2-D 22	774	144.1	4.20	63.1	153.3	2-D 10@200	179.8	1.17	0.900	225.3
		250	545	右	2-D 22	774	234.9		90.2		0.285	B		0.900	278.8
	3	27	600	左	2-D 25	1014	188.8	4.20	62.0	173.5	2-D 13@200	212.6	1.23	0.900	289.1
		250	545	右	2-D 25	1014	279.5		111.5		0.508	B		0.488	333.9
	2	27	600	左	2-D 29	1284	239.0	4.20	62.0	197.5	2-D 13@175	224.9	1.14	0.900	360.9
		250	545	右	2-D 29	1284	329.8		135.4		0.581	B		0.488	395.8
	F	24	1200	左	3-D 29	1926	736.8	4.20	375.3	770.6	2-D 13@200	851.9	1.11	0.900	1092.5
		350	1120	右	3-D 29	1926	923.3		395.3		0.363	B		0.488	1116.0

注：在判定一栏中，B表示的是预计弯曲屈服，S表示的是预计剪切屈服。

(2) 在墙梁两端屈服条件下，作用于剪力墙的轴向力。

A · C轴线

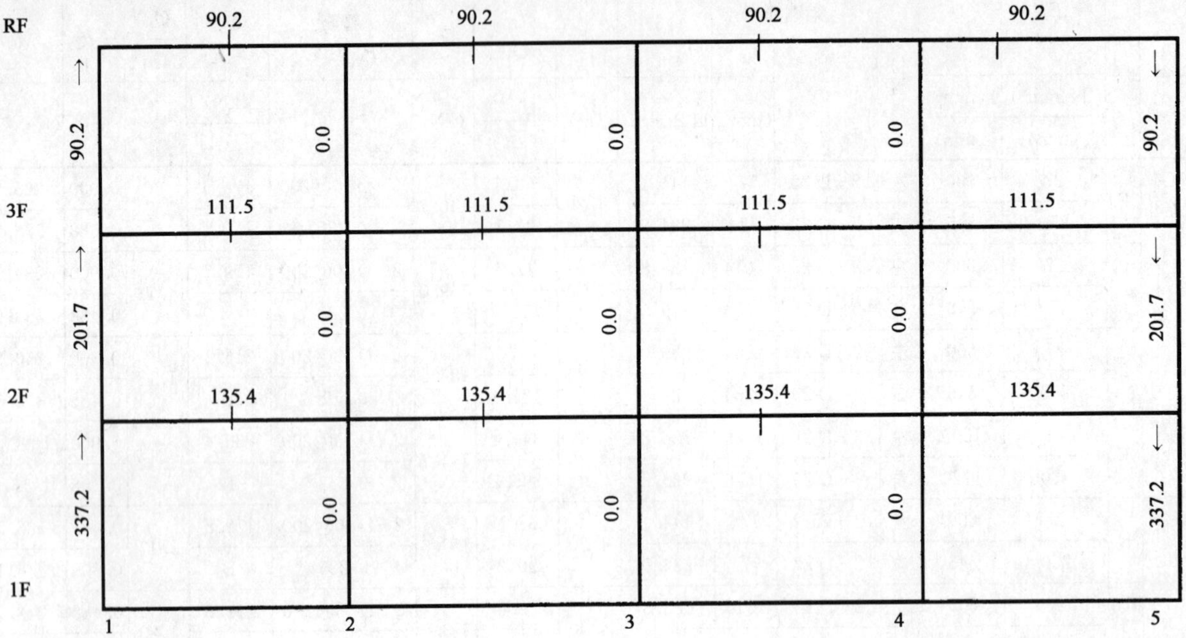

B轴线

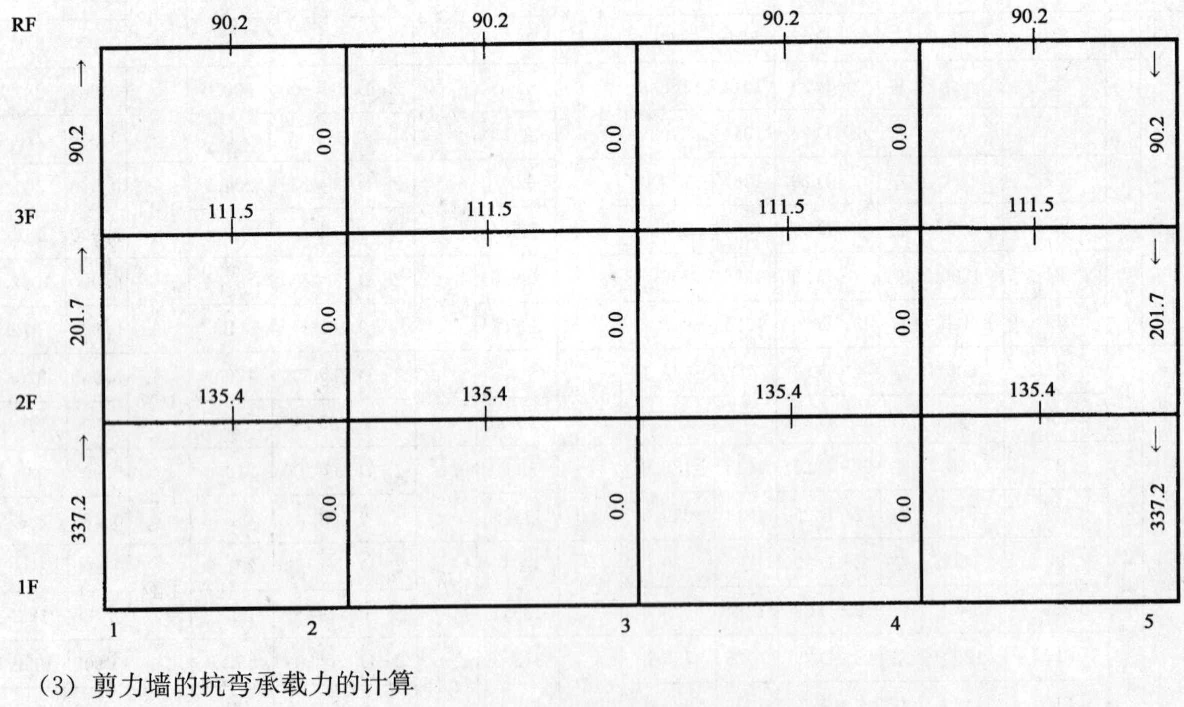

(3) 剪力墙的抗弯承载力的计算

符号	层	l	N_L	N	N_{WT}	位置	端部钢筋						中央钢筋								$_wM_U$	$D/2$	M_u'
		l'	N_H	h'	e		SP 筋	a_t	VJ 筋	a_t	回形钢筋	a_t	SP 筋	a_w	VJ 筋	a_w	回形钢筋	a_w	墙纵向钢筋	a_w			
		(mm)	(kN)	(kN)	(kN)		(mm^2)		(mm^2)		(mm^2)		(mm^2)		(mm^2)		(mm^2)		(mm^2)		(kN・m)	(m)	(kN・m)
		(mm)	(kN)	(m)	(m)																		
AW1 CW1	3	975	88.7	−1.6		T	1-D 19	287		0	2-D 13	254		0		0		0	4-D 10	285	207.8	0.3	257.6
		878	90.2	2.40		B	1-D 19	287	1-D 19	287		0		0		0		0		0	190.5	0.3	240.2
	2	975	170.6	−31.2		T	1-D 19	287		0	4-D 13	508		0		0		0	4-D 10	285	267.2	0.3	322.7
		878	201.7	2.40		B	1-D 19	287	1-D 19	287		0		0		0		0		0	177.5	0.3	233.1
	1	975	252.5	−84.7	96.5	T	1-D 19	287		0	4-D 13	508		0		0		0	4-D 10	285	203.9	0.3	253.6
		878	337.2	2.40	0.41	B	1-D 19	287	1-D 19	287		0		0		0		0		0	193.8	0.6	293.2
AW2 CW2	3	1800	170.4	170.4		T	1-D 19	287		0	2-D 13	254	1-D 19	287	1-D 19	287	4-D 13	508	8-D 10	570	907.9	0.3	1082.8
		1620	0.0	2.40		B	1-D 19	287		0		0	1-D 19	287	1-D 19	287		0		0	490.9	0.3	665.8
	2	1800	333.0	333.0		T	1-D 19	287		0	2-D 13	254	1-D 19	287	1-D 19	287	4-D 13	508	8-D 10	570	1039.6	0.3	1247.4
		1620	0.0	2.40		B	1-D 19	287		0		0	1-D 19	287	1-D 19	287		0		0	622.6	0.3	830.4
	1	1800	495.6	495.6		T	1-D 19	287		0	2-D 13	254	1-D 19	287	1-D 19	287	4-D 13	508	8-D 10	570	1171.3	0.3	1412.1
		1620	0.0	2.40		B	1-D 19	287		0		0	1-D 19	287	1-D 19	287		0		0	754.4	0.6	1235.8
AW3 CW3	3	1800	170.4	170.4		T	1-D 19	287		0	2-D 13	254	1-D 19	287	1-D 19	287	4-D 13	508	8-D 10	570	907.9	0.3	1082.8
		1620	0.0	2.40		B	1-D 19	287		0		0	1-D 19	287	1-D 19	287		0		0	490.9	0.3	665.8
	2	1800	333.0	333.0		T	1-D 19	287		0	2-D 13	254	1-D 19	287	1-D 19	287	4-D 13	508	8-D 10	570	1039.6	0.3	1247.4
		1620	0.0	2.40		B	1-D 19	287		0		0	1-D 19	287	1-D 19	287		0		0	622.6	0.3	830.4
	1	1800	495.6	495.6		T	1-D 19	287		0	2-D 13	254	1-D 19	287	1-D 19	287	4-D 13	508	8-D 10	570	1171.3	0.3	1412.1
		1620	0.0	2.40		B	1-D 19	287		0		0	1-D 19	287	1-D 19	287		0		0	754.4	0.6	1235.8
AW4 CW4	3	1800	170.4	170.4		T	1-D 19	287		0	2-D 13	254	1-D 19	287	1-D 19	287	4-D 13	508	8-D 10	570	907.9	0.3	1082.8
		1620	0.0	2.40		B	1-D 19	287		0		0	1-D 19	287	1-D 19	287		0		0	490.9	0.3	665.8
	2	1800	333.0	333.0		T	1-D 19	287		0	2-D 13	254	1-D 19	287	1-D 19	287	4-D 13	508	8-D 10	570	1039.6	0.3	1247.4
		1620	0.0	2.40		B	1-D 19	287		0		0	1-D 19	287	1-D 19	287		0		0	622.6	0.3	830.4
	1	1800	495.6	459.6		T	1-D 19	287		0	2-D 13	254	1-D 19	287	1-D 19	287	4-D 13	508	8-D 10	570	1171.3	0.3	1412.1
		1620	0.0	2.40		B	1-D 19	287		0		0	1-D 19	287	1-D 19	287		0		0	754.4	0.6	1235.8

续表

符号	层	l (mm) / l' (mm)	N_L (kN) / N_H (kN)	N (kN) / h' (m)	N_{WT} (kN) / e (m)	位置	端部钢筋 SP 筋 (mm²)	a_t	端部钢筋 VJ 筋 (mm²)	a_t	端部钢筋 回形钢筋 (mm²)	a_t	中央钢筋 SP 筋 (mm²)	a_w	中央钢筋 VJ 筋 (mm²)	a_w	中央钢筋 回形钢筋 (mm²)	a_w	中央钢筋 墙纵向钢筋 (mm²)	a_w	$_wM_U$ (kN·m)	$D/2$ (m)	M_u' (kN·m)
AW5 CW5	3	975	88.7	178.9		T	1-D 19	287	1-D 19	287	2-D 13	254		0		0		0	4-D 10	285	382.6	0.3	452.1
		878	90.2	2.40		B	1-D 19	287		0		0		0		0		0		0	174.1	0.3	243.6
	2	975	170.6	372.3		T	1-D 19	287	1-D 19	287	2-D 13	254		0		0		0	4-D 10	285	467.4	0.3	558.2
		878	201.7	2.40		B	1-D 19	287		0		0		0		0		0		0	258.9	0.3	349.7
	1	975	252.2	589.6		T	1-D 19	287	1-D 19	287	2-D 13	254		0		0		0	4-D 10	285	562.8	0.3	677.4
		878	337.2	2.40		B	1-D 19	287		0		0		0		0		0		0	354.3	0.6	583.5
BW1	3	975	75.0	−15.3		T	1-D 19	287		0	2-D 13	254		0		0		0	4-D 10	285	201.8	0.3	250.1
		878	90.2	2.40		B	1-D 19	287	1-D 19	287		0		0		0		0		0	184.5	0.3	232.7
	2	975	151.7	−50.0		T	1-D 19	287		0	5-D 13	635		0		0		0	4-D 10	285	295.1	0.3	353.1
		878	201.7	2.40		B	1-D 19	287	1-D 19	287		0		0		0		0		0	169.2	0.3	227.3
	1	975	228.5	−108.6	193.0	T	1-D 19	287		0	5-13	635		0		0		0	4-D 10	285	189.7	0.3	241.3
		878	337.2	2.40	0.41	B	1-D 19	287	1-D 19	287		0		0		0		0		0	223.1	0.6	326.3
BW2	3	1800	149.9	149.9		T	1-D 19	287		0	2-D 13	254	1-D 19	287	1-D 19	287	4-D 13	508	8-D 10	570	891.3	0.3	1062.0
		1620	0.0	2.40		B	1-D 19	287		0		0	1-D 19	287	1-D 19	287		0		0	474.3	0.3	645.0
	2	1800	303.5	303.5		T	1-D 19	287		0	2-D 13	254	1-D 19	287	1-D 19	287	4-D 13	508	8-D 10	570	1015.7	0.3	1217.5
		1620	0.0	2.40		B	1-D 19	287		0		0	1-D 19	287	1-D 19	287		0		0	598.7	0.3	800.5
	1	1800	457.0	457.0		T	1-D 19	287		0	2-D 13	254	1-D 19	287	1-D 19	287	4-D 13	508	8-D 10	570	1140.1	0.3	1372.9
		1620	0.0	2.4		B	1-D 19	287		0		0	1-D 19	287	1-D 19	287		0		0	723.1	0.6	1188.9
BW3	3	1800	149.9	149.9		T	1-D 19	287		0	2-D 13	254	1-D 19	287	1-D 19	287	4-D 13	508	8-D 10	570	891.3	0.3	1062.0
		1620	0.0	2.40		B	1-D 19	287		0		0	1-D 19	287	1-D 19	287		0		0	474.3	0.3	645.0
	2	1800	303.5	303.5		T	1-D 19	287		0	2-D 13	254	1-D 19	287	1-D 19	287	4-D 13	508	8-D 10	570	1015.7	0.3	1217.5
		1620	0.0	2.40		B	1-D 19	287		0		0	1-D 19	287	1-D 19	287		0		0	598.7	0.3	800.5
	1	1800	457.0	457.0		T	1-D 19	287		0	2-D 13	254	1-D 19	287	1-D 19	287	4-D 13	508	8-D 10	570	1140.1	0.3	1372.9
		1620	0.0	2.4		B	1-D 19	287		0		0	1-D 19	287	1-D 19	287		0		0	723.1	0.6	1188.9

续表

符号	层	l / l'	N_L / N_H	N / h'	N_{WT} / e	位置	端部钢筋 SP筋	a_t	端部钢筋 VJ筋	a_t	端部钢筋 回形钢筋	a_t	中央钢筋 SP筋	a_w	中央钢筋 VJ筋	a_w	中央钢筋 回形钢筋	a_w	中央钢筋 墙纵向钢筋	a_w	$_wM_U$	$D/2$	Mu'
		(mm) / (mm)	(kN) / (kN)	(kN) / (m)	(kN) / (m)		(mm^2)		(mm^2)		(mm^2)		(mm^2)		(mm^2)		(mm^2)		(mm^2)		(kN·m)	(m)	(kN·m)
BW4	3	1800	149.9	149.9		T	1-D 19	287		0	2-D 13	254	1-D 19	287	1-D 19	287	4-D 13	508	8-D 10	570	891.3	0.3	1062.0
		1620	0.0	2.40		B	1-D 19	287		0		0	1-D 19	287	1-D 19	287		0		0	474.3	0.3	645.0
	2	1800	303.5	303.5		T	1-D 19	287		0	2-D 13	254	1-D 19	287	1-D 19	287	4-D 13	508	8-D 10	570	1015.7	0.3	1217.5
		1620	0.0	2.40		B	1-D 19	287		0		0	1-D 19	287	1-D 19	287		0		0	598.7	0.3	800.5
	1	1800	457.0	457.0		T	1-D 19	287		0	2-D 13	254	1-D 19	287	1-D 19	287	4-D 13	508	8-D 10	570	1140.1	0.3	1372.9
		1620	0.0	2.4		B	1-D 19	287		0		0	1-D 19	287	1-D 19	287		0		0	723.1	0.6	1188.9
BW5	3	975	75.0	165.2		T	1-D 19	287	1-D 19	287	2-D13	254		0		0		0	4-D 10	285	376.6	0.3	444.6
		878	90.2	2.40		B	1-D 19	287		0		0		0		0		0		0	168.1	0.3	236.1
	2	975	151.7	353.5		T	1-D 19	287	1-D 19	287	2-D13	254		0		0		0	4-D 10	285	459.2	0.3	547.9
		878	201.7	2.40		B	1-D 19	287		0		0		0		0		0		0	250.7	0.3	339.4
	1	975	228.5	565.7		T	1-D 19	287	1-D 19	287	2-D13	254		0		0		0	4-D 10	285	552.3	0.3	664.3
		878	337.2	2.40		B	1-D 19	287		0		0		0		0		0		0	343.8	0.6	567.8

(4) 构件承载力图（节点位置）

A轴线（C轴线）

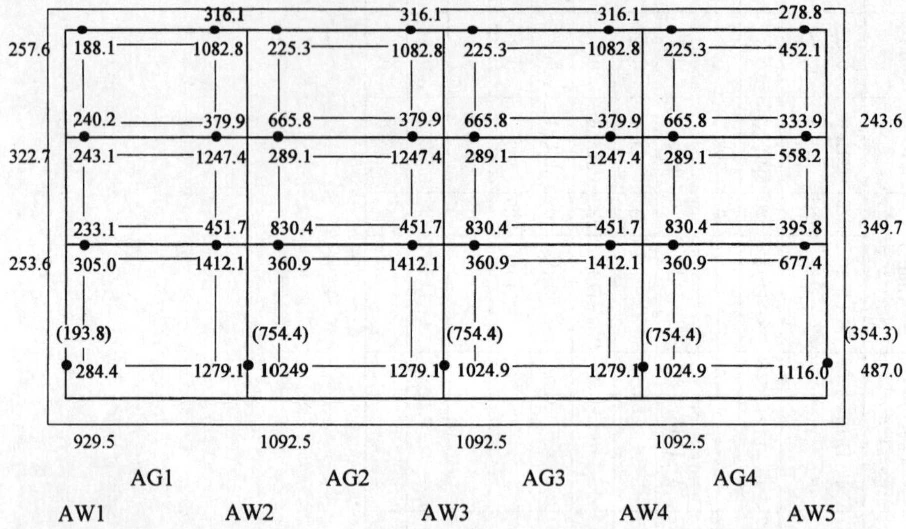

· C 轴线与 A 轴线相同。

· 表示弯曲承载力。各个构件的弯曲承载力表示位置见下图。

梁右端	剪力墙根部
剪力墙顶部	梁左端

· 标记表示的是节点力矩之和中较小数值构件的端部。

· （ ）内表示的是 1 层剪力墙底部的表面力矩。

· 在 1 层剪力墙底部弯曲屈服时，依据以下方法计算基础梁的中心力矩。以 AW1 为例计算如下

$$W_{\mathrm{I}}=-(188.1+243.1+305.0+193.8)\theta=-930.0\theta$$（假定变形 1 的内力做功）

$$W_{\mathrm{E}}=[(1.59+2.84)\times 3.00+3.84\times 2.700]P\theta=23.64P\theta$$（假定变形 1 的外力做功）

因为 $W_{\mathrm{I}}+W_{\mathrm{E}}=0$ $P=930.0/23.64=39.33$

1 层的剪力为 $Q_{\mathrm{I}}=3.84P=151\mathrm{kN}$

墙底部屈服时基础梁的中心力矩为：

$$M_{\mathrm{c}}=193.8+151.0\times 0.60=284.4\mathrm{kN}\cdot\mathrm{m}$$

B轴线

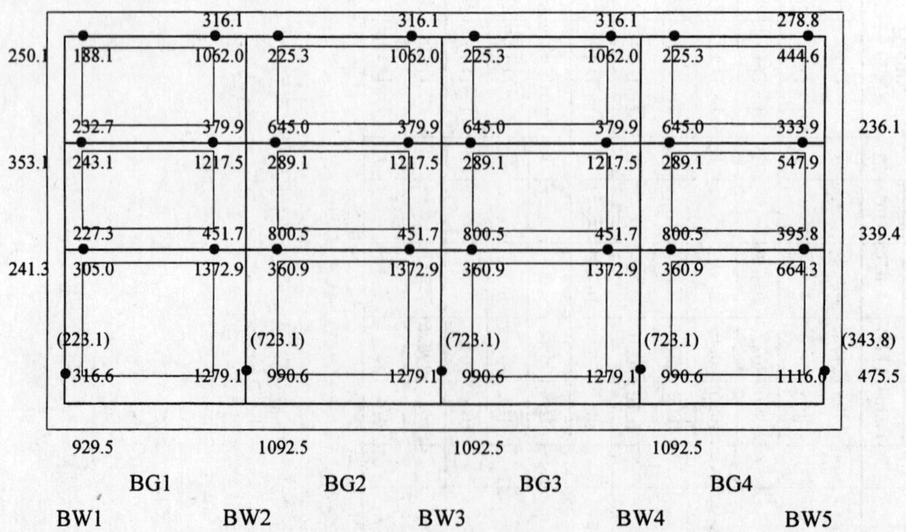

9.5 形成机构时的节点力矩

A轴线（C轴线）

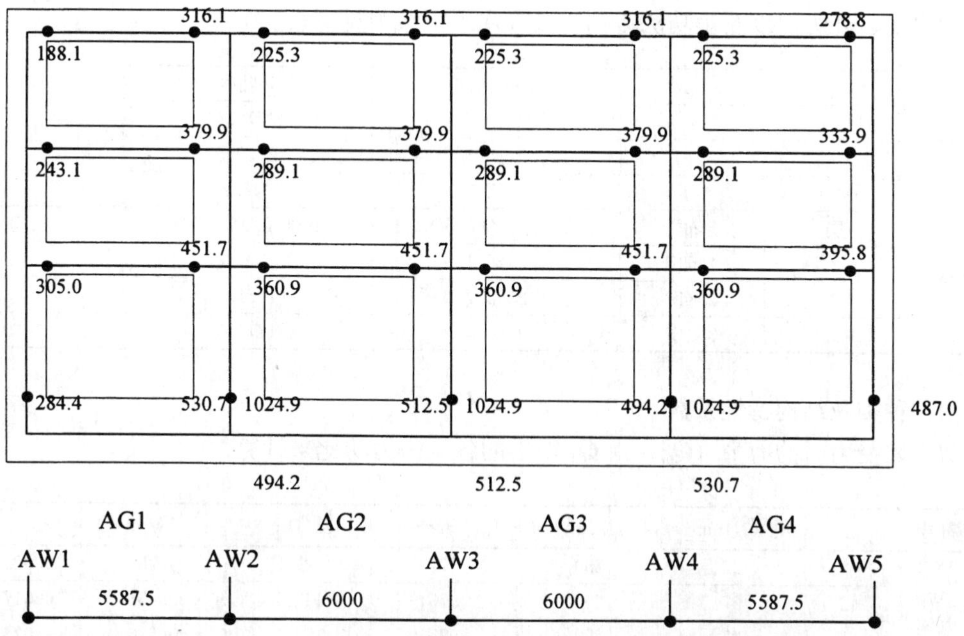

	AW1	AW2	AW3	AW4	AW5	合计
	1020.6	3047.9	3047.9	3047.9	1495.6	11659.8

B轴线

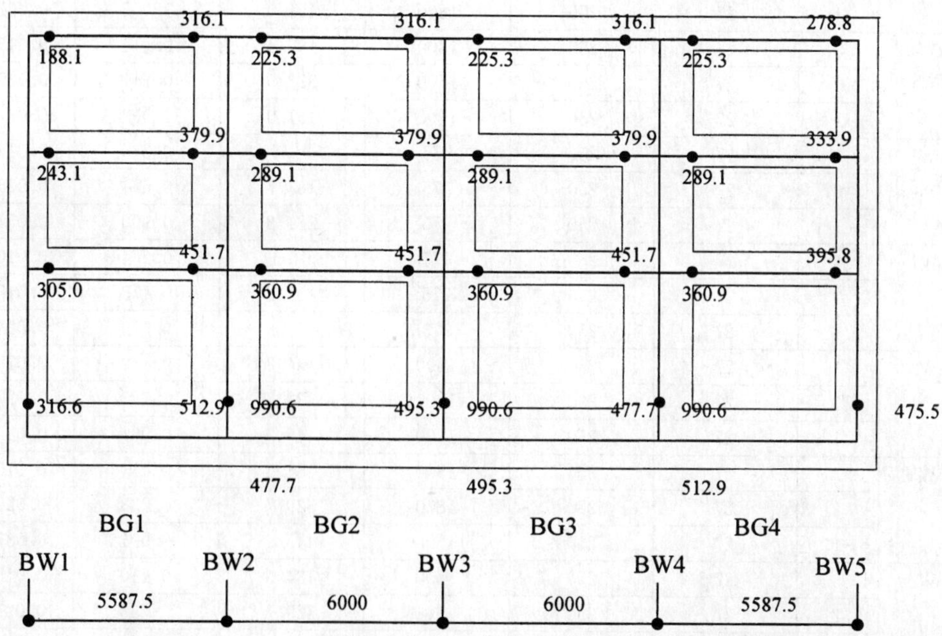

	BW1	BW2	BW3	BW4	BW5	合计
	1052.8	3013.5	3013.5	3013.5	1484.1	11577.4

9.6 极限水平承载力和必要极限水平承载力

（1）极限水平承载力 Q_u

根据内力功、外力功以及虚功法得到的极限水平承载力见下表。

			A·C轴线	B轴线	
内力功			23319.6θ	11577.4θ	
外力功			25.95Pθ	25.95θ	
P			898.7	446.2	
极限水平承载力	层	分布形	AC轴线 Qu（kN）	B轴线 Qu（kN）	Qu（kN）
	3	1.59P	1426.1	708.0	2134.1
	2	2.84P	2551.7	1266.8	3818.5
	1	3.84P	3450.4	1713.0	5163.4

（2）构件种类及结构特性系数

在各剪力墙受力时的剪力（Q_m）由 Q_u 得出的各个内力功比来计算。

轴线	符号	层	F_c（N/mm^2）	t（mm）	l（mm）	Q_m（kN）	τ_u（N/mm^2）	τ_u/F_c	类别
A C	AW1 CW1	3	27	250	975	62.4	0.256	0.009	*WA*
		2	27	250	975	111.7	0.458	0.017	*WA*
		1	27	250	975	151.0	0.620	0.023	*WA*
	AW2 CW2	3	27	250	1800	186.4	0.414	0.015	*WA*
		2	27	250	1800	333.5	0.741	0.027	*WA*
		1	27	250	1800	451.0	1.002	0.037	*WA*
	AW3 CW3	3	27	250	1800	186.4	0.414	0.015	*WA*
		2	27	250	1800	333.5	0.741	0.027	*WA*
		1	27	250	1800	451.0	1.002	0.037	*WA*
	AW4 CW4	3	27	250	1800	186.4	0.414	0.015	*WA*
		2	27	250	1800	333.5	0.741	0.027	*WA*
		1	27	250	1800	451.0	1.002	0.037	*WA*
	AW5 CW5	3	27	250	975	91.5	0.375	0.014	*WA*
		2	27	250	975	163.7	0.671	0.025	*WA*
		1	27	250	975	221.3	0.908	0.034	*WA*
B	BW1	3	27	250	975	64.4	0.264	0.010	*WA*
		2	27	250	975	115.2	0.473	0.018	*WA*
		1	27	250	975	155.8	0.639	0.024	*WA*
	BW2	3	27	250	1800	184.3	0.410	0.015	*WA*
		2	27	250	1800	329.7	0.733	0.027	*WA*
		1	27	250	1800	445.9	0.991	0.037	*WA*
	BW3	3	27	250	1800	184.3	0.410	0.015	*WA*
		2	27	250	1800	329.7	0.733	0.027	*WA*
		1	27	250	1800	445.9	0.991	0.037	*WA*
	BW4	3	27	250	1800	184.3	0.410	0.015	*WA*
		2	27	250	1800	329.7	0.733	0.027	*WA*
		1	27	250	1800	445.9	0.991	0.037	*WA*
	BW5	3	27	250	975	90.8	0.372	0.014	*WA*
		2	27	250	975	162.4	0.666	0.025	*WA*
		1	27	250	975	219.6	0.901	0.033	*WA*

以上的结构特性系数全部为 0.45。

（对于在剪力墙受力时的剪力分析与接合部强度极限的讨论，在其他部分具体说明）

（3）必要的极限水平承载力　Q_{un}

（a）形状系数

F_s＝1.0　（依据“房屋纵向 D 值以及层间位移角”）

F_e＝1.0　（依据“偏心率”）

所以，F_{es}＝1.0

（b）必要极限水平承载力及其确认。

$$Q_{un}=D_s\cdot F_{es}\cdot Q_{ud}$$

方向	层	Q_{ud}（kN）	D_s	F_{es}	Q_{un}（kN）	Q_u（kN）	Q_u/Q_{un}	判定
纵向	3	4021.9	0.45	1.00	1809.8	2134.1	1.179	OK
	2	7196.1	0.45	1.00	3238.2	3818.5	1.179	OK
	1	9730.6	0.45	1.00	4378.8	5163.4	1.179	OK

（c）极限水平承载力的 D_s 换算值。

换算值 D_s＝0.45×1.179＝0.531

9.7　极限剪切承载力的冗余度

（1）墙梁

墙梁的极限剪切承载力的冗余度请参照［9.4 构件承载力（1）梁］。

（2）剪力墙

轴线	墙符号	层	F_c / t	l / l'	位置	P_t	M_m	Q_m	$M/(Q\cdot l')$	抗剪钢筋 P_{wh}	N_L / N_m	σ_0	Q_{su}	Q_{su}/Q_m
A C	AW1 CW1	3	27	975	T	0.222	188.1	62.4	3.000	2-D 10@275	88.7	−0.01	233.6	3.742
			250	877.5	B	0.235	0.8		1.000	0.207	−90.2		422.9	6.775
		2	27	975	T	0.326	243.9	111.7	2.489	2-D 10@225	170.6	−0.13	276.7	2.478
			250	877.5	B	0.235	−91.1		1.000	0.254	−201.7		434.2	3.888
		1	27	975	T	0.326	213.9	151.0	1.614	2-D 10@225	252.5	−0.35	340.9	2.258
			250	877.5	B	0.235	−295.7		2.232	0.254	−337.2		276.5	1.831
	AW2 CW2	3	27	1800	T	0.120	541.3	186.4	1.793	2-D 10@275	170.4	0.38	524.6	2.815
			250	1620	B	0.064	−17.8		1.000	0.207	0.0		653.9	3.508
		2	27	1800	T	0.120	651.2	333.5	1.205	2-D 10@225	333.0	0.74	683.1	2.048
			250	1620	B	0.064	−349.4		1.000	0.254	0.0		692.0	2.075
		1	27	1800	T	0.120	463.2	451.0	1.000	2-D 10@225	495.6	1.10	767.7	1.702
			250	1620	B	0.064	−1058.8		1.449	0.254	0.0		590.1	1.309
	AW3 CW3	3	27	1800	T	0.120	541.3	186.4	1.793	2-D 10@275	170.4	0.38	524.6	2.815
			250	1620	B	0.064	−17.8		1.000	0.207	0.0		653.9	3.508
		2	27	1800	T	0.120	651.2	333.5	1.205	2-D 10@225	333.0	0.74	683.1	2.048
			250	1620	B	0.064	−349.4		1.000	0.254	0.0		692.0	2.075
		1	27	1800	T	0.120	463.2	451.0	1.000	2-D 10@225	495.6	1.10	767.7	1.702
			250	1620	B	0.064	−1058.8		1.449	0.254	0.0		590.1	1.309

续表

轴线	墙符号	层	F_c t	l l'	位置	P_t	M_m	Q_m	$M/(Q\cdot l')$	抗剪钢筋 P_{wh}	N_L N_m	σ_0	Q_{su}	$\frac{Q_{su}}{Q_m}$
A C	AW4 CW4	3	27	1800	T	0.120	541.3	186.4	1.793	2-D 10@275	170.4	0.38	524.6	2.815
			250	1620	B	0.064	−17.8		1.000	0.207	0.0		653.9	3.508
		2	27	1800	T	0.120	651.2	333.5	1.205	2-D 10@225	333.0	0.74	683.1	2.048
			250	1620	B	0.064	−349.4		1.000	0.254	0.0		692.0	2.075
		1	27	1800	T	0.120	463.2	451.0	1.000	2-D 10@225	495.6	1.10	767.7	1.702
			250	1620	B	0.064	−1058.8		1.449	0.254	0.0		590.1	1.309
	AW5 CW5	3	27	975	T	0.340	278.8	91.5	3.000	2-D 10@275	88.7	0.73	258.4	2.826
			250	877.5	B	0.118	4.5		1.000	0.207	90.2		393.9	4.306
		2	27	975	T	0.340	338.5	163.7	2.356	2-D 10@225	170.6	1.53	317.1	1.938
			250	877.5	B	0.118	−152.6		1.063	0.254	201.7		409.6	2.503
		1	27	975	T	0.340	243.2	221.3	1.252	2-D 10@225	252.5	2.42	450.2	2.035
			250	877.5	B	0.118	−503.6		2.594	0.254	337.2		293.2	1.325
B	BW1	3	27	975	T	0.222	188.1	64.4	3.000	2-D 10@275	75.0	−0.06	232.5	3.611
			250	877.5	B	0.235	−5.1		1.000	0.207	−90.2		421.8	6.551
		2	27	975	T	0.378	238.0	115.2	2.355	2-D 10@225	151.7	−0.21	287.6	2.496
			250	877.5	B	0.235	−107.6		1.064	0.254	−201.7		416.9	3.619
		1	27	975	T	0.378	197.5	155.8	1.445	2-D 10@225	228.5	−0.45	369.0	2.369
			250	877.5	B	0.235	−328.2		2.401	0.254	−337.2		265.2	1.703
	BW2	3	27	1800	T	0.120	541.3	184.3	1.813	2-D 10@275	149.9	0.33	520.2	2.822
			250	1620	B	0.064	−11.5		1.000	0.207	0.0		652.3	3.539
		2	27	1800	T	0.120	657.5	329.7	1.231	2-D 10@225	303.5	0.67	673.4	2.042
			250	1620	B	0.064	−331.8		1.000	0.254	0.0		689.7	2.092
		1	27	1800	T	0.120	480.8	445.9	1.000	2-D 10@225	457.0	1.02	764.7	1.715
			250	1620	B	0.064	−1024.0		1.418	0.254	0.0		592.9	1.330
	BW3	3	27	1800	T	0.120	541.3	184.3	1.813	2-D 10@275	149.9	0.33	520.2	2.822
			250	1620	B	0.064	−11.5		1.000	0.207	0.0		652.3	3.539
		2	27	1800	T	0.120	657.5	329.7	1.231	2-D 10@225	303.5	0.67	673.4	2.042
			250	1620	B	0.064	−331.8		1.000	0.254	0.0		689.7	2.092
		1	27	1800	T	0.120	480.8	445.9	1.000	2-D 10@225	457.0	1.02	764.7	1.715
			250	1620	B	0.064	−1024.0		1.418	0.254	0.0		592.9	1.330
	BW4	3	27	1800	T	0.120	541.3	184.3	1.813	2-D 10@275	149.9	0.33	520.2	2.822
			250	1620	B	0.064	−11.5		1.000	0.207	0.0		652.3	3.539
		2	27	1800	T	0.120	657.5	329.7	1.231	2-D 10@225	303.5	0.67	673.4	2.042
			250	1620	B	0.064	−331.8		1.000	0.254	0.0		689.7	2.092
		1	27	1800	T	0.120	480.8	445.9	1.000	2-D 10@225	457.0	1.02	764.7	1.715
			250	1620	B	0.064	−1024.0		1.418	0.254	0.0		592.9	1.330
	BW5	3	27	975	T	0.340	278.8	90.8	3.000	2-D 10@275	75.0	0.68	257.4	2.836
			250	877.5	B	0.118	6.6		1.000	0.207	90.2		392.8	4.328
		2	27	975	T	0.340	340.5	162.4	2.389	2-D 10@225	151.7	1.45	313.7	1.932
			250	877.5	B	0.118	−146.7		1.030	0.254	201.7		414.9	2.555
		1	27	975	T	0.340	249.1	219.6	1.293	2-D 10@225	228.5	2.32	440.9	2.008
			250	877.5	B	0.118	−492.0		2.553	0.254	337.2		292.8	1.334

符号与单位：

F_c（N/mm^2）——混凝土设计标准强度（N/mm^2）；

t（mm）——剪力墙的厚度；

l（mm）——剪力墙的长度；

l'（mm）——剪力墙的有效高度（=0.91）；

T——顶部；

B——底部；

p_t（%）——剪力墙的抗剪配筋率；

M_m（kN·m）——形成机构时的弯矩（以节点力矩的弹性刚度比分配）；

Q_m（kN）——形成机构时的剪力；

P_{wh}（%）——抗剪配筋率；

N_L（kN）——长期轴力；

N_m（kN）——由于梁两端的屈服产生的剪力墙的轴向力；

σ_0（N/mm^2）——形成机构时的平均压应力值（N/mm^2）；

Q_{su}（kN）——剪力墙的极限剪切承载力。

10　接合部的设计

10.1　剪力墙的竖向接合部

(1) 设计方针

· 要确认接合部的剪切承载力大于剪力设计值。

确认

$$ {}_{A}Q_{SV} \geqslant {}_{D}Q_{SV} $$

$$ Q_{UV} \geqslant {}_{D}Q_{UV} $$

$$ {}_{A}Q_{SV} = \min[2.0_{S}f_{ss} \cdot \sum A_{sk}, 1.2_{S}f_{cs} \cdot \sum A_{pc}, {}_{S}f_{sw} \cdot A_{ve}] $$

$$ Q_{UV} = \min[0.1F_{c} \cdot \sum A_{sk} + \sum(a_{s} \cdot \sigma_{y}), 1.2F_{c} \cdot \sum A_{pc}, {}_{S}f_{sw} \cdot A_{ve} + 1.4\sum(a_{s} \cdot \sigma_{y})] $$

$$ {}_{D}Q_{SV} = \kappa \cdot \tau_{H} \cdot A_{V} $$

$$ {}_{D}Q_{UV} = 2.5\tau_{av} \cdot A_{V} \qquad \text{或者 } \tau_{m} \cdot A_{V} $$

式中　${}_{A}Q_{SV}$——竖向接合部的短期容许剪切承载力（N）；

${}_{D}Q_{SV}$——竖向接合部的短期剪力设计值（N）；

Q_{UV}——竖向接合部的极限剪切承载力（N）；

${}_{D}Q_{UV}$——竖向接合部的极限时剪力设计值（N）；

${}_{S}f_{ss}$——抗剪键的边界面的短期容许单位剪应力（N/mm^2）；

$\sum A_{sk}$——抗剪键的全剪切面积（mm^2），按照下式计算

$$ \sum A_{sk} = n \cdot h_{s} \cdot b_{s} $$

n——在抗剪键的该接合部中的总个数；

h_{s}——在抗剪键的边界面的高度（mm）；

b_{s}——在抗剪键的边界面的宽度（mm）；

${}_{S}f_{cs}$——抗剪键的局部压缩的短期容许压应力强度（N/mm^2），在剪力墙的混凝土或者填充混凝土的短期容许压应力强度中，为较小一方的数值；

$\sum A_{pc}$——抗剪键的全水平断面积（mm^2），按照下式计算

$$ \sum A_{pc} = n \cdot d_{s} \cdot (b_{s} + b_{s1})/2 $$

d_{s}——抗剪键的深度（mm）；

b_{s1}——抗剪键的最小的宽度（mm）；

${}_{S}f_{sw}$——填充混凝土的短期容许剪应力（N/mm^2）；

A_{ve}——填充混凝土的有效剪切面积（mm^2），按照下式计算

$$ A_{ve} = t_{e} \cdot h $$

t_{e}——填充混凝土的有效厚度（mm）；

F_{c}——剪力墙的混凝土或者填充混凝土的设计标准强度（N/mm^2）中，取较的值；

a_{s}——抗剪销筋的断面积（mm^2）；

σ_{y}——抗剪销筋的标准屈服强度（N/mm^2）；

κ——形状系数，取 1.2。注意，在建筑物的角落处的竖向接合部为 1.0；

τ_{H}——标准剪力系数 $C_{o}=0.2$ 的地震时，产生于剪力墙的剪应力（N/mm^2），按照下式计算

$$ \tau_{H} = Q_{E}/A_{H} $$

Q_{E}——标准剪力系数 $C_{o}=0.2$ 的地震时，产生于剪力墙的剪力（N）；

A_H——有竖向接合部的剪力墙的水平断面积（mm^2），按照下式计算

$$A_H = t \cdot l$$

t——剪力墙的厚度（mm）；

l——剪力墙的长度（mm）；

A_V——剪力墙的竖向断面积（mm^2），按照下式计算

$$A_V = t \cdot h$$

h——剪力墙的竖向接合部的高度（mm）；

τ_{av}——发生标准剪力系数 $C_o = 0.2$ 的地震时，产生于剪力墙的平均剪应力（N/mm^2），按照下式计算

$$\tau_{av} = \sum Q_E / \sum A_H$$

$\sum Q_E$——发生标准剪力系数 $C_o = 0.2$ 的地震时各层各方向的地震层剪力（N）；

$\sum A_H$——在地震力分析方向的剪力墙的水平断面积（mm^2）的总和，按照下式计算

$$\sum A_H = \sum (t \cdot l)$$

τ_m——在剪力墙受力时的剪切应力（N/mm^2）。

（2）容许应力（短期）　$F_c = 27N/mm^2$

抗剪键的剪切　　$_S f_{ss} = 1.14N/mm^2$

抗剪键的承压力　$_S f_{cs} = 18N/mm^2$

填充混凝土的剪切　$_S f_{sv} = 1.14N/mm^2$

（3）抗剪销的配置及形状

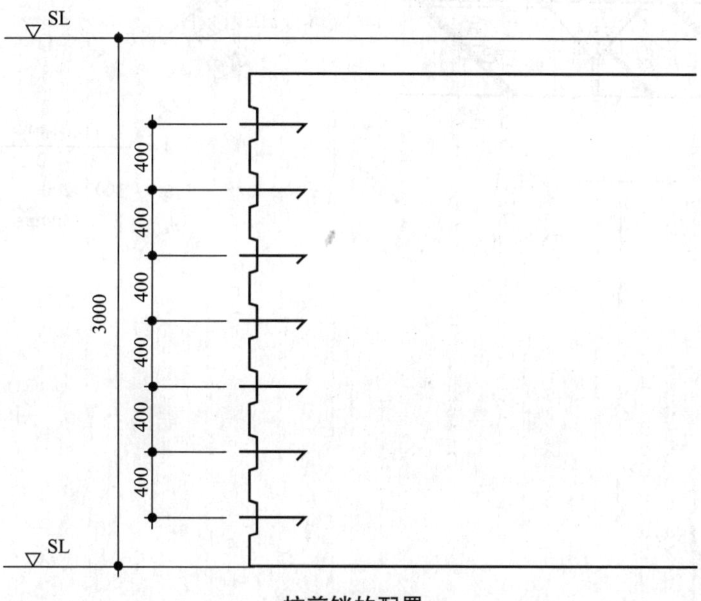

抗剪销的配置

$A = A_{pc}$
$B = A_{sk}$

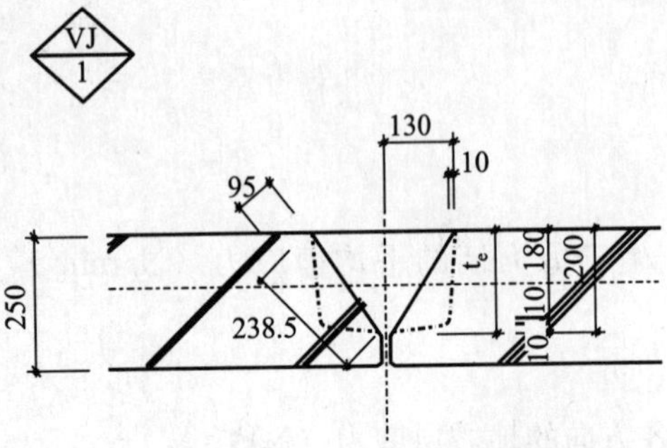

TYPE Ⅰ

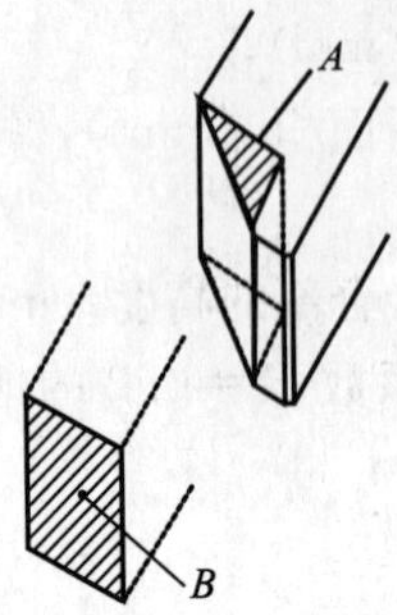

$$A = \frac{238.5 \times 95}{2} = 11329\ \text{mm}^2$$

$$B = 200 \times 200 = 40000\ \text{mm}^2$$

$$t_e = 210\ \text{mm}$$

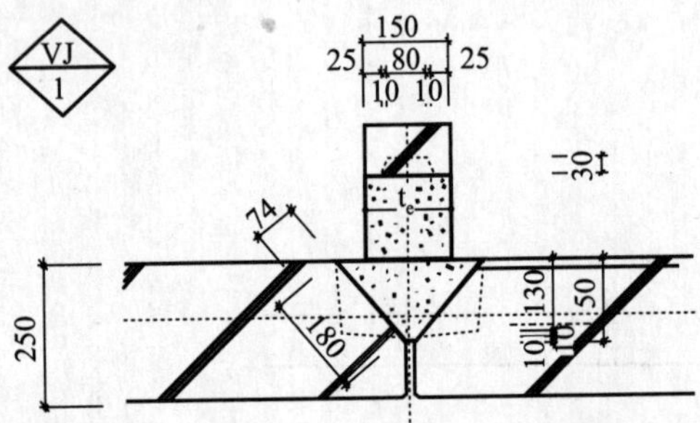

TYPE Ⅰ

TYPE Ⅱ

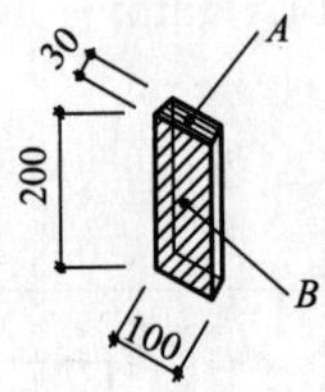

$$A = \frac{(100+80) \times 30}{2} = 2700\ \text{mm}^2$$

$$B = 100 \times 200 = 20000\ \text{mm}^2$$

$$t_e = 150\ \text{mm}$$

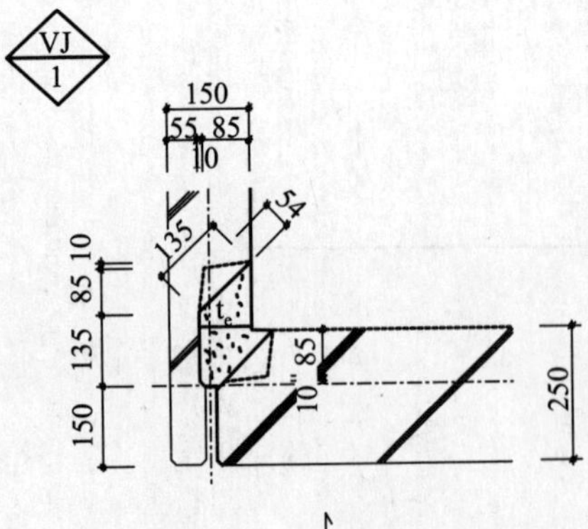

TYPE Ⅰ

$$A = \frac{135 \times 54}{2} = 3645\ \text{mm}^2$$

$$B = 105 \times 200 = 21000\ \text{mm}^2$$

$$t_e = 150\ \text{mm}$$

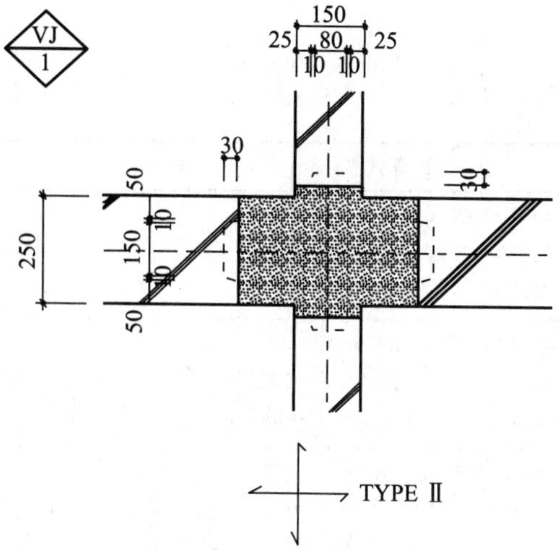

W15 $A = 2700\ \mathrm{mm^2}$

$B = 20000\ \mathrm{mm^2}$

$t_e = 150\ \mathrm{mm}$

W25 $A = \dfrac{(150+130)\times 30}{2} = 4200\ \mathrm{mm^2}$

$B = 150\times 200 = 30000\ \mathrm{mm^2}$

$t_e = 250\ \mathrm{mm}$

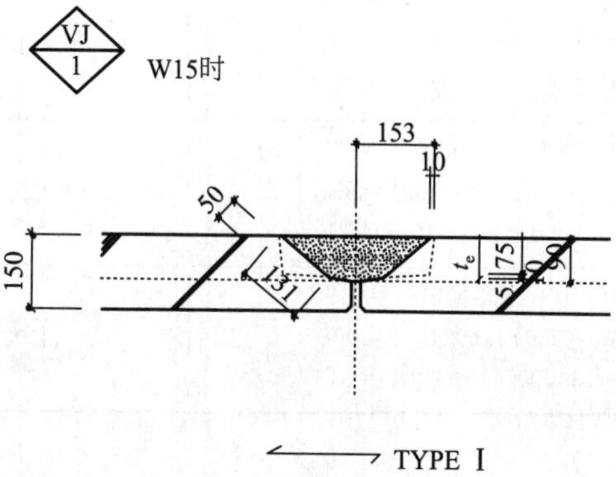

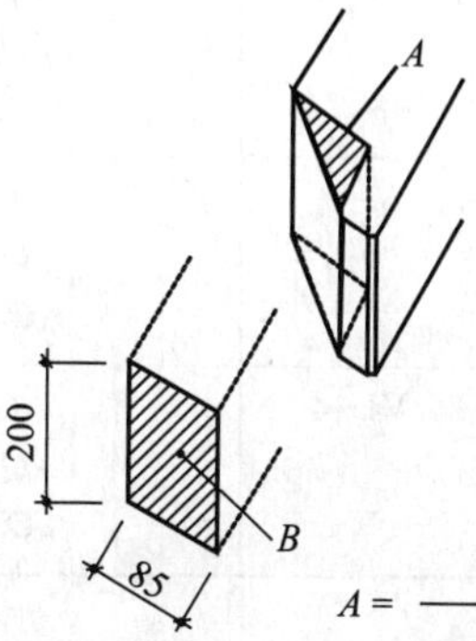

$A = \dfrac{131\times 50}{2} = 3275\ \mathrm{mm^2}$

$B = 85\times 200 = 17000\ \mathrm{mm^2}$

$t_e = 90\ \mathrm{mm}$

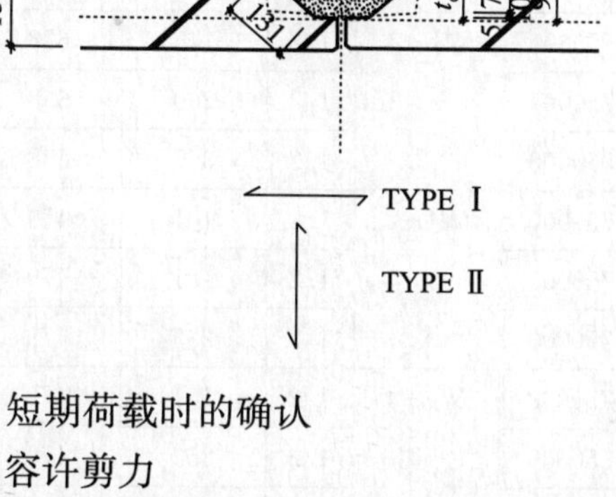

W18 $A = 3275\ \mathrm{mm^2}$

$B = 17000\ \mathrm{mm^2}$

$t_e = 90\ \mathrm{mm}$

W20 $A = 4200\ \mathrm{mm^2}$

$B = 30000\ \mathrm{mm^2}$

$t_e = 250\ \mathrm{mm}$

（4）短期荷载时的确认

（a）容许剪力

i）抗剪键的容许剪力

$${}_{A}Q_{sk} = A_{sk}\times n\ (\text{抗剪销数})\times {}_{S}f_{ss}$$

ii）抗剪键的容许局部压力

$${}_{A}Q_{pc} = A_{pc}\times n\ (\text{抗剪销数})\times {}_{S}f_{cs}$$

iii）填充混凝土的容许剪力

$$_{A}Q_{ve}=t_{e}\times h\times {}_{S}f_{sw}$$

方向	TYPE	接缝类型	$_{A}Q_{SV}$的计算式	$_{A}Q_{SV}$（KN）
纵向	Ⅰ	VJ-1，VJ-2	$_{A}Q_{SK}=40000\times7\times2.3\times10^{-3}=638$ $_{A}Q_{PC}=11329\times7\times21.6\times10^{-3}=1713$ $_{A}Q_{VE}=210\times3000\times1.1\times10^{-3}=718$	638
	Ⅰ′	VJ-3	$_{A}Q_{SK}=21000\times7\times2.3\times10^{-3}=335$ $_{A}Q_{PC}=3645\times7\times21.6\times10^{-3}=551$ $_{A}Q_{VE}=105\times3000\times1.1\times10^{-3}=359$	335
	Ⅱ	VJ-2，VJ-4	$_{A}Q_{SK}=3000\times7\times2.3\times10^{-3}=479$ $_{A}Q_{PC}=4200\times7\times21.6\times10^{-3}=635$ $_{A}Q_{ve}=250\times3000\times1.1\times10^{-3}=855$	479
横向	Ⅰ	VJ-1，VJ-2	$_{A}Q_{SK}=17000\times7\times2.3\times10^{-3}=271$ $_{A}Q_{PC}=3275\times7\times21.6\times10^{-3}=495$ $_{A}Q_{ve}=90\times300\times1.1\times10^{-3}=308$	271
	Ⅰ′	VJ-3	$_{A}Q_{SK}=21000\times7\times2.3\times10^{-3}=335$ $_{A}Q_{PC}=3645\times7\times21.6\times10^{-3}=551$ $_{A}Q_{ve}=105\times3000\times1.1\times10^{-3}=359$	335
	Ⅱ	VJ-2，VJ-4	$_{A}Q_{SK}=2000\times7\times2.3\times10^{-3}=319$ $_{A}Q_{PC}=2700\times7\times21.6\times10^{-3}=408$ $_{A}Q_{ve}=150\times3000\times1.1\times10^{-3}=513$	319

（b）确认

墙符号	层	t（mm）	l（mm）	Q_E（KN）	τ_H（N/mm²）	h（mm）	AV（mm²）	接缝类型	κ	$_{D}Q_{SV}$（KN）	$_{A}Q_{SV}$（KN）	判断
AW1	3	250	975	27.4	0.112	3000	750000	VJ-3	1.0	84	335	OK
	2	250	975	49.1	0.201	3000	750000		1.0	196	335	OK
	1	250	975	63.6	0.261	3000	750000		1.0	151	335	OK
AW2	3	250	1800	70.4	0.157	3000	750000	VJ-2	1.2	141	638	OK
	2	250	1800	126.3	0.281	3000	750000		1.2	253	638	OK
	1	250	1800	174.0	0.387	3000	750000		1.2	348	638	OK
AW3	3	250	1800	72.5	0.161	3000	750000	VJ-2	1.2	145	638	OK
	2	250	1800	130.0	0.289	3000	750000		1.2	260	638	OK
	1	250	1800	177.5	0.394	3000	750000		1.2	355	638	OK
BW1	3	250	975	27.4	0.112	3000	750000	WJ-2	1.2	101	479	OK
	2	250	975	49.1	0.201	3000	750000		1.2	181	479	OK
	1	250	975	63.6	02.61	3000	750000		1.2	235	479	OK
BW2	3	250	1800	70.4	0.157	3000	750000	WJ-4	1.2	141	479	OK
	2	250	1800	126.3	0.281	3000	750000		1.2	253	479	OK
	1	250	1800	17.40	0.387	3000	750000		1.2	348	479	OK
BW3	3	250	1800	72.5	0.161	3000	750000	WJ-4	1.2	145	479	OK
	2	250	1800	130.0	0.289	3000	750000		1.2	260	479	OK
	1	250	1800	177.5	0.394	3000	750000		1.2	355	479	OK

续表

墙符号	层	t (mm)	l (mm)	Q_E (KN)	τ_H (N/mm²)	h (mm)	AV (mm²)	接缝类型	κ	${}_DQ_{SV}$ (KN)	${}_AQ_{SV}$ (KN)	判断
1W 5W	3	150	12250	160.9	0.088	3000	450000	VJ-3	1.0	39	335	OK
	2	150	12250	287.8	0.157	3000	450000		1.0	70	335	OK
	1	150	12250	389.2	0.212	3000	450000		1.0	95	335	OK
1W 5W	3	150	12250	160.9	0.088	3000	450000	VJ-2	1.2	47	271	OK
	2	150	12250	287.8	0.157	3000	450000		1.2	85	271	OK
	1	150	12250	389.2	0.212	3000	450000		1.2	114	271	OK
2-4W	3	150	12250	160.9	0.088	3000	450000	VJ-2	1.2	47	319	OK
	2	150	12250	287.8	0.157	3000	450000		1.2	85	319	OK
	1	150	12250	389.2	0.212	3000	450000		1.2	114	319	OK
2-4W	3	150	12250	160.9	0.088	3000	450000	VJ-4	1.2	47	319	OK
	2	150	12250	287.8	0.157	3000	450000		1.2	85	319	OK
	1	150	12250	389.2	0.212	3000	450000		1.2	114	319	OK

（5）承载力极限时的计算

（a）各强度公式

i）抗剪键的容许剪力

$$Q_{usk}=0.1F_c\cdot\sum A_{sk}+\sum(a_s\cdot\sigma_y)$$

ii）抗剪键的容许局部压力

$$Q_{upc}=1.2F_c\cdot\sum A_{pc}$$

iii）填充混凝土的容许剪力

$$Q_{uve}=f_{sv}\cdot A_{ve}+1.4\sum(\alpha_s\cdot\sigma_y)$$

（b）承载力极限时的确认

Q_m：纵向在形成机构时的剪力。

横向 $2.5Q_E$

确认

纵向：因为极限水平承载力的换算值 Ds 为 0.531，所以 $Q_{uv}/{}_UQ_{DV}$ 为 0.55/0.531=1.04 以上。

横向：因为 Q_m 的换算值 D_s 为 0.50，所以 $Q_{uv}/{}_UQ_{DV}$ 为 0.55/0.50=1.1 以上。

墙符号	层	t (mm)	l (mm)	Q_m (KN)	τ_H (N/mm²)	${}_DQ_{UV}$ (kN)	接缝类型	$\sum A_{sk}$ $\sum A_{pc}$ A_{ve} (mm²)	$\sum$ (α_s) (7-D10) (14-D10) (mm²)	Q_{usk} (KN)	Q_{upc} (KN)	Q_{uve} (KN)	Q_{UV} (KN)	$Q_{UV/D}$ Q_{UV}	判断
AW1	3	250	975	62.4	0.256	192	VJ-3	147000	499.1	544	827	565	544	2.83	OK
	2	250	975	111.7	0.458	344		25.515	499.1	544	827	565	544	1.58	OK
	1	250	975	151.0	0.620	465		315000	998.2	691	827	771	691	1.49	OK
AW2	3	250	1800	186.4	0.414	311	VJ-2	280000	499.1	903	2569	924	903	291	OK
AW3	2	250	1800	333.5	0.741	556		79301	499.1	903	2569	924	903	1.63	OK
AW4	1	250	1800	451.0	1.002	752		630000	998.2	1050	2569	1130	1050	1.40	OK

续表

墙符号	层	t (mm)	l (mm)	Q_m (KN)	τ_H (N/mm²)	$_DQ_{UV}$ (kN)	接缝类型	$\sum A_{sk}$ $\sum A_{pc}$ A_{ve} (mm²)	$\sum$ (α_s) (7－D10) (14－D10) (mm²)	Q_{usk} (KN)	Q_{upc} (KN)	Q_{uve} (KN)	Q_{UV} (KN)	$Q_{UV/D}$ Q_{UV}	判断
AW5	3	250	975	91.5	0.375	281	VJ－3	147000	499.1	544	827	564	544	1.93	OK
	2	250	975	163.7	0.671	504		25515	499.1	544	827	565	544	1.08	OK
	1	250	975	221.3	0.908	681		315000	998.2	691	827	771	691	1.02	OK
BW1	3	250	975	64.4	0.264	198	VJ－2	210000	499.1	714	953	1.061	714	3.61	OK
	2	250	975	115.2	0.473	354		29400	499.1	714	953	1.061	714	2.02	OK
	1	250	975	155.8	0.639	479		750000	998.2	861	953	1.267	861	1.80	OK
BW2	3	250	1800	184.3	0.410	307	VJ－4	210000	499.1	714	953	1061	714	2.33	OK
BW3	2	250	1800	329.7	0.733	550		29400	499.1	714	953	1061	714	1.30	OK
BW4	1	250	1800	445.9	0.991	743		750000	998.2	961	953	1267	953	1.16	OK
BW5	3	250	1800	184.3	0.410	307	VJ－2	210000	499.1	714	953	1061	714	2.33	OK
	2	250	1800	329.7	0.733	550		29400	499.1	714	953	1061	714	1.30	OK
	1	250	1800	445.9	0.991	743		750000	998.2	861	953	1276	861	1.16	OK
1W	3	150	12250	402.2	0.219	98	VJ－3	147000	499.1	544	827	565	544	5.52	OK
5W	2	150	12250	719.6	0.392	176		25515	499.1	544	827	565	544	3.09	OK
	1	150	12250	973.1	0.530	238		315000	499.1	544	827	565	544	2.28	OK
1W	3	150	12250	402.2	0.219	98	JV－2	119000	499.1	469	743	514	469	4.76	OK
5W	2	150	12250	719.6	0.392	176		22925	499.1	469	743	514	469	2.66	OK
	1	150	12250	973.1	0.530	238		270000	499.1	469	743	514	469	1.97	OK
2－4W	3	150	12250	402.2	0.219	98	VJ－2	140000	499.1	525	612	719	525	5.33	OK
	2	150	12250	719.6	0.392	176		18900	499.1	525	612	719	525	2.98	OK
	1	150	12250	973.1	0.530	238		450000	499.1	525	612	719	525	2.20	OK
2－4W	3	150	12250	402.2	0.219	98	VJ－4	140000	499.1	525	612	719	525	5.33	OK
	2	150	12250	719.6	0.392	176		18900	499.1	525	612	719	525	2.98	OK
	1	150	12250	973.1	0.530	238		450000	499.1	525	612	719	525	2.20	OK

根据以上表格，因为 AW5 的一层的余裕度低于 1.04，所以要加配 VJ－3 抗剪销筋。

10.2 剪力墙的水平接合部

(1) 设计方针

· 须将水平接合部的竖向接合钢筋作为轴方向钢筋，根据《剪力墙的断面计算》来检讨轴向力和弯矩。

· 要确认剪力满足下列表达式。

$$Q_{UH} \geqslant {}_DQ_{UH}$$

$$Q_{UH} = \mu(\sum a_s \cdot \sigma_y + N_u)$$

$_DQ_{UH}$——受力时产生于水平接合部的剪力（N）

纵向：$_DQ_{UH} = Q_m$

横向：$_DQ_{UH} = 2.5\tau_{av} \cdot A_H$

Q_m——受力时的剪力墙剪力（N）；

τ_{av}——标准剪力系数 $C_o=0.2$ 的地震时，产生于剪力墙的平均剪应力（N/mm^2）。

A_H——剪力墙的水平接合部的断面积（mm^2），按照下式计算

$$A_H=t\cdot l$$

t——剪力墙的厚度（mm）；

l——剪力墙的长度（mm）；

Q_{UH}——极限剪切承载力（N）；

μ——接合面的摩擦系数（=0.7）；

a_s——把竖向接合钢筋作为受拉钢筋时的断面积（mm^2）；

σ_y——同上钢筋的标准屈服强度（N/mm^2）；

N_u——强度极限时轴向力（N），当轴向力为负时，取值为0。

（2）建筑物全体剪力墙的平均剪应力

方向	层数	ΣQ_E（kN）	ΣA_H（mm^2）	τ_{av}（N/mm^2）
Y	3	804.4	9187500	0.088
	2	1439.2	9187500	0.157
	1	1946.1	9187500	0.212

（3）水平接合部的确认

$\sigma_y=f_t\times1.0$　　　判定同竖向接合部

墙符号 $t\times l$（mm）	层	● SP ○ VJ	a_s（mm^2）	f_t（N/mm^2）	$a_s\cdot\sigma_y$（KN）	$\Sigma a_s\cdot\sigma_y$（KN）	N_u（KN）	Q_{UH}（KN）	$_DQ_{UH}$（KN）	$Q_{UH}/_DQ_{UH}$	判定
AW1，CW1 250×975	3	● 1-D19	287	345	99.0	198.0					
		○ 1-D19	287	345	99.0		0.0	152.5	62.4	2.44	OK
	2	● 1-D19	287	345	99.0	198.0					
		○ 1-D19	287	345	99.0		0.0	152.5	111.7	1.37	OK
	1	● 1-D19	287	345	99.0	198.0					
		○ 1-D19	287	345	99.0		11.8	160.8	151.0	1.06	OK
AW2～4，CW2～4 250×1800	3	● 2-D19	574	345	198.0	297.0					
		○ 1-D19	287	345	99.0		170.4	348.0	186.4	1.87	OK
	2	● 2-D19	574	345	198.0	297.0					
		○ 1-D19	287	345	99.0		333.0	461.8	333.5	1.38	OK
	1	● 2-D19	574	345	198.0	297.0					
		○ 1-D19	287	345	99.0		495.6	575.7	451.0	1.28	OK
AW5，CW5 250×975	3	● 1-D19	287	345	99.0	198.0					
		○ 1-D19	287	345	99.0		178.9	277.7	91.5	3.04	OK
	2	● 1-D19	287	345	99.0	198.0					
		○ 1-D19	287	345	99.0		372.0	413.1	163.7	2.52	OK
	1	● 1-D19	287	345	99.0	198.0					
		○ 1-D19	287	345	99.0		589.6	565.2	221.3	2.55	OK
BW1 250×975	3	● 1-D19	287	345	99.0	198.0					
		○ 1-D19	287	345	99.0		0.0	152.5	64.4	2.37	OK
	2	● 1-D19	287	345	99.0	198.0					
		○ 1-D19	287	345	99.0		0.0	152.5	115.2	1.32	OK
	1	● 1-D19	287	345	99.0	198.0					
		○ 1-D19	287	345	99.0		84.4	211.5	155.8	1.36	OK
BW2～4 250×1800	3	● 2-D19	574	345	198.0	297.0					
		○ 2-D19	287	345	99.0		149.9	333.7	184.3	1.81	OK
	2	● 2-D19	574	345	198.0	297.0					
		○ 2-D19	287	345	99.0		303.5	441.2	329.7	1.34	OK
	1	● 2-D19	574	345	198.0	297.0					
		○ 2-D19	287	345	99.0		457.0	548.6	445.9	1.23	OK

续表

墙符号 $t\times l$ (mm)	层	● SP ○ VJ	α_s (mm^2)	f_t (N/mm^2)	$\alpha_s\cdot\sigma_y$ (KN)	$\sum\alpha_s\cdot\sigma_y$ (KN)	N_u (KN)	Q_{UH} (KN)	${}_DQ_{UH}$ (KN)	$Q_{UH}/{}_DQ_{UH}$	判定
BW5 250×975	3	● 1-D19	287	345	99.0	198.0					
		○ 1-D19	287	345	99.0		165.2	268.1	90.8	2.95	OK
	2	● 1-D19	287	345	99.0	198.0					
		○ 1-D19	287	345	99.0		353.5	399.9	162.4	2.46	OK
	1	● 1-D19	287	345	99.0	198.0					
		○ 1-D19	287	345	99.0		565.7	548.4	219.6	2.50	OK
1·5W 150×12250	3	● 6-D19	1722	345	594.1	891.1					
		○ 3-D19	861	345	297.0		273.4	877.5	402.2	2.18	OK
	2	● 6-D19	1722	345	594.1	770.2					
		○ 3-D16	897	295	176.1		522.7	959.0	719.6	1.33	OK
	1	● 6-D19	1722	345	594.1	891.1					
		○ 3-D19	861	345	297.0		772.1	1.226.6	973.1	1.26	OK
2-4W 150×12250	3	● 6-D19	1722	345	594.1	891.1					
		○ 3-D19	861	345	297.0		358.3	937.0	402.2	2.33	OK
	2	● 6-D19	1722	345	594.1	891.1					
		○ 3-D19	861	345	297.0		723.8	1.192.9	719.6	1.66	OK
	1	● 6-D19	1722	345	594.1	891.1					
		○ 3-D19	861	345	297.0		1.089.4	1.448.7	973.1	1.49	OK

10.3 楼板接合部

(1) 设计方针

因为屋面板·楼板为施工现浇的钢筋混凝土板，所以要检讨检验剪力墙（包括墙梁）与板之间的水平接合部。

(2) 纵向：墙梁和板的水平接合部的检讨。

要确认 $\tau_{sl}\geqslant\tau_s$

$$\tau_{sl}=\min[\mu\cdot p_w\cdot\sigma_{wy},0.7(0.7-F_c/200)\cdot F_c/2]$$

$$\tau_s=\sum T_{max}/(b\cdot l_o)$$

式中 τ_{sl}——接合面的剪切强度（N/mm^2）；

τ_s——作用于接合面的剪应力（N/mm^2）；

μ——因为接合面已经人工拉毛，所以摩擦系数取值 1.0；

p_w——墙梁的抗剪配筋率；

σ_{wy}——抗剪钢筋的标准屈服强度（N/mm^2）；

F_c——混凝土的设计标准强度（N/mm^2）；

$\sum T_{max}$——由墙梁主筋产生的最大拉力之和（N）；

$$\sum T_{max}=a_{t1}\cdot\sigma_{y1}+a_{t2}\cdot\sigma_{y2}+a_{ts}\cdot\sigma_{ys}$$

a_{t1}、a_{t2}——墙梁左右端受拉钢筋断面积之和（mm^2）；

a_{ts}——上端受拉侧的板钢筋断面积之和（mm^2），为 8-D10；

σ_{y1}、σ_{y2}——墙梁左右两端受拉钢筋的极限强度（N/mm^2）；

σ_{ys}——板受拉钢筋的极限强度（N/mm^2）；

b——墙梁的宽度（mm）；

l_o——圈梁的净跨径（mm）。

层	b (mm)	l_0 (mm)	a_{t1}，a_{t2} (mm^2)	σ_{y1}，σ_{y2} (N/mm^2)	a_{ts} (mm^2)	σ_{ys} (N/mm^2)	$\sum T_{max}$ (kN)	τ_s (N/mm^2)	τ_{s1}：1 项 (N/mm^2)	τ_{s1}：2 项 (N/mm^2)	判定
R	250	3200	774 774	431.25 431.25	570	368.75	887.76	1.097	1.499 (D13@200)	5.34	OK
3	250	3200	1014 1014	431.25 431.25	570	368.75	1084.8	1.356	1.499 (D13@200)	5.34	OK
2	250	3200	1284 1284	431.25 431.25	570	368.75	1317.6	1.647	1.713 (D13@175)	5.34	OK

（3）横向：剪力墙和板的水平接合部的检讨

$$_AQ_{SH} \geqslant {_DQ_{SH}}$$

确认 $Q_{UH} \geqslant {_DQ_{UH}}$。

式中 $_AQ_{SH}$——剪力墙与的每个水平接合部的短期容许剪力（N）；

$_DQ_{SH}$——剪力墙与板水平接合部的短期剪力设计值（N）；

Q_{UH}——剪力墙与板的每个水平接合部的极限剪切承载力（N）；

$_DQ_{UH}$——剪力墙与板水平接合部的强度极限时剪力设计值（N）。

（a）剪力设计值：使用剪力最大的楼面板进行分析。

i）地震力计算用重量

1 轴线 屋顶 6.30×12.00×6.00/2=226.8

走廊、阳台屋顶 5.30×1.50×6.00/2=47.7

女儿墙 2.30×(12.00+1.50×2+3.0×2)= 28.3

322.8kN

2 轴线 屋顶 6.30×12.00×6.00=453.6

走廊、阳台屋顶 5.30×1.50×6.00=95.4

女儿墙 2.30×6.00×2= 27.6

576.6kN

ii）短期剪力设计值

1 轴线 $Q_{DS}=C_i \cdot W=0.273\times322.8=88.1$kN

2 轴线 $Q_{DS}=C_i \cdot W=0.273\times576.6=157.4$kN

iii）强度极限剪力设计值

1 轴线 $Q_{DS}=k \cdot W=1.0\times322.8=322.8$kN

2 轴线 $Q_{DS}=k \cdot W=1.0\times576.6=576.6$kN

（b）短期容许抗剪能力

$$_AQ_{SH}=1.17\cdot\sum\left[a_s\sqrt{F_c\cdot f_t}\right]$$

轴线	a_s (mm)	f_t (N/mm^2)	F_c (N/mm^2)	$_AQ_{SH}$ (kN)	$_DQ_{SH}$ (kN)	判定
1	(9-D19) 2583 (16-D10) 1141	345 295	27	410.8	88.1	OK
2	(9-D19) 2583 (16-D10) 1141	345 295	27	410.8	157.4	OK

（c）受剪承载力

$$Q_{UH}=1.65\cdot\sum\left[a_s\sqrt{F_c\cdot\sigma_y}\right]$$

轴线	a_s（mm）	σ_y（N/mm²）	F_c（N/mm²）	Q_{UH}（kN）	${}_DQ_{UH}$（kN）	判定
1	（9－D19）2583 （16－D10）1141	379.5 324.5	27	579.3	322.8	OK
2	（9－D19）2583 （16－D10）1141	379.5 324.5	27	579.3	576.6	OK

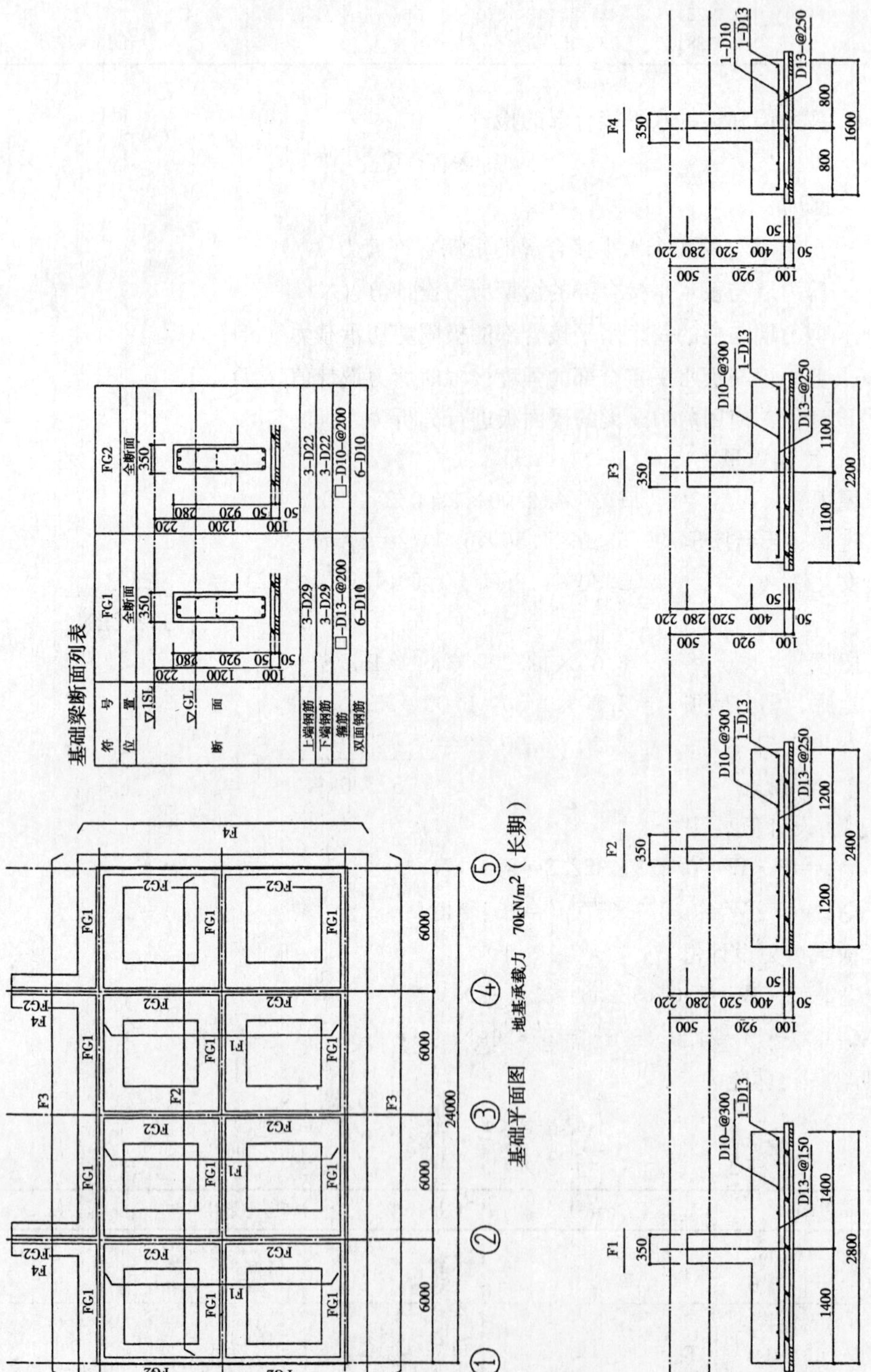

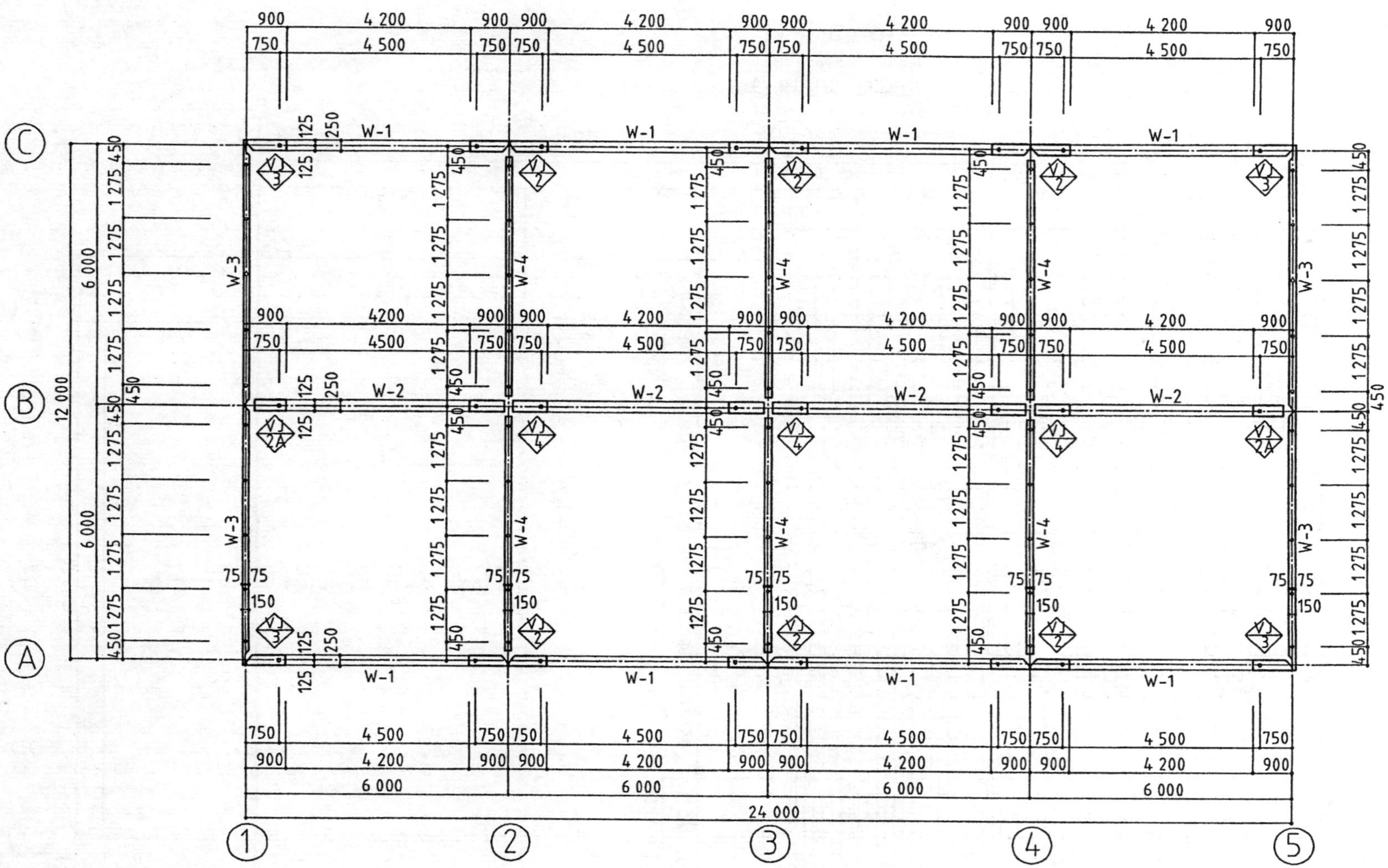

墙板组装图

如无特别标注，说明如下：

1. ◦ 表示铰连接钢筋（D19）；

2. 竖向连接钢筋参照右图（适用于全部部位）。

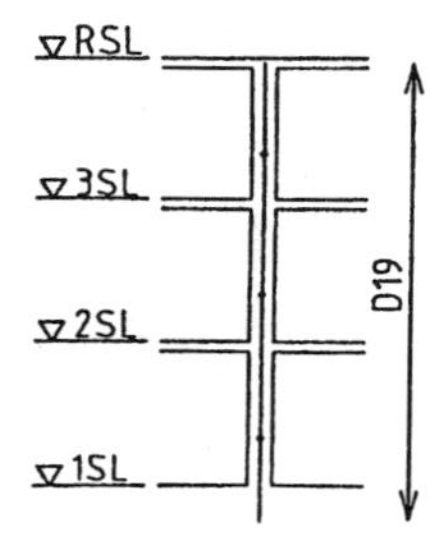

竖向连接钢筋骨的直径

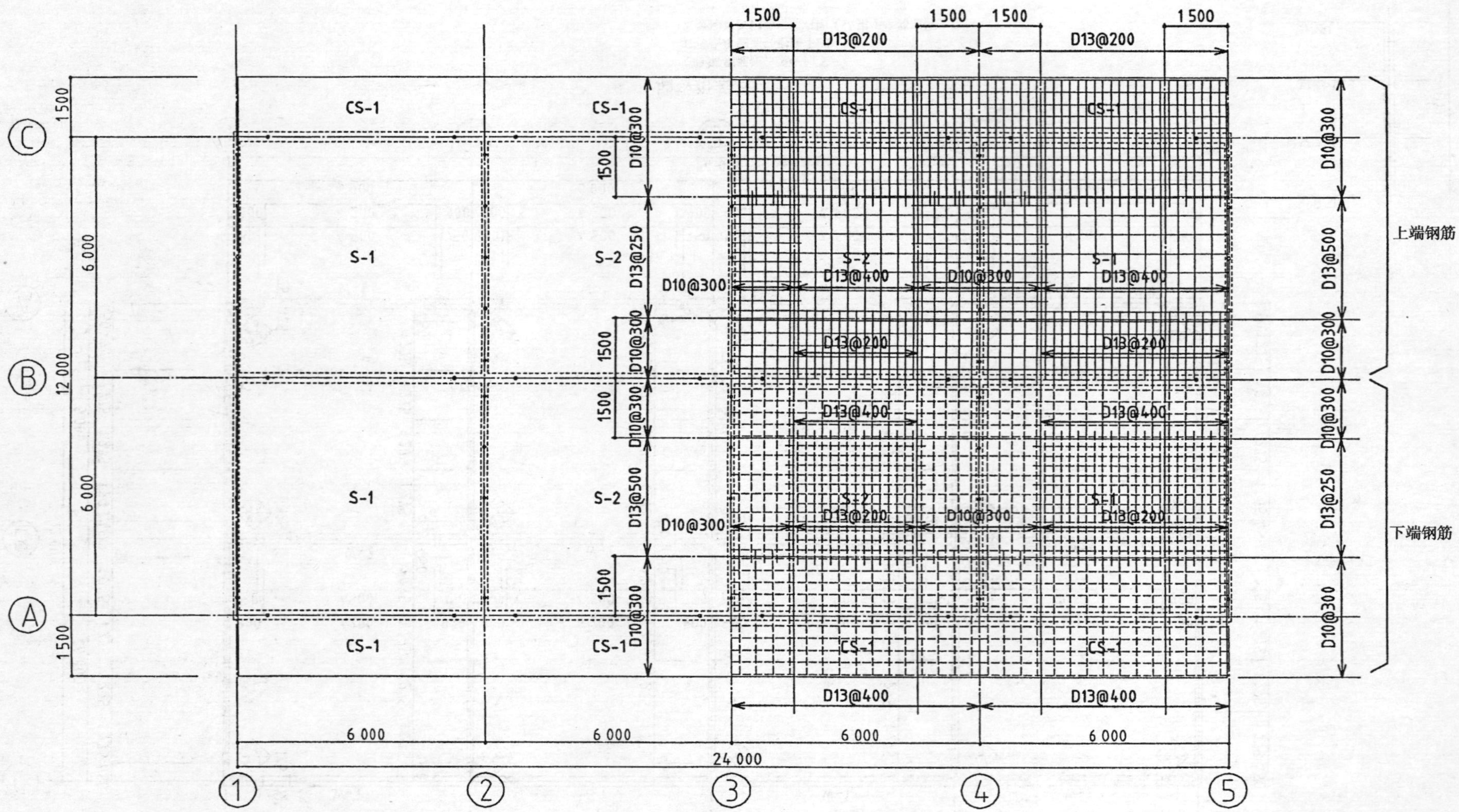

地板平面图・配筋图

如无特别标注，说明如下：

1.◦ 表示铰连接钢筋（D19）

墙板配筋图

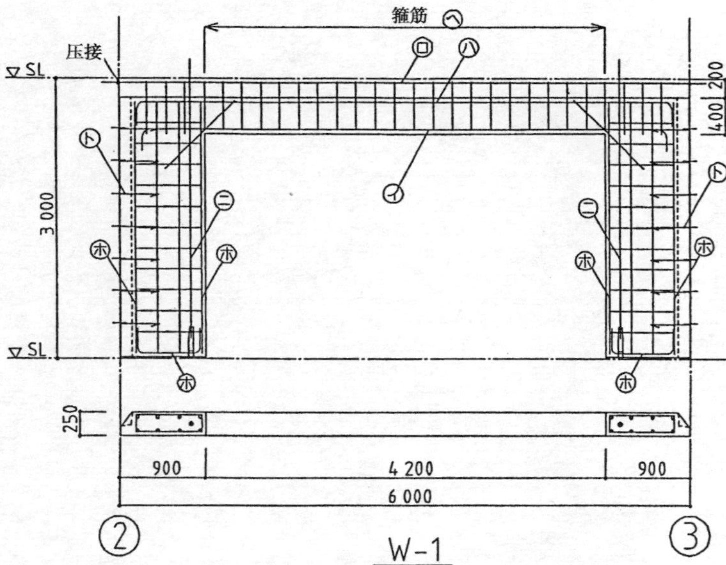

W-1

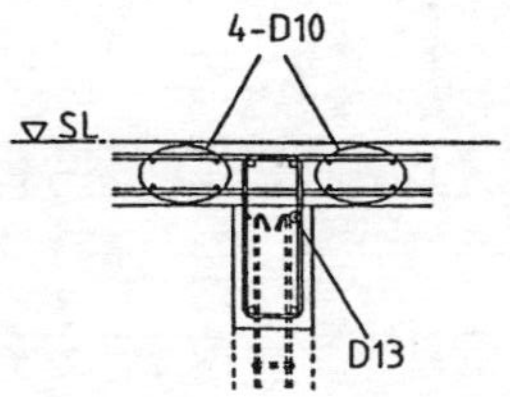

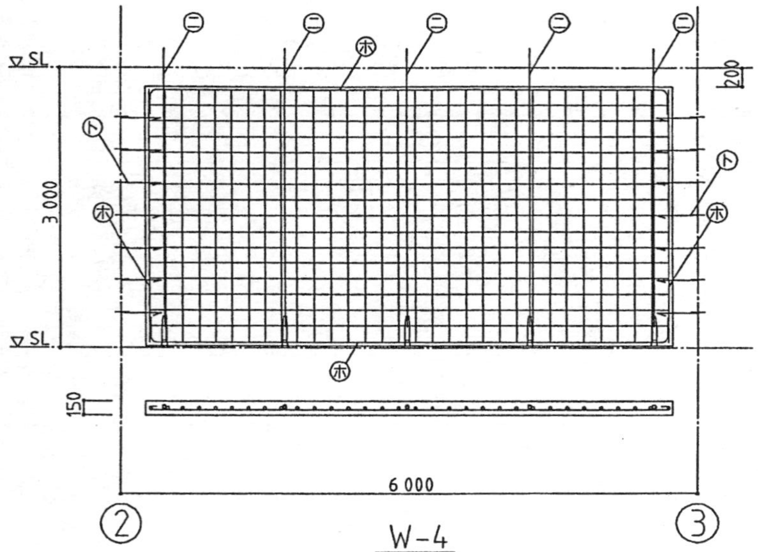

W-4

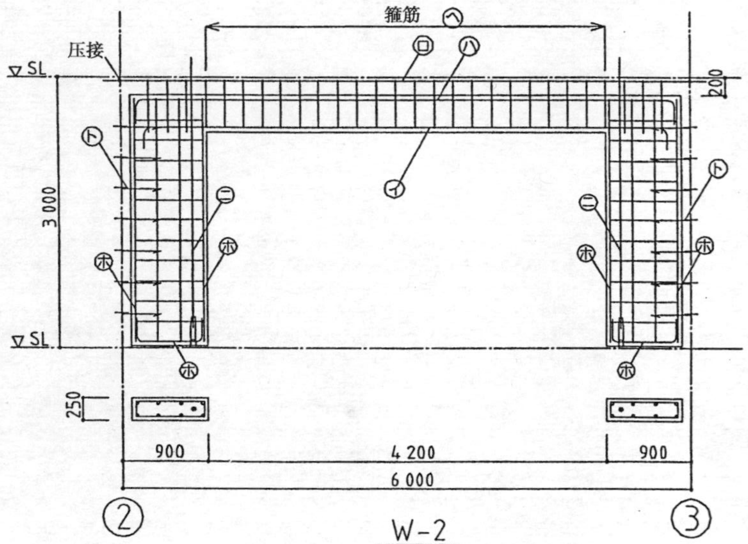

W-2

配　筋　表

墙符号	层	梁筋 ㋑	梁筋 ㋺	梁筋 ㋩	直线连接钢筋 ㋥	加强钢筋 ㋭	箍筋 ㋬	壁筋 纵向钢筋	壁筋 横向钢筋	抗剪钢筋 ㋣
W-1	3	2-D22	2-D22	2-D13	1-D19	2-D13	□-D13-@200	D10-@275(ダブル)	D10-@275(ダブル)	7-D10
	2	2-D25	2-D25	2-D13	1-D19	2-D13	□-D13-@150	D10-@225(ダブル)	D10-@225(ダブル)	7-D10
	1	2-D29	2-D29	2-D13	1-D19	2-D13	□-D13-@150	D10-@225(ダブル)	D10-@225(ダブル)	14-D10
W-2	3	2-D22	2-D22	2-D13	1-D19	2-D13	□-D13-@200	D10-@275(ダブル)	D10-@275(ダブル)	7-D10
	2	2-D25	2-D25	2-D13	1-D19	2-D13	□-D13-@150	D10-@225(ダブル)	D10-@225(ダブル)	7-D10
	1	2-D29	2-D29	2-D13	1-D19	2-D13	□-D13-@150	D10-@225(ダブル)	D10-@225(ダブル)	14-D10
W-4	3				1-D19	1-D13	——	D10-@225(シングル)	D10-@225(シングル)	7-D10
	2	—	—	—	1-D19	1-D13	——	D10-@175(シングル)	D10-@175(シングル)	7-D10
	1	—	—	—	1-D19	1-D13	——	D10-@175(シングル)	D10-@175(シングル)	14-D10

壁式预制钢筋混凝土结构

（W-PC）

附录

有关竖向接合部的实验结果和

各部分容许承载力及强度计算公式的对应关系

有关竖向接合部的实验结果和各部分容许承载力及强度计算公式的对应关系

1. 记录实验结果的相关文献

本附录采用的实验结果是，（社）日本建筑学会《壁式预制钢筋混凝土结构的竖向接合部动作和设计法》（1989）（以下简称文献）中关于悬臂加力实验所记载的实验结果。

因为有关采用抗剪键方法拼接的竖向接合部的实验及强度计算公式的参考文献很多，所以本附录中的实验结果采用比较新的数据，采用与壁式预制钢筋混凝土结构建筑物竖向接合部相近的形式。因为实验次数很多，本附录中收录整理的实验数据为，与容许剪切承载力及剪切强度公式相关的数据。

2. 实验结果与容许剪切承载力公式和剪切强度公式的对应

本编采用的《壁式预制钢筋混凝土结构设计指南及解说》中的竖向接合容许剪切承载力及剪切强度公式与实验结果并不相符，因此，本指南所列计算公式还有待进一步检验。

（1）指南中的容许剪力和剪切强度计算式

① 抗剪键的短期容许剪力

$${}_AQ_{SV}=\alpha_1\cdot {}_sf_{ss}\cdot \sum A_{sk}=2.0\,{}_sf_{ss}\cdot \sum A_{sk}$$ 【指南（8.1.5）式的第1项】

② 抗剪键的受剪承载力

$$Q_{UV}=0.1F_c\cdot \sum A_{sk}+\sum(a_s\cdot \sigma_y)$$ 【指南（8.1.6）式的第1项】

③ 抗剪键的短期容许支撑压力

$${}_AQ_{SV}=\alpha_2\cdot {}_sf_{cs}\cdot \sum A_{pc}=2.0\,{}_sf_{ss}\cdot \sum A_{pc}$$ 【指南（8.1.5）式的第2项】

④ 抗剪键的容许支撑压力强度

$$Q_{UV}=\alpha_2\cdot F_c\cdot \sum A_{pc}=1.2F_c\cdot \sum A_{pc}$$ 【指南（8.1.6）式的第2项】

⑤ 填充混凝土的短期容许剪力

$${}_AQ_{SV}={}_sf_{ws}\cdot A_{ve}$$ 【指南（8.1.5）式的第3项】

⑥ 填充混凝土的受剪承载力

$$Q_{UV}={}_sf_{sw}\cdot A_{ve}+1.4\sum(a_s\cdot \sigma_y)$$ 【指南（8.1.6）式的第3项】

（2）实验结果概要

① 实验体的各部分和实验结果

实验结果详见附表1。另外，表中的数值是在以下条件下根据文献中的数值计算的。

（a）表中所列值是将文献中的水平荷载换算成竖向荷载之后的荷载值。

（b）裂缝荷载采用加载周期中较小的数值，在周期不明的情况下，采用正负荷载中较小的荷载值。

（c）填充混凝土的剪切强度不仅仅包含抗剪销筋，还包含端部连接钢筋（用②表示）的情况。

悬臂加载测试试验数据

附表1

实验体 No	实验体名	接合部面积	抗剪键		抗剪键断面积		抗剪销筋断面积		端部连接钢筋·板钢筋断面积		PC混凝土强度	填充混凝土强度
		A_v	A_{sk}	A_{sk}/A_v	A_{pc}	A_{pc}/A_v	a_c	a_c/A_v	a_s	a_s/A_v	F_c	F_c
		(cm^2)	(cm^2)	(%)	(cm^2)	(%)	(cm^2)	(%)	(cm^2)	(%)	(N/mm^2)	(N/mm^2)
1	WPCⅠ-1	1285	315.0	24.5%	58.50	4.6%	19.2	0.15%	1.43	0.11%	34.4	41.9
2	WPCⅠ-2	1285	315.0	24.5%	58.50	4.6%	0.96	0.07%	2.54	0.20%	26.7	45.3
3	WPCⅠ-3	1285	315.0	24.5%	58.50	4.6%			3.98	0.31%	35.9	40.5
4	WPCⅡ-1	1285	315.0	24.5%	58.50	4.6%	4.28	0.33%	3.98	0.31%	33.8	35.8
5	WPCⅡ-2	1285	315.0	24.5%	117.00	9.1%	4.28	0.33%	3.98	0.31%	33.8	35.8
6	WPCⅡ-3	1285	315.0	24.5%	29.25	2.3%	4.28	0.33%	3.98	0.31%	33.8	35.8
7	WPCⅢ-1	1285	315.0	24.5%	58.50	4.6%	4.28	0.33%	3.98	0.31%	35.8	36.2

续表

实验体 No	实验体名	接合部面积	抗剪键		抗剪键断面积		抗剪销筋断面积		端部连接钢筋·板钢筋断面积		PC混凝土强度	填充混凝土强度
		A_v	A_{sk}	A_{sk}/A_v	A_{pc}	A_{pc}/A_v	a_c	a_c/A_v	a_s	a_s/A_v	F_c	F_c
		(cm²)	(cm²)	(%)	(cm²)	(%)	(cm²)	(%)	(cm²)	(%)	(N/mm²)	(N/mm²)
8	WPCⅢ-2	1285	315.0	24.5%	58.50	4.6%	4.28	0.33%	3.98	0.31%	35.8	36.2
9	WPCⅢ-3	1285	315.0	24.5%	58.50	4.6%	4.28	0.33%	3.98	0.31%	35.8	36.2
10	WPCⅣ-1	1285	315.0	24.5%	58.50	4.6%	4.28	0.33%	5.12	0.40%	37.7	35.0
11	WPCⅣ-2	1258	315.0	24.5%	58.50	4.6%	4.28	0.33%	2.54	0.20%	39.2	36.2
12	WPCⅣ-3	1285	315.0	24.5%	58.50	4.6%	1.92	0.15%	7.66	0.60%	38.5	41.0
13	WPCⅣ-4	1285							9.10	0.71%	38.3	39.4
14	WPCⅣ-5	1285	315.0	24.5%	58.50	4.6%			9.10	0.71%	39.1	40.0
15	WPCⅤ-1	1285	315.0	24.5%	58.50	4.6%	1.92	0.15%	5.12	0.40%	31.6	28.7
16	WPCⅤ-2	1285	157.5	12.3%	58.50	4.6%	1.92	0.15%	5.12	0.40%	31.6	28.7

实验体 No	实验体名	接头处裂缝荷载	初裂缝荷载	最大荷载	容许剪切承载力			受剪承载力				最大承载力发生状况*
					抗剪键	抗剪键支撑压力	填充混凝土	抗剪键	抗剪键支撑压力	填充混凝土	填充混凝土②	
		Q_{cv}	Q_{cw}	Q_u	τ_{ss}	σ_{cs}	τ_{sw}	Q_u	Q_u	Q_u	Q_u	
		(kN)	(kN)	(kN)	(N/mm²)	(N/mm²)	(N/mm²)	(kN)	(kN)	(kN)	(kN)	
1	WPC Ⅰ-1	265.5	265.5	326.0	2.50	27.54	1.36	236.1	241.6	284.8	353.9	PM
2	WPC Ⅰ-2	230.7	230.7	360.7	2.27	21.34	1.41	214.4	187.3	236.6	364.2	JS
3	WPC Ⅰ-3	175.9	216.2	314.8	2.55	28.71	1.34	250.4	252.0	172.5	364.9	JS
4	WPC Ⅱ-1	182.6	193.8	312.5	2.48	27.07	1.27	407.6	237.5	383.2	584.8	PM
5	WPC Ⅱ-2	149.0	203.9	310.3	2.48	27.07	1.27	407.6	475.0	383.2	584.8	PM
6	WPC Ⅱ-3	94.7	178.1	310.3	2.48	27.07	1.27	407.6	118.8	383.2	584.8	JS
7	WPC Ⅲ-1	117.6	72.8	311.4	2.54	28.64	1.28	408.5	251.3	383.4	578.3	PM
8	WPC Ⅲ-2	128.8	179.2	362.9	2.54	28.64	1.28	408.5	251.3	383.4	578.3	JS
9	WPC Ⅲ-3	151.2	201.6	417.8	2.54	28.64	1.28	408.5	251.3	383.4	578.3	JS
10	WPC Ⅳ-1	236.0	236.0	352.6	2.52	28.01	1.26	456.2	245.8	382.1	646.2	PM
11	WPC Ⅳ-2	279.4	264.4	328.2	2.56	28.95	1.28	360.5	254.0	384.4	509.3	PM
12	WPC Ⅳ-3	248.9	248.9	342.1	2.63	30.83	1.35	470.0	270.6	272.5	661.5	PM
13	WPC Ⅳ-4	179.7	221.6	267.3			1.33	324.0		170.4	624.0	JS
14	WPC Ⅳ-5	259.3	285.2	324.8	2.64	31.30	1.34	447.2	274.7	171.6	625.1	JS
15	WPC Ⅴ-1	168.6	168.6	258.8	2.33	22.99	1.17	359.8	201.7	252.6	526.8	PM
16	WPC Ⅴ-2	146.0	146.0	254.8	2.33	22.99	1.17	314.5	201.7	252.6	526.8	PM

*PM：弹簧弯曲屈服；JS：竖向接合部剪切破坏。

② 实验过程

具体实验过程详见附表 2。

实验过程概要 **附表 2**

序号	实验体名	实验过程
1	WPCⅠ-1	i）Pca 墙底部的弯曲裂缝 ii）Pca 墙剪切裂缝、沿竖向接合部接头的裂缝及接合部剪切裂缝 iii）Pca 墙的剪切裂缝为连接整体的弯曲屈服
2	WPCⅠ-2	i）在实验体固定时沿竖向接合部产生的裂缝 ii）Pca 墙的弯曲裂缝 iii）Pca 墙的剪切裂缝产生后，竖向接合部的剪切裂缝 iv）沿竖向接合部接头产生的新裂缝 v）单侧 Pca 墙的水平位移 vi）各个 Pca 墙底部的压损、竖向接合部底部的剪切破坏
3	WPCⅠ-3	i）沿竖向接合部产生的裂缝、Pca 墙底部的弯曲裂缝 ii）Pca 墙剪切裂缝 iii）竖向接合部的水平方向扩展，由竖直向产生的所有破坏
4	WPCⅡ-1	i）Pca 墙的弯曲裂缝 ii）沿竖向接合部接头产生的裂缝 iii）竖向接合部的剪切裂缝 iv）Pca 墙的剪切裂缝 v）Pca 墙的弯曲屈服
5	WPCⅡ-2	i）沿竖向接合部产生接头的裂缝，Pca 墙的弯曲裂缝 ii）竖向接合部的剪切裂缝 iii）Pca 墙的剪切裂缝 iv）Pca 墙的弯曲屈服
6	WPCⅡ-3	i）沿竖向接合部产生接头的裂缝，Pca 墙的弯曲裂缝 ii）竖向接合部的剪切裂缝 iii）Pca 墙的剪切裂缝 iv）抗剪键支撑压力破坏
7	WPC Ⅲ-1	i）水平接合部的裂缝 ii）Pca 墙的弯曲裂缝 iii）Pca 墙的剪切裂缝，沿竖向结合部产生的裂缝 iv）竖向接合部的剪切裂缝 v）竖向接合部的弯曲屈服
8 9	WPC Ⅲ-2 WPC Ⅲ-3	i）Pca 墙的弯曲裂缝 ii）Pca 墙的剪切裂缝，沿竖向接合部接头产生的裂缝 iii）竖向接合部的剪切裂缝 iv）竖向接合部的剪切破坏
10 11 12	WPC Ⅳ-1 WPC Ⅳ-2 WPC Ⅳ-3	i）Pca 墙弯曲裂缝 ii）Pca 墙的剪切裂缝，沿竖向接合部接头产生的裂缝 iii）竖向接合部的弯曲屈服
13 14	WPC Ⅳ-4 WPC Ⅳ-5	i）Pca 墙弯曲裂缝 ii）Pca 墙的剪切裂缝，沿竖向接合部接头产生的裂缝 iii）竖向接合部的剪切破坏
15 16	WPCⅤ-1	i）Pca 墙弯曲裂缝 ii）Pca 墙的剪切裂缝，沿竖向接合部接头产生的裂缝 iii）竖向接合部的弯曲屈服

③ 实验结果与各部分的容许承载力及强度的比较

(a) 关于实验体开始开裂时的荷载和《指南》中的各部分短期容许承载力的比较

i）实验的初期开裂荷载与指南的各短期容许承载力的比较，详见附图 1。

其中，●：接头裂缝荷载/抗剪键的短期容许剪力；

○：接头裂缝荷载/抗剪键的短期容许支撑压力；

△：初裂缝的荷载/填充混凝土的短期容许剪力；

Q_T：实验的初期裂缝荷载；

Q_{AV}：短期容许承载力。

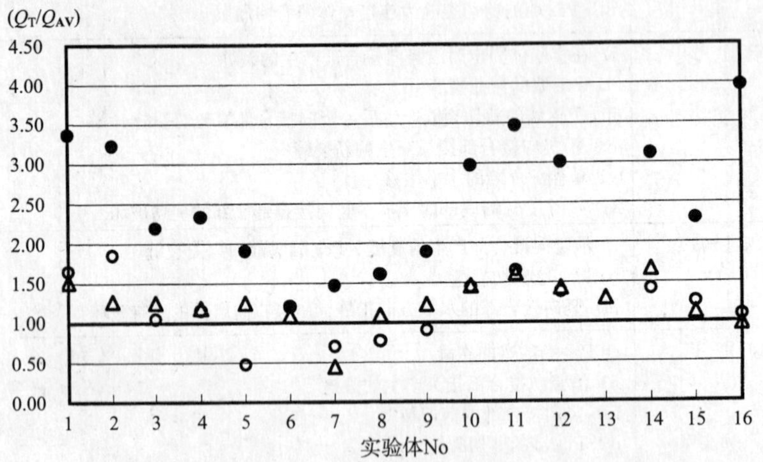

附图 1　实验体的竖向接合部产生初裂缝时的荷载和各部分短期容许荷载的比

(b) 实验结果和竖向接合部的各承载力的比较

i) 实验的最大荷载和指南的各承载力的对比，见附图 2。

其中，●：抗剪键的受剪承载力；

○：抗剪键的支撑压力承载力；

△：填充混凝土的受剪承载力（仅考虑抗剪销筋）；

◇：填充混凝土的受剪承载力（考虑接头连接钢筋）；

——：弯曲屈服承载力；

……：实验最大承载力。

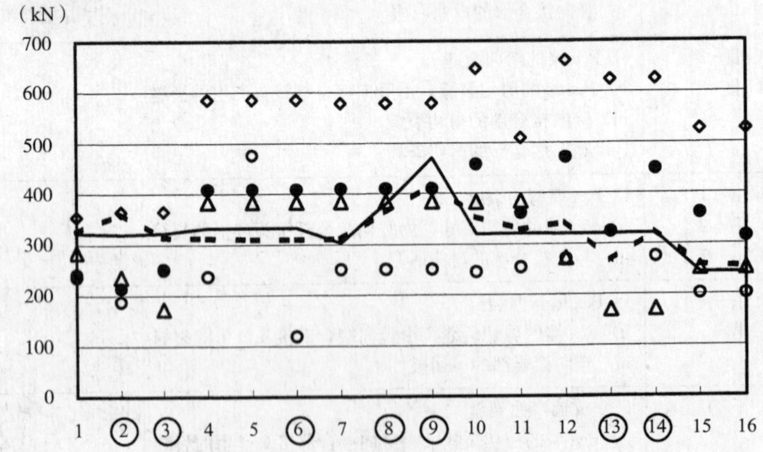

附图 2　实验体的最大荷载和各部分承载力的比

○表示接合部破坏实验体

(3) 实验结果与各计算公式的对应

① 抗剪键的短期容许剪切承载力。

(a) 实验结果概要

i) 附图 3 表示的是，在竖向接合部接头产生裂缝时的荷载除以抗剪键断面积得到的抗剪键的剪应力和预制构件和填充混凝土的压缩强度的较小值之间的关系。

ii）图中的○表示实验结果，实线表示抗剪键的短期容许剪力公式$_AQ_{SV}=2.0_Sf_{ss}\cdot\sum A_{sk}$中的$2.0_Sf_{ss}$值。但是，不包含无抗剪键的实验体。

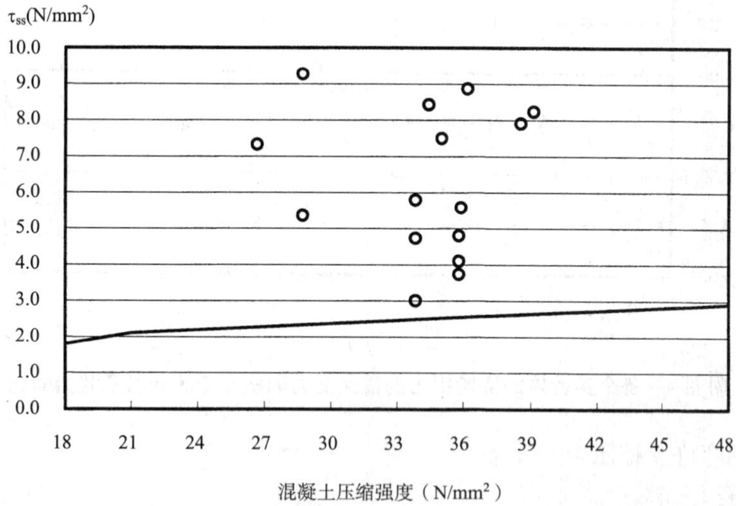

附图 3　在竖向接合部接头产生裂缝时抗剪键的剪应力和混凝土的压缩强度

（b）实验结果分析

i）在实验数值中，虽然可以将抗剪键裂缝荷载作为沿着接头产生裂缝时的荷载来考虑，但是在实际情况中，抗剪键裂缝产生是不明确的。

ii）在对全部 15 种的抗剪键的试验中，在沿接头处产生裂缝时的抗剪键裂缝荷载超过了短期容许荷载。

iii）综上可知，式（8.1.5）第 1 项的短期容许承载力公式是适当的。

（c）容许剪切承载力公式的背景

i）本公式算得的数值为 RC 标准的短期容许剪切力度的 2 倍，但是，如果根据混凝土本身的剪切强度（直接剪切强度参照《混凝土工学指南》中混凝土剪切强度表），抗剪键的剪切为$\tau_u/F\approx0.25$。本指南的适用范围为$21\leqslant F_c\leqslant36$，$2.0_Sf_{ss}/F_c=0.07\sim0.1$，满足小于 0.25 的 40%的要求。

ii）虽然日本建筑学会统一采用 20kgf/cm²（≈1.96N/mm²）为标准公式，但是本指南中采用混凝土的容许剪力的一定比例作为标准。

② 抗剪键的受剪承载力

（a）实验结果概要

i）附图 4 为实验体的最大荷载除以公式计算得出的抗剪键的受剪承载力得到的每个实验体的数值。

ii）图中○符号表示的是竖向接合部的剪切破坏，●表示的是实验体的弯曲屈服。

（b）实验结果分析

i）在全部 16 种的实验体中，有 12 种的Q_T/Q_{uv}为 1.0 以下。但是，如果根据附图 2，其中 8 种（实验体）的弯曲承载力小于抗剪键的受剪承载力。

ii）在Q_T/Q_{uv}为 1.0 以下剪切破坏的 4 种（实验体）接合部中，根据附图 2 可知，其中的 6 号、8 号为支撑压力破坏，13 号、14 号为填充混凝土的剪切破坏。

iii）在抗剪键的受剪承载力最重要的 1 号、2 号中实验得到实验数值约为抗剪键受剪承载力的 1.4 倍以上。

vi）综上可知，公式（8.1.6）第一项中的抗剪键承载力公式是适当的。

（c）承载力公式的基础

i）本承载力公式采用了日本建筑学会等标准中采用的壁式预制钢筋混凝土结构相关公式。

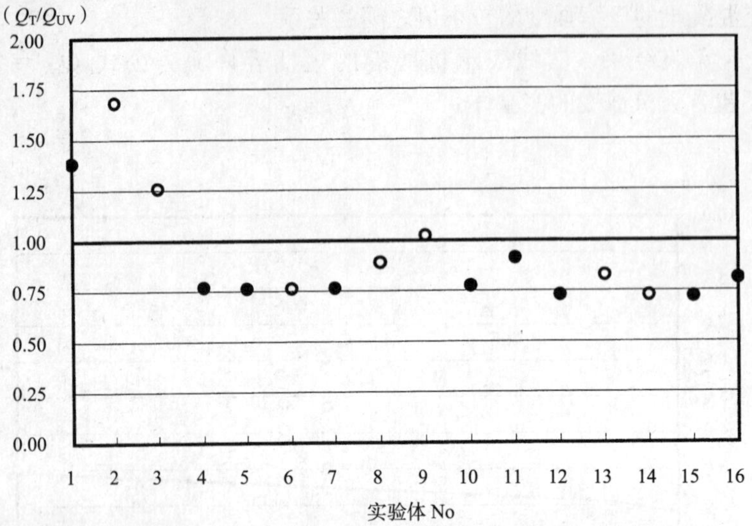

附图 4　各个实验体的实验得出的最大剪力和抗剪键的受剪承载力的比

③ 抗剪键的短期容许支撑压力

(a) 实验结果概要

i) 附图 5 表示的是在沿着竖向接合部的接头产生的裂缝时的荷载除以抗剪键支撑压力面积得到的抗剪键支撑压应力和预制部材和填充混凝土之间较小一方的压缩强度之间的关系。

ii) 图中的○符号表示实验得到的数值，实线表示的是抗剪键的短期支撑压力公式${}_{A}Q_{sv}=1.2{}_{S}f_{cs}\cdot\sum A_{pc}$中的$1.2{}_{S}f_{cs}$值。

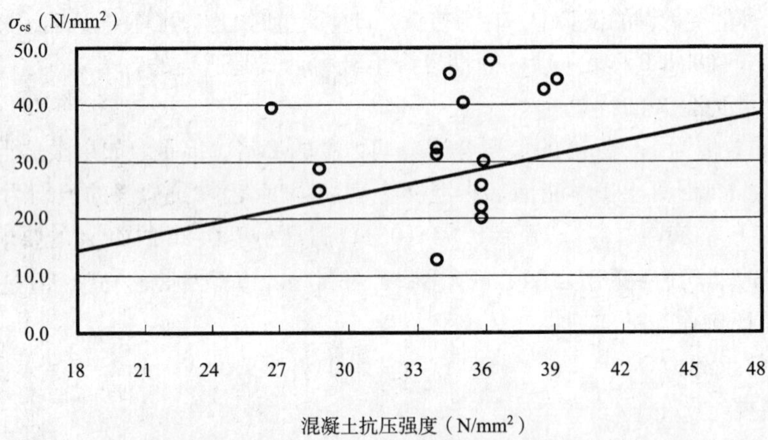

附图 5　竖向接合部接头产生裂缝时的抗剪键支撑压应力和混凝土抗压强度

(b) 实验结果分析

i) 在全部 15 种实验体中，有 4 种低于短期容许支撑压应力。

ii) 在低于短期支撑压应力的 4 种实验体中，如果依据附图 1，因为 5 号时按照抗剪键的深度的 2 倍算得的较小应力值，而 7 号为水平接合部配置较少接合钢筋的实验体、所以已经考虑了由于水平接合部滑移而对接头产生的影响。

iii) 8 号、9 号为容许支压承载力的 0.77 倍和 0.90 倍。

iv) 综上可知，(8.1.5) 式中第 2 项的短期容许支压承载力计算公式是适当的。

(c) 承载力公式的背景

i) 指南中的公式${}_{A}Q_{sv}=1.2{}_{S}f_{cs}\cdot\sum A_{pc}$为${}_{A}Q_{sv}=1.2\,(2/3\cdot F_c)\cdot\sum A_{pc}=0.8F_c\cdot\sum A_{pc}$，与日本建筑学会标准中采用的公式是相同的。

ii）指南中公式${}_{A}Q_{sv}=1.2{}_{S}f_{cs}\cdot\sum A_{pc}$中的系数 1.2，是根据混凝土支撑压力强度得到的放大系数。

④ 抗剪键的支撑压力

(a) 实验结果概要

i）附图 6 为，实验体的最大荷载除以公式计算得出的抗剪键的支撑压力得到的每个实验体的数值。

ii）图中○符号表示的是竖向接合部的剪切破坏，●表示的是实验体的弯曲屈服。

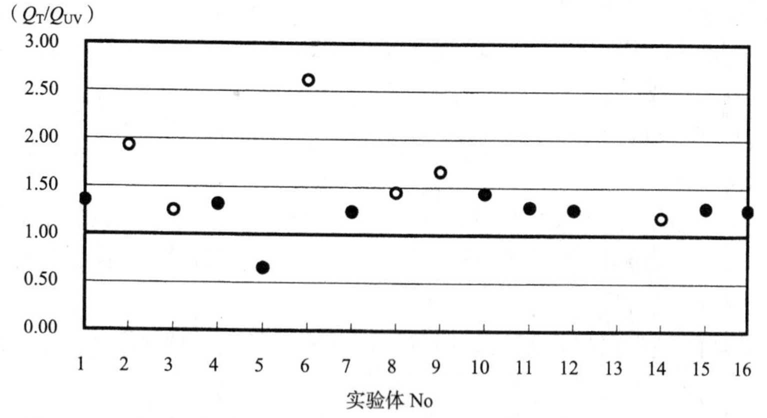

附图 6　各个实验体的实验得出的最大剪力和抗剪键的支撑压力的比

(b) 实验结果分析

i）在配置抗剪键的全部 15 种实验体中，除了弯曲屈服的 5 号以外都在支撑压力强度公式以上。

ii）支压破坏试验中的 6 号采用了支撑压力面积的 1/2，得到的实验数值为 2 倍，8 号为 1.4 倍。

iii）综上可知，式（8.1.6）中第 2 项的支撑压力强度公式是适当的。

(c) 承载力公式的背景

i）指南中公式 $Q_{uv}=1.2F_c\cdot\sum A_{pc}$中的系数 1.2 是根据混凝土支撑压力强度得到的放大系数。

⑤ 填充混凝土的短期容许剪应力

(a) 实验结果概要

i）附图 7 所示为，在竖向接合部产生横切剪切裂缝时，由其荷载求出的填充混凝土剪应力和填充混凝土的压缩强度之间的关系。

ii）图中○符号表示实验结果，实线表示填充混凝土短期容许剪力公式${}_{A}Q_{sv}={}_{S}f_{sw}\cdot\sum A_v$ 除以 A_{ve}得到的数值（$={}_{S}f_{sw}$）

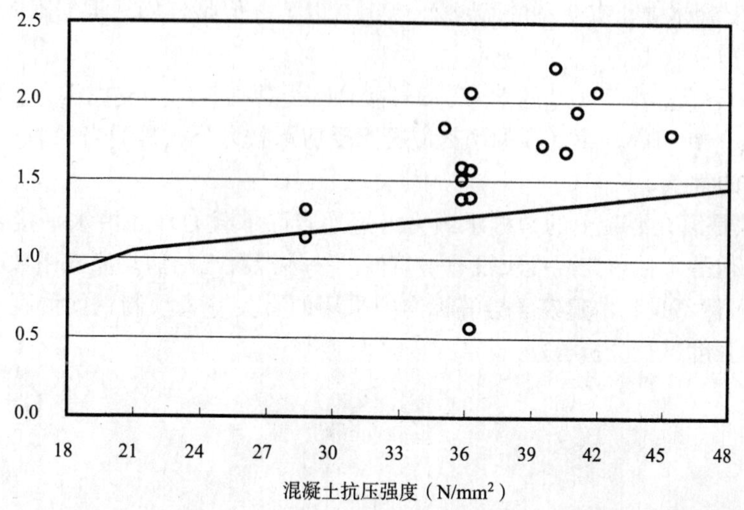

附图 7　竖向接合部产生剪切裂缝时填充混凝土的剪应力和混凝土的抗压强度

(b) 实验结果分析

i) 如果根据附图 1，只有 7 号的实验数值为容许剪力公式的 45%，其他的都大于容许承载力公式。

ii) 7 号低于短期容许承载力公式计算的数值，如果根据附表 1，在初荷载情况下，已经考虑了水平接合部的滑动变形。

iii) 综上可知，式（8.1.5）第 3 项的短期容许剪切承载力公式是适当的。

(c) 承载力公式的背景

i) 虽然日本建筑学会统一采用 7kgf/cm^2（≈0.69N/mm^2）为标准公式，但是本指南中采用混凝土的容许剪力的一定比例为标准。

⑥ 填充混凝土的受剪承载力

(a) 实验结果概要

i) 附图 8 所示为，实验体的最大荷载除以由公式计算得出的混凝土受剪承载力得到的每个实验体的数值。但是，由于端部接合钢筋及板钢筋端部不均匀分布的原因，填充混凝土的受剪承载力宜采用仅考虑抗剪销筋的承载力计算公式。

ii) 图中○符号表示的是竖向接合部的剪切破坏，●表示的是实验体的弯曲屈服。

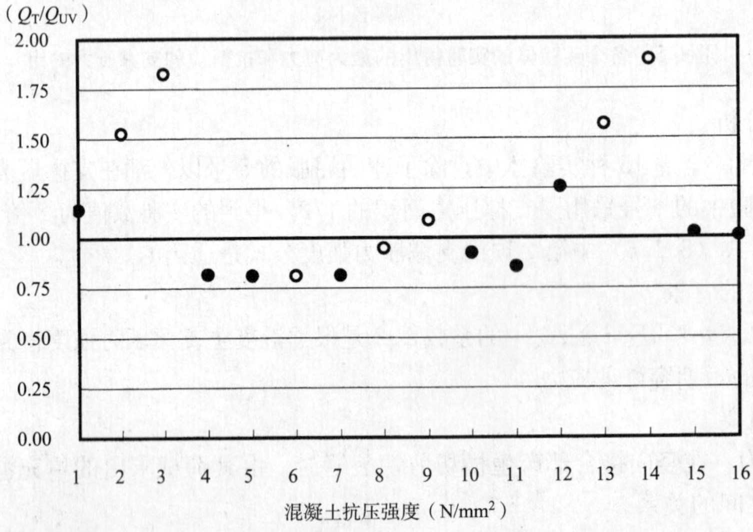

附图 8 竖向接合部实验中最大剪力和填充混凝土剪切强度的比

(b) 实验结果分析

i) 在全部 16 种实验体中，有 7 种的 Q_T/Q_{uv} 为 1.0 以下。但是，如果根据附图 2，其中的 5 种弯曲承载力小于混凝土受剪承载力。

ii) 根据附图 2，Q_T/Q_{uv} 小于 1.0 的 6 号、8 号接合部得剪切破坏为支撑压力破坏。

iii) 综上可知，式（8.1.6）第 3 项的填充混凝土受剪承载力公式是适当的。

(c) 承载力公式的背景

i) 本承载力公式是填充混凝土的裂缝承载力（短期容许承载力）和由水平接合钢筋产生的剪切摩擦得到的累加公式。但是，在填充混凝土没有浇筑面的一体混凝土的剪切摩擦系数应为 1.4。

ii) 本强度公式虽然不是日本建筑学会等标准中采用的有关壁式预制钢筋混凝土结构的公式，但是规定应该对抗剪键的强度进行分析检验。

参考文献

[1] 岡田清・六車熙：「改訂版コンクリート工学ハンドブック」(朝倉書店)、p. 406、1981. 11